suhrkamp taschenbuch 3077

Einer dieser »Gottesmänner«, der in Deutschland als »Khomeini von Köln« bekannt gewordene Cemaleddin Kaplan, trat für eine Revolution nach iranischem Vorbild in der Türkei ein. Ende der achtziger, Anfang der neunziger Jahre galt er nach der PKK als der wichtigste Staatsfeind der türkischen Republik. In einer Kombination von ethnologischer Fallstudie und diskursanalytischer Rekonstruktion untersucht Werner Schiffauer die Geschichte der Kaplan-Gemeinde in Deutschland von ihrer Gründung 1983 bis zu Kaplans Tod 1995. Schiffauers Darstellung der Binnensicht des radikalen Islam verzichtet auf einfache Distanzierungen. Indem er Schritt für Schritt den Denkweg der Muslime nachzeichnet, zeigt der Autor, daß die »Fundamentalisten« differenzierter sind und wir »fundamentalistischer«, als wir gern wahrhaben möchten.

Der in Frankfurt an der Oder lehrende Kulturanthropologe Werner Schiffauer veröffentlichte zuletzt: *Fremde in der Stadt. Zehn Essays über Kultur und Differenz* (st 2699).

Werner Schiffauer

Die Gottesmänner

Türkische Islamisten
in Deutschland

Eine Studie zur Herstellung
religiöser Evidenz

Suhrkamp

Umschlagfoto und
doppelseitige Abbildungen im Text:
Murat Türemis/Laif

suhrkamp taschenbuch 3077
Erste Auflage 2000
Originalausgabe
© Suhrkamp Verlag Frankfurt am Main 2000
Alle Rechte vorbehalten, insbesondere das
der Übersetzung, des öffentlichen Vortrags
sowie der Übertragung durch Rundfunk und Fernsehen,
auch einzelner Teile.
Kein Teil des Werkes darf in irgendeiner Form
(durch Fotografie, Mikrofilm oder andere Verfahren)
ohne schriftliche Genehmigung des Verlages reproduziert
oder unter Verwendung elektronischer Systeme
verarbeitet, vervielfältigt oder verbreitet werden.
Satz: MZ-Verlagsdruckerei GmbH, Memmingen
Druck: Nomos Verlagsgesellschaft, Baden-Baden
Printed in Germany
Umschlag nach Entwürfen von
Willy Fleckhaus und Rolf Staudt

1 2 3 4 5 6 – 05 04 03 02 01 00

Die Gottesmänner

Für Leonie

Inhalt

II Evidenzen

III Erfahrungen

Einleitung

Die Kaplan-Gemeinde gehört zu den schillerndsten Bewegungen, die der politische Islam in den letzten Jahren hervorgebracht hat. Sie konstituierte sich Anfang der achtziger Jahre als revolutionäre Abspaltung der Nationalen Sicht (*Milli Görüş*) – des europäischen Zweigs der (inzwischen verbotenen) Wohlfahrtspartei (*Refah Partısı*) des Necmettin Erbakan – und steht in dem Ruf, die radikalste unter den islamistischen Gemeinden türkischer Arbeitsmigranten in der Bundesrepublik Deutschland zu sein. Ihr Ziel war und ist es, eine islamische Revolution nach iranischem Vorbild in der Türkei durchzuführen und das Kalifat, das 1925 abgeschaffte Amt des Oberhauptes aller Muslime, wieder zu errichten. Dem Begründer der Bewegung, Cemaleddin Kaplan, schien dazu der von der Wohlfahrtspartei gewählte parlamentarische Weg ungeeignet, weil er zu viele Kompromisse abverlangt hätte. Man könne durch Arbeit innerhalb des politischen Systems zwar Machtpositionen erobern, aber nur um den Preis der Aufgabe zentraler Anliegen des Islam. Statt dessen setzte er auf eine außerinstitutionelle Basisbewegung. Auf der alleinigen Grundlage des Koran sollte die als verhängnisvoll eingeschätzte Spaltung der Muslime in Europa überwunden werden, eine Massenbewegung aufgebaut und die Macht in der Türkei erobert werden.

Die zur Gründungsphase vergleichsweise offene Bewegung nahm im Lauf der Jahre immer mehr sektiererischen Charakter an. Wichtige Schritte in dieser Entwicklung stellten die Erklärung des Glaubenskriegs (1991), die Ausrufung einer Exilregierung (1992) und schließlich die Selbsternennung Kaplans zum Kalifen (1994) dar. In diesen Jahren galt die Gemeinde – nach der PKK – als wichtigster Staatsfeind der türkischen Republik.

Kaplan starb 1995; auf dem Sterbebett ernannte er seinen Sohn Metin zum Nachfolger im Kalifat. 1996 kam es zu einer Spaltung der Gemeinde, und der in Berlin arbeitende Arzt Ibrahim Sofu wurde von seinen Anhängern zum Gegenkalifen ausgerufen. In der Folge befehdeten sich die beiden Kalifen heftig. Im April 1997 wurde Sofu von einem Mordkommando in Berlin erschossen. Obwohl die Tat nie aufgeklärt werden konnte, deutet vieles darauf hin, daß sie aus der Kaplan-Gemeinde heraus begangen wurde. Im November 1998 kam die Bewegung erneut in die Presse: Von der

Istanbuler Polizei wurden Mitglieder der Gemeinde bezichtigt, ein Kamikaze-Unternehmen geplant zu haben: Angeblich hatte sich ein Selbstmordattentäter mit einem Flugzeug während des Staatsakts zum 75. Jahrestag der Türkei in die vor dem Atatürk-Mausoleum versammelte Festgemeinde stürzen und ein grauenhaftes Blutbad anrichten sollen. Einige Unklarheiten in dieser Geschichte deuten allerdings auf eine Inszenierung des Staatsschutzes hin. Nicht zuletzt auf Grund dieses Vorfalls wurde Metin Kaplan am 25. 3. 1999 in der Bundesrepublik verhaftet. Die Anklage lautete auf Rädelsführerschaft in einer kriminellen Vereinigung und öffentliches Aufrufen zu Straftaten.

Die zunehmende Radikalisierung der Gemeinde Anfang der neunziger Jahre ging einher mit einer Veränderung der Anhängerschaft. In den achtziger Jahren gaben Arbeitsmigranten ländlicher Herkunft den Ton in den Gemeinden an. Auffallend oft begegnete ich Autodidakten: Personen mit geringer oder überhaupt ohne formale Schulbildung, die sich selbst Lesen und Schreiben beigebracht und – von einem wahren Lesehunger ergriffen – sich ein beachtliches Wissen über den Islam erarbeitet hatten. Diese Männer fanden in Kaplan jemanden, der öffentlich artikulierte, was sie immer schon geahnt hatten: Das islamische Ideal einer allumfassenden Einheit ist mit Parteienwirtschaft und demokratischer Konfliktkultur unvereinbar. Als die Gemeinde zunehmend sektiererischen Charakter annahm, gingen die Männer der ersten Stunde immer mehr auf Distanz und verließen die Gruppe. An ihre Stelle traten junge Migranten der zweiten Generation, nicht selten Akademiker, die an deutschen Universitäten studiert hatten. Sie waren fasziniert von dem Anspruch, elitäre Vorhut einer islamischen Revolution zu sein.

Die Kaplan-Bewegung ist Teil eines weiteren Phänomens, nämlich der weltweit zu beobachtenden Rückkehr politischer Religionen (den sogenannten »fundamentalistischen« Strömungen in allen Weltreligionen) beziehungsweise religiös fundierter Politik um die Jahrtausendwende. In dem weiten Spektrum, das für diese Bewegungen charakteristisch ist, besetzt die Kaplan-Bewegung als exklusive Gemeinde von Intellektuellen in der Diaspora einen besonderen, aber keineswegs singulären Ort.[1] Die Auseinanderset-

---

1 Kaplan ist kein Einzelfall. Vergleichbare Bewegungen tauchen an den verschiedensten Orten auf, um wieder zu verschwinden und anderen Gruppen Platz zu machen. So teilt etwa die Hizb al-Tahrir al-Islami, die an britischen Universitäten sehr aktive

zung mit dieser Bewegung erlaubt es, an einem Einzelfall über die Überzeugungskraft nachzudenken, die insgesamt von dem Phänomen politischer Religiosität ausgeht. Auf welche Evidenzen stützen sich radikale islamistische Prediger? Was macht die Faszination von revolutionären islamischen Gemeinden aus? Wie werden die weitreichenden, manchmal globalen Ansprüche begründet und glaubhaft gemacht – in diesem Fall die Ausrufung des Anführers einer Splittergruppe zum Kalifen? Wie gelingt es Kaplan, Anhänger zu finden, die diesen, nach Meinung der überwiegenden Zahl von Muslimen vermessenen, Anspruch teilen? Worauf stützt sich schließlich die revolutionäre Sicherheit seiner Gefolgschaft? Diese Fragen stellen sich um so drängender, als bei dieser Bewegung Intellektualisierung und Radikalisierung Hand in Hand gingen: Bei den späteren Anhängern Kaplans handelte es sich vorwiegend nicht mehr um Außenseiter, sondern um Intellektuelle – in Deutschland ausgebildete Ärzte, Ingenieure und Abiturienten. In diesem Fall greifen also die einfachen Erklärungen des »Fundamentalismus« nicht: Es sind nicht die immer wieder angeführten Modernisierungsverlierer, Ausgegrenzten und Unterprivilegierten, die zu Kaplan finden – im Gegenteil. In manchem erinnert seine Klientel an die Studenten hierzulande, die sich in den siebziger Jahren zu den marxistisch-leninistischen Splittergruppen hingezogen fühlten.

Ich gehe bei der Untersuchung der Kaplan-Bewegung auf zwei Ebenen vor. Zum einen enthält dieses Buch eine historisch-anthropologische Darstellung der Gemeinde von 1983 bis zu Kaplans Tod 1995.[2] Das Augenmerk auf dieser Ebene richtet sich auf das Zusammenspiel von dogmatischer Entwicklung (einer zunehmenden Radikalisierung) und sozialer Transformation (einer zunehmenden Ausbildung von Sektenstrukturen). In diesem Teil der Untersuchung stütze ich mich hauptsächlich auf Experteninterviews, auf die Analyse der Predigten und Schriften Kaplans sowie auf die Auswertung des Zentralorgans der Bewegung, der Zeitschrift *Tebliğ,* später *Ümmet,* und ihrer Nachfolgerin *Ümmet-i Muhammed* für den Zeitraum von 1986 bis 1995.

»Islamische Befreiungsarmee«, mit der Kaplan-Bewegung zahlreiche Züge (Farouki 1996). Siehe auch die lebendige Beschreibung der islamistischen Szene in London bei Kureishi (1995/1997).

2 In dieser Zeit bildeten sich all jene Strukturen heraus, die auch nach Kaplans Tod noch eine Rolle spielen sollten. Ich werde deshalb auf die Jahre 1995-1999 nur knapp im Epilog eingehen.

Zum anderen enthält das Buch die Fallstudie einer einzelnen Gemeinde, nämlich der Augsburger Moschee der Kaplan-Anhänger. Es wird untersucht, wie auf lokaler Ebene die Entwicklung in der Gesamtgemeinde rezipiert und verhandelt wurde. Hier stehen die Gläubigen im Vordergrund: Welche Aspekte von Kaplans Lehre waren für sie plausibel – und welche ließen sie eher unberührt? Das Material für diesen Teil der Arbeit wurde zwischen 1987 und 1993 während mehrerer Aufenthalte in der Gemeinde (die sich insgesamt über fünf Monate erstreckten) gesammelt. Es besteht aus teilnehmender Beobachtung sowie 24 mehrstündigen lebensgeschichtlichen Interviews und zahlreichen Einzelgesprächen. Die Wahl von Augsburg als Gemeinde vor Ort ist dabei (wie in der Anthropologie häufiger) einem Zufall zu verdanken. Einer der Migranten aus Subay, jenem türkischen Dorf, in dem ich meine Feldforschung durchführte,[3] fand in der Gemeinde eine geistige Heimat. Ich habe es ihm zu verdanken, daß ich mich dort aufhalten und mit den Gemeindeangehörigen sprechen durfte – zu einer Zeit, als die Mitglieder bereits Furcht vor dem türkischen Staatsschutz haben mußten.

Das Buch gliedert sich in drei Teile. Der erste Teil befaßt sich mit der Frage der *argumentativen Evidenz*, d. h. der inneren Logik der von Kaplan vertretenen Positionen. Anhand der Rekonstruktion von mehreren leidenschaftlich geführten Debatten wird nachgezeichnet, wie Kaplans Argumentation aufgebaut und wie sie gegenüber anderen islamischen Positionen verortet ist. Es handelt sich um die Auseinandersetzung um den türkischen Staat, um die Art und Weise der Organisation einer revolutionären Gemeinde und um die Strategie für eine islamische Revolution. Die Darstellung der Kontroversen bezweckt auch, dem Leser einen Eindruck von dem Prozeß der religiösen Suche zu geben, der den gegenwärtigen politischen Islam charakterisiert. Dieser ist keineswegs so homogen und in sich geschlossen, wie er in westlichen Medien dargestellt wird. Weniger als um ein »Gedankengebäude« handelt es sich um eine »geistige Baustelle.«

3 Subay ist das Pseudonym eines Dorfes im Pontischen Gebirge, in dem ich mich 1987 und 1993 für insgesamt neun Monate zu Feldforschungszwecken aufhielt. Die Ergebnisse dieser Forschung sind unter den Titeln: »Die Bauern von Subay. Das Leben in einem türkischen Dorf« (Stuttgart 1987) und: »Die Migranten von Subay. Türken in Deutschland: Eine Ethnographie« (Stuttgart 1991) erschienen. Im letzteren Buch findet sich auch eine Darstellung des religiösen Denkwegs von Yaşar F., meinem Gewährsmann in der Kaplan-Gemeinde.

Im zweiten Teil der Arbeit wird die *soziale Evidenz* der Lehre analysiert. Die Evidenz einer Lehre ergibt sich nicht allein aus der Stringenz und Logik einer Position: Sie bedarf der realitätsverbürgenden Vergewisserung durch andere. In der Gemeinde bestätigen Gleichgesinnte einander den Wert und den Sinn eines bestimmten Wirklichkeitsentwurfs. Ohne sie ist man mit seinen Gedanken und Überlegungen allein – und hilflos seinen Zweifeln ausgesetzt. Dem Aufbau und der Stabilisierung einer religiösen Gemeinschaft gilt daher die Sorge eines jeden Predigers. Die soziale Verankerung stützt jedoch nicht nur die Plausibilität eines religiösen Weltbilds, sondern wirkt sich auch auf seinen Inhalt aus. Die Verfaßtheit einer Gemeinde ist immer auch die soziale Umsetzung der in ihr vertretenen Lehre. Umgekehrt entfaltet jede soziale Organisation eine Eigendynamik, die dann auf die Lehre zurückwirkt. An der Geschichte der Kaplan-Gemeinde läßt sich zeigen, wie die Notwendigkeit des Zusammenhaltes der Gemeinde den entscheidenden Faktor für die Entfaltung einer radikalen Dogmatik und die Ausbildung der Sektenstruktur bildet.

Der dritte Teil der Studie wirft schließlich die Frage der *lebensgeschichtlichen Evidenz* auf. Nur wenn die Lehre eines Predigers plausibel erscheint, wird er neue Anhänger für seine Gemeinde gewinnen. Er muß also versuchen, an vorgängige Erfahrungen anzuschließen und ihnen Ausdruck zu verleihen. Gleichzeitig deutet er in diesem Akt die Erfahrungen in neuem Licht und formt sie damit um. Gerade religiöse Erweckungserlebnisse verändern einen Gläubigen – nicht selten wird die Biographie unter dem Einfluß einer religiösen Begegnung umgeschrieben. Dieser Abschnitt untersucht die lebensgeschichtlichen Konsequenzen der Begegnung mit Kaplan anhand von drei Biographien. Angesichts der Rekonstruierung der Anhängerschaft ist die Generationenfrage in dieser Gemeinde von besonderem Interesse. Wie ist die unterschiedliche Reaktion auf Kaplan bei der ersten und der zweiten Generation zu erklären? Wieso konnten sich die jungen Intellektuellen für einen Akt wie die Ausrufung des Kalifats begeistern, während derselbe Akt bei den älteren auf massive Kritik stieß?

Meine Studie soll nicht nur ein Fachpublikum, sondern auch eine weitere Öffentlichkeit ansprechen. Ich habe daher Diskussionen, die vorwiegend von wissenschaftlichem Interesse sein dürften, in den Fußnoten und im letzten Kapitel geführt. Leser, die mit dem Islam nicht vertraut sind, finden in Exkursen Hintergrundwissen zu seinen historischen und politischen Entwicklungen.

Das Material zu dieser Untersuchung (Interviews, Artikel, Predigten) liegt fast ausschließlich auf türkisch vor. Die meisten Übertragungen wurden von mir besorgt. Bei der Auswertung und Übersetzung des Zentralorgans wurde ich zeitweise von Gottfried Plagemann unterstützt.

Noch ein Wort zu dem bewußt archaisierenden Titel des Buches. Während meiner Untersuchung unter den Muslimen in Augsburg, dieser sehr süddeutschen Barockstadt, hatte ich öfter das Gefühl: So muß es gewesen sein, als die chassidischen Juden Ende des letzten Jahrhunderts aus Rußland nach Deutschland kamen. Ebenso fremdartige Gewänder, ein ähnlicher Ernst und Nachdruck, mit dem die Gottessuche betrieben wurde, genauso leidenschaftliche Auseinandersetzungen um glühende Visionen einer gerechten Gesellschaft – und eine gleiche Distanz zu den Umtrieben der Mehrheitsgesellschaft. Der Titel »Gottesmänner« ist aber auch deshalb angemessen, weil ich tatsächlich nur mit Männern sprechen konnte – und deshalb die Geschichte aus der Männerperspektive erzähle.[4]

Außer bei Yaşar F. und meinen Gesprächspartnern in der Gemeinde möchte ich mich bei zahlreichen Personen bedanken, die mir mit Kritik und Hilfe beigestanden haben. Gertrud Hüwelmeier hat mich beraten und das Manuskript kritisch durchgearbeitet. Meine Kinder Leonie und Jonas gaben mir emotionalen Halt. Irene Leverenz, Richard Rottenburg und Melanie Groeneveld haben den Text in verschiedenen Fassungen gelesen und mir wertvolle Hinweise gegeben. Den kritischen Gesprächen mit Albert Baumgarten, Martin van Bruinessen, James Piscatori, Klaus Kreiser und Thomas Kirsch verdanke ich viel. Die Deutsche Forschungsgemeinschaft hat mein Vorhaben unterstützt.

---

4 Dies heißt nicht, daß ich die aktive Rolle von Frauen im gegenwärtigen politischen Islam unterschätzen würde. In bezug auf die Türkei siehe unter anderem Göle (1991/1993) und Dufner (1998).

Einführung:
Die Auseinandersetzungen
um die Augsburger Moscheen

Bei den türkischen Arbeitsmigranten, die seit dem Beginn der sechziger Jahre nach Deutschland kamen, handelte es sich in der Regel um junge Männer, die die Absicht hatten, nur eine kurze Zeit zu bleiben. Sie wollten so schnell wie möglich genügend Geld verdienen, um in der Türkei eine eigene Existenz aufzubauen. Die meisten von ihnen hatten keine ausgeprägten religiösen Interessen, was nicht zuletzt an der Lebensphase lag, in der sie sich befanden. In der ländlichen Türkei, der die Mehrzahl der Emigranten entstammte, gilt, daß man erst im späteren Erwachsenenalter – etwa ab dem vierzigsten Lebensjahr – beginnt, sich konsequent der Religion zuzuwenden.[5] Zwar wurden von einzelnen Migranten mit stärker religiösen Neigungen Gebetsräume in Arbeiterwohnheimen eingerichtet; diese wurden jedoch nur von wenigen frequentiert. Dies änderte sich Anfang der 70er Jahre: Für die meisten waren die ursprünglich mit der Migration verbundenen Pläne nicht aufgegangen. Es war schwieriger als gedacht, genügend Geld für eine Investition in der Türkei zu akkumulieren; auch machte die wirtschaftliche Entwicklung in der Türkei eine schnelle Rückkehr unmöglich. Man begann sich auf eine längere Aufenthaltsdauer in Deutschland einzurichten und holte die Familien aus der Türkei nach. Damit wuchs das Bedürfnis, den Islam in Deutschland zu etablieren – um den eigenen religiösen Pflichten Genüge zu tun, aber auch, um die religiöse Erziehung der Kinder in einer fremden Umgebung zu sichern (Blaschke 1985). Es kam zu zahlreichen Gründungen von »Hinterhofmoscheen«: In ehemaligen Fabrikgebäuden, leerstehenden Büroräumen oder Werkhallen richteten die Gläubigen, fast durchweg Arbeiter, in Eigeninitiative und ohne große materielle Unterstützung Gebetsstätten ein.

Der sich so in den siebziger und achtziger Jahren in allen größeren deutschen Städten entfaltende Islam entstand von unten – aber er kam nicht aus dem Nichts. Besonders unter den aktiven Gläubigen befanden sich solche, die schon in der Türkei Mitglieder von

---

5 Schiffauer 1991:140 ff. Ähnliches gilt für andere ländliche Religionen. Siehe etwa für den jüdischen Kontext Bilu 1990.

religiösen Organisationen gewesen waren – von islamisch-politischen Parteien und Bruderschaften, die in der Türkei teils innerhalb, teils außerhalb der Legalität operierten. Die wichtigsten waren die in der Türkei verbotenen Bruderschaften der Süleymancı und die Nurcu, ferner die islamistische Partei Necmettin Erbakans, die immer wieder verboten wurde und sich unter einem neuen Namen rekonstituierte, und die faschistische Partei der Nationalen Bewegung (in weiteren Kreisen unter der Selbstbezeichnung »Graue Wölfe« bekannt). All diese Organisationen – auch die in der Türkei verbotenen – gründeten in den siebziger Jahren Dependancen in Deutschland.[6] Einen vergleichsweise schlechten Start hatten die Gläubigen, die diese »Organisationen« als zu radikal ablehnten und sich in ihrer religiösen Praxis an dem »Präsidium für Glaubensangelegenheiten« orientierten, der staatlichen Behörde für Religion, die den offiziellen »gemäßigten« Islam in der Türkei vertritt und der in der Türkei alle Moscheen und islamischen Ausbildungsorte unterstehen. Erst in den achtziger Jahren sollte das Präsidium den Boden zurückgewinnen, den es in den siebziger Jahren an die »Organisationen« verloren hatte. Anfang der achtziger Jahre gesellte sich zu den Gemeinden noch die uns in diesem Buch interessierende Kaplan-Bewegung, eine radikale Abspaltung der Erbakan-Partei. Bemerkenswerterweise siedelten alle Organisationen ihre Hauptquartiere in Köln an – womit die Stadt zur islamischen Hauptstadt Deutschlands wurde.

Die Geschichte des türkischen Islam in Deutschland zerfällt in zwei Phasen. Die Zeit von Anfang der siebziger bis Mitte der achtziger Jahre war charakterisiert von zum Teil erbittert geführten Auseinandersetzungen um die Moscheen. In vielen Gemeinden kam es zu Konflikten, welcher der Organisationen man sich zuordnen sollte. Es entfaltete sich eine dramatische Geschichte von Moscheeübernahmen durch wechselnde Mehrheiten, Spaltungen von Gemeinden und sogar Rückeroberungen von Moscheen, die in die Hand einer anderen Organisation gefallen waren. Ab Mitte der achtziger Jahre stabilisierte sich der Zustand. Nun waren so

---

6 In diesem Feld herrscht eine verwirrende Vielfalt an Namen. Es gibt die offiziellen Bezeichnungen der Organisationen; von ihnen unterscheiden sich die alltäglich verwendeten Namen. Mehrere Organisationen haben sich im Laufe der Geschichte umbenannt. Schließlich gibt es die Namen der Mutterorganisationen in der Türkei. Ich habe mich in diesem Buch für die deutsche Übersetzung der alltäglich verwendeten Namen entschieden. Ein tabellarischer Überblick findet sich auf S. 20, 21.

gut wie alle Moscheen in die eine oder andere Organisation fest eingebunden. Wenn nun Neugründungen stattfanden, dann nicht mehr von unten, durch die Gläubigen, sondern von oben, durch die Organisationen.

Betrachten wir die Geschichte des Islam nun genauer für unseren Untersuchungsort. Dabei geht es uns insbesondere um die Frage, wie sich die Kaplan-Gemeinde in dem sich in Augsburg entfaltenden religiösen Leben etablierte. Mein wichtigster Gewährsmann war der zur Zeit der Gespräche etwa fünfzigjährige Mehmet G. Er war die graue Eminenz in der Kaplan-Gemeinde. Obwohl er keine formalen Ämter innehatte, wurde er als Autorität in Fragen der Koranexegese konsultiert; es hieß, daß gegen ihn in der Türkei mehrere Gerichtsverfahren wegen islamistischer Aktivitäten anhängig wären. Die Person umgab die Aura eines islamischen Asketen, eine Ausstrahlung von Ernst und Gelassenheit, die in jahrelanger Selbstdisziplinierung erworben worden war. Ausdruck seiner Souveränität waren seine Gedichte, in denen er in einer für andere Muslime schockierenden Freimütigkeit Probleme der Umsetzung des Islam in die alltägliche Praxis ansprach.

Mehmet G. gehört zu der kleinen Gruppe der religiösen Virtuosen der ersten Stunde.[7] Er war in der streng islamischen Vorstellungswelt eines kurdischen Dorfs in Malatya, Osttürkei, aufgewachsen. Es gelang ihm, eine Anstellung als Heizer bei der Türkischen Staatsbahn zu finden. Obwohl er zur Dienstaufnahme in die Provinzhauptstadt zog, blieb er weiter eng in das Gegenseitigkeitsnetz des Dorfes einbezogen. Mit seinem Einkommen wurden die Schulden der Großfamilie im Dorf bezahlt; bei ihm wohnten junge Verwandte, die das Gymnasium in der Stadt besuchten. In dieser Zeit eignete er, der nur die fünfklassige Dorfschule besucht hatte, sich autodidaktisch ein bemerkenswertes Wissen über den Islam an. Als er sich, von den Verdienstmöglichkeiten verlockt, nach Deutschland bewarb, sagte eine Verwandte zu ihm, daß er dort wohl kaum in der Lage sein werde, weiterhin so »penibel« (hassas) in bezug auf religiöse Vorschriften zu sein. Er kam 1968 nach Augsburg und scheint von Anfang an alles daran gesetzt zu haben, diese Voraussage zu widerlegen. Von Arbeitskollegen erfuhr er, daß sich im Keller des Arbeiterwohnheims einer Firma jeden Freitag eine Gruppe von zwanzig bis dreißig Gläubi-

7 Eine weitere Biographie eines derartigen Ausnahmefalls findet sich bei Schiffauer 1991:120-160.

Die wichtigsten Gemeinden des sunnitischen Islam in Deutschland

Im Buch verwendete Bezeichnung	Offizielle Abkürzungen	Offizielle Bezeichnung	Leitung	Herkunft	Programm	Orientierung
Kaplan-Gemeinde	1) ICCB (1983-1992) 2) AFID (1992-1994) 3) Hilafet Devleti (1994-)	1) Verband Islamischer Gemeinden und Vereinigungen (1983-1992) 2) Islamischer Bundesstaat Anatolien (1992-1994) 3) Kalifats-Staat (1994-)	Cemaleddin Kaplan (1983-1995) Metin Kaplan (1995-)	Radikale Abspaltung von der Nationalen Sicht	Islamische Revolution nach iranischem Vorbild	Gesetzesreligion
Süleymancı	VIKZ	Verband Islamischer Kulturzentren	Kemal Kaçar	Entstanden in den 30er Jahren in Opposition zur kemalistischen Revolution	Islamisierung der Gesellschaft durch die Einrichtung von Korankursen	Politische Mystik
Präsidium für Glaubensangelegenheiten	DITIB	Türkisch-Islamische Union der Anstalt für Religion e. V.		Staatlich organisierter Islam	Islam im Kontext eines laizistischen Staates. Islam als Privatsache	Gesetzesreligion

Im Buch verwendete Bezeichnung	Offizielle Abkürzungen	Offizielle Bezeichnung	Leitung	Herkunft	Programm	Orientierung
Nationale Sicht	AGMT (1975-1995) IGMG (1995-)	Vereinigung der Neuen Weltsicht in Europa (1975-1995) Islamische Gemeinschaft Milli Görüş (1995-)	Necmettin Erbakan	Europäischer Zweig der Nationalen Heilspartei (MSP) bzw. ihrer Nachfolgeorganisation, der Wohlfahrtspartei (RP)	Islamisierung der Gesellschaft durch parlamentarische Arbeit	Gesetzesreligion
Idealistenvereine »Graue Wölfe«	ATF ADTF	Konföderation der Demokratischen Idealistenvereine in Europa	Alparslan Türkeş	Europäischer Zweig der Partei der Nationalen Bewegung (MHP) bzw. ihrer Nachfolgeorganisation, der Nationalen Arbeitspartei (MÇP)	Faschistisches Programm der nationalen Erstarkung. Idee einer Synthese von Nationalstaat und Islam	Gesetzesreligion
Nurcu	Jama'at un Nur	Gemeinschaft des Lichtes		Entstanden in den dreißiger Jahren in Opposition zur kemalistischen Revolution	Islamisierung der Gesellschaft durch ein intellektuelles Bildungswerk. Synthese von Naturwissenschaft und Islam	Politische Mystik

gen zum Gebet traf. »Dort wurde das erste Freitagsgebet in Augsburg verrichtet. . . . Es waren nicht viele, vielleicht aus jeder Fabrik einer oder zwei. Beim gemeinsamen Gebet hat man sich natürlich kennengelernt. Man hatte natürlich nicht das religiöse Wissen von Hodschas . . . Es gab draußen zwar auch Hodschas, Leute die den Koran lesen konnten, aber die waren völlig verweltlicht.« (Mehmet G.)

Aus dieser Gruppe kam die Initiative zur Gründung der ersten Moschee in Augsburg. Eine Werksgarage neben dem Wohnheim wurde 1974 angemietet und an den Wochenenden zur Moschee umgebaut. Diese Moschee sollte als Allgemeine Moschee allen sunnitischen Gläubigen offenstehen, also denjenigen, die sich zur islamischen Orthodoxie bekennen. Dazu zählt die Mehrzahl der türkischen Staatsbürger (und der Arbeitsmigranten in Deutschland); nicht aber die – der Zahl nach beachtliche – Minderheit der Aleviten, deren Status als Muslime von zahlreichen Sunniten bestritten wird.[8] Mehmet G. erzählte mir von der Hoffnung, in Augsburg die Fraktionierungen vermeiden zu können, die damals schon die Situation des Islam in der deutschen Diaspora charakterisierten und die als sehr leidvoll empfunden wurden. »Als wir das hier gründeten, sagten wir uns: ›Hier wird es keine Politik (siyaset) geben, hier werden nur religiöse Dienstleistungen angeboten. Es werden Korankurse gegeben und Gottesdienste durchgeführt.‹«

Der Begriff siyaset, »Politik«, muß hier richtig verstanden werden. Er wird assoziiert mit Parteiung, Gruppenbildung, Parteienzwist und Mehrheitsentscheidungen. Die Aussage besagt also, daß Mehmet G. (und einige andere) ihre Unabhängigkeit von den verschiedenen, in der Bundesrepublik vertretenen islamischen Gruppen wahren wollten. Jede Anlehnung an die eine oder andere Gruppe hätte partıcılık, Parteienwirtschaft, und damit Spaltung bedeutet. Kurz: Die Absage an siyaset steht bei dem Sprecher im Zusammenhang mit dem Ideal der Einheit des Islam. Die Forderung, die siyaset aus der Gemeinde zu verbannen, bedeutet aber –

8 Die Grundlage des Sunnismus ist neben dem Koran die Sunna, die Wegweisung des Propheten Muhammed, wie sie in den Hadith, den Mitteilungen seiner Aussprüche und Handlungen, überliefert ist. Dazu kommt die übereinstimmende Meinung der Gemeinschaft. Der große Gegenspieler der Sunna ist die Schia, die vor allem im Iran vertreten ist (siehe hierzu ausführlicher unten S. 61). In der Türkei existiert mit den Aleviten eine heterodoxe Spielart der Schia. Auf die alevitische Minderheit wird in diesem Buch nicht weiter eingegangen.

zumindest für den Sprecher – *nicht*, sich zu einem »apolitischen Islam« zu bekennen: Gerade Mehmet G. sollte später nachdrücklich für einen islamischen Staat eintreten.

Es zeigte sich sehr schnell, daß die Hoffnung, in Augsburg die Spaltungen vermeiden zu können, trügerisch war. Unter den Gründungsmitgliedern der Gemeinde befanden sich, ohne daß dies den anderen bekannt war, Mitglieder der in der Türkei verbotenen Süleymancı-Bruderschaft, einer sehr geschlossenen, wenn nicht klandestinen islamisch-revolutionären Gruppierung. Die Kompetenz und das Wissen, das sich besagte Mitglieder noch in der Türkei in dieser Organisation angeeignet hatten, verliehen ihnen eine gewisse Überlegenheit und führten dazu, daß ihnen wichtige Aufgaben übertragen wurden. »Und weil sie etwas mehr Wissen über den Koran hatten, haben wir ihnen auch mehr Aufgaben gegeben, sie in den Vorsitz gewählt und als Verwalter eingesetzt. Deshalb hatten sie auch mehr Funktionen und Einflußmöglichkeiten [als die anderen]. Sie haben einfach die mit den Funktionen verbundenen Möglichkeiten ausgenutzt.« (Mehmet G.)

Den beiden Süleymancı gelang es durch einen Handstreich, die Moschee den »Islamischen Kulturzentren«, der Dachorganisation der Süleymancı, zuzuordnen. Sie schlugen vor, sich als eingetragener Verein zu konstituieren, und brachten einen Satzungsvorschlag ein, der akzeptiert wurde, ohne zuvor groß geprüft zu werden. Die Gemeindeangehörigen waren nicht in der Lage, den in juristischem Deutsch abgefaßten Text zu lesen, und hielten eine Prüfung auch nicht für erforderlich. Man vertraute denjenigen, die den Vorschlag eingebracht hatten. Die vorherrschende Meinung war, daß »es schon irgendwie nützlich« sein werde (Mehmet G.). Erst als es zu spät war, merkten sie, daß sie sich mit der Annahme der Satzung den »Islamischen Kulturzentren«, dem Dachverband der Süleymancı in Deutschland, unterstellt hatten. Eine Versammlung der Gemeindeältesten protestierte ohne Erfolg. Mehmet G. trat damals als entschiedener Gegner der Zuordnung zu den Süleymancı auf:

»Wir haben gesagt, daß wir damit unzufrieden sind, wie die Sache läuft, daß es uns nicht schmeckt . . . Sie haben einige Gründe vorgebracht: ›Es gibt Sachen, die wir alleine nicht machen können. Zum Beispiel haben wir keine Möglichkeiten, Prediger aus der Türkei hierzuholen, oder wir haben hier etwas angemietet und müssen uns um die amtliche Seite kümmern und so. Dazu haben wir nicht die Mittel und nicht die Sprache. Dabei werden sie [die Zentrale in München] uns hilfreich sein.‹ So redeten sie. Auf diese Weise haben sie versucht, uns zur Zustimmung zu bewegen. Natürlich haben uns diese Gründe nicht gereicht [um uns der Bruderschaft anzuschließen] ... Sie haben dann gesagt, daß sie keine Zugeständnisse machen würden und daß sie eine andere Art von Organisation nicht akzeptieren würden. Und da haben wir gesehen, daß sie fest entschlossen sind – und sie hatten sowieso die Leitungspositionen in der Hand. Wir sahen davon ab, nun die Muslime gegeneinander aufzubringen. Wir wollten keine Unruhe stiften.«

Zum endgültigen Bruch im Leitungsgremium kam es anläßlich eines Vorschlags, zwei Hodschas, Prediger, einzuladen, die dem Präsidium für Glaubensangelegenheiten unterstellt waren, jener Organisation, die den »offiziellen« Islam in der Türkei vertritt. Die Süleymancı wehrten sich vehement dagegen und verhinderten die Einladung mit dem Argument, »das Präsidium soll bleiben, wo der Pfeffer wächst« (Mehmet G.).

Mehmet G. und seine Freunde hätten in dieser Situation natürlich die Gemeindeangehörigen mobilisieren und eine Vollversammlung einberufen können. Sie sahen davon ab. Ein Grund war die Scheu vor einer offenen Konfrontation, die die »Muslime gegeneinander aufbringen« würde, eine Scheu, die mit der islamischen Verurteilung aller Art von *fitne*, Zwietracht, Spaltung, zusammenhängt. Diesem Motiv werden wir im folgenden ständig begegnen. Die Lösung eines Streites wird idealerweise nicht in einem öffentlich ausgetragenen Konflikt gesucht, sondern eher im Austarieren von Interessen im kleinen Kreis der Experten. Hinzu kam, daß viele Gläubige an derartigen Auseinandersetzungen der Virtuosen wenig interessiert waren. Sie kamen ausschließlich »um des Islam willen, also um das Gebet zu verrichten, um ihrer freien Zeit Wert zu verleihen, und [wollen] gar nicht tiefer in die Sache einsteigen«. Noch wichtiger könnte jedoch ein anderer Punkt gewesen sein. Die Gegner der Süleymancı bildeten keinen homogenen Block. Ein Teil von ihnen bestand aus überzeugten Anhängern der Politik des Präsidiums. Andere, unter ihnen Mehmet G., traten – wie im Prinzip auch die Süleymancı – zwar für eine revolutionär-islamistische Politik ein, vertraten jedoch eine andere Linie (und hielten es nicht für undenkbar, mit einzelnen Mitgliedern des Präsidiums gelegentlich Koalitionen einzugehen). Diese Gegensätze wären wahrscheinlich aufgebrochen, wenn es zu einer offenen Auseinandersetzung gekommen wäre.

Die eher konservativ gesinnten Gegner der Süleymancı gründeten 1976 eine eigene Moschee, die sich zunächst dem staatlichen Präsidium für Glaubensangelegenheiten unterstellte. Allerdings befand sich in dieser Gruppe von Anfang an ein starker rechter Flügel, der sich in der Folge durchsetzen sollte: Zwei Jahre nach ihrer Gründung fiel die Moschee an den europäischen Ableger der faschistischen Partei der Nationalen Bewegung, an die »Idealistenvereine«, die in weiteren Kreisen unter ihrer Selbstbezeichnung »Graue Wölfe« bekannt sind. Diese Gruppe tritt für eine Synthese von Islam und Turkismus ein. Erst Mitte der achtziger Jahre konnte das Präsidium diese Moschee wieder zurückgewinnen. In der Folge gründeten die Anhänger der »Idealistenvereine« 1987 eine eigene Moschee.

Im Jahre 1978 gründete auch die andere Fraktion, die islamistisch-revolutionären Gegner der Süleymancı (unter ihnen Mehmet G.), eine eigene Moschee und unterstellten sie organisatorisch der Nationalen Sicht (*Milli Görüş*). Dabei handelt es sich um den europäischen Zweig der islamistischen Nationalen Heilspartei (*MSP = Milli Selamet Partisis*) und späteren Wohlfahrtspartei *(RP = Refah Partisi)* des Necmettin Erbakan. Sie vertrat die Politik der islamischen Umgestaltung der Türkei auf parlamentarischem Weg.

Der Akt der Gemeindegründung erfolgte hier (wie in anderen Fällen) durch das Einfliegen eines islamischen Gelehrten aus der Türkei: »Wir ließen ihn ein paar Monate lang hier reden. Dann machten wir eine Versammlung und gründeten die Nationale Sicht« (Mehmet G.). Mit der Gründung der Moschee der Nationalen Sicht war die organisatorische Spaltung des revolutionären Lagers in zwei Fraktionen vollzogen. Auch die Geschichte dieser Moschee sollte sich wechselhaft gestalten. Ende der siebziger Jahre herrschte an den türkischen Universitäten eine bürgerkriegsartige Stimmung. Bewaffnete Auseinandersetzungen zwischen linken und rechten (nationalistischen und islamistischen) Studenten kosteten mehrere tausend junge Menschen das Leben. Als 1979 die Revolution im Iran stattfand, schien sich die Waagschale zugunsten der islamistischen Kreise zu neigen. Nach einer Massendemonstration der »Nationalen Heilspartei« in Konya, auf der Rufe laut wurden wie »Heute Iran, morgen Türkei«, putschte das

Militär. Alle politischen Parteien wurden verboten. Es lag im Interesse des Parteiestablishments, zu dieser Zeit nur vorsichtig aufzutreten. Die Nationale Heilspartei/Nationale Sicht sah sich gezwungen, ihre Anhänger zu disziplinieren – ausgerechnet zu einer Zeit der islamischen Euphorie. Dabei stellten die Gemeinden in Deutschland ein Problem dar: Während sich in der Türkei auf Grund der Repression von Militär, Polizei und Geheimdienst ein lähmendes Schweigen ausbreitete, artikulierten sich die Gläubigen in Deutschland weiterhin sehr deutlich – und gossen nach Meinung der Parteiführung Öl ins Feuer. Bezeichnenderweise sah sich damals die Parteizentrale in Ankara zu einem Schreiben an die Leitung der »Nationalen Sicht« in Köln genötigt, in dem es hieß, die Hodschas »sollten nicht den Konflikt mit dem Staat suchen, denn Erbakan sei vor Gericht gestellt worden: Bis zur Beendigung des Verfahrens solle man sich nur sehr gemäßigt äußern, um Schaden von Erbakan abzuwenden: Sonst bestünde die Gefahr, daß er im Gefängnis bliebe . . .« (Metin Kaplan, ÜiM 30, 17. 11. 1995:8)

Mehmet G. schilderte, wie sich die Situation in den Gemeinden der Nationalen Sicht zu Beginn der achtziger Jahre aus der Sicht eines islamischen Revolutionärs ausnahm:

»Wir hatten hier unsere Meinungsverschiedenheiten . . . Diejenigen, die eine Funktion in dem Verein hatten [und kritisch waren], wurden hinausgeworfen . . . Die Parteispitze erteilte den Hodschas und Gelehrten Hausverbot und nahm ihnen die Redefreiheit. Damals hätte die Bewegung losgehen können. [Die Hodschas und Gelehrten] wollten sich vereinigen und eine Bewegung aufbauen . . . Damals denunzierte die Parteiführung viele [radikale Anhänger] in der Türkei und in Deutschland. Sie räumten sie einfach aus dem Weg. Einigen wurde der Paß weggenommen, andere wurden polizeilich gesucht.«

Die Wut darüber, aus Gründen der Parteiraison einen Maulkorb umgehängt bekommen zu haben, wurde auch deutlich von Şevket A., dem späteren Vorsitzenden der Kaplan-Gemeinde in Augsburg, artikuliert:

»Wir sagten, wir wollen die Partei für den Islam benutzen und nicht den Islam für die Partei . . . Sie sagten: ›Unter diesen Umständen können wir nicht arbeiten, dann wird die Partei verboten‹. Aber warum sollten wir den Islam reduzieren? Wir wollen frei bleiben.«

Die Unzufriedenheit wurde auf die griffige Formel gebracht: Ist die Partei für den Islam da oder der Islam für die Partei?[9] Als es der Parteispitze nicht gelang, die Bewegung zu unterdrücken, wurde Cemaleddin Kaplan, ein anerkannter Schriftgelehrter, von Erbakan nach Deutschland geschickt: Ihm traute man zu, die unruhigen Diasporagemeinden zur Raison zu bringen.

Exkurs: Cemaleddin Kaplan

Wer war Kaplan? Was wir über seine Zeit vor der Emigration nach Deutschland (1981) wissen, stammt zum größten Teil aus der knappen, von seinem Sohn und späteren Nachfolger im Amt des Kalifats, Metin Kaplan (1994), verfaßten Vita. Daneben ist die ebenfalls von Metin Kaplan verfaßte Rekonstruktion der Bewegung vor allem in Hinblick auf die Frühzeit der Bewegung interessant. Sie erschien unter dem Titel »Die drei Phasen der Zeit« (*Zamanın üç dilimi*) als Artikelfolge in Ümmet-i Muhammed, dem Zentralorgan der Bewegung. Ergänzend lassen sich die ebenfalls sehr knappen Angaben bei Atacan (1993) und Mumcu (1987a) heranziehen.

Die Texte Metin Kaplans sind parteiisch. In dem Anliegen, die Führerschaft von Cemaleddin Kaplan zu legitimieren, wird die umfassende theologische Ausbildung Kaplans betont, ausführlich sein politischer Kampf geschildert und an zahlreichen Einzelfällen seine Kompromißlosigkeit aufgezeigt. Metin Kaplan geht es vor allem um den Nachweis, daß Cemaleddin Kaplan schon lange vor seiner Zeit in Deutschland islamistisch gesonnen war. Er schreibt damit gegen Vorwürfe an, Kaplan habe sich erst in der vergleichsweise risikolosen Situation in der Migration zum Revolutionär entwickelt.

Aus diesen – sehr mageren – Quellen ergibt sich folgendes Bild.

Cemaleddin Kaplan wurde 1926 im Dorf Dangis (Kreis Ispir) in der ostanatolischen Provinz Erzurum als Sohn eines Hodscha geboren. Er erhielt

---

9 Bemerkenswerterweise spielte bei all dem eine Gruppe offenbar *keine* Rolle, von der man eine gewisse revolutionäre Grundhaltung erwartet hätte: Nämlich die radikalislamischen Aktivisten, die nach dem Putsch von 1980 in Deutschland Asyl gesucht hatten, um der Verhaftung zu entgehen. So seien die Anhänger Kaplans durchaus in der Absicht nach Deutschland gekommen, ihre islamische Ausbildung bei ihm fortzusetzen, schreibt Metin Kaplan in seinem Rückblick auf diese Zeit. ». . . Über der Mark vergaßen sie alle islamischen Aktivitäten, begannen ihr Wissen zu verabscheuen und sich selbst zu verlieren. Die Gemeinde hatte sie als Schüler des Hodscha mit Freude aufgenommen. Aber sie waren undankbar. Sie arbeiteten nicht, entzogen sich, die einen handelten heimlich mit Büchern, die anderen mit Autos, die dritten mit Flugtickets, usw.« (ÜiM 128, 19. 10. 1995:9)

von seinem Vater eine klassische religiöse Ausbildung: Arabisch (Morphologie, Syntax, Semantik, Stilistik), Logik, Recht, Koranexegese, Hadith[10] – eine Ausbildung, die er durch spätere Teilnahme an Lehrgängen in Erzurum ergänzte. Dies ermöglichte ihm, zunächst in einem nahegelegenen Dorf, später in Erzurum als Imam, als Vorbeter, zu arbeiten. Die Möglichkeit, eine staatliche Schule zu besuchen, existierte in den dreißiger Jahren auf dem Land nicht. Nach dem Militärdienst holte Kaplan als Externer die Abschlüsse von Grundschule, Mittelschule und Gymnasium in der Provinzhauptstadt Erzurum nach, während er gleichzeitig als Geistlicher tätig war. 1961 schrieb er sich, inzwischen 36 Jahre alt, an der Theologischen Fakultät in Ankara ein und begann, in den großen Moscheen Ankaras zu predigen. In dieser Zeit sollen mehrere Gerichtsverfahren gegen ihn anhängig gewesen sein, weil er gegen das (staatliche) Toto und andere Glücksspiele predige (Metin Kaplan, ÜiM 126, 15. 9. 1995:9). Nach seinem Abschluß im Jahr 1965 begann er seine Karriere innerhalb des Präsidiums für Glaubensangelegenheiten als Inspektor und stieg rasch zum Leiter der Personalabteilung und später zum Vizepräsidenten auf. 1966 – 1969 bekleidete er die Stellung eines Müftü (Mufti) in Adana, d. h. eines Gelehrten, der berechtigt ist, Fetwas (Gutachten zu religiös-rechtlichen Fragen) zu verfassen. Dabei soll er sich nach der Militärintervention 1971 im Einvernehmen mit dem Militärkommandanten insbesondere der Bekämpfung der Süleymancı gewidmet haben (Mumcu 1987a:11). 1977 ließ er sich als Kandidat der Nationalen Heilspartei im Wahlkreis Erzurum aufstellen, konnte aber die Wahl nicht für sich entscheiden. 1978 wurde wegen politischer Betätigung eine Untersuchung eingeleitet. In der Zeit vor dem Putsch von 1980 schlug er bei seinen Predigten offenbar zunehmend radikale Töne an. Metin Kaplan zitiert als Beleg eine Predigt aus diesen Jahren: »Mit eurer Verfassung und euren Gesetzen konntet ihr dieses Land nicht regieren, könnt es nicht regieren und werdet es nicht regieren können: Laßt davon ab: Der Islam soll kommen, der Koran soll kommen, die Scheriat soll kommen, der islamische Staat. Der Koran soll das Grundgesetz sein. Das Land soll zur Ruhe kommen, überall soll Glück herrschen« (ÜiM 126, 15. 9. 1995:9). Einen Schwerpunkt seiner Arbeit legte Cemaleddin Kaplan auf Bildungsarbeit: Er organisierte einen Aufbaustudiengang für islamische Studien und sammelte über 400 ausgewählte Schüler um sich (Metin Kaplan 1994). Die Schüler fielen damals durch islamische Kleidung auf (die weit geschnittene *şalvar*-Hose und Turban), was als Bekenntnis zum revolutionären Islam ge-

---

10 Hadith: Die Sammlungen der überlieferten Aussprüche des Propheten. Diese sind nach dem Grad ihrer Glaubwürdigkeit (die sich aus der Verläßlichkeit der Überlieferung ergibt) geordnet (siehe Khoury, Hagemann, Heine 1991:325 f.).

wertet wurde. Auf Grund des (nicht erhärteten) Verdachtes, er würde islamische Revolutionäre an der Waffe ausbilden, kam es zu Durchsuchungen. 1981 wurde Kaplan in den vorzeitigen Ruhestand versetzt – nach seiner eigenen Darstellung, weil er sich weigerte, in seinem Amtszimmer ein Atatürk-Portrait aufzuhängen und damit dem Staatskult zu huldigen (Metin Kaplan, ÜiM 125, 1. 9. 1995:9). Am 27. 12. 1981 reiste er dann nach Deutschland ein.

Mehmet G. und seine Freunde verfolgten mit Neugier von Augsburg aus das Manöver der Parteispitze, Kaplan nach Deutschland zu bringen: »Als sie ihn herbrachten, haben wir das genau verfolgt: Ist Cemaleddin Hoca ein wahrer Gelehrter, wird er zu seinem Islam stehen oder wird er sich von ihnen unterkriegen lassen?« (Mehmet G.) Sie fuhren damals nach München, um Kaplan zu hören – und waren beeindruckt: »Wir haben ihm damals aufmerksam zugehört. Wir haben zu einigen Freunden auf Grund unserer Erfahrung gesagt, wir haben gesagt: ›Der ist nicht wie die anderen Gelehrten, der wird sich nicht anpassen, unmöglich, daß er sich anpaßt. Denn der räumt dem Islam den ersten Platz ein, der wird sich nicht mit ihnen verständigen.‹« (Mehmet G.)

Der Eindruck sollte sich bestätigen. Kaplan wurde sehr schnell zum Wortführer des radikalen Flügels in der Nationalen Sicht. Von Anfang an verkündete er, daß der Militärputsch auch als Chance gesehen werden müsse, die Orientierung an einer demokratischen Parteienpolitik endgültig zu überwinden. Zum offenen Konflikt mit dem Parteiestablishment kam es, als sich Anfang 1983 die nach dem Putsch verbotenen türkischen Parteien neu konstituierten. Damit stand die Frage an, ob sich auch die ehemalige Religiöse Heilspartei neu bilden und zur Wahl antreten sollte. Kaplan war strikt dagegen, konnte sich aber nicht durchsetzen (ÜiM 130 vom 7. 11. 1995:8). Im August kam es schließlich zum Bruch. Der Anlaß war ein Hausverbot, das die Führung der Nationalen Sicht einigen radikalen Predigern erteilt hatte. Kaplan protestierte dagegen mit einem Fetwa, einem Rechtsgutachten, in dem er argumentierte, daß dieser Schritt unislamisch sei: Eine Moschee müsse allen zugänglich bleiben (Atacan 1993:38).

In Augsburg wurden diese Auseinandersetzungen mit großem Interesse verfolgt. Durch sein Auftreten gewann Kaplan bei den Gemeindeangehörigen den Ruf, bedingungslos für die Freiheit des

Wortes einzutreten. Selbst spätere Gegner wie Bekir K., der Ende der achtziger Jahre Vorsitzender der Nationalen Sicht in Augsburg werden sollte, waren zu der Zeit beeindruckt: »Kaplan predigte damals: ›Wir als Hodschas sagen, daß die Parteiführung mehr Gewicht auf das Predigen islamischen Wissens legen und diejenigen zurückpfeifen sollte, die dies verhindern wollen.‹« Dieses Argument leuchtete vielen unmittelbar ein: »Warum bringen wir eigentlich Hodschas nach Deutschland und eröffnen Versammlungsstätten? Doch damit sie den Islam lehren! Wenn nun Leute in den Leitungsgremien dies verhindern wollen, solidarisieren wir uns mit den Hodschas« (Şevket A., Vorsitzender der Kaplan-Gemeinde in Augsburg).

Am 13. 8. 1983 hielt Kaplan in Köln die programmatische Predigt: »Ist der Weg zum Staat die Partei oder die Verkündigung?«, in der er den Bruch mit der Nationalen Sicht vollzog. In dieser Predigt verurteilte er den parlamentarischen Weg als untauglich für die Machterreichung, weil er zu viele Kompromisse mit dem herrschenden System verlange. Statt dessen, so Kaplan, sei es sinnvoll, eine Massenbewegung auf der alleinigen Grundlage des Koran aufzubauen. Durch eine Rückkehr zu den Quellen könne die verhängnisvolle Spaltung der Muslime überwunden und eine revolutionäre panislamische Bewegung aufgebaut werden. Diese Einigung aller Muslime würde einen Machtzuwachs bedeuten, mit dem die Regierungsgewalt in der Türkei erobert und ein islamischer Staat begründet werden könnte. Das, freilich noch fernliegende, Endziel sei die Neuerrichtung des Kalifats, des Amtes des Oberhaupts aller Muslime, das 1925 im Lauf der türkischen Revolution abgeschafft worden war.

Noch im gleichen Jahr lud eine Gruppe, darunter Mehmet G. und Şevket A., Kaplan mit zwei anderen Predigern nach Augsburg ein, um eine Ansprache zu halten. Danach kam die Schura (Ratsversammlung) der Gemeinde, ein innerer Kreis von etwa zehn aktiven Mitgliedern, zusammen und faßte den Beschluß, sich der von Kaplan initiierten Bewegung anzuschließen.

Diejenigen, die der »Nationalen Sicht« treugeblieben waren, kamen zwar zunächst weiter zum Gottesdienst in die Moschee (wohin hätten sie auch gehen sollen?), waren aber isoliert. »Aber natürlich hatten diejenigen, die bei der Nationalen Sicht blieben, mit der Zeit keinen Einfluß mehr. Ohne Mehrheit hatten sie auch keine Möglichkeiten mehr, in die Leitungsgremien zu kommen.«

(Mehmet G.) Bei der überstimmten Minderheit herrschten Wut und Enttäuschung. Sie hatten das Gefühl, enteignet worden zu sein – sie hatten ja erhebliche Arbeit und Energie in Aufbau und Einrichtung der Moschee gesteckt. Erst Jahre später, nämlich 1988, sahen sich die Anhänger der Nationalen Sicht in der Lage, eine eigene Moschee zu eröffnen. Allerdings sollte schon 1990 eine zweite folgen. Dies spiegelt eine bundesweite Entwicklung: Nachdem die Nationale Sicht am Anfang durch die Abspaltung des Kaplan-Flügels sehr geschwächt war, konsolidierte sie sich in der zweiten Hälfte der achtziger Jahre. Die Wahlerfolge,[11] die die Mutterpartei in der Türkei erzielte, übertrugen sich auf die Gläubigen in Europa.

Dagegen zeichnete sich bei der Kaplan-Gemeinde nach anfänglichen Erfolgen bereits 1985 eine gewisse Stagnation ab, und 1987 hatte unübersehbar ein Erosionsprozeß eingesetzt. Als 1987 Ahmed Polat, einer der engsten Mitarbeiter von Kaplan, mit einer Gruppe von Anhängern die Gemeinde verließ,[12] wurde allen deutlich, daß die Kaplan-Bewegung sich in einer Krise befand. Als Antwort auf den Austritt baute Kaplan seine Gemeinde um: Die bis dahin relativ offene charismatische Bewegung transformierte sich in eine geschlossene, zentralisierte und hierarchische Sekte. Dies provozierte jedoch wiederum Unmut: 1989 verließ ein weiterer Prediger aus der engsten Umgebung Kaplans, Hasan Hayrı, mit mehreren Anhängern aus Protest die Bewegung. Damit schien sie endgültig vor dem Zusammenbruch zu stehen. Kaplan gelang jedoch durch spektakuläre Aktionen ein *comeback*. Im Dezember 1991 rief er zum Glaubenskrieg gegen die Türkei auf, im April 1992 proklamierte er eine Exilregierung, 1994 ließ er sich von seinen Anhängern zum Kalifen ernennen, d. h. zum geistigen und weltlichen Oberhaupt aller Muslime. So phantastisch diese Schritte auch waren, sie halfen den Verfallsprozeß zu stoppen und neue Anhänger, vor allem unter Universitätsstudenten, zu gewinnen.

Die in dem Konflikt mit Hasan Hayrı kulminierenden Auseinandersetzungen um die Restrukturierung der Bewegung führten

---

11 Die ersten größeren Triumphe feierte die Wohlfahrtspartei bei den Parlamentswahlen 1991. Danach sollte sie von Wahl zu Wahl ihren Stimmenanteil steigern, bis sie schließlich aus den Wahlen im Dezember 1995 als größte Partei der Türkei hervorging.
12 Wir werden unten auf die Gründe ausführlich eingehen (S. 158 f.).

auch in Augsburg zu heftigen Kontroversen. Mehmet G. verließ 1991 mit anderen Anhängern der ersten Stunde die Gemeinde. Als ich 1992 zu einem zweiten Feldforschungsaufenthalt zurückkam, war die Führung der Gemeinde in die Hände von Gläubigen der zweiten Generation übergegangen. Einen von ihnen, Seyfullah S., werde ich weiter unten ausführlich vorstellen.

1995 starb Cemaleddin Kaplan. Auf dem Totenbett bestimmte er seinen Sohn Metin zum Nachfolger im Kalifat. Nur ein Jahr später spaltete sich die Bewegung. Der Arzt Ibrahim Sofu, der aus der Augsburger Gemeinde stammte und nach Berlin emigriert war, rief sich zum Gegenkalifen aus. In der darauf einsetzenden erbitterten Auseinandersetzung verfaßte Metin Kaplan am 19. 7. 1996 ein Todesfetwa. Am 8. 5. 1997 wurde Ibrahim Sofu in seiner Wohnung in Berlin ermordet. 1998 wurde der Vorsitzende der Augsburger Gemeinde, der das Todesfetwa verlesen und offenbar zu seiner Umsetzung aufgerufen hatte, wegen öffentlichen Aufrufs zu Straftaten verurteilt. Hatte die Kaplan-Gemeinde 1995 noch 3000 Mitglieder in ganz Deutschland, so waren es 1998 noch 1300.[13]

Es bleibt noch, die Eröffnung einer weiteren Moschee in Augsburg kurz zu erwähnen. 1988 gründete eine kleine Gruppe von meist jungen Leuten – Angehörigen der zweiten Generation, oft Kinder von Vätern, die in der Kaplan-Gemeinde oder der Nationalen Sicht organisiert waren – eine kleine Nurcu-Loge. Auch die Nurcu rechneten sich in den achtziger Jahren dem revolutionären Islam zu. Deutlich war aber bereits damals schon ein quietistisch-beschaulicher Zug. Dieser Zug sollte sich in den folgenden Jahren verstärken und das politische Interesse völlig überlagern. 1992 war die Augsburger Nurcu-Gemeinde so gewachsen, daß sie ihre eigene Moschee gründete. Mit der Etablierung der Nurcu-Bewegung waren in Augsburg alle wichtigeren Organisationen des sunnitischen Islam präsent.

Die Geschichte des Islam in Augsburg ist, wie andernorts in der Bundesrepublik, durch eine erbitterte Rivalität verschiedener Or-

---

13 Der Organisationsgrad von Muslimen in Deutschland ist generell sehr gering. Von 2,7 Millionen Muslimen sind ungefähr 120000 in islamischen Vereinen und Stiftungen organisiert, also ca. 5 % (Heine 1997:120). Etwa die Hälfte der Moscheen sind nach den Daten des Islam-Archivs dem Präsidium für Glaubensangelegenheiten unterstellt (ebenda:121). Die nächstgrößere Gruppe bildet die Nationale Sicht, deren Mitgliederzahl von den deutschen Verfassungsschutzbehörden auf 30000 geschätzt wird (ebenda:125).

ganisationen charakterisiert. Um was aber geht es eigentlich bei diesen Auseinandersetzungen? Und was bewegt den Gläubigen, für die eine oder andere Gruppe Partei zu ergreifen? Diese Fragen stehen im Zentrum des nächsten Abschnitts.

I Debatten

Die Geschichte des sunnitischen Islam in Augsburg läßt sich in Form einer Genealogie darstellen. In einem Prozeß von Abspaltungen, Übernahmen und Neugründungen entstanden aus der einen Allgemeinen Moschee des Jahres 1974 insgesamt vierzehn Moscheen, die sich in der Hand von sechs Organisationen befinden. Auf diese Weise konstituierte sich ein Diskursfeld, ein Raum von Auseinandersetzungen, in dem über eine Reihe von Themen, zum Teil erbittert, gestritten wird.

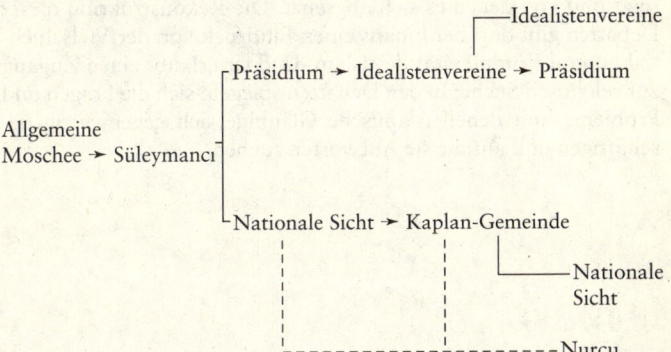

Die Etablierung des Islam in Augsburg läßt sich in Form einer Genealogie darstellen. Die Pfeile (➤) markieren Moscheeübernahmen; die durchgezogenen Linien (konflikthafte) Abspaltungen; die gebrochene Linie (bei der Nurcu-Gemeinde) Rekrutierungen.

In diesem Abschnitt werde ich untersuchen, worum es bei diesen Auseinandersetzungen ging. Dabei interessiert besonders, wie sich das Ideensystem Kaplans innerhalb der geistigen Landschaft der islamischen Gemeinden in Deutschland entwickelt hat. Im einzelnen werde ich drei Debatten rekonstruieren, mit denen sich die Gemeinde in Bezug zu den anderen Gemeinden setzte: 1. Die Debatte über die Haltung zum säkularen türkischen Nationalstaat, bei der die revolutionären Gemeinden auf der einen und die Anhänger des Präsidiums für Glaubensangelegenheiten zusammen mit den Idealistenvereinen auf der anderen Seite standen. 2. Die

Debatte um die Organisation der revolutionären Arbeit, bei der sich zwei islamische Traditionen, nämlich der Gesetzesislam (hier vertreten durch Nationale Sicht und Kaplan-Gemeinde) und politische Mystik (Nurcu und Süleymancı) gegenüberstehen. 3. Die Debatte über die Ausrichtung einer revolutionären Politik, bei der Vertreter einer gesinnungsethisch »fundamentalistischen«[1] Politik (Kaplan-Gemeinde) das eine Lager und die Anhänger einer realpolitischen parlamentarischen Position (Nationale Sicht) das andere bilden. Eine derartige Verortung ist zunächst deshalb wichtig, weil sich ein Ideensystem wie das Kaplans nur verstehen läßt, wenn man die Positionen kennt, mit denen es sich auseinandersetzt und von denen es sich abgrenzt. Die Rekonstruktion dieser Debatten gibt darüber hinaus einen Eindruck von der Vielschichtigkeit und Komplexität des Islam. Und sie erlaubt einen Zugang zur religiösen Suche: In den Debatten spiegeln sich die Fragen und Probleme, mit denen islamische Gläubige sich gegenwärtig beschäftigen und auf die sie Antworten suchen.

1 »Fundamentalistisch« gebrauche ich hier in dem Sinn, wie er für die Grünen der achtziger Jahre verwendet wurde – nämlich als Bezeichnung für den Flügel, der dem parlamentarischen Kurs der »Realos« mißtrauisch, wenn nicht ablehnend gegenüberstand.

Islam und säkularer Nationalstaat

Die türkische Revolution bedeutete einen ähnlichen Einschnitt für den Islam wie die französische für das Christentum. Im Zentrum der damaligen islamischen Welt wurde eine radikal laizistische Republik ausgerufen. Die verschiedenen islamischen Gemeinden, die sich heute in Deutschland gegenüberstehen, sind direkte oder indirekte Nachfolger der Gruppen, die sich in den Revolutionsjahren herausbildeten – und noch heute, nach 75 Jahren, reißt die unterschiedliche Einschätzung dieser Revolution weltanschauliche Gräben zwischen den islamischen Fraktionen auf. Um dies zu verstehen, ist es erforderlich, kurz auf die historischen Ereignisse einzugehen.

Die türkische Revolution

Die kemalistische Revolution war zweifellos eine der radikalsten – wenn nicht die radikalste – Kulturrevolution dieses Jahrhunderts. Ihr Auslöser war die vernichtende Niederlage des Osmanischen Reichs im 1. Weltkrieg. Im Vertrag von Sèvres wurde dem Sultan 1920 ein Friedensvertrag diktiert, der die endgültige Zerschlagung des Reichs bedeutet hätte: Außer dem Verlust der arabischen Provinzen sah der Vertrag die Abtretung von Territorien für einen armenischen Staat und für ein autonomes Kurdistan vor. Was von Anatolien verblieb, sollte in britische, französische, griechische und italienische Interessengebiete aufgespalten und die Marmararegion sollte internationalisiert werden. Gegen die Umsetzung dieser Bestimmungen organisierte der General Mustafa Kemal (»Atatürk«) erfolgreich den Befreiungskrieg (1920-1922) und erreichte damit die Revision des Friedensvertrags (Lausanne 24. 7. 1923). Der Befreiungskrieg schuf die Voraussetzung für eine revolutionäre Umgestaltung der Türkei. Das *ancien régime* hatte seine Legitimation eingebüßt: Der in Istanbul amtierende Kalif, der die Friedensverhandlungen geführt und den Vertrag von Sèvres unterzeichnet hatte, schien auf die Seite der Invasoren und Besatzungsmächte übergegangen zu sein (Lewis 1968:402); dagegen war Mustafa Kemal im Krieg zum Volkshelden geworden und hatte damit ein Charisma erworben, das es ihm erlaubte, nach der Wahl zum Präsidenten der türkischen Republik am 29. 10. 1923 seine radikalen Reformvorhaben durchzuführen.

Die Hauptaufgabe, vor die sich die Revolution gestellt sah, betraf die Umgestaltung des Überbleibsels eines heterogenen Reichs in einen modernen Nationalstaat. Dieses Projekt erforderte die grundsätzliche Reformulierung der kollektiven Identität, die im osmanischen Reich auf der Loyalität zur islamischen Gemeinschaft, der Umma, und zur Herrscherdynastie, dem Haus Osman, beruht hatte. »Bis ins frühe 19. Jahrhundert betrachtete der osmanische Türke die Gesellschaft, in der er lebte, als Kulmination zweier Entwicklungslinien ... Die eine begann mit der Mission von Muhammed, dem Aufstieg des Islam und der Etablierung des Kalifats; die zweite mit dem Aufstieg des Hauses Osman und dem Osmanischen Reich« (Lewis 1968:329). Im 19. Jahrhundert hatte es zwar Versuche gegeben, unter Berufung auf Osmanismus, Islamismus oder Turkismus eine nationalstaatliche Identität zu begründen; diese waren jedoch weitgehend auf intellektuelle Zirkel in den Großstädten beschränkt geblieben. Erst mit dem Befreiungskrieg verbreitete sich die Idee des territorialen Nationalstaats in weiteren Kreisen der Bevölkerung (Tunçay 1984:56). Die kemalistische Revolution bestand im wesentlichen in der Umsetzung dieses Gedankens. Auf dem im Vertrag von Lausanne festgeschriebenen Gebiet wurde ein Staat begründet, der im wesentlichen auf den zwei Säulen beruhen sollte, die für Gellner »Nation« definieren: eine gemeinsame Kultur und das Bewußtsein von Zusammengehörigkeit beziehungsweise Solidarität (Gellner 1983/1991:16). Angesichts des ethnisch-kulturellen Pluralismus in Anatolien bedeutete dies eine konsequente Politik kultureller Homogenisierung, die sich besonders deutlich in der Unterdrückung nicht-türkischer Kulturen ausdrückte. In diesem Zusammenhang wurde unter anderem der Gebrauch von Minderheitensprachen – etwa des Kurdischen oder des Tscherkessischen – im öffentlichen Raum verboten.[2] Die doppelte Aufgabe – die Lösung vom islamischen Erbe und die Neubegründung einer ethnisch-kulturellen Identität – bedingte eine radikale Umgestaltung der Lebenswelt.

Ein erstes Bündel von Maßnahmen der kemalistischen Revolu-

---

2 Die Politik der Türkischen Republik unterschied sich darin allerdings kaum von anderen Nationalstaaten. Siehe etwa Eugen Webers beeindruckende Schilderung der Situation in Frankreich, wo noch 1863 ein Viertel der Bevölkerung nicht Französisch sprach (Weber 1977:67).

tionäre zielte auf die radikale Säkularisierung des Staates. Am 3. 3. 1924 wurde das Amt des Oberhaupts der Muslime, das Kalifat, abgeschafft; 1926 wurde das Schweizer Zivilrecht als Grundlage für das neue Privatrecht übernommen und damit das letzte – und entscheidende – Gebiet, auf dem die Prinzipien des religiösen Rechts noch galten, auf neue Grundlagen gestellt. Dies war weit einschneidender als die Übernahme des französische Strafrechts, die bereits 1858 während der Reformperiode der Tanzimat-Zeit stattgefunden hatte, denn damit wurde ein Bereich auf neue gesetzliche Grundlagen gestellt, der nach islamischem Verständnis besonders schützenswert ist: der Bereich des Hauses, der Familie und der Ehre (Roy 1992/1994:11). Es ist bemerkenswert, daß die Türkei bis heute der einzige islamische Staat geblieben ist, der diesen Schritt getan hat. 1928 wurde der Artikel, der den Islam zur Staatsreligion erklärt hatte, aufgehoben; gleichzeitig wurde die Islambindung der Verfassung abgeschafft, also die Verpflichtung auf das religiöse Gesetz, die Scheriat (Scharia, türk. *şeriat*). Wenn der letzte Schritt de facto vielleicht auch nur nachholte, was längst Realität geworden war, so bedeutete er doch das offene Bekenntnis zu einer grundsätzlichen Umstrukturierung des Verhältnisses von Recht und Staat, von Gesetz und Macht. Der klassische islamische Staat hatte sich nie als Gesetzgeber begriffen: »Nach traditionell muslimischer Vorstellung erzeugt nicht der Staat das Gesetz, vielmehr wird er selbst durch das Gesetz geschaffen und aufrechterhalten. Das Gesetz seinerseits geht auf Gott zurück und wird von denen kommentiert und verwaltet, die für diese Aufgabe ausgebildet sind. Die Pflicht des Herrschers besteht darin, das Gesetz, an das er nicht weniger als der geringste seiner Untertanen gebunden ist, zu verteidigen und zu hüten, aufrechtzuerhalten und durchzusetzen.« (Lewis 1988/1991:59) Damit war eine grundsätzlich andere Konfiguration des Verhältnisses von Recht und Macht gegeben als die, die sich in Europa herausgebildet hatte: »Die Scheriat ist von keinem Staat, keinem existierenden positiven Recht und von keiner politischen Entscheidung abhängig. Sie erschließt deshalb ein Feld parallel zum politischen Raum, zur Politik. Diese kann sicherlich die Scheriat umgehen oder sie manipulieren ... aber sie kann aus ihr nichts anderes machen, als sie ist« (Roy 1992/1994:10). Der kemalistische Schritt war also revolutionär: Mit der Lösung der Islambindung erklärt sich der türkische Staat zum Gesetzgeber – er konstituiert sich in anderen Worten als

Souverän. Während in der klassischen islamischen Staatstheorie das jenseits jeder politischen Einheit existierende Recht als Instrument gesehen wurde, mit der die Machthabenden kritisiert werden konnten, wird es nun primär als Werkzeug zur Umsetzung der Politik begriffen.[3]

Gleichzeitig wurde der Islam unter staatliche Kontrolle gebracht. Die Prediger wurden dem neu geschaffenen »Präsidium für religiöse Angelegenheiten« (*Diyanet Işleri Reisliği*) unterstellt, »der Islam wurde damit zu einem Ressort des Staates; und die Geistlichen (*ulema*) zu niederen Beamten.« (Lewis 1968:413) Auch die Ausbildung der Geistlichkeit wurde nun staatlich organisiert. 1924 wurden die unabhängigen Ausbildungsstätten der Geistlichkeit, die »Medresen«, geschlossen und an ihrer Stelle staatliche Imam-Hatip-Schulen (Berufsfachschulen für Vorbeter und Prediger) eingerichtet, in denen nach staatlich autorisierten Lehrplänen unterrichtet wurde. Im Zug der Radikalisierung des Kampfes gegen die Religion wurden allerdings auch diese Schulen schon 1929/1930 wieder geschlossen und erst 1950 wiedereröffnet.

Diese Maßnahmen stießen, wenig überraschend, auf Widerstand, wobei die mystischen Bruderschaften eine entscheidende Rolle spielten: 1925 kam es zur Revolte des Nakşibendi-Scheichs[4] Said, die sowohl die Züge einer kurdisch-separatistischen Revolte gegen den entstehenden Nationalstaat wie auch des Widerstands gegen den Säkularisierungskurs[5] trug. Nach dem Niederschlagen der Rebellion wurden alle Bruderschaften verboten. Allerdings gelang es der Revolution nicht, sie zu zerstören – sie lebten im Untergrund weiter und entfalteten in der Geschichte der Republik eine erhebliche Wirkung.

Die Maßnahmen der Regierung beschränkten sich jedoch nicht auf die Organisation des Islam, sondern betrafen auch den Kult. Bezeichnend für den revolutionären Geist der zwanziger Jahre wa-

---

3 Man muß dies im Sinn haben, um zu verstehen, warum das *Selbstverständnis* von Bewegungen, die auf die Wiederherstellung der Scheriat drängen, zunächst und primär antitotalitär ist. Damit ist natürlich noch nichts über das totalitäre Potential gesagt, das dann gegeben ist, wenn, wie im Iran, die Geistlichkeit selbst die Macht ergreift.

4 Zu den Nakşibendi siehe unten S. 50.

5 »Scheich Said formulierte seine Haltung in religiöser Sprache als Konterrevolution gegen die Ungläubigen in Ankara« (Tunçay 1984:67). Zur Geschichte und Soziologie des Scheich-Said-Aufstands siehe insbesondere Bruinessen 1978, 1984.

ren die Empfehlungen einer Kommission für die Reform und Modernisierung der islamischen Religion, die vor allem auf eine Türkifizierung des Gottesdienstes hinausliefen. Hier waren allerdings Grenzen der Akzeptanz erreicht, nicht zuletzt weil diese Versuche, einen aufgeklärten Islam zu definieren, allzu sichtbar Anleihen im Westen machten. »Es war möglich, das osmanische Sultanat in eine nationale Republik mit Präsidenten, Ministern und einem Parlament zu verwandeln. Es war jedoch nicht möglich, die Moschee in eine islamische Kirche mit Kirchenstühlen, Orgel und einem Imam als Vorsinger zu transformieren« (Lewis 1968:415).

Ein weiteres Bündel von Maßnahmen primär symbolischer Art zielte darauf ab, den Einfluß des Islam auf die Bevölkerung zu untergraben: 1925 wurde das »Hutgesetz« verabschiedet und das Tragen der klassischen islamischen Kopfbedeckung – Fes und Turban – verboten. Wie schmerzhaft dies war, läßt sich daran ermessen, daß die Durchsetzung des Hutes, »der im Volk als Symbol der verhaßten Ungläubigen galt« (Tunçay 1984:74), nur mit Brachialgewalt möglich war. Nach der Verhängung etlicher Todesurteile zogen sich viele orthodoxe Muslime aus dem öffentlichen Leben zurück (Kreiser 1991:138). Eine andere Maßnahme von immenser symbolischer Bedeutung bestand in der Umwandlung der 1453 von Mehmet II. in eine Moschee überführten Hagia Sophia in ein Museum. Damit wurde in den Augen der Muslime eines der wichtigsten Gotteshäuser der islamischen Welt entweiht. Nicht weniger wichtig war die Umstellung des Kalenders: Der Wochenruhetag wurde vom Freitag auf den Sonntag verlegt und die christliche Zeitrechnung übernommen. Die tiefe Demütigung islamischer Kreise gerade durch diese symbolischen Maßnahmen zeigt sich darin, daß man sich noch heute auf sie berufen kann, wenn es darum geht, Muslime zu mobilisieren.

Ein dritter großer und für *nation building* entscheidender Komplex von Reformen stellte die Schrift- und Sprachreform dar. 1928 wurde von arabischer auf lateinische Schrift umgestellt. 1932 erfolgte die Gründung der »Gesellschaft für Türkische Sprache« (*Türk Dil Kurumu*), die die Turkisierung der türkischen Sprache in Angriff nahm, was vor allem die Reinigung von den im Osmanischen sehr verbreiteten persischen und arabischen Lehnworten bedeutete. Durch die beiden Reformen wurden die in der revolutionären Türkei aufwachsenden Generationen von der islamisch-osmanischen Tradition abgeschnitten. Gleichzeitig wurde ein neuer Sprach- und Schriftraum geschaffen und damit die Grundlage für die »imaginierte Gemeinschaft« der Nation gelegt.[6] Es zeugt von der konsequenten Umsetzung dieses Unterfangens, daß Texte aus osmanischer Zeit heutigen Schulabgängern kaum mehr verständlich sind.

Ich empfehle meinen Studenten ein Gedankenexperiment, damit sie sich den extremen Charakter der Reformen verdeutlichen: Man stelle sich vor, daß hierzulande die arabische Schrift und der arabische Kalender eingeführt würden. Der Sonntag würde durch den Freitag als Ruhetag ersetzt; das Tragen des Huts würde strafrechtlich verfolgt und das Tragen des Turbans angeordnet. Das arabische Zivilrecht (mit allen Implikationen für das Ehe- und Erbrecht) würde übernommen. Darüber hinaus würde die Kirche der Aufsicht des Staates unterstellt und der Religionsunterricht abgeschafft. All dies geschähe in der expliziten Absicht, die Bundesrepublik aus dem europäisch-christlichen Kontext zu lösen und sie auf den Standard der islamischen Kultur und Zivilisation zu heben. Angesichts der Radikalität dieser Maßnahmen verlief die kemalistische Revolution bemerkenswert unblutig.

Mit all diesen Maßnahmen wurde tatsächlich ein Nationalstaat aus der Wiege gehoben. Allerdings nicht flächendeckend: Die Revolution beschränkte sich weitgehend auf die Städte; auf dem Land griffen die Reformen erst viel später – und wirkten sich nur abgeschwächt aus. Bezeichnend ist der Kulturschock, den der Lehrer Mahmut Kemal, ein Kemalist durch und durch, in den fünfziger Jahren erlebte, als er seine Unterrichtstätigkeit in Mittelanatolien aufnahm: Er fand ein von der politischen Entwicklung völlig unberührt gebliebenes Dorf vor (Makal 1950/1983). Aber auch die nach wie vor islamisch geprägte Kultur, auf die ich in den siebziger und achtziger Jahren bei meinen Feldforschungsaufenthalten in ländlichen Gebieten Anatoliens traf, unterschied sich grundlegend von der urbanen kemalistisch geprägten Kultur der Innenstädte.[7]

6 Benedict Anderson: »Die weitaus wichtigste Eigenschaft der Sprache ist . . . ihre Fähigkeit, vorgestellte Gemeinschaften hervorzubringen, indem sie besondere Solidaritäten herstellt und wirksam werden läßt . . . Wenn das radikale Moçambique Portugiesisch spricht, bedeutet dies, daß Portugiesisch das Medium ist, durch das Moçambique vorgestellt wird . . . Die gedruckte Schriftsprache erfindet den Nationalismus, nicht aber eine Sprache per se.« (1983/1988:134)
7 Schiffauer 1987. Zur städtischen Kultur siehe Schiffauer 1993a.

Ab Mitte der vierziger Jahre lockerte sich die revolutionäre Politik. 1946 wurde ein Mehrparteiensystem eingeführt; 1950 kam es zur Abwahl der Partei der Revolution, der Republikanischen Volkspartei. Seit damals wurde die Politik meist von Mitte-Rechts-Parteien bestimmt, die für eine liberalere Wirtschaftspolitik und für eine tolerantere Haltung gegenüber dem Islam eintraten. Die Entwicklung wurde allerdings dreimal (1960, 1971 und 1980) durch die Interventionen des Militärs unterbrochen, das immer eingriff, wenn sich seiner Meinung nach die Entwicklung zu weit von den kemalistischen Prinzipien entfernte.

Die Liberalisierung der fünfziger Jahre führte zum rapiden Wachstum der Städte. Die damit einhergehende Landflucht brachte in Gestalt der Stadtmigranten aus Anatolien den Islam zurück in die Städte. Dennoch blieb die kulturelle Hegemonie der Kemalisten zunächst unangefochten. Der Kemalismus schien für Moderne und Aufklärung zu stehen, der Islam für Reaktion und Rückwärtsgewandtheit. Der Islam der Stadtmigranten wurde als Übergangsphänomen betrachtet – charakteristisch für eine erste, noch in den Herkunftsdörfern verwurzelte Generation; uninteressant für eine zweite, urbane Generation. Diese Einschätzung sollte sich ab Mitte der achtziger Jahre mit einem neuen Wachstumsschub der Metropolen ändern. Der Islam begann sich nun in den Großstädten zu etablieren und wurde wieder zu einer ernstzunehmenden Größe in den symbolischen Kämpfen der türkischen Gesellschaft.

Auf diesem Hintergrund lassen sich die verschiedenen Gruppen erklären, die sich gegenwärtig in der Bundesrepublik gegenüberstehen. Sie scheiden sich auch heute noch (oder gerade heute wieder) in ihrer Stellung zum säkularen Nationalstaat. Auf der einen Seite finden sich das Präsidium für Glaubensangelegenheiten und die Idealistenvereine (»Grauen Wölfe«), auf der anderen Seite die vier islamisch-politischen Organisationen.

Das *Präsidium für Glaubensangelegenheiten* ist, wie wir gesehen haben, ein Kind der kemalistischen Revolution. Es organisiert nach wie vor Ausbildung wie Anstellung der Prediger. Inhaltlich legt das Präsidium die ihm unterstellten Prediger auf eine Auslegung der islamischen Theologie fest, die mit dem Säkularismus des türkischen Staates vereinbar ist. Nicht nur die Ausbildung der Hodschas wird in dieser Absicht ausgerichtet, sondern es werden auch die Grundsätze und grundlegenden Argumentationen festgelegt, die die religiösen Amtsträger im ganzen Land in ihren Predigten zu verwenden haben (Toprak 1984:100).

Darüber hinaus sieht das Präsidium seine Aufgabe darin, das religiöse Schrifttum innerhalb und außerhalb der Türkei zu überprüfen. Die Mitarbeiter des Amtes sind gehalten, sich nicht in politische Angelegenheiten einzumischen: »Kein religiöser Amtsinhaber, in welcher Stellung auch immer, darf Mitglied einer politischen Partei sein, noch darf er Zustimmung oder Kritik an einer politischen Partei äußern, weder während der Ausübung seiner Pflichten noch in seinem Privatleben« (Toprak 1984:102).

Soweit die Fassade. Faktisch war die konkrete Politik des Präsidiums immer abhängig von den Kräfteverhältnissen in der türkischen Regierung – Phasen konservativer islamischer Ausrichtung wechselten mit Phasen, in denen das Programm eines islamischen Modernismus entschieden vertreten wurde. Auch hat die Monopolstellung des Präsidiums die nicht-intendierte Folge, daß seine Angestellten die ganze Bandbreite gegenwärtiger islamischer Orientierungen vertreten. So finden sich neben Mitarbeitern, die sich selbst als Vertreter eines »zeitgenössischen«, »modernen«, »wissenschaftlichen« und »toleranten« Islam sehen würden, auch solche, die bewußt für einen politischen Islam eintreten und eine islamische Revolution befürworten würden. Es ist ein offenes Geheimnis, daß zahlreiche Prediger, die nach ihrer Pensionierung in der Türkei eine Anstellung bei Gemeinden in Deutschland finden, ihre erzwungene Zurückhaltung aufgeben und plötzlich sehr prononcierte politische Meinungen vertreten.

Auch die *Idealistenvereine* (»Grauen Wölfe«) vertreten ein affirmatives Verhältnis zum säkularen Nationalstaat. Sie bilden den europäischen Ableger der Partei der Nationalen Bewegung. Die Partei ist 1969 aus einigen Vorgängergruppen gegründet worden. Sie betont Ethnizität, also Turkismus, als Grundlage nationaler Identität. In dieser Hinsicht knüpft sie an eine kemalistische Tradition an, übersteigert sie jedoch in Hinsicht auf Nationalismus, rassistische Reinheitsideologie und die Verklärung eines vorislamischen türkischen goldenen Zeitalters. Ein offen zur Schau getragener Militarismus und schließlich die Beanspruchung einer elitären Führungsrolle gibt der Partei faschistische Züge (Şimşek-Hekimoğlu 1985). In den siebziger Jahren konnte sie ca. 7 % der Wählerstimmen auf sich ziehen und war von 1975-1977 an einer Regierungskoalition beteiligt. Vor allem die paramilitärisch ausgebildete Jugendorganisation profilierte sich in der zweiten Hälfte der siebziger Jahre in den bürgerkriegsähnlichen Konflikten an den türkischen Universitäten als Hauptgegner der verschiedenen kommunistischen Gruppierungen.

Die Ausweitung der Bewegung in den 70er Jahren führte zu einem Abrücken von der Verehrung der vorislamischen Epoche und zu einer Neubewertung des Islam. Nun wurde die Idee einer türkisch-islamischen Synthese betont – wobei die historische Rezeption des Islam durch die Turkvölker als Stärkung sowohl des Islam wie der Turkvölker interpretiert wurde. Mit dieser ideologischen Neubestimmung drang mehr und mehr islamisches Vokabular in die Bewegung ein. Während der Studentenunruhen Ende der siebziger Jahre wurde an den Universitäten der Dschihad, der Glaubenskrieg, gegen die Kommunisten ausgerufen, und die in den Auseinandersetzungen Gefallenen wurden als şehid, als Märtyrer, bezeichnet. Der Kampf an den Universitäten wurde als Kampf sowohl für den Islam wie für die Nation gewertet. Trotz aller islamischen Orientierung kam es nie zu einer Absage an den Laizismus (Şimşek-Hekimoğlu 1985:25): Für die Partei der Nationalen Bewegung war der Islam vor allem als bedeutender Aspekt der nationalen Kultur wichtig. Sie wollte einen autoritären, aber keinen islamischen Staat.

Schon Ende der siebziger Jahre wurde die Position der türkisch-islamischen Synthese für Teile der Staatsbürokratie als Gegenideologie zur Linken interessant. Das Legitimationsinteresse nach dem Militärputsch 1980 verstärkte diese Tendenz. Jetzt spielte diese nationalistische Variante des Islam auch als Gegenposition zum islamischen Internationalismus eine zunehmend wichtige Rolle. Die türkisch-islamische Synthese wurde Teil der nationalen Kulturplanung, und einflußreiche Posten in Regierung und Staatsbürokratie wurden mit Mitgliedern des Intellektuellenkorps der Partei der Nationalen Bewegung besetzt (Seufert 1997a:269). Die Tatsache, daß die Präsidiumsmoschee in Augsburg bald nach ihrer Gründung in die Hand der Idealistenvereine fiel und dann 1986 wieder vom Präsidium zurückerobert wurde, ist ein schwacher Nachhall dieser Ambivalenz von Nähe und Distanz im Verhältnis von Staatsbürokratie und nationalistischer Rechter.

Auf seiten der Gegner der türkischen Republik finden sich zunächst die *Süleymancı*. Ihr Begründer Süleyman Hilmi Tunahan

(1888-1959) entstammte der mystischen Bruderschaft der Nakşibendi. Die im 12. Jahrhundert entstandene Bruderschaft hatte eine
nüchterne, sehr stark verinnerlichte, disziplinierte Form der Spiritualität ausgebildet (Mardin 1991) und sich in dieser Hinsicht von
anderen Sufi-Bruderschaften abgesetzt, die expressivere Formen
der Ekstase pflegten.[8] Vor allem waren die Nakşibendi immer
wieder Träger islamischer Erneuerungsbewegungen gewesen, die
sich ab dem 19. Jahrhundert hauptsächlich gegen den Einfluß des
Westens richteten (Mardin 1993; siehe auch Algar 1976, 1985). Süleyman Hilmi Tunahan knüpfte an diese Tradition an. Er wollte
die Zerschlagung der klassischen islamischen Ausbildung nicht
hinnehmen und der seiner Meinung nach verengten, wenn nicht
verfälschten Version des Islam durch den Aufbau eines eigenen
Ausbildungssystems etwas entgegenstellen. Ab 1936 richtete er im
Untergrund ein System von Korankursen ein. Dabei organisierten
diejenigen, die die Ausbildung bereits durchlaufen hatten, ihrerseits Kurse, so daß sich die Organisation nach dem Schneeball-
system ausbreitete. Obwohl in der Türkei immer wieder Süley-
mancı-Zirkel aufflogen, konnte die Regierung die Bewegung nicht
unter Kontrolle bringen. Die große Stunde der Süleymancı kam
dann unter Süleyman Hilmi Tunahans Schwiegersohn und Nachfolger Kemal Kaçar in der Bundesrepublik. Auf Grund ihres Ausbildungssystems waren die Süleymancı in der Lage, schneller und
effizienter als die anderen Organisationen auf das wachsende Bedürfnis nach religiöser Ausbildung unter den Arbeitsmigranten in
Deutschland zu reagieren. Das Präsidium für Glaubensangelegenheiten andererseits hatte die Entwicklung einfach vernachlässigt.
Es gab zwar einzelne Moscheevereine, die sich (wie derjenige in
Augsburg) von sich aus dem Präsidium unterstellten und Hodschas anforderten; systematisch begann das Präsidium jedoch
erst 1984 mit der Gründung der D. I. T. I. B. (*Diyanet İşleri Türk-Is-
lam Birliği*, »Türkisch-Islamische Union für Glaubensangelegenheiten«), den anderen islamischen Organisationen etwas entgegenzusetzen. So kam es, daß die Süleymancı in den siebziger und
frühen achtziger Jahren an vielen Orten der Bundesrepublik zur
dominierenden Gemeinde wurden. Man könnte noch anmerken,
daß sich die Konkurrenzsituation zwischen dem Ausbildungs-
system der Süleymancı und dem des Präsidiums für Glaubensange-

8 Zur Spiritualität der Nakşibendi siehe unten S. 76.

legenheiten in der expliziten Feindschaft äußert, die auch in dem Augsburger Konflikt zum Ausdruck kam.

Die *Nurcu* konstituierten sich etwa zur gleichen Zeit wie die Süleymancı. Said Nursi gehörte wie Süleyman Hilmi Tunahan zur Nakşibendi-Bruderschaft (Mardin 1993:218); wie dieser reagierte er auf die Herausforderung des türkischen Laizismus mit der Errichtung eines Bildungswerks.[9] Dabei setzte er jedoch deutlich andere Akzente: Said Nursis Absicht war es, den Koran in einer zeitgemäßen Form zu vertreten und damit auf die Herausforderung der säkularen Erziehung zu antworten.[10] Der Einfluß des Islam sollte damit in einer veränderten Welt gesichert werden. Während seines Exils in Isparta (1925-1934) baute Said Nursi eine Organisation zur Verbreitung seiner Schriften auf (Spuler 1973:134). Er selbst bezeichnete diese Organisation als »Schule« (*ekol*) und nicht als »Bruderschaft« (*tarikat*) und betrachtete sich selbst, anders als Süleyman Hilmi Tunahan, nie als Scheich, also als Haupt einer Bruderschaft. Dennoch gibt es so viele Parallelen zu den klassischen Bruderschaften, daß es mir gerechtfertigt zu sein scheint, die *Nurcu* als transformierte Bruderschaft zu bezeichnen.[10]

Said Nursi ging es insbesondere darum, die Vereinbarkeit von Islam und modernen Naturwissenschaften nachzuweisen. Er vertrat die Position, daß man über wissenschaftliche Erkenntnisse Einblick in die Majestät der Schöpfung und damit auch ihres Schöpfers gewinnen könne. Dieser Geist prägt noch heute die Bewegung, die sich einem umfangreichen Bildungswerk verschrieben hat.

Anders als die Süleymancı zielten die Nurcu nicht auf breite Missionierung, sondern versuchten, Bildungseliten anzusprechen. Dabei bestand ihre Strategie darin, durch die Errichtung von Geheimlogen die Schaltstellen im türkischen Polizei- und Militär-

---

9 Darstellungen bei Mardin 1989; Spuler 1973, 1977, 1981.

10 Die innere Hierarchie mit den Stufen »Schüler«, »Bruder«, »Freund« und »Geliebter« (Spuler 1981:428) korrespondiert eng mit der Struktur mystischer Gemeinschaften; das zentrale Ritual, der *ayın* (eine meditative Kontemplation der Schriften von Said Nursi) wurde mir von Mitgliedern der Berliner *Nurcu*-Gemeinde als strukturelles Korrelat zum *zikir* der Sufi erklärt – wahrscheinlich schließt diese Institution eher an eine andere mystische Übung an, nämlich das *hatm*, die gemeinsame Erarbeitung eines heiligen Buchs; die Spiritualität der Bewegung schließlich hat eindeutige Wurzeln in der monistischen Tradition des mystischen Islam (alles ist er, Gott), in dem Gedanken der Refraktionen Gottes in allen Naturerscheinungen.

apparat in ihre Hand zu bekommen (Mardin 1993:220). Allerdings ereilte sie das Schicksal zahlreicher klandestiner Organisationen: Die Unsichtbarkeit erlaubt einerseits Wirksamkeit, verhindert aber auch eine Erfolgskontrolle. Wie die Süleymancı waren auch die Nurcu in der Türkei verboten.

Zu den Gegnern der ersten Stunde, den Süleymancı und Nurcu, gesellte sich 1969 die Partei der Nationalen Ordnung, Vorläufer der 1971 gegründeten *Nationalen Heilspartei* und späteren *Wohlfahrtspartei*. Auch diese Partei hat Beziehungen zur Nakşibendi-Mystik. Necmettin Erbakan hatte sich während seiner Studentenzeit in den vierziger Jahren in die Nakşibendi-Bruderschaft initiieren lassen. Die Gründung einer Partei der Muslime wurde nachdrücklich von dem Scheich Mehmet Zahid Kotku betrieben, der »seinen Einfluß auf die anatolischen Zweige des Ordens nach Kräften für den Aufbau der Partei genutzt und ›Partei und Orden als zwei Seiten einer Medaille‹ betrachtet« hatte (Seufert 1997b:46). Wenn die Partei Erbakans auch, wie die Süleymancı und Nurcu, Berührungspunkte zu den Nakşibendi hat, verfolgte sie doch eine grundsätzlich andere Strategie. Die Süleymancı und die Nurcu brachten mystische Tradition und politische Arbeit zu einer neuen Synthese und verwendeten insbesondere die Struktur einer Bruderschaft für politische Zwecke. Die Begründer der Nationalen Sicht hielten dagegen mystische Tradition und politische Arbeit auseinander: Was letztere betraf, knüpften sie deshalb an einer anderen Tradition des Islam an, nämlich am Gesetzesislam, am Islam der Schrift. Wir werden im nächsten Kapitel darauf zurückkommen.

Der Vorsitzende der Partei, Necmettin Erbakan, ist Professor für Maschinenbau. Er wurde 1968 zum Vorsitzenden der Industriekammer bei der türkischen Industrie- und Handelskammer gewählt, offenbar als Vertreter der kleineren und mittleren Gewerbetreibenden. Nach Sarıbay (1985) läßt sich die Ideologie der Partei in den siebziger Jahren als der Versuch verstehen, eine Antwort auf die Frage zu geben, wie das ehemals mächtige osmanische Reich zu einem unterentwickelten Land verkommen konnte. Die negativen Einflüsse des Westens hätten zu einer Entfremdung des »türkischen Menschen von seinen kulturellen Werten« geführt. Dabei schulde der Westen seine eigene Entwicklung im wesentlichen dem Islam. Die Türkei müsse zum Islam zurückfinden, um wieder zu einer großen Nation zu werden. »Krisenursache ist die

Entfernung von den islamischen Prinzipien, weshalb der einzige Weg, sich von diesen Krisen zu befreien, die Rückkehr zu islamischen Prinzipien ist, welche die Quelle der idealen moralischen Werte bilden« (Sarıbay 1985:270). Letztendlich müsse man den Materialismus überwinden und zu einer ethischen Grundhaltung zurückfinden. Dieser Betonung der Kultur korrespondiert ein stark erzieherischer Impetus. »Die Partei betrachtet das ganze Land als eine Schule, in der jeder kontinuierlich von der Wiege bis zum Grab lernt« (Landau 1976:10). Was seine wirtschaftlichen und politischen Vorstellungen betrifft, so knüpft Erbakan an das kemalistische Entwicklungsmodell einer weitgehend staatlich gelenkten, zentralistischen Wirtschaftspolitik an, die den Idealen der Unabhängigkeit, der Entwicklung aus eigener Kraft und der geplanten Industrialisierung huldigt (Seufert 1997a: 273 ff). Das Ideal ist ein mit seinen Gläubigen versöhnter islamisch-bürokratischer Staat, zu dessen Aufgaben »die Entwicklung und Lenkung der Ökonomie, die Gestaltung der gesellschaftlichen Struktur und die direkte Regelung aller Beziehungen der gesellschaftlichen Gruppen untereinander« gehört (ebenda: 276).

Die Nationale Heilspartei der siebziger Jahre läßt sich »als eine Bewegung der traditionellen religiösen, unterentwickelten Gebiete Zentralanatoliens und der kurdisch-sprechenden Peripherie gegen das in ihren Augen gottlose, laizistische, sie benachteiligende Zentrum im Westen des Landes ... charakterisieren« (Seufert 1997a: 271). Sie konnte damals nur ungefähr 5 % der Stimmen auf sich vereinigen. Nach dem Putsch von 1980 wurde sie wie alle anderen Parteien verboten, 1984 konstituierte sie sich als »Wohlfahrtspartei« neu. Diese neue Partei sollte allerdings von Anfang an einen anderen Weg einschlagen als ihre Vorgängerpartei. Aus einer ländlichen Honoratiorenpartei wurde eine moderne Volkspartei mit einer starken Basis vor allem in den rapide wachsenden Armenvierteln der Großstädte. Als Folge bildeten sich zwei Flügel in der Partei heraus. »Während die ›Modernisten‹ mit einer linken oder zumindest sozialdemokratischen Politik, die sich auf die Armen ausrichtet, in den Metropolen beachtliche Erfolge erzielen, konkurrieren die ›Traditionalisten‹ in der Provinz auf dem Felde von Ordnung und Sittlichkeit mit den rechten Parteien« (Ruşen Çakır 1992 nach Seufert 1997a:321). Bei den Modernisten fand auch die neue islamische Intelligenzija eine Heimat, die sich in den achtziger Jahren an den Universitäten neu formiert hatte. Spätestens seit der Kopftuchbewegung der Jahre 1984 und 1985, in der Studentinnen das Recht forderten, das Kopftuch auch an den Universitäten zu tragen, spielen auch Frauen in der Partei eine erhebliche Rolle (Göle 1991/1993). Mit den Akademikern zog offenbar ein neuer Geist in die Bewegung ein: Viele von ihnen standen dem Autoritarismus der alten Honoratiorenpartei kritisch gegenüber. Die Wohlfahrtspartei feierte ihren ersten Triumph in den Parlamentswahlen vom 20. 10. 1991, bei denen sie auf 16,9 % der Stimmen kam. Bei den Kommunalwahlen 1994 erreichte sie 19 % der Stimmen. Mitte der neunziger Jahre war die Wohlfahrtspartei zur größten Partei der Türkei herangewachsen. Erbakan wurde 1996 Ministerpräsident in einer Koalitionsregierung, mußte allerdings auf Druck des Militärs abdanken. 1997 wurde die Partei verboten.

Während die Wohlfahrtspartei es schaffte, die Islamisten in der Türkei weitgehend zu integrieren, organisierten diese (oder wenigstens ein Teil von ihnen) sich in Deutschland eigenständig in der Kaplan-Bewegung. Ich werde die islamistischen Positionen weiter unten im Detail diskutieren. Hier genügt die Anmerkung, daß Kaplan im Gegensatz zu Erbakan die Überwindung des Kemalismus nicht mehr innerhalb des politischen Systems für möglich hielt. Eine revolutionäre Politik muß mit dem institutionellen Rahmen brechen, wenn sie Aussicht auf Erfolg haben will. Die Kritik der Kaplan-Bewegung am säkularen Nationalstaat ist kompromißloser und radikaler als die der anderen Gemeinden. Sie ist die einzige in Deutschland vertretene Organisation, die in der Türkei nicht existiert.

Soviel zum Verhältnis der in Augsburg vertretenen Organisationen zum säkularen Nationalstaat – dem Produkt der kemalistischen Revolution. Was aber bringt den Gläubigen dazu, sich für die eine oder andere Position zu entscheiden? Welche Argumente sprechen für das staatstragende, welche für das revolutionäre Lager? Wenden wir uns zur Klärung dieser Fragen einer Auseinandersetzung zwischen einem revolutionären und einem konservativen Muslim zu.

Im September 1988 wurde ich in Augsburg Zeuge einer politischen Diskussion im Haus von Yaşar F., einem überzeugten Vertreter des revolutionären Islam. Sein Nachbar und Kontrahent in dieser Debatte war ein Anhänger des Präsidiums. Anlaß war ein Gespräch über bevorstehende Wahlen in der Türkei. »Gott wird von denjenigen Rechenschaft verlangen, die das Land zerbrechen«, sagte der Nachbar in deutlicher Anspielung auf die radikalen islamischen Organisationen. Yaşar F. antwortete: »Laß diesen Atatürkismus!«, woraufhin der Nachbar konterte, daß Mustafa Kemal Atatürk das Land im Unabhängigkeitskrieg von Engländern, Franzosen, Russen und Italienern befreit habe. Yaşar: »Aber in wessen Namen hat er es befreit? In seinem eigenen oder in Gottes Namen?« Der Nachbar: »Was wollt ihr [gemeint ist: die Islamisten] eigentlich? In der Türkei ist heute jeder frei!« Yaşar F.: »Nein. Der Islam ist nicht frei. Oder kann der Hodscha Timurtaş frei predigen?« Mit Hodscha Timurtaş war Timurtaş Uçar gemeint, einer der populärsten Prediger der siebziger Jahre. Er hatte in der Moschee Sultanahmet in Istanbul gepredigt, der größten und wichtigsten Moschee des Landes. Seine Predigten, in denen er ein drastisches Bild des sittlichen Verfalls der Türkei gezeichnet und eine Rückkehr zu islamischen Prinzipien gefordert hatte, waren über Kassetten landesweit verbreitet. Die in dem Gespräch aufgekommene Spannung löste sich etwas, als auch der Nachbar sich als Verehrer von Hodscha Timurtaş zu erkennen gab und sogar zwei Anekdoten über ihn erzählte. Die eine mag hier wiedergegeben werden: Hodscha Timurtaş wurde verhaftet und vor den Richter gebracht. Der Richter stellte ihn zur Rede: er habe ihn wiederholt vorladen lassen, und er sei nicht erschienen. Hodscha Timurtaş fragte zurück: »Wie oft hast du mich vorgeladen?« Der Richter: »Sechsmal!« Hodscha Timurtaş: »In welchem Zeitraum?« Der Richter: »In zwei Jahren, aber du bist kein einziges Mal gekommen.« Hodscha Timurtaş: »Siehst du – und ich habe dich jeden Tag fünfmal vorgeladen [d. h. zum Gebet gerufen], und du bist kein einziges Mal gekommen!« Der Richter darauf: »Freispruch!«

Mit dem Vorwurf: »Gott wird von denjenigen Rechenschaft verlangen, die das Land zerbrechen« thematisiert der Nachbar eine für das islamische politische Denken entscheidende Frage, nämlich die nach der *fitne*, der Zwietracht, Spaltung. In der *fitne* ist die Einheit und Geschlossenheit der Gemeinde aufgehoben und damit das Ideal verletzt, das eng mit dem absoluten und konsequenten Bekenntnis zum Glauben an den *einen* Gott im Islam verknüpft ist. Ursprünglich, so heißt es im Koran (Sure 2,213), lebten die Menschen in einer einzigen Gemeinschaft. Friede und innere Einheit charakterisieren also den wahren Zustand der Menschheit. Er blieb solange (at-Tabari[11] meint, zehn Generationen lang) aufrechterhalten, wie die Menschheit dem wahren Gesetz folgte (nach Gätje 1971:127). Daraus leitet sich ein Gedanke ab, auf den wir im Verlauf dieser Untersuchung immer wieder stoßen werden, nämlich daß Sammeln »immer etwas Gutes« ist, während Trennen und Spalten prinzipiell verwerflich ist. Sammeln führt zur Errichtung einer Gemeinde, die sich vom Konsens leiten läßt; Trennung führt zu Sektenwirtschaft, Parteiungen und anderen Formen der Uneinigkeit.[12]

Religiöses Denken und Spekulieren kreist allerdings selten um abstrakte Begriffe. Vielmehr sind seine Bausteine Bilder und Narrative, also sinnstiftende Erzählungen, in denen anschaulich umgesetzt wird, was ein Gedanke besagt. Auf Grund des Bilderverbots sind Narrative im Islam besonders bedeutsam für die Konstitution des kollektiven Gedächtnisses. Sie bewahren die gemeinsamen Erinnerungen und strukturieren sie: Über die Konstruktion von *plots* definieren sie Handlungsprobleme, verteilen positive wie negative Rollen, sehen Lösungen vor und legen Wertungen nahe. Darüber bestimmen sie die Wahrnehmung des Gegenwärtigen. Auswahl, Deutung und Einordnung von Wahrnehmungen hängen wesentlich davon ab, ob sie an das Narrationsgedächtnis anschließen können. Sinnkonstruktion ist häufig nichts anderes als die Deutung einer Kette von Ereignissen im Lichte einer Geschichte. Wir kennen dies auch aus unserer Tradition: Eine Sequenz von Episoden bleibt oft ohne Zusammenhang und Sinn bis zu dem Moment, in dem wir sie beispielsweise als Odyssee, als Ödipus- oder Passionsgeschichte deuten. In diesem Augenblick nehmen die Episoden Gestalt an. Sie erhalten eine Struktur, man weiß, was man zu erwarten hat, man »versteht« jetzt, was geschieht. In diesem Sinn hat Michael Walzer (1988) gezeigt, wie die Exodus-Geschichte, also der Auszug Israels aus Ägypten, ein judäo-christliches Narra-

11 At-Tabari (gestorben 923) verfaßte einen der wichtigsten Korankommentare.
12 Siehe insbesondere Lewis 1988/1991:31.

tiv darstellt, das immer wieder zur Deutung der Gegenwart herangezogen wird. Nach Walzer läßt sich insbesondere unsere Konzeption von »Revolution« als eine neuzeitliche Übersetzung dieses Narrativs begreifen: Es liefert sozusagen ein Drehbuch für diese komplexe politische Handlung, für die Motive, die sie legitimieren (Knechtschaft), für die Erwartungen, die an sie geknüpft werden (Erreichen des gelobten Landes), für die Phasen, die durchlaufen werden.

Um zu verstehen, was in der Debatte im Haus von Yaşar F. über Zwietracht verhandelt wurde, müssen wir die große islamische Erzählung zur Kenntnis nehmen, die den beiden Protagonisten als selbstverständlicher Bezugsrahmen diente: Die Erzählung vom Goldenen Zeitalter des Islam (*asr-i saadet*), die Geschichte vom Auftreten und Wirken Muhammeds und der ersten vier Kalifen. Wie bei der Exodus-Erzählung und der Passionsgeschichte handelt es sich um ein Narrativ, eine sinnstiftende Erzählung – in ihrem Licht legen die Gläubigen die Gegenwart aus und verstehen sie. Dabei kommt es nun allerdings nicht darauf an, diese Geschichte so zu berichten, wie sie im islamwissenschaftlichen Diskurs dargestellt wird, sondern wie sie in islamischer Populärliteratur und in Predigten wiedergegeben wird.[13]

Exkurs: Die große islamische Erzählung

Die große islamische Erzählung läßt sich grob in fünf Phasen gliedern: 1) Absolute Zeitenverfinsterung im vormuhammedanischen Mekka; 2) Auftreten der Lichtgestalt des Propheten und zunehmender Druck auf die junge Gemeinde; 3) Hedschra nach Medina und Gründung des perfekten Staats; 4) glorreicher Glaubenskrieg gegen Mekka, der mit der Einnahme

13 Bei der folgenden Rekonstruktion beziehe ich mich auf folgende Quellen: 1) Islamische Kinderbücher. Religionsbücher für Kinder sind eine religionsethnologische Quelle ersten Rangs. In ihnen spiegelt sich die Religion, wie sie tatsächlich verkündet wird – mit allen Assoziationen, die die Anhänger einer Religionsgruppe ein Leben begleiten werden. 2) Erzählungen, die in Erbauungsbüchern enthalten sind und auf die sich die Gläubigen beziehen. Besonders wichtig war für mich in diesem Zusammenhang das ins Türkische übersetzte Buch von Said Ramazan El-Buti (o. J.) über den Islam gemäß der Praxis des Propheten – ein Buch, das mir von Anhängern der Kaplan-Bewegung empfohlen wurde. Scheich El-Buti, Theologieprofessor an der Universität Damaskus, ist der zur Zeit wohl populärste Fernsehprediger Syriens (Christmann, o. J.:3). Sodann die bedeutende Arbeit zum Muhammed-Bild im Islam von Annemarie Schimmel (1981).

der Stadt und der Versöhnung mit den ehemaligen Feinden endet; 5) Konsolidierung des Staates unter den ersten vier Kalifen, siegreiche Ausbreitung des Islam über die Hälfte der damals bekannten Welt und Bedrohung der Errungenschaften durch Glaubensspaltung.

In islamischen Kinderbüchern wird die Zeit unmittelbar vor dem Auftreten des Propheten als eine Phase der Tyrannei, des Sittenzerfalls und der allgemeinen Verrohung geschildert. In der von Kaplan verfaßten Prophetenbiographie wird diese Zeit als direkte Verkehrung der islamischen Ordnung dargestellt: »An Stelle des Rechts herrschte Unsinnigkeit/Falschheit (*batil*); an Stelle des Glaubens Unglauben; an Stelle des Glaubens an den einen Gott Vielgötterei, an Stelle von Gerechtigkeit Unterdrückung; an Stelle von Wissen Unwissenheit; an Stelle von Zivilisation Barbarei; an Stelle von Mitleid/Erbarmen Unbarmherzigkeit. Die Einheit Gottes war vergessen; es herrschte ein System von Vielgötterei, ein System von drei Göttern. Die Reichen preßten die Armen aus; die Mächtigen erniedrigten die Armen, bis sie winselten. Nirgendwo in der Welt herrschte Gewissensfreiheit; nirgendwo Sicherheit für Leib, Gut oder Ehre. Zu dieser Zeit gab es weder im Osten noch im Westen *huzur* (Ruhe, Aufgehobenheit, Geborgenheit[14]). Wirrwarr/Chaos (*kargaşılık*) herrschte allerorten. Krieg und blutige Zusammenstöße tobten. Gewalt, Diebstahl tyrannisierten die Bewohner. Seelische Ruhelosigkeit suchte jeden heim . . . Sich mit Schwestern und Müttern zu verheiraten, galt als zulässig – so tief war der Mensch gesunken . . .« (Kaplan, o. J.:9/10).

Sozusagen in der Mitte der Nacht trat Muhammed auf, der schöne Mensch schlechthin, um die Einheit Gottes zu verkünden. Er wird als Lichtgestalt gezeichnet, als Muster von Sanftheit und Gerechtigkeit. Vieles von der Emotionalität des Islam vermittelt sich nur, wenn man die volkstümliche Verehrung von Muhammed bedenkt, die sich unter anderem in einer detaillierten Ausmalung seiner körperlichen wie charakterlichen Schönheit, seiner Sanftheit und Gerechtigkeit artikuliert.[15] Muhammed trat mit der Vision auf, daß man den inneren Frieden und die Harmonie in Mekka wiederherstellen kann, wenn man den Polytheismus zerschlägt und zum reinen Monotheismus zurückfindet, so wie er vor ihm von Abraham, Moses und Jesus verkündet worden war. Muhammed, so paraphrasiert Mernissi

---

14 Den Vorschlag, *huzur* mit dem existentialistischen Terminus der Geborgenheit zu übersetzen, verdanke ich Klaus Kreiser. *Huzur* ist eines der zentralen Heilsgüter des Islam.

15 Hierzu vor allem das wichtige Buch von Schimmel 1981. Im Christentum findet sich eine ähnliche Emotionalität in der Verehrung von Maria. Man muß sich das vor Augen halten, um die Haltung weiter Kreise der islamischen Bevölkerung in der Rushdie-Affäre zu verstehen.

die Erzählung, kam in die zerstrittene Stadt, »um das Unmögliche zu vollbringen ... Die irdischen Probleme sind nicht unlösbar. Ihre Lösung liegt in der Fähigkeit der Gruppe begründet, sich zu verstehen und zu einigen« (Mernissi 1992:138). »Er hielt an der realpolitisch zweifelhaften, ja geradezu unsinnigen Idee fest, daß man über die Reinigung der Kaaba, über die Zerstörung des Polytheismus zum Frieden komme« (ebenda 140). Die Botschaft gefährdete die mit dem Kult der Göttinnen al-Uzza, al Manat und al-Lat verknüpften Interessen der Handelsaristokratie der Quraiš. Als die Gemeinde wuchs, nahm der Druck seitens der herrschenden Kreise auf Muhammed zu. Wie ein roter Faden durchzieht die Geschichten über die Mekkaner Zeit das Motiv von der Standhaftigkeit und Kompromißlosigkeit des Propheten einerseits und den verschiedenen Versuchen andererseits, seine Predigt zu unterdrücken, angefangen bei Kompromißangeboten (man lasse ihm seinen Gott, wenn er die althergebrachten Göttinnen schone), über Bestechungsversuche bis hin zu massivem Druck und Gewalt. Jedes islamische Kinderbuch enthält beispielsweise die Erzählung von einer Gesandtschaft, die von den quraišitischen Aristokraten zu Muhammeds Onkel und Beschützer Abu Talip geschickt wurde. Sie drohte Abu Talip und Muhammed den Tod an, falls sie die hergebrachte Religion weiterhin bekämpfen sollten. Als Abu Talip diese Drohung an Muhammed weitergab und ihn bat, einzulenken, antwortete Muhammed mit den legendären Worten: »Ich bin ein von Gott beauftragter Prophet. Ich muß seinen Befehl ausführen. Auch wenn sie die Sonne in meine rechte Hand und den Mond in meine linke Hand legen würden, würde ich doch von meinem Auftrag nicht Abstand nehmen« (Kaplan, o. J.:82).

Als der Druck unerträglich wurde, erfolgte schließlich 622 die Hedschra nach Medina. Damit beginnt ein neues Kapitel der Erzählung: In Medina wird die Vision Realität, es wird der Gottesstaat gegründet; dort nimmt die neue Religion ihre endgültige Gestalt an. Aus den Einwohnern Medinas und den Zuwanderern aus Mekka bildet sich Umma, die völkerumgreifende islamische Brudergemeinschaft. »Endlich«, heißt es in einem Kinderbuch, »gab es eine Stadt, in der die Muslime ihren Glauben frei ausüben konnten. Sie richteten ihr tägliches Leben und alle gemeinsamen Aufgaben nach den Lehren des Islam aus« (Moussa 1985:19).

Von Medina aus rief Muhammed den Dschihad, den Glaubenskrieg, gegen Mekka aus. Dabei gilt insbesondere der erste Sieg, der von den in der Minderzahl befindlichen Muslimen erstritten wurde, als »eines der entscheidenden Beglaubigungswunder für die junge Gemeinde« (Schimmel 1981:14). »Die Handvoll Kieselsteine, die Muhammed gegen die Gegner schleuderte, entschied den Kampf, und der Koran (Sure 8/17) verkündete in bezug auf diese Tat: ›Nicht du warfest, als du warfst, sondern Gott warf‹« (ebenda). Der Glaubenskrieg endete nach mehreren Schlachten 630 mit der friedlichen Einnahme Mekkas. Diese Einnahme steht ganz im Zeichen der Versöhnung: Muhammed zeigt sich als milder und großherziger Sieger, der auf Rache an den ehemaligen Verfolgern verzichtet. Die innere Einheit wird nun im Zeichen des Islam hergestellt, die Götzen werden zerschlagen und die Aussöhnung mit den quraiṣitischen Aristokraten vollzogen. Im Zeichen der vollständigen und unteilbaren Unterwerfung unter Gott wurde eine Gemeinschaft der Gleichen geschaffen und damit der gottgewollte Zustand von innerer Einheit, sozialer Harmonie und Frieden realisiert.

Nach dem Tod Muhammeds 632 folgten die vier großen »rechtgeleiteten« Kalifen Abu Bakr, Omar, Osman und Ali als Oberhäupter des jungen islamischen Staates. Sie werden von den Gläubigen als *muhasebe* verehrt, als Mitglieder der Urgemeinde, die die lebendige Gegenwart des Propheten erleben durften und von ihr geprägt wurden. In diesen vier heiligen Kalifen spiegelt sich noch der Glanz der Lichtgestalt Muhammeds. Ihre Regierungszeit gilt zusammen mit der Muhammeds als die *asr-i saadet*, wörtlich die »Periode der Glückseligkeit«. In dieser Epoche wurde das »heilige und universale Rechtssystem, das Gott Muhammed offenbart hatte«, und »das bis zum Weltuntergang allen Bedürfnissen der Menschheit gerecht werden wird« (Kaplan: Predigt in der Hedschra), ausgebaut und über weite Teile der damals bekannten Welt verbreitet. In kürzester Zeit wurden die arabische Halbinsel, Nordafrika und Persien unterworfen. In der Überlieferung wird die Stärke auf die Rechtgläubigkeit zurückgeführt: »Unsere Ahnen folgten dem Propheten Gottes, sie beschritten den Weg des Propheten Muhammed und beherrschten deshalb schließlich drei Kontinente.«

Abu Bakr, der erste Kalif, gilt dabei als der loyalste der Gefährten Muhammeds, als derjenige, der ihm bedingungslos folgte. Vor allem bei den Mystikern der Nakşibendi-Bruderschaft wurde die Beziehung von Abu Bakr zu Muhammed als die vollkommene Liebesbeziehung gefeiert (Meier 1994:108). Nach der Ermordung Abu Bakrs durch einen christlichen Sklaven wurde der »mächtige, streitbar-gerechte« (Schimmel) Omar von 634-644 sein Nachfolger im Kalifat. Sein schlichter Lebenswandel und rigoroser Puritanismus lassen ihn als Inbegriff des perfekten Muslim erscheinen. Unter dem dritten Kalifen, Osman (644-656), wurde die Ausbreitung des Islam weiter vorangetrieben – Armenien und Persien werden erobert –, und der Koran wird ediert. Dennoch tut sich die idealisierende Geschichtsschreibung mit Osman weit schwerer als mit seinen Vorgängern. Dies liegt daran, daß seine Regierung schon zu Lebzeiten heftiger Kritik ausgesetzt war. Sie machte sich an der Bevorzugung von Verwandten bei der Vergabe von Schlüsselpositionen und an der Abkehr von der bis dahin geübten Praxis der egalitären Verteilung der Kriegsbeute fest. Die Opposition setzte ihre Hoffnung auf die Prophetenfamilie, also auf Ali, den Schwiegersohn Muhammeds, auf Alis Frau und Muhammeds Tochter Fatima und die Söhne Hasan und Hüseyin. Im Jahr 656 erreichten die Spannungen einen ersten Höhepunkt, als Osman von oppositionellen Kreisen ermordet wurde. Ali wurde sein Nachfolger im Kalifat. Er gilt noch einmal als glänzende Gestalt und wird sowohl von Schiiten als auch von Sunniten als großer Krieger und Asket verehrt – es heißt von ihm, er habe seinen ganzen Besitz als Almosen an die Armen verteilt. Dennoch brechen unter seiner Regierung die Spannungen endgültig auf, die sich in der Zeit Osmans bereits abgezeichnet hatten. Es war bekannt, daß Osmans Mörder mit Ali sympathisierten, und man warf Ali vor, ihre Verfolgung nur halbherzig zu betreiben. Mu'awiya, ein Vetter des ermordeten Kalifen und Statthalter in Syrien, lehnte es ab, die Wahl Alis zum Kalifen anzuerkennen, bis die Mörder gefunden wären. Die Spannungen zwischen den Lagern Alis und Mu'awiyas eskalierten, bis der Krieg offen ausbrach. 657 kam es zur Schlacht von Siffin. Ali schien sich zunächst durchsetzen zu können; dann aber hefteten die Truppen Mu'awiyas Koransuren an ihre Lanzen und signalisierten dadurch, daß ein Schiedsgericht auf der Grundlage des Koran eine Entscheidung herbeiführen sollte. Ali willigte ein, und die Truppen zogen sich zurück. Als das Schiedsgericht eine Entscheidung zugunsten Mu'awiyas fällte, riefen dessen Anhänger ihn zum Kalifen aus. Ali sammelte sein Heer, um gegen den Rivalen zu ziehen. Bevor es jedoch zum Krieg kam, fiel auch er einem Mordanschlag zum Opfer. Über die Frage der Nachfolge im Kalifat spaltete sich die islamische Welt in Sunniten, die das Kalifat Mu'awiyas anerkannten, und Schiiten, die die Nachfolge Muhammeds bei den Söhnen Alis, Hasan und Hüseyin, wissen wollten. Insbesondere der Tod von Alis Sohn Hüseyin in späteren Kämpfen führte zur Ausprägung eines Märtyrerkultes, der in der Folgezeit den verschiedenen schiitischen Gruppen ihr eigenes Gepräge geben sollte.

Die Islamwissenschaft[16] deutet den Bürgerkrieg als Ausdruck der auftretenden Spannungen zwischen einem realpolitisch orientierten Flügel, der pragmatische Lösungen für die Herausforderungen des rasch anwachsenden Staates suchte, und einem gesinnungsethischen Flügel, der an den egalitären Idealen der Frühzeit festhielt. Osman wird dabei als nüchterner Machtpolitiker gesehen, der um der inneren Konsolidierung des rasch an-

16 Ich stütze mich hier primär auf Nagel 1981.

wachsenden Staates willen Abstriche an den großen Idealen der Frühzeit in Kauf nahm. Dabei scheint es ihm hauptsächlich darum gegangen zu sein, das Gewicht des Zentrums zu steigern: Die umstrittene klientelorientierte Ämterpolitik läßt sich als Versuch interpretieren, die zentrifugalen Kräfte des mittlerweile riesigen Staats in Zaum zu halten. Ebenso scheint er mit seiner Finanzpolitik vor allem die Ansammlung eines Staatsschatzes unter der Verfügungsgewalt des Kalifen bezweckt zu haben. In seine Fußstapfen trat Mu'awiya, der als glänzender Realpolitiker gilt. Im Gegensatz zu diesen beiden erscheint Ali als die Verkörperung einer gesinnungsethisch ausgerichteten Politik. Seine Abneigung gegen jede Art politischer Praxis, die nicht seiner strengen Auffassung von den Geboten des Koran und der Sunna (der vom Propheten geheiligten Praxis) entsprach, war bekannt. Er sah in der Politik Osmans und Mu'awiyas einen Verrat am islamischen Traum – vor allem am Ideal der Gleichheit – und bot sich damit als »Werkzeug der zu kurz Gekommenen« an (Nagel 1981: I, 115).

Aus dieser historisch-soziologischen Deutung spricht eine Skepsis gegenüber der Vision vom Gottesstaat, in dem die großen Werte von Einheit, Gerechtigkeit und Gleichheit in gleichem Maße realisiert sind. Sozialwissenschaftler halten an der prinzipiellen Spannung dieser Wertsphären fest; Einheit (und damit Stärke) scheint dauerhaft immer nur auf Kosten von Gerechtigkeit und Gleichheit realisierbar zu sein und umgekehrt. Dies ist für den frommen Muslim nicht akzeptabel, dem die »Periode der Glückseligkeit« für die prinzipielle Realisierbarkeit der gottgewollten Ordnung steht. Damit ergibt sich aber ein Deutungsproblem. Wie konnte es im Goldenen Zeitalter zum Auftreten von Konflikten kommen? Said Ramadan El-Buti[17] versucht eine Antwort durch die Entwicklung einer Verschwörungstheorie zu geben. Die Spaltung sei letztendlich das Werk eines jemenitischen Juden namens Ibni Sebe gewesen, der, in judäo-christlicher Tradition stehend, die Irrlehre von der göttlichen Natur Alis entwickelt habe – was Ali selbst entschieden zurückgewiesen habe (El-Buti, o. J.:512). Der Mord an Osman sei zwar von Muslimen begangen worden; aber auch hier sei »deutlich die Handschrift des verräterischen Juden« zu erkennen (ebenda: 514). In der Folge habe Ibni Sebe schließlich dann jede Einigung der Kriegsparteien bewußt hintertrieben und immer wieder den Konflikt geschürt (ebenda: 515). Auf diese Weise gelingt es El-Buti, die Spaltung des Islam auf externe Kräfte zurückzuführen. In der Figur Ibni Sebes verbindet sich die Idee, daß die Entstehung der Schia letztlich auf den Rückfall in judäo-christliches Ge-

17 Siehe Fußnote 13.

dankengut zurückgeht, mit der Konstruktion eines antisemitischen Feind-
bilds (zum islamischen Antisemitismus siehe unten S. 119).

Es bleibt noch auf eine Episode in der Schlacht von Siffin hinzuweisen,
auf die bei innerislamischen Auseinandersetzungen immer wieder Bezug
genommen wird. Als Ali einwilligte, die Schlacht abzubrechen und ein
Schiedsgericht einzuberufen, regte sich innerhalb des gesinnungsethischen Lagers der Widerstand einer besonders konsequenten Fraktion, die
die Position vertrat, daß das, was Recht ist, nicht verhandelbar sei. Diese
Gruppe sah in der absoluten Observanz des Gesetzes das eigentliche Un-
terscheidungsmerkmal von Islam und judäo-christlicher Tradition. Mit der
Einwilligung in das Schiedsverfahren hatte Ali ihrer Meinung nach gegen
das Gesetz verstoßen und war damit selbst zum Ungläubigen geworden.
Die als Charidschiten bezeichnete Gruppe spaltete sich von den übrigen
Anhängern Alis ab – und wurde damit zum Archetyp der radikalen islamischen Sekte überhaupt. Tatsächlich sollte der spätere Mörder Alis aus dieser Gruppe kommen. Noch einmal El-Buti:

»Die Charidschiten haben zunächst mit aller Kraft Ali unterstützt. Dann
haben sie von einem Moment auf den anderen [ihre Meinung] geändert.
Sie haben nun in ihm den entschiedensten Feind des Islam gesehen und
sind für seine Verfolgung und Ermordung eingetreten. Man kann sagen,
daß sie das Opfer des Extremismus wurden. Dogma und Methode des Islam verlangen immer die Wahl des mittleren Wegs. Man muß sich reflektiert und abwägend verhalten . . . Die Charidschiten stammten jedoch aus
der Wüste und gehörten zur ungebildetsten Bevölkerungsgruppe. Es man-
gelte ihnen an Feinheit, Liebe, Wissen und Maß . . . Schließlich wurden sie
Gefangene ihrer simplen Charakterstruktur und ihrer übertriebenen Leidenschaft. Aus ihrer Einschätzung des Schiedsgerichts und der Beschuldi-
gung Alis als Gotteslästerer spricht ein Charakter, der jeden, der eine Sünde
begeht, sei sie nun groß oder klein, umstandslos zum Ungläubigen stem-
pelt. Diesen Extremismus gibt es bis heute . . . Der extremistische Intellek-
tualismus lehnt die [theologische] Wissenschaft ab und verachtet die Regeln und Gesetze« (ebenda: 524).

Jemanden als Charidschit zu bezeichnen, gilt seitdem als Beschimp-
fung: Es brandmarkt denjenigen, der aus intellektueller Selbstüberschät-
zung die bestehende Ordnung ablehnt und damit Spaltung produziert.
Dies ist derjenige, der das prekäre Gleichgewicht von Gleichheit, Gerechtigkeit und Einheit einseitig auflöst – und um der Realisierung der ersten
beiden Prinzipien willen das letztere gefährdet.[18] Der Sektenanhänger

18 So wird der ägyptische Islamist Said Qutb (* 1906, hingerichtet 1966) seitens
der islamischen Gelehrten als Charidschit bezeichnet: »Gegner der Qutb-Anhän-

stellt die Fähigkeit der Gruppe in Frage, sich zu verständigen und zu einigen.

Archäologie einer Auseinandersetzung (II)

Kehren wir nach diesem Exkurs zu der Debatte im Haus von Yaşar F. und zur Frage der *fitne*, der Zwietracht zurück.

Im Licht der großen islamischen Erzählung läßt sich das Problem von Zwietracht und Spaltung auf zweierlei Weise verstehen – und es sind diese beiden Lesarten, die der Auseinandersetzung zu Grunde liegen. Yaşar, der Anhänger Kaplans, bezieht sich auf die Frühzeit des Islam und hat Muhammed im Sinn, dem es durch kompromißloses Festhalten an der Wahrheit gelingt, die *fitne*, die innere Zwietracht und Zerrissenheit des Gemeinwesens zu überwinden. Die in diesem Kontext immer wieder zitierte Koransure lautet: ».. . vertreibt [die Mekkaner], von wo sie euch vertrieben haben! Denn *fitna* ist schlimmer als Töten. Und kämpft gegen sie, bis es keine *fitna* mehr gibt und nur noch Gott verehrt wird« (Sure 2:191 und 193). Die Konnotationen, die *fitna* an dieser Stelle hat, werden von Paret mit der Übersetzung eingefangen: »Versuch, Gläubige zum Abfall vom Islam zu verführen«. Yaşar leitet aus dieser Sure eine Fundamentalkritik am Kemalismus ab, den er mit der quraišitischen Tyrannis gleichsetzt. Der Nachbar dagegen bezieht die Frage der Zwietracht auf die Zeit des Bürgerkriegs, der »großen *fitne*«, und kommt zu ganz anderen Schlußfolgerungen. Wie der Bürgerkrieg lehrt, führt das kompromißlose Festhalten an einer vermeintlichen Wahrheit zu Zwietracht und Spaltung und gefährdet die etablierte islamische Ordnung. Der Nachbar leitet dementsprechend aus der Erzählung eine Kritik an den sektiererischen »Organisationen« ab, die das Land zerbrechen. Er schließt sich damit der Position von Mehmet A., einem Hodscha des Präsidiums in Augsburg an, der mit einem Seitenblick auf Kaplan sagte: »Als die Charidschiten damals sagten: ›Der Koran soll zwischen uns Schiedsrichter sein‹, sagte der Prophet Ali: ›Derjenige, der den Koran am besten von uns kennt, bin ich. Ihr sagt die Wahrheit, aber ihr bezweckt das Falsche. Ihr bezweckt das Häßliche‹«.

ger unter der ulema (Geistlichkeit) haben sie mit den Charidschiten verglichen. Die revolutionären Asketen selbst scheinen sich jedoch der bemerkenswerten Ähnlichkeiten zwischen ihrer Ideologie und dem Charidschitentum nicht bewußt zu sein und weisen den Vergleich von sich.« (Arjomand 1995:196 (Fußnote 42).)

Die Debatte ist ein ausgezeichnetes Beispiel für den dialogischen Umgang (Bruner) mit sinnstiftenden Erzählungen. Die Bedeutung einer gegenwärtigen Situation (hier: die Einschätzung der »Organisationen«) ergibt sich zwar im Licht eines Narrativs, aber ein derartiger Bezug stellt sich keinesfalls automatisch her: er bedarf eines deutenden Akts. In der Regel ist nämlich eine Geschichte in sich vielschichtig; sie widersteht deshalb einer einzigen Deutung, so daß es immer wieder eine Frage des Aushandelns ist, wie man sie nun auf die Gegenwart beziehen soll. Außerdem kann eine Kultur oder Religion auf zahlreiche Geschichten zurückgreifen, die einander oft widersprechen. In diesem Fall macht es einen erheblichen Unterschied, ob man sich auf die Anfangsphase des Islam bezieht, in der Muhammed als prophetischer Kämpfer gegen den Polytheismus auftrat, oder auf eine spätere Phase, in der eine islamische Ordnung bereits etabliert war. Wir werden noch öfter sehen, daß wie hier die eine gegen die andere Geschichte in Anschlag gebracht wird. Schließlich gibt es ein wechselseitiges Verhältnis von Ereignis und Erzählung: Wenn ein neues Ereignis im Licht einer Erzählung deutend erschlossen wird, bleibt auch die Erzählung von diesem Akt nicht unberührt. Sie wird ihrerseits plastischer, lebendiger und bedeutsamer, wenn sie auf einen neuen Sachverhalt angewendet und damit neu erzählt wird. Nicht nur erscheint der Kemalismus in einem anderen Licht, wenn er mit der Tyrannis im vormuhammedanischen Mekka in eins gesetzt wird, sondern auch die Tyrannis wird vorstellbarer, wenn sie mit den Erfahrungen gegenwärtiger Unterdrückung assoziiert wird. Narrative sind nicht per se sinnstiftende Erzählungen, sondern sie werden in einem aktiven Prozeß des Aushandelns dazu gemacht.[19]

Die Entscheidung, welche der Episoden der großen Erzählung für eine Deutung herangezogen werden, hängt nun offenbar davon ab, ob man die Türkei der Gegenwart eher mit dem Mekka vor der Hedschra oder mit dem islamischen Staat im Bürgerkrieg gleichsetzt. Dies hängt davon ab, ob man die Türkei prinzipiell als islamischen oder prinzipiell als heidnischen Staat betrachtet. Handelt es sich um einen islamischen Staat – dann machen sich die »Sekten« der Sünde der Zwietracht schuldig; handelt es sich aber um einen heidnischer Staat – dann unterstützen alle, die sich

19 Siehe hierzu insbesondere Bruner 1984.

staatstragend verhalten, den Polytheismus und damit die Ordnung der Zwietracht.

Man könnte nun die Frage angesichts der laizistisch-revolutionären Politik der Kemalisten für entschieden ansehen. Wie die Haltung des Nachbarn in unserem Gespräch zeigt, ist dies jedoch alles andere als klar – trotz aller radikalen kemalistischen Reformen. Eines der zentralen Argumente führt der Nachbar in dem Gespräch an, nämlich die Legitimation des Kemalismus durch den erfolgreich geführten Unabhängigkeitskrieg, der nach wie vor von zahlreichen Türken als Glaubenskrieg gegen die christlichen Invasoren gesehen wird (Tunçay 1984:55). Indem Mustafa Kemal Anatolien vor der Besetzung durch christlichen Truppen schützte, hat er sich *wie* ein islamischer Herrscher verhalten. Nicht weniger triftig ist der Hinweis auf die prinzipielle Religionsfreiheit in der Türkei: Tatsächlich blieb die Türkei ebenso ein islamisches Land wie Frankreich ein katholisches – was gerade auch dann ins Bewußtsein tritt, wenn man als islamischer Migrant sich in einem christlich geprägten Kontext bewegt.

Noch wichtiger scheint jedoch ein dritter Punkt zu sein. Paradoxerweise wurde nämlich trotz allem Säkularismus das Bekenntnis zum Islam während der Republik in mancher Hinsicht wichtiger, als es im Osmanischen Reich der Fall gewesen war. Dies hängt mit dem neuen Verhältnis von Individuum und Gesellschaft zusammen, das sich mit dem modernen Nationalstaat herausbildete. Das osmanische Reich war – in der Terminologie von Gellner (1983/ 1991) – ein Staat in einer agrarischen Gesellschaft, der auf dem Prinzip der inneren Heterogenität beruhte. Er verfolgte über weite Strecken das imperiale Prinzip eines *indirect rule*: Die Herrschaft wurde über Gruppen ausgeübt, die intern bis zu einem gewissen Grad autonom waren, nicht aber über Individuen. Die Kontrolle beruhte weitgehend auf einer Politik des *divide et impera*, des Gegeneinanderausspielens der gesellschaftlichen Gruppen (vgl. Schiffauer 1997:21). Eine selbstverständliche Bejahung von differenten Gruppenidentitäten – und konsequenterweise von Ungleichheit – war die Folge. Ganz anders ist das Vergesellschaftungsprinzip des modernen Nationalstaats: Dieser beruht auf der Kontrolle von Individuen – und betont konsequenterweise das Prinzip der Egalität. Die Herausbildung von starken Gruppen (die tendenziell als »Staat im Staat« gesehen werden) gilt in diesem Kontext als prinzipiell problematisch. Während in einem imperialen Kontext Differenz in kultureller oder religiöser Hinsicht leicht zu akzeptieren war, wurde sie in einem egalitären Kontext (in dem der andere die gleichen Rechte auf Mitsprache und Mitgestaltung beanspruchte) nicht selten zum Problem. In dieser Situation kommt es dann leicht zu Diskriminierungen und Ausgrenzungen. Gerade die sich verschlechternde Stellung ethnisch-religiöser Minderheiten (Yezidi, syrisch-orthodoxe Christen, Armenier, Juden, Aleviten) zeigt deutlich, wie das Bekenntnis zum sunnitischen Islam im Alltag zum nicht ausgesprochenen, aber nichtsdestoweniger entscheidenden Kriterium der Zugehörigkeit zur türkischen Republik wurde (Andrews 1989:34; Nestmann 1989:552).[20] Es ist sehr bezeichnend, daß im Alltag das Wort »Türke« häufig als Synonym zum Wort »Muslim« gebraucht wird. Während meines Feldforschungsaufenthalts in Subay wurde ich wiederholt mit folgender Formel: »Werde Türke, laß dich beschneiden« zur Konversion zum Islam aufgefordert. Zugespitzt erlebte ich die Parallelisierung von türkischer Republik und islamischem Staat während des Zypernkriegs 1974: Völlig ungebrochen wurde von einem Dschihad, einem Glaubenskrieg, gesprochen und die Gefallenen wurden als şehid, als Märtyrer bezeichnet.

Man kann also durchaus der Meinung sein, daß die Türkische Republik sich zwar eine laizistische Fassade gegeben habe, »eigentlich« jedoch ein islamischer Staat geblieben sei. Dennoch wird natürlich auch von Vertretern dieser Position gesehen, daß während der Revolution die Scheriat abgeschafft und das europäische Zivilgesetz eingeführt wurde. In diesen Kreisen hat sich eine regelrechte Rechtfertigungsfolklore entwickelt. Ahmet S. (Schweißer in Augsburg, 49 Jahre, seit 1969 in Deutschland), ein anderer Anhänger des Präsidiums, rechtfertigte die Aufhebung des religiösen Gesetzes mit Atatürks Zwangslage. »Atatürk hatte damals keinen anderen Ausweg, um mit ihnen [den europäischen Großmächten] zu einer Einigung zu kommen. Man hatte keine Kraft mehr, kaum mehr Waffen . . . um die Republik zu retten, mußte er den Begriff ›Laizismus‹ einführen. Jetzt sagen diese Bartträger [also Islamisten, W. S.]: ›Laizismus heißt Christentum.‹ Nein! Das hat nichts mit Christentum zu tun.« Es sei ebenfalls ausgeschlossen, jetzt, nach einer Zeit von fünfzig Jahren, die Scheriat wiedereinzufüh-

20 Immer wieder kommt es zu bezeichnenden Fehlleistungen wie einem (nachträglich korrigierten) Erlaß des Ministerrats von 1989, der Nicht-Muslime als »Ausländer« bezeichnete (Seufert 1997b:60).

ren. Die Scheriat sei einfach nicht praktikabel, weil sie zu hohe Ansprüche an die Lebensführung stelle; außerdem fehle es an Kadern, um sie durchzusetzen.

Noch weiter geht ein Genre von Alltagsgeschichten, in denen eine islamische Rechtfertigung für die drakonischen kemalistischen Maßnahmen konstruiert wird: Mustafa Kemal, so besagen diese Erzählungen, sei es nicht um die Bekämpfung des Islam an sich gegangen, sondern nur um die ausgehöhlten, zur Fassade verkommenen Formen des Islam. Ein Beispiel wurde mir von Fatma E. berichtet, einer frommen Muslima aus Berlin:[21] Atatürk habe Hodschas hinrichten lassen: »Aber was waren das denn für Hodschas? Er hat einen Koran auf den Boden gelegt und die Hodschas aufgefordert, auf ihn zu treten [also ein Sakrileg zu begehen]. Diejenigen, die diesem Befehl folgten, hat er gleich zur Seite treten lassen und ihre Hinrichtung befohlen.«[22] Auch die oben wiedergegebene Geschichte der Vorladung von Timurtaş Hoca hat eine ähnliche Struktur: Einerseits wird sie erzählt, um die Repression durch den Staat zu geißeln, andererseits läßt sich der Richter, also der Vertreter der Republik, von der Argumentation beeindrucken und spricht den Angeklagten frei.

Wer die Türkei als prinzipiell islamisches Land sieht, tendiert dazu, die Position der konservativen islamischen Rechtsphilosophie zu übernehmen und unter Verweis auf den Bürgerkrieg zu argumentieren, daß die Einheit der Muslime ein höheres Rechtsgut darstellt als absolute Prinzipientreue. Selbst ein tyrannischer Herrscher hat nach dieser Argumentation »Anspruch auf Gehorsam . . ., damit die noch größeren Übel der Aufwiegelei und Anarchie vermieden werden« (Lewis 1988/91:168/171). Letzteres aber wird den *kuruluşlar*, den revolutionär islamistischen Organisationen (der eine Spaltung andeutende Plural spricht bereits für sich), immer wieder vorgeworfen.

Im Detail wurde diese Kritik an »den Organisationen« von dem bereits oben zitierten Ahmet S. ausgeführt. In dem Gespräch führte er aus, daß die Spaltung durch »die Organisationen« den

21 Zu ihrer Biographie siehe Schiffauer 1991:196 ff.
22 Der Dichter Necip Fazıl Kısakürek kam zu einer ähnlichen Einschätzung: »Alles, was die Regierung ächten konnte, waren einige zeremonielle Formen, die von ihren Wurzeln abgeschnitten und dafür anfällig waren, von Hochstaplern als Masken mißbraucht zu werden« (Kısakürek: O ve ben, 4. Auflage, Istanbul 1984 nach Tunçay, 1984:73).

außenpolitischen Feinden der Türkischen Republik – allen voran dem Iran und den Zionisten – in die Hände spiele. Die Islamisten ließen sich (wenngleich unwissentlich) als Marionetten dieser Regierungen gebrauchen. Aber auch gegenüber der deutschen Regierung werde die Position des Islam durch die Spaltung geschwächt: Die Muslime sprächen einfach nicht mit einer Stimme und könnten deshalb ihre Forderungen nicht durchsetzen. Außerdem werde durch die Organisationen der Ruf des Islam insgesamt ruiniert. Dies liege nicht zuletzt daran, daß sie den Iran zum Vorbild erklärten: »Jetzt werden die dort begangenen Morde, die dort herrschende Irrationalität und Unmenschlichkeit gänzlich dem Islam zur Last gelegt. Also das ist das, was mich am traurigsten macht.« Freilich seien die türkische Regierung und das Präsidium für Religionsangelegenheiten an der starken Stellung der »Organisationen« nicht unschuldig: Sie hätten es ihrerseits versäumt, durch bilaterale Verträge die Stellung des Islam in Deutschland zu sichern, und hätten damit sehr lange Zeit den »Organisationen« das Feld überlassen. Dennoch stehe letztendlich das Präsidium für Glaubensangelegenheiten für die Einheit des Islam: »Ich bin Anhänger des Präsidiums ... Im Islam kann es keine Teilung geben. Wir glauben an das Buch Gottes, an die Prophetenschaft Muhammeds. Was darüber hinausgeht, die Süleymancı, die Rechten, die Linken, diese Gruppen kann ich nicht begreifen, das ist einfach unlogisch ... Diese ganze Gruppenbildung hier, das ist alles wegen Geld, Geld, Geld.« Die ganze Radikalkritik an der Türkei und am Präsidium sei schon deshalb nicht glaubwürdig, weil es sich um einen Pensionärsradikalismus handle. Schließlich hätten die Hodschas, die heute so radikal tönten, lange Zeit bei der türkischen Regierung in Sold gestanden. Die Deutschen sollten sich nicht durch das radikale Auftreten der Organisationen täuschen lassen – eine schweigende Mehrheit der türkischen Migranten sei für die Politik des Präsidiums für Glaubensangelegenheiten.

Eine Position, die die Praktikabilität der Scheriat bezweifelt, gerät natürlich in Schwierigkeiten, wenn ihr die Absolutheit und Zeitlosigkeit der Offenbarung entgegengehalten wird. Dies passiert in der Praxis allerdings wohl nur dann, wenn man die eigene Meinung gegen Einwände von Islamisten (oder Anthropologen) verteidigen muß – normalerweise sind religiöse Dialoge wenig kontrovers, weil man sich von vornherein meist Gleichgesinnte zum Austausch sucht. Ahmet S. sagt einerseits: »Also das gab es zu Zeiten des Propheten. Aber zwischen den Zeiten des Propheten und heutzutage sind viele Jahrhunderte vergangen.« Auf meine Gegenfrage: »Der Glaube/Gesetz *(din)* muß sich also anpassen?« sah er sich indessen gezwungen zu antworten: »Unmöglich, *din* ist *din*«. Aziz S., ein anderer Anhänger des Präsidiums, argumentierte, daß unsere Zeit nicht mehr das wortwörtliche Einhalten des Scheriat erlaube, um dann fortzufahren: »Wenn man sagt, daß unsere Zeit das nicht mehr erlaubt, heißt das dann, daß der Islam keine Gültigkeit besitzt? Daß die Gebote des Islam aufgehoben sind? Nein, das heißt es nicht. Sie können nicht aufgehoben werden.«

Der Einwand des »ja, was denn nun?« kann in solchen Gesprächen kaum ausbleiben; tatsächlich wird die Position der Anhänger des Präsidiums von den Revolutionären als *mantıksız*, als logisch nicht haltbar, gegeißelt. In dem Gespräch, das uns als Ausgangspunkt für dieses Kapitel diente, wird diese Position von Yaşar F. vertreten. Die lakonische Frage, in wessen Namen Atatürk gehandelt habe – in seinem oder in Gottes Namen –, trifft den Kern. Innerhalb des revolutionären Lagers war es besonders Cemaleddin Kaplan, der auf diesen Punkt immer wieder zurückkam: Der Kemalismus sei eben gerade nicht zur Verteidigung des Islam aufgetreten – im Gegenteil. Mit der türkischen Revolution, der Abschaffung des Kalifats und der Schaffung eines laizistischen Staates sei an die Stelle einer »dem Koran entsprechenden Staatsverwaltung« ein »menschengemachtes System und eine menschengemachte Ordnung gesetzt worden, die einem menschlichen Kopf entsprungen ist«[23]. Es sei völlig unhaltbar, wenn das Präsidium verkünde, der Islam sei eine Privatsache, eine »Sache des Gewissens zwischen Gott und seinem Sklaven«. Für andere Religionen mag zutreffen, daß sie nichts mit dem Staat zu tun haben – nicht aber für den Islam: »Das ist schlechterdings eine Verleumdung des Islam, weil nämlich der Islam aus Befehlen besteht, die das ganze Leben des Individuums umfassen und das Alltagsleben ebenso wie das Staatsleben bis in die winzigsten Kleinigkeiten regeln und weil alle Muslime – wohlgemerkt: alle Muslime – die Verantwortung dafür tragen, daß dies praktiziert und realisiert wird. Kurzum: Der Islam hat außer Befehlen und Anordnungen, die den Glauben und die

23 Kaplan, Cemaleddin (~1984). *Hicret Konusmasi: Şeytani bir düzen* (Predigt in der Hedschra: Ein teuflisches System). Transkribierte Predigt.

Gottesverehrung betreffen, auch ein Rechtssystem gebracht. Und es ist ein heiliges und universales Rechtssystem, das bis zum Weltuntergang allen Bedürfnissen der gesamten Menschheit gerecht wird.«[24]

Besonders der in der Auseinandersetzung erwähnte Hodscha Timurtaş (Uçar) geißelt in seinen Predigten in dramatischen Worten die moralische Zerrüttung, die als Folge der Abschaffung des Scheriat aufgetreten sei: »Sie [die Kemalisten] stellten Gott in den Schatten und vernichteten seine Nachfolger ... Ohne Glauben zerbricht das Land.«[25] Die Folge sei eine Eskalation innerer Konflikte – wobei die Predigt offenbar auf die bürgerkriegsähnlichen Zustände in der zweiten Hälfte der siebziger Jahre anspielt (die dann durch den Militärputsch 1980 beendet wurden): »... sie machten die Mutter zum Feind des Kindes, das Kind zum Feind seines Vaters. Sie setzten im Inneren ein reißendes politisches Tier aus und machten den Arbeiter zum Feind des Arbeitgebers und den Arbeitgeber zum Feind des Arbeiters, ... den Lehrer zum Feind des Schülers und den Schüler zum Feind des Lehrers ...«[26] In einer anderen Predigt führt er den Sittenverfall aus: »Und der Islam wird niedergeworfen, die Menschlichkeit wird zerstört und verschwindet, der Sumpf der Nacktheit verschlingt jeden Tag ein islamisches Mädchen und erstickt es im Sumpf der Ehrlosigkeit. Unsere Kinder stürzen jeden Tag ins Verderben.«[27] In diesem Zusammenhang ist vor allem ein rhetorischer Zug bezeichnend, den Timurtaş Uçar mit zahlreichen islamistischen Predigern teilt: Mit Vorliebe greift er bislang als sinnvoll eingeschätzte (oder gar religiös wertvoll) gesehene Praktiken auf, um zu zeigen, wie sie im falschen System in ihr Gegenteil umschlagen. So habe man sich gefreut, wenn das eigene Kind zum Universitätsstudium zugelassen worden sei, und sich keine Gedanken darüber gemacht, daß »Tausende von Pädagogen den Islam aus dem Gewissen der Jugendlichen reißen und an ihrer Stelle den roten Kommunismus einpflanzen«. Oder man mache seine Wallfahrt nach Mekka und stelle sich nie die Frage, welchen Händen man eigentlich die Kinder in dieser Zeit anvertraut habe.[28] Die Beispiele besagen, daß der Muslim,

24 Ebenda.
25 Uçar, Timurtaş. o. J. *Itaat Üzerine* (Über den Gehorsam). Transkribierte Predigt.
26 Ebenda.
27 Uçar, Timurtaş. o. J. *Allah ve Resiman* (Gott und Amtsträger). Transkribierte Predigt.
28 Ebenda.

der meint, innerhalb des Systems seine Pflichten erfüllen zu können, naiv ist, blind gegenüber der Tatsache, daß sich hinter seinem Rücken der Atheismus ausbreitet. Die einzige Antwort auf die Anarchie besteht allein in der Wiedererrichtung der gottgewollten Ordnung – nur in ihr und durch sie könne man wieder zu Ruhe, Harmonie und Gerechtigkeit zurückkehren.

Wer diese Position vertritt, knüpft an den frühen Muhammed an, »als er die Opposition gegen die heidnische Oligarchie in Mekka anführte« (Lewis 1988/91:157). Man beruft sich darauf, daß eine Grenze der Gehorsamspflicht – wenigstens der Theorie nach – durch die Verpflichtung des Herrschers auf das Recht gesetzt war. Der muslimische Herrscher war, wie wir oben gesehen haben, nicht befugt, »Gesetze zu erlassen und Recht zu setzen oder es zu verändern« (Lewis 1988/1991:186). Auch wenn dies bereits in der osmanischen Zeit nicht so streng gehandhabt wurde (und sich, wie Lewis bemerkt, darauf beschränkte, daß »auf die grundlegenden religiösen und sozialen Normen . . . Rücksicht [genommen wurde]«, so war doch mit der offenen Abschaffung des Scheriats unter Mustafa Kemal und der Verkündung des Laizismus als Staatsideologie eine neue Qualität erreicht.

»Warum habt ihr nicht diejenigen angeschrieen, die in diesem Land den Namen des Geheiligten Propheten, sein Leben, seine Moral, sein Regierungssystem, seine Verfassung, seinen Islam aus dem Herzen radiert haben?«, fragt Timurtaş Uçar in der Predigt »Gott und Amtsinhaber« und fordert unter anderem die islamischen Industriellen auf, endlich eine großangelegte islamische Kampagne zu finanzieren. »Mein Gott, es ist mir, als würde sich ganz Anatolien erheben und das ganze Land würde rufen: ›Islam!‹« Kurz: Was hier gefordert wird, ist die Konsequenz, mit der Muhammed gegen die mekkanischen Aristokraten auftrat.

Organisationsmodelle für die Revolution:
Rationalisten und Mystiker

Die Frage nach der Haltung zum säkularen Nationalstaat teilt die Gläubigen in »revolutionäre« und »aufgeklärte« Muslime (wenn man den jeweiligen Selbsteinschätzungen folgen will). Das revolutionäre Lager spaltet sich nun seinerseits über der Frage, welche Richtung eine radikale islamische Politik nehmen sollte – wie man sich organisieren und welche Strategie man verfolgen sollte. In dieser Frage stehen die Organisationen, die sich der mystischen Tradition verpflichtet fühlen (Süleymancı und Nurcu), den Gemeinden gegenüber, die an die Tradition des Gesetzesislam, den Islam der Schrift anknüpfen (Nationale Sicht[29] und Kaplan-Bewegung). Man kann die Auseinandersetzung nur verstehen, wenn man sie nicht nur vordergründig politisch behandelt, sondern wenn man sie in den Zusammenhang mit dem Menschenbild stellt, das in diesen beiden Traditionen des Islam formuliert wird. Nur wenn man diesen Bezug herstellt, wird die Wertentscheidung transparent, die letztlich hinter der Parteinahme für die eine oder andere Position steht.

Beide Traditionslinien des Islam haben eine eigene Vision von der Beziehung zwischen Mensch, Gott und Gesellschaft entwickelt. Sie erschließt sich am ehesten über die Analyse der Rituale. Mit Ritualen hat es eine doppelte Bewandtnis. Einerseits lassen sie sich als Praktiken auffassen, durch die der Kern einer Religion festgelegt wird. Aus dem reichhaltigen Schatz von Ideen und Überlieferungen in den heiligen Texten werden die wesentlichen ausgewählt und sozusagen nachgespielt.[30] So wird im Christentum mit der Feier des Abendmahls eine Episode der Schrift hervorgehoben und damit als entscheidend für das Verständnis des ganzen Textes definiert: Der Sinn der Bibel insgesamt erschließt sich von diesem Ritual her. Die Komplexität einer religiösen Lehre wird durch derartige Rituale »auf den Punkt« gebracht und in eine »Botschaft« übersetzt. Allerdings erfolgt diese Engführung auf sinnliche

---

29 Dem widerspricht nicht, daß die Partei der Nationalen Ordnung, beziehungsweise Wohlfahrtspartei, als weltlicher Arm der Nakşibendi konzipiert war. Während Süleymancı und Nurcu politische Arbeit und mystische Tradition integrierten, trennten die Begründer der Wohlfahrtspartei beide Aspekte deutlich voneinander. Siehe oben S. 52.

30 Eine Religion läßt sich deshalb ohne ihre Liturgik nicht fassen. Siehe hierzu auch Taubes 1993:55 und Geertz 1983:79.

Weise – also nicht durch dogmatische Festlegungen und Definitionen, sondern durch Bildlichkeit und schöpferische Schaustellungen. Damit aber wird hinterrücks wieder Vieldeutigkeit zugelassen. Rituale erlauben einen weit größeren Deutungsspielraum als Texte. Kaum wird der Gläubige von ihnen eingebunden, wird er auch schon wieder in die assoziative Freiheit entlassen. Durch Rituale wird also weniger ein Denkinhalt vorgegeben als ein Denkraum eröffnet. Es wird ein Rahmen gestiftet, der immer wieder unterschiedlich gefüllt werden kann. Die gegenläufige Bewegung von Einbindung und Freisetzung begründet die Faszination und die Lebendigkeit von Ritualen.

Dieses Zusammenspiel von Begrenzung und Freiheit gilt es bei der folgenden Gegenüberstellung zu bedenken. Rituale stiften Bilder von der Beziehung zwischen Mensch, Gott und Gesellschaft, mit denen sich gut denken läßt. Das Denken kann sich auf die Vergangenheit richten. Dann sieht man in den Ritualen ein Bild der Welt, so wie Gott sie geschaffen hat. Wenn auch die Realität heute nicht mehr ganz diesem ursprünglichen Bild entspricht, so ist es doch noch erkennbar und lebt unter anderem in der Gemeinde fort. Das Denken kann jedoch auch in die Zukunft weisen. Irgendwann – wenn vielleicht auch erst im Jenseits – wird sich die ideale Ordnung, wie sie heute nur noch in der Gemeinde erlebbar ist, wieder weltweit herstellen. Es wird also auch eine Utopie formuliert.

Zwei Visionen

Das rituelle *namaz*-Gebet ist neben dem Bekenntnis zur Einheit Gottes (»es gibt keinen Gott außer Gott«), der Pilgerfahrt, dem Gebot des Fastens und dem des Almosengebens eine der sogenannten fünf Säulen des Gesetzesislam. In besonderer Weise wird in ihm die Utopie des Islam zur Darstellung gebracht – die Vision einer Gemeinschaft, die sich durch Einheit, Gleichheit, Geschlossenheit und Stärke auszeichnet, in der Gerechtigkeit und Frieden herrschten und in der Gottesfurcht die Grundlage der Beziehungen ist. Fünfmal am Tag sollten sich – idealerweise genau zu den auf die Minute festgelegten Gebetszeiten – die Männer in der Moschee zusammenfinden, um ihr Gebet zu verrichten (der Ort des Gebets der Frau ist dagegen das Haus). Die Männer stellen sich zu dem Zweck streng in Reihen gegliedert auf und vollziehen das Gebet in Richtung Mekka: Fünfmal am Tag formiert sich so ein weltumspannender Kreis, der die Einheit der Gemeinde symbolisiert. Dabei steht man nebeneinander Seite an Seite, nach Alter und nicht etwa nach Gruppenzugehörigkeit oder Status geordnet, und drückt dadurch die Gleichheit aller Gläubigen aus.[31] Man wendet sich der in Richtung des Zentrums, der Kaaba, angebrachten Gebetsnische zu und demonstriert damit die Unterwerfung unter das Gesetz. Die strenge Ordnung der Aufstellung reflektiert das Ideal von Harmonie und Ordnung in der islamischen Gesellschaft. Der das Gebet anleitende Vorbeter (*Imam*) reiht sich ein – er hat lediglich die Stellung eines *primus inter pares*, der sich wie die anderen Richtung Mekka wendet.

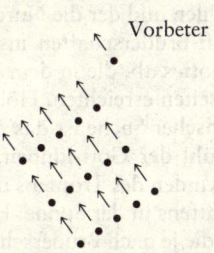

Vorbeter

Skizze: Aufstellung für das rituelle Gebet. Die Pfeile deuten die Blickrichtung Mekka an. Der Vorbeter ist in die Gemeinde eingereiht.

Wer an diesem Ritual teilnimmt, erlebt die Grundprinzipien des Islam – Grundprinzipien, die in der Exegese dann ausgeführt werden. Die zentrale theologische Botschaft dieser rituellen Vergegenwärtigung besagt, daß Gott, Mensch und Gesellschaft in einem Verweisungszusammenhang stehen: Nur über die Arbeit in der Gesellschaft kann der Mensch zu Gott gelangen; nur durch die Furcht vor Gott wird der Mensch zu gesellschaftlich verantwortlichem Handeln motiviert. Der Mensch wird also in innerweltliche politische Verantwortung gestellt. Das Ritual artikuliert die Vision einer egalitären Gemeinde, die über die Ausrichtung auf das Gesetz integriert ist – ein Gesetz, das transzendental legitimiert ist.

Diese Vision ist insofern grundlegend, als auch alle Mystik ihren

31 Man vergegenwärtige sich die Alternativen: Man steht nebeneinander – nicht einander gegenüber wie in der Ordnung der Gegenseitigkeit oder unter- bzw. übereinander wie in hierarchischen Beziehungen.

Ausgangspunkt im Gesetz hat. Die eigentlichen mystischen Exerzitien – Techniken der Vervollkommnung des Gottessuchers – bauen darauf auf. Seit Ghazzali[32] gilt die Formel, daß die Befolgung der Scheriat, des religiösen Gesetzes, die Voraussetzung für den *tarikat*, den mystischen Weg, sei. Die Formel überdeckt jedoch nur mühsam die grundsätzliche Spannung zwischen einer gesetzesethisch und einer mystisch zentrierten Religiosität. Dies liegt an der ganz anderen Vision von dem Verhältnis zwischen Mensch, Gott und Gesellschaft in der Mystik. Vergegenwärtigen wir uns auch hier diese Vision an einem zentralen Ritual. Es wird in der Nakşibendi-Bruderschaft praktiziert, jener Bruderschaft also, zu der die Süleymancı zählen und der die Nurcu entstammen.

Die Rituale der Sufi-Bruderschaften insgesamt zielen auf die Vergegenwärtigung Gottes ab, die in dem Erlebnis der »Entwerdung« ihren, freilich selten erreichten, Höhe- und Endpunkt findet. Das Endziel mystischer Suche ist das Aufgehen des Selbst in dem kosmischen Gefühl der Gott-Einheit, das in Bilder gefaßt wird, wie das Verschwinden des Tropfens im Meer der Seele oder das Vergehen des Schattens in der Sonne. Hierzu gibt es nun verschiedene Methoden, die je nach Bruderschaft unterschiedlich gewichtet werden: Die *rabita*, die Liebesbeziehung zum spirituellen Lehrer, gilt bei den meisten Bruderschaften als grundlegend. Daneben tritt der Unterricht bei einem Lehrer, drittens die Hinwendung zu einem Lehrer mit dem Beiklang des »Sichvertiefens, Sicheingrabens, sich Versenkens in die Person des Lehrers« und viertens der *zikir*, die Technik der spirituellen Versenkung durch Rezitation von Formeln, die den Namen Gottes enthalten.[33] Für die Beschreitung des mystischen Wegs ist die Bindung an einen Meister unerläßlich. Die bedingungslose Hingabe an den Scheich, die radikale Selbstaufgabe wird als Voraussetzung für die Erlösung in der mystischen Tradition immer wieder hervorgehoben

32 Ghazzali (1059-1111) gilt als einer der bedeutendsten Denker und Theologen des Islam. In einer Zeit religionspolitischer Wirren arbeitete er an einer Lehre zur Belebung des Glaubens und zur Stärkung der Frömmigkeit. Sein besonderes Anliegen war es, die Mystik mit der Orthodoxie zu versöhnen, »indem er das Wissen des Propheten, den Glauben auf der Grundlage der Offenbarung und die mystische Erkenntnis als verschiedene Zugänge zur einzigen Wahrheit Gottes und damit als miteinander vereinbar darstellte« (Khoury u. a. 1991:300).

33 Meier nennt noch als fünften Weg die dauernde Präsenz des Herzens bei Gott, verabschiedet diesen Weg (der eigentlich ein Ziel darstellt) aber als »randständig« (1994:45).

und betont (Kissling 1954: 24). Der Scheich und seine Schüler stehen in einer gegenseitigen Heilsverantwortung (Nagel 1981: I, 419). Diese Bedeutung der Liebesbindung wird bei den Nakşibendi noch einmal besonders betont. Sie sehen in ihr den Königsweg zur Entwerdung. Die *rabita*, die auf Liebe beruhende Bindung an den Scheich, bildet deshalb den Kern der Spiritualität dieser Bruderschaft. »Die Liebe auf den Scheich zu konzentrieren, bedeutete nun aber zudem, sie auf Gott zu richten und von allen anderen Gegenständen, insbesondere von anderen Menschen und falschen Göttern, abzuziehen, denn der Scheich war der Richtungsanzeiger auf Gott hin, sozusagen die Gebetsnische des Novizen« (Meier 1994:28). Sehr gut kommt diese Bedeutung des Scheichs in Texten zum Ausdruck, die Martin van Bruinessen von Nakşibendi zum Ritual der »Bindung an den Scheich« (*rabite şeyh*) gesammelt hat. »Mit geschlossenen Augen stellen sich die Teilnehmer den Scheich vor ihnen vor und beginnen, sobald das Bild klar genug ist, zu imaginieren, daß der Scheich sie vor den Propheten Muhammed und der sie wieder in die Nähe der göttlichen Gegenwart führt.« (Bruinessen 1978: 306) »In der *rabita* stellt sich der Schüler (*mürid*) den Scheich vor und etabliert über den Scheich einen Kontakt mit dem Göttlichen ... In den Visionen von einigen Schülern bringt der Scheich sie vor Muhammed oder sogar vor Gott. Häufiger wird dies in dem Bild visualisiert, daß Gottes Gnade auf den Scheich fällt und dann auf den Schüler weiter reflektiert wird. Viele stellen sich dies als einen Lichtstrahl vor, der von Gott ausgehend auf die Stirn des Scheich fällt, ... von wo aus er in das Herz des Schülers gespiegelt wird. In dem Moment, in dem dieser Lichtstrahl das Herz des Schülers berührt, sagt er einige hundert Male Allah – sein Herz sollte den göttlichen Namen in Exaltation ausrufen – und erfährt die Vereinigung mit Gott« (Bruinessen 1978:306).

Die Liebe zum Scheich ist der Weg zu Gott. Sie ist aber auch der Weg zur Selbstvervollkommnung. Indem der Liebende das Bild des geliebten Meisters in seinem Herzen bewegt, wird er ihm immer ähnlicher. Der Meister schreibt sich in den Schüler ein – und da der Lehrer bereits eine höhere Stufe erreicht hat, wird der Schüler dadurch fast von selbst emporgehoben. Um dies zu erreichen, muß all das überwunden werden, was Liebenden und Geliebten trennt. Meier zitiert in dieser Hinsicht al-Baqui, den Lehrer Sirhindis (des Begründers der Nakşibendi): »Du mußt deinen Willen aufgeben und darfst außer seinem [des Geliebten] Willen keinen anderen mehr gelten lassen, damit du zum letzten Ziel gelangst . . . Dein Inneres und der Derwisch (Meister) [der Scheich W.S.] verhalten sich zueinander wie Spiegel und Sonne. Wie der Spiegel bei der Gegenüberstellung die Hitze der Sonne empfängt, so gewinnt dein Inneres bei der Verknüpfung die Wärme des Innewerdens, die dazwischenliegenden Schleier der Zeichnungen und Bilder werden verbrannt . . .« (1994:48). Ist dies gegeben, findet der Prozeß der Vervollkommnung fast von selbst statt: Es verhalte sich damit, so ein Nakşibendi-Lehrer, wie mit einer Frucht, die in der Sonne reift. Es gibt nun verschiedene Übungen, um den Schleier, der Meister und Schüler trennt, zu entfernen. Zwei sind in unserem Zusammenhang besonders wichtig. Das eine ist die Technik der »Prüfung« durch den Scheich: Der Scheich verhält sich unberechenbar und drängt dadurch den Novizen in eine hilflose Lage – damit lerne der Novize, daß er »mit der Kritik warten müsse, bis Gott ihm den Sinn des Unverständlichen im Tun des Meisters enthülle« (Meier 1994:74). Eine andere Technik ist das Verbot, willkürlich einen Lehrer durch einen anderen zu ersetzen: »Die Einzigkeit des Meisters entsprach der Einzigkeit Gottes. Nur über die Bindung an einen einzigen Meister ergab sich die wahre Bindung an Gott« (ebenda: 29). Auch dahinter mag die Befürchtung stehen, daß ein Wechsel die Zeichnung des Vorgängers verunstalten oder zerstören könnte (ebenda: 57). Die Vision, die all dem zugrunde liegt, ist die eines bedingungslos Liebenden, der sich in seiner Liebe selbst verliert und gerade dadurch findet, der in der Ekstase ganz außer sich ist und darüber die absolute Nähe zu sich findet.

Auch hier läßt sich das Modell des Verhältnisses von Individuum, Gott und Gesellschaft aus der räumlichen Aufstellung zum Ritual deutlich hervorheben:

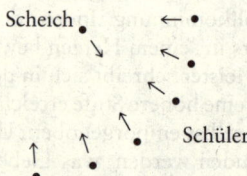

Skizze: Aufstellung zum zikir bei der Nakşibendi-Bruderschaft (nach Auskunft von Martin van Bruinessen)

Es ist die Position des religiösen Lehrers, die den Unterschied zwischen dieser Aufstellung und der zum rituellen *namaz*-Gebet ausmacht. Hier ist der Lehrer nicht mehr in die Gemeinde eingereiht, sondern steht ihr gegenüber und blickt jeden einzelnen an. Die Gemeinschaft ist nicht durch die gemeinsame Ausrichtung auf das Gesetz integriert, sondern durch die je bilaterale Beziehung zu einer Person, dem Scheich. Dieser bildet in jeder Hinsicht den Mittelpunkt – wie die Nabe in einem Rad. Dabei sind die einzelnen mehr oder weniger weit auf dem spirituellen Weg fortgeschritten. Spiritualität und Kraft der mystischen Religion sind in die Erfahrung des »Du« eingelassen – im Innewerden des Anderen findet man zu sich selbst[34] –, die Gesetzesreligiosität ist dagegen mit der Erfahrung des »Wir« verbunden – des Erlebnisses einer größeren und weiteren Gemeinschaft.[35] Die mystische Gemeinde stellt eine geschlossene Gesellschaft dar, zu der nur Personen Zutritt haben, die der Scheich aufgenommen hat (sie treffen sich in der Regel in geschlossenen Räumen); die Gemeinde, die sich unter das Gesetz stellt, ist dagegen für alle offen. In der mystischen Tradition steht Erkenntnis durch Mimesis im Zentrum (in der Konzentration auf den Scheich wird man zum Scheich), in der Gesetzesreligion dagegen die kritische und rationale Auseinandersetzung mit Texten.

In der Geschichte des Islam wurden immer wieder Bekenntnisse zur Respektierung beider Traditionen abgelegt. Dennoch traten immer wieder Spannungen zwischen Vertretern beider Richtungen auf – wenig überraschend angesichts der Gegensätzlichkeit von Mystik und Gesetzesislam. Auch die oben genannte kanonisch gewordene Formel Ghazzalis liest sich sehr unterschiedlich, je nachdem, welcher religiösen Grundhaltung man zuneigt: Als Mystiker neigt man dazu, das Gesetz zwar als Grundlage zu akzeptieren – es aber andererseits als bloßen ersten Schritt auf dem Weg zur »eigentlichen« Gotteserfahrung abzuwerten. Als Anhänger der Gesetzesreligion sieht man die Mystik als letztendlich überflüssige Zutat, da alles Wesentliche bereits im Koran gesagt ist. Und es ist nicht zu leugnen, daß vielen an der Schrift orientierten Asketen die im Prinzip unüberprüfbaren Erkenntniswege der

---

34 Dies ist der Ausgangspunkt der Theologie Bubers (1979: 284 ff).
35 Es war diese Erfahrung, die Durkheim vorschwebte, als er das Erlebnis von Kollektivität zum Ausgangspunkt seiner Religionssoziologie machte. Man erinnere sich insbesondere an das Bild des politischen Redners, der vor der Masse spricht, der sich in der Masse wiedererkennt und die Masse in ihm (Durkheim 1981:289).

Mystiker unheimlich waren und sind.[36] Auch wohlwollende unter ihnen empfanden die mystischen Techniken als vom Koran nicht ausgewiesene »Neuerungen«, die zwar nicht gerade im Widerspruch zum Gesetz standen, aber doch auch nicht als Gottesdienst im eigentlichen und engen Sinn aufgefaßt werden konnten.[37]

Revolution und Organisation

Das Für und Wider der Ausrichtung der politischen Arbeit an der einen oder anderen Tradition war der Gegenstand zahlreicher Gespräche in Augsburg. Sollte man sich in einer Zeit, die nach Meinung der Gläubigen nach politisch-revolutionärem Handeln verlangte, nach dem Muster der Mystik oder dem des Gesetzesislam organisieren?

Die Debatten kreisten zunächst um die Folgen für den »Geist« beziehungsweise »Charakter« der revolutionären Bewegung. Läßt sich mystische Spiritualität, die ja in der Regel weltindifferent oder gar weltflüchtig ist, mit politischem Islam vereinbaren? Süleyman Hilmi Tunalı, der Begründer der Süleymancı, und Said Nursi, der Begründer der Nurcu, hatten diese Frage bejaht und damit eine Neubewertung der Spiritualität vollzogen: Die mystischen Übungen werden von ihnen nicht mehr als Ziel in sich selbst aufgefaßt, sondern als Quelle von Kraft oder zusätzlicher Erkenntnis (Dinçer 1983:20): Sie erlauben – ja fordern sogar – die Rückkehr in die Welt und in den politischen Kampf. »Die Hand muß arbeiten, und das Herz muß Gott gehören« bzw. »dem Volk dienen heißt Gott dienen«, heißt es bei Dinçer (1983: Anhang S. 3).

Was dies betrifft, hatten die Anhänger des Gesetzesislam ihre Zweifel. Sie tendierten dazu, in den mystischen Exerzitien Zusätze zu sehen, die zu der eigentlich geforderten (und sich selbst genügenden) Gesetzesreligion hinzutreten. In bezug auf den *zikir*, also das Gottesgedenken durch Rezitation der Namen Gottes, meinte Mehmet G.: »Der *zikir* ist eine Gottesverehrung, die als freiwillige Mehrleistung erbracht wird. Das größte Gottesgedenken *(zikir)* ist es, den *namaz* zu beten und den Koran zu lesen . . . Wenn man darüber hinaus etwas tun möchte, also Gebete sprechen und dabei

---

36 Gellner (1968, 1985) deutet die Geschichte des Islam als ständiges Pendeln zwischen mystischer Religion und Gesetzesreligion. In der Spannung und Komplementarität beider Richtungen sieht er den Motor der religiösen Entwicklung.
37 So der Reformer Raşid Rida (Meier 1994:225)

den Namen Gottes rezitieren, dann ist das eben eine freiwillige Mehrleistung.« Dies legt den Gedanken nahe, daß man mit seiner Zeit Wichtigeres anfangen sollte, als sie mit mystischen Exerzitien zu verbringen. Letztendlich gehen diese Exerzitien auf Kosten der politischen Arbeit. Mehmet G. sagte, er könne sich durchaus vorstellen, sich *nach* der Vollendung einer islamischen Revolution derartigen Übungen zu widmen – im Augenblick handle es sich aber lediglich um Luxus.

»Wenn nun heutzutage weder ein Familienvater noch der Regierungschef die Befehle des Islam umsetzt, dann ist das [ein Zeichen für eine] despotische Ordnung. Eine der wichtigsten Überlieferungen (*hadith*) erkennt nun demjenigen den stärksten Glauben zu, der gegen eine despotische Regierung das Recht verkündet und der um des Rechtes willen unterdrückt, gefoltert, eingekerkert und getötet wird. Dieser . . . ist ein Mann des Rechts, ein Mann Gottes. Nun, und wir denken, daß wir heute vor dieser Aufgabe stehen, daß ein *alim* (Schriftgelehrter) das heute machen muß, daß ein gläubiger Sklave das heute machen muß – und nun aufzutreten, diese Sache sein zu lassen, sich mit dem mystischen Weg abzumühen, ist etwas schwächlich . . .« (Mehmet G.)

Aus alldem spricht eine gewisse Skepsis gegenüber der reformmystischen Idee, man könne sich für die politische Auseinandersetzung durch eine Hinwendung zur Mystik stärken. Viel stärker sei doch die Versuchung zur Weltflucht: Wer der Exaltation einer unio mystica nahegekommen ist, interessiert sich kaum mehr für Tagespolitik. Es mag dahingestellt bleiben, ob dies zutrifft: Wichtiger ist, daß hier zwei spirituelle Grundhaltungen zum Ausdruck kommen, die sich wohl am besten mit den von Max Weber eingeführten Metaphern von Gefäß und Werkzeug fassen lassen (Weber 1973b:443 ff). Der Mystiker versteht sich als Gefäß Gottes, und die ganze Ausrichtung seiner spirituellen Suche zentriert sich um die Selbstüberschreitung, den Traum, in der göttlichen Präsenz zu vergehen, eben wie der Tropfen im Meer oder der Falter in der Flamme – immer mit dem Ziel, in der Entwerdung zu sich selbst zu finden.[38] Der dem Gesetz verpflichtete Asket versteht sich dagegen als Werkzeug Gottes, und die Ausrichtung seiner Spiritualität zentriert sich um die Selbstüberschreitung, die darin besteht, daß man sich zum perfekten Werkzeug macht, ganz zur idealen Form

38 Zum Geist der Mystik siehe vor allem das großartige Buch von Hellmut Ritter über den Dichter Fariduddin Attar (1955).

wird, und so in der Wahrheit des Gesetzes aufgeht. Verbindet der erstere Spiritualität mit Auflösung von Form, so letzterer mit Finden der wahren Form.

Von den Anhängern der Gesetzesreligion wurde nicht nur bestritten, daß der Geist der Mystik mit politischer Arbeit vereinbar ist, sondern darüberhinaus auch bezweifelt, daß die Organisation einer mystischen Bruderschaft ein geeignetes Modell für die Organisation einer politischen Gruppe darstellen kann. Dies bezog sich zunächst auf die Frage der inneren Hierarchie und, eng damit zusammenhängend, der Führerschaft. Der Begründer der Süleymancı, Süleyman Hilmi Tunahan, hatte das in dem *rabite şeyh*-Ritual ausgedrückte Modell der Beziehung von Gott, Mensch und Gesellschaft benützt, um eine hocheffiziente politische Organisation ins Leben zu rufen. Dabei nahmen diese Beziehungen nun freilich eine andere Färbung an. Die untrennbare Verbundenheit von Lehrer und Schüler bekam mit der Wendung zum Politischen den Beigeschmack von Autoritarismus und Personenkult; die Gemeinschaft von Initiierten transformierte sich in einen abgeschotteten und elitären Kader. Dieser Zug wurde noch durch ein spezifisches Charakteristikum unterstrichen – nämlich den chiliastischen Zug der Gruppe (Gökalp 1990:426 ff). Süleyman Hilmi Tunahan wird von seinen Anhängern als der letzte Meister der Nakşibendi verehrt und damit in eine bemerkenswerte Reihe gestellt: »So wie der Koran die letzte Offenbarung ist, Muhammed der letzte Prophet, so ist Süleyman Efendi der letzte mystische Lehrer (*mürşit*)«, erklärte mir ein Hodscha der Gemeinde. All dies steigert den elitären Anspruch: Die Süleymancı »schocken . . . das muslimische Publikum öfter mit Aussagen über ihre Einzigartigkeit, die sie bis zu dem Punkt steigern, daß der Islam erst Islam ist, wenn der Süleymanismus praktiziert wird«, merkt Haas (1987:18) an, der als Konvertit die Gemeinden von innen kennengelernt hat. Man wird diese Haltung eines elitären Kaders unschwer in dem Konflikt um die Allgemeine Moschee in Augsburg wiedererkennen.[39]

Den am Gesetzesislam orientierten Anhängern der Nationalen

39 Die Abkehr von den klassischen Positionen der mystischen Bruderschaften ist den Süleymancı sehr bewußt. Konservativen Kritikern aus den Kreisen der Bruderschaften antworten sie gern mit der Redensart: »›Sucht man die Frucht eines Baumes an seinen Zweigen oder in seinen Wurzeln?‹ Die Süleymancı haben sich für die Frucht und die Zweige (die Bildung und die Vervielfältigung der Strukturen) entschieden und nicht für die Wurzeln – die doktrinären Aspekte und die historischen Bezüge, die sie mit den Nakşibendi verbinden« (Gökalp 1990:428).

Sicht und der Kaplan-Gemeinde waren diese Positionen tendenziell unheimlich. Sie betonten die prinzipielle Zugänglichkeit und Transparenz des religiösen Wissens – also seine Exoterik: »Wir nehmen den Islam so, wie er von Gott offenbart wurde, und akzeptieren nichts, was außerhalb liegt. Wir sind Schüler in allem, was der Prophet gemacht hat.« Sie traten für eine Idee ein, die man, in Paraphrase der klassischen protestantischen Position, als Hodschatum aller Gläubigen beschreiben könnte. »Jeder ist ein Hodscha, ein religiöser Lehrer, nach Maßgabe seiner eigenen Kenntnisse.« Die Anhänger dieser Position bekannten sich also zu einer Suche, die sich an einem rationalen, das heißt jederzeit an der Schrift überprüfbaren Verfahren ausrichtet, und konnten mit einem »Sehen mit dem Herzen«, einer »Erleuchtung« nicht viel anfangen. Der Idee des »Hodschatums aller Gläubigen« entspricht vielmehr ein grundsätzliches Bekenntnis zur Gleichheit. Für Mehmet G. war der Gedanke der *rabita,* der Selbstfindung in der liebenden Hingabe an den Scheich, nicht mit seinem Menschenbild vereinbar: »Wenn ich sage: ›Für dich ist ein Platz im inneren Zirkel, wenn du dich völlig gebunden und aufgegeben hast‹, dann ist das maßlos, dann ist das Ausbeutung.« Als er dies näher ausführte, deutete er zunächst an, daß die Bindung gelegentlich materiell mißbraucht wurde (Beitrittswillige seien aufgefordert worden, ihre Güter der Gemeinde zu überschreiben), kam dann aber auf seinen prinzipiellen Punkt: »Nur Gott kennt die spirituelle Reife eines Menschen. Es gibt Dinge, die sichtbar, und solche, die unsichtbar sind. Wir sehen das, was man sieht, aber das Unsichtbare sehen wir nicht. Nur Gott sieht alles. Deshalb können wir niemanden nach seiner spirituellen Reife messen. Nach meiner persönlichen Meinung hat das alles nichts mit dem Islam zu tun.« Mehmet G. widerspricht hier mystischen Erzählungen, die den Scheichs Fähigkeiten zur tiefen Erkenntnis des anderen unterstellen. In dieser Passage scheint etwas von der Würde und der ethischen Emphase der Gesetzesreligiosität auf. Das Wissen um die immer gegebene Möglichkeit eines Irrtums führt zur Skepsis gegenüber jedem, der sich gottgleiche Eigenschaften anmaßt. Es gibt zwar auch bei den Gesetzesreligiösen eine Hierarchie. Sie leitet sich jedoch vom Umfang des erworbenen Wissens ab und ist dadurch transparent und abgestuft. Anders als in der Mystik trennt in der Gesetzesreligion kein Graben den Lehrer vom Schüler oder den Wissenden vom Nicht-Wissenden.

All dies hat drittens Folgen für die Konzeption von politischer Führerschaft. In der gesetzesreligiösen Tradition zirkuliert die Idee, daß die Führerschaft sich aus den Kreisen derjenigen rekrutieren sollte, die am meisten wissen. Dies bedeutet angesichts der Zugänglichkeit des Wissens, daß die Führerschaft prinzipiell kritisierbar ist. Was dies heißt, wurde mir deutlich, als ich mit dem Augsburger Gemeindevorsitzenden Şevket A. die Videoaufzeichnung einer Predigt von Kaplan anschaute. Er deutete auf den Bildschirm und sagte zu mir gewendet: »Heute folge ich diesem Mann. Wenn ich ihn jedoch bei einem Fehler ertappe, werde ich ihn verlassen.«

Man muß diese Worte auf sich wirken lassen. Hier nimmt ein Autodidakt für sich in Anspruch, einen anerkannten Schriftgelehrten kritisieren zu können. Die Drohung war nicht rhetorisch: Als Kaplan sich 1993 zum Statthalter des Kalifen ausrufen ließ, verließen zahlreiche Angehörigen der ersten Stunde die Bewegung – und Şevket distanzierte sich deutlich. All dies wäre in der Liebesbeziehung zwischen Scheich und Schüler undenkbar. Die Idee, daß der Schüler durch ein nicht nachvollziehbares Verhalten des Scheichs »geprüft« werden kann, schließt per se eine kritische Haltung aus. Die Führerschaft in einer Bruderschaft ist weitgehend der Kritik entzogen – was von den Vertretern der Gesetzesreligiosität deutlich gesehen wird: »Die Süleymancı gefallen mir nicht. Was das Zentrum auch immer befiehlt, machen sie, sonst nichts.« (Abuzer K.)

Die starke Stellung der politischen Führung bei den Süleymancı erlaubt eine bemerkenswerte Realpolitik: Die Führung kann sich mit den jeweils Mächtigen arrangieren, um die jeweils günstigsten Voraussetzungen für ihr Bildungswerk zu schaffen – und zwar offenbar ohne gegenüber den eigenen Anhängern in Legitimierungsprobleme zu geraten. Auf Außenstehende wirkt dies extrem strategisch, wenn nicht gar wetterwendisch: Die Süleymancı seien wie Füchse, meinte Hasan K. und kommentierte damit einen Pressebericht von Kemal Kaçars Besprechungen mit den Chefs türkischer Rechtsparteien, in dem es um die Unterstützung dieser Parteien mit Stimmen ging.[40] Abuzer K. führte in diesem Zusammenhang ein gesinnungsethisches Argument an: »Die tanzen nach der Melodie dessen, der gerade an der Macht ist (wörtlich: sie schlagen die Trommel dessen, der gerade mächtig ist). Das ist falsch . . . Also der Gelehrte darf [die Verkündigung] sein[es] Wissen[s] nicht von

40 Derartige Meldungen tauchen vor den Wahlen regelmäßig auf. Siehe Hottinger 1993:149.

Befehlen abhängig machen; also er darf es nicht der Regierung oder einem Unterdrücker oder einer Organisation ausliefern, er muß es der Welt offenbaren.«

Bei den Nurcu erlaubte die starke Führerschaft die Politik der Unterwanderung mit Hilfe eines Geheimbundes.[41] Die Politik der Geheimhaltung und Verstellung stieß auf nicht weniger Kritik als die Realpolitik der Süleymancı. Es war wieder einmal Mehmet G., der die Kritik am klarsten formulierte:

»Der Islam fordert Offenheit: Du darfst keine Konzessionen machen, du darfst nicht lügen, du mußt geradlinig sein . . . Weil dies so ist, ist es sehr schwierig, als Muslim eine Gruppe (*toplum* – eigentlich: Volk) zu unterwandern. Nimm beispielsweise die Armee. Sie hat ihre eigenen Regeln. Die Offiziere gehen zu Unterhaltungsabenden, Männer und Frauen tanzen zusammen, sie essen und trinken zusammen. Ein Muslim, der sich an der Scheriat orientiert, mag das nicht, er geht nicht zu diesen Treffen, er trinkt nicht, tanzt nicht . . . Es wird gleich klar, daß er ein Anhänger der Scheriat ist . . . Wenn er aber nun von Gottes Befehlen abweicht, um sich zu schützen, was passiert dann? . . . Er wird einer von denen.«

Dagegen halten die Anhänger der Mystik die (vor allem von Cemaleddin Kaplan vertretene) Forderung nach unbedingter Konsequenz und absoluter Offenheit für unrealistisch und kontraproduktiv. Ein Hodscha der Süleymancı: »Man kann nicht immer nur auftreten und wiederholen: ›Ich habe Recht!‹ Auch wenn man Recht hat, gibt es bestimmte Zeiten und Umstände, in denen man zurückhaltend sein sollte. Was erreicht Kaplan? Er erreicht nur, daß man überall, wo man hingeht, mit ihm konfrontiert wird. Unter dem Schutz der Glaubensfreiheit hier haben wir Korankurse eingerichtet. Dies wird durch jemand wie Kaplan gefährdet.«

Neben Hierarchie und Führerschaft war viertens die Frage von Exklusivität und Grenzziehung zwischen Mystikern und Rationalisten umstritten. Eine wichtige Kritik der Gesetzesreligiösen betraf die Bildung von geschlossenen Zirkeln bei den Süleymancı: »Sie lassen diejenigen nicht zu ihren Versammlungen zu, die ihren Gedanken nicht folgen«, sagte Şevket A. Mehmet G. teilte diese Einschätzung: »Also [die Süleymancı] sind wie die Hüter eines Ge-

---

41 Derartige Organisationen verfügen aus Gründen der Geheimhaltung naturgemäß über sehr wenige Sanktions- und Kontrollmechanismen – und sind darüber hinaus ständig mit der Gefahr des Verrats konfrontiert. Sie funktionieren deshalb nur mit stark ausgeprägten hierarchischen Strukturen.

heimnisses, sie sind abgekapselt und verschlossen . . . Auch ist bei
ihnen die gegenseitige Bindung über Achtung und Respekt stärker,
die Disziplin. Sie vertrauen niemandem, der nicht in ihre Ordnung
eingebunden ist.« Die Tatsache der Exklusivität der Süleymancı
beschäftigte gerade auch die weniger differenzierten Gläubigen.
Ein häufig vorgebrachter Vorwurf lautet, die Süleymancı würden
in ihren geschlossenen Veranstaltungen Pornofilme ansehen. Man
wird diese Unterstellung als bäuerlich krude Entstellung der Lie-
besmystik lesen. Sie ist aber gerade deshalb interessant, weil in ihr
das Ressentiment gegen diese Form der Religiosität in aller Dra-
stik zum Ausdruck kommt.

Grenzziehungen, wie sie für die Mystik bezeichnend sind, stehen nach Meinung der Verfechter des Gesetzesislam im Widerspruch zu der Notwendigkeit, eine Massenbewegung aufzubauen.
»Wir können alle Muslime, alle Gläubigen auf den Koran verpflichten. Das ist leicht. Aber es ist nicht möglich, alle Gläubigen
auf die Schriften von Said Nursi zu verpflichten . . . Er war ein
Schriftgelehrter, aber kein Prophet . . . Deshalb können wir weder
mit den Nurcu noch mit den Süleymancı eine Massenbewegung
aufbauen. [Bei den Süleymancı] wird niemand akzeptiert, der
nicht in die Bruderschaft eintritt. Aber wir können nicht alle Muslime an die Bruderschaft binden.« (Mehmet G.)

Dies klingt plausibel – aber haben es nicht gerade die Süleymancı geschafft, über die Organisation von Korankursen sehr
breite Kreise anzusprechen? Dies wurde von den Anhängern der
Gesetzesreligion eingestanden. Sie wiesen aber darauf hin, daß die
Süleymancı an einer strikten Grenze zwischen initiierten Brüdern
und normalen Gläubigen festhielten. Während die Ansprüche an
die Mitglieder der Binnengruppe sehr hoch seien, zeichneten sich
die Forderungen an die Außenstehenden durch Nachgiebigkeit
aus. Um eine möglichst große Breitenwirkung zu erzielen, kämen
die Süleymancı den normalen Gläubigen sehr weit entgegen. Sie
machten es ihnen »leicht« – und seien nicht zuletzt deswegen so erfolgreich. Die Kritiker zitieren in diesem Zusammenhang Fetwas,
theologische Rechtsgutachten, die es den Gläubigen für die Zeit
des Aufenthaltes in Europa[42] gestatten, Geld zinsbringend anzule-

42 Diese Gutachten argumentieren mit der klassischen Unterscheidung zwischen *dar
ul harb*, Gebiet des Krieges, und *dar ul Islam*, Gebiet des Islam. Im ersteren ist eine
flexiblere Handhabung der Gebote möglich. Zur Unterscheidung siehe Lewis
1988/1991: 126 f.

gen und auch ihre Frauen außerhalb des Hauses arbeiten zu lassen. Beide Punkte beziehen sich auf zentrale Anliegen von Arbeitsmigranten – und die Position der Süleymancı rief bei vielen meiner Gesprächspartner eine bemerkenswerte Mischung von Neid und Ablehnung hervor. Eine Organisationsform, bei der ein elitärer Kader eine möglichst große Zahl von Sympathisanten um sich schart, um politischen Einfluß auszuüben, widerspricht dem im Gesetzesislam vertretenen Ideal einer »Massenbewegung«, bei der möglichst viele Schultern gleichmäßig die Last des Kampfes tragen.

Die Exklusivität der Bruderschaften verhindere jedoch nicht nur eine breite Mobilisierung, sie führe auch zur Spaltung des Islam. Wenn auch ungewollt, würden die Bruderschaften den Feinden des Islam in die Hände arbeiten: »Am meisten haben die Engländer eine Spaltungspolitik [des *indirect rule*, W.S.] betrieben. Die Transmissionsriemen dieser Politik aber waren Schriftgelehrte oder Scheichs von Bruderschaften, die oft in bester Absicht gehandelt haben.« (Mehmet G.)

Es bleibt, auf den letzten Punkt der Differenz zwischen den Anhängern der Gesetzesreligion und den Mystikern einzugehen – nämlich auf die Ausrichtung des revolutionären Kampfes. Die Reformmystiker tendieren zu der Position, daß man zuerst Bewußtseinsbildung betreiben und dann politische Institutionen erobern solle; die Angehörigen des anderen Lagers sind dagegen entweder der Meinung, daß der Kampf um die politischen Institutionen und Bewußtseinsbildung untrennbar miteinander verbunden sein müßten oder daß man zuerst die Institutionen erobern müsse, um dann in ihnen um so effektiver Bewußtseinsbildung betreiben zu können. Reformmystiker und Anhänger des Gesetzesislam rechtfertigen ihre Positionen wiederum mit den großen Erzählungen der islamischen Frühzeit. Die Position der Süleymancı findet sich in einem auf deutsch abgefaßten Text von Nihat Dinçer von 1987, dem damaligen ersten Vorsitzenden des Verbandes der Islamischen Kulturzentren e. V. Köln (der Dachorganisation der Süleymancı). Der Text ist wichtig, weil er, in der Absicht, das Bild von Süleyman Hilmi Tunahan zurechtzurücken, bemerkenswert unvorsichtig ist und Aussagen zur politischen Zielsetzung formuliert, die in anderen Publikationen des Verbandes zensiert wurden.

»Als unser Prophet unter den Polytheisten in Mekka den Islam zu verbreiten begann, übten diese Kreise einen starken Druck auf ihn und seine Anhänger [aus]. Er beschloß, sich in einen bestimmten Teil der Stadt zurückzuziehen, wo er in Ruhe beten und . . . den Islam propagieren konnte. Der Auftrag aller Propheten besteht eigentlich darin, die ihnen mitgeteilte heilige Message [sic] weiterzuleiten, die Anhänger zu schulen und Urteile zu kündigen. Unser Prophet wählte für die Durchführung seines Auftrags die Wohnung von Erkam bin Ebü-l Erkam bin Esed, einem der ersten Mohammedaner . . . Bis sich seine Heiligkeit Ömer [Omar] zum Islam bekannte, lebte er in dieser Wohnung, übte seine Gebete dort aus, vermittelte den Islam seinen Besuchern und bildete die Moslems aus. In diesem Haus erfuhren die Moslems seine geistige Führung (Dinçer 1987:13).«

Es geht also zunächst um Rückzug und Ausbildung. Die dahinter stehende Absicht wird mit einer bemerkenswerten Metapher umschrieben:

»Während vor den Toren der Festung der Ungläubigkeit ein heftiger Kampf stattfindet, stellen diese Kurse unterirdische Tunnel dar, die zum Herzen der Festung führen. [Die Kurse bzw. die Tunnel sind] eine außerordentlich große Erfindung . . . vergleichbar mit Sultan Mehmets Erfindung, mit deren Hilfe er seine Kriegsschiffe über Berge bis zum Goldenen Horn gleiten ließ.« (Dinçer 1987:6)

Hier wird eine weitere Erzählung eingeblendet, nämlich die (jedem türkischen Schüler vertraute) Erzählung von der Eroberung von Konstantinopel 1453, bei der unterschiedliche Belagerungstechniken (darunter eben das Vorantreiben von Stollen durch Mineure) Anwendung fanden. Kriegsentscheidend war die erwähnte militärische Operation, bei der die osmanischen Kriegsschiffe in das von einer Kette versperrte Goldene Horn gebracht wurden. Die Eroberung von Konstantinopel gilt als Schlüsselereignis der islamischen Geschichte und wiederholt in gewissem Sinne die Einnahme Mekkas durch Muhammed. Mit ihr wurde der ehemals mächtigste Gegner des Osmanischen Reiches, Byzanz, endgültig besiegt. In dem Ereignis verdichtet sich die Glorie des Osmanischen Reiches, *des* islamischen Staats der Neuzeit.

Die gesetzesislamische Gegenseite weist dagegen darauf hin, daß alle Schulung letztendlich die Sache des Islam nicht weitergebracht habe, und stellt die Forderung auf, den politischen Kampf sofort aufzunehmen. Auch diese Position wird durch einen Bezug auf die islamische Frühzeit untermauert. Besonders deutlich äußerte sich in dieser Hinsicht Cemaleddin Kaplan in der »Predigt in der Hedschra«:

»Die Araber sagen: ›Wenn ihr nicht ins Meer geht, lernt ihr nicht schwimmen.‹ Ohne Prüfung werdet ihr nicht zu Glaubenskämpfern. Es besteht keine Notwendigkeit, mit besonderen Methoden einen besonderen Kader aufzubauen. Denn das ist eine Frage des Glaubens, der Liebe, des Muts und der Fähigkeiten. Sind denn die Verkünder, die unser Herr und Prophet ausgesandt hat, ausgebildet worden? Nein: Der islamische Glauben ist aus sich selbst heraus eine Schule. Er ist eine Institution, die erzieht. Er ist die vollkommenste Universität. Auf welcher Universität waren denn die Abu Bakrs, Omars, Alis und Musas? Deswegen machen diejenigen nur eine Einschläferungs- und Beschwichtigungspolitik, die sagen: ›Laßt uns zunächst Kader erziehen, sie dann im Staatsdienst unterbringen und dann von Staat, Verkündigung und Politik reden‹. Das heißt nur, sich in Faulheit und Furchtsamkeit zu hüllen.«

Man muß, mit anderen Worten, den Kampf aufnehmen und sich im Kampf erziehen. Es ist die Spiritualität der politischen Auseinandersetzung, die zählt. Auf Demonstrationen und nicht in Seminaren wird man zum Glaubenskämpfer.

Strategien für die Revolution:
Parlamentarismus oder Basisbewegung?

Die Debatte um parlamentarischen und außerparlamentarischen Weg zur Revolution entzweit schließlich die beiden Gemeinden, die sich am Gesetzesislam ausrichten. Auch hier ist weiter auszuholen, wenn man den Wertekonflikt verstehen will, der der Auseinandersetzung zu Grunde liegt. Ich wende mich daher zunächst Kaplans theologischer Vision zu, bevor ich auf die politischen Konsequenzen eingehe, die er aus ihr ableitet.

Die Predigt in der Barbaros-Moschee

Am 13. 8. 1983 hielt Cemaleddin Kaplan in der Barbaros-Moschee in Köln die Predigt: »Ist der Weg zum Staat die Partei oder die Verkündigung?« (*Devlete Gidiş Yolu: Partı mı, Tebliğ mi?*). In ihr führte er aus, daß der islamische Staat nicht durch parlamentarische Arbeit errichtet, sondern nur durch eine außerparlamentarische, offene Bewegung erkämpft werden kann. Im Rückblick gilt diese Predigt als Geburtsstunde der Kaplan-Bewegung.[43]

Die Predigt beginnt mit einer kosmischen Vision:

»Der islamische Glaube/Gesetz *(Islam Dini):* Er hat mit dem ersten Menschen, dem ersten Muslim und ersten Propheten, mit Adam . . . begonnen, wurde im Lauf der Geschichte von allen Propheten verkündet und gepredigt . . . und hat schließlich mit dem Propheten Muhammad seine letzte und reifste Form erhalten. Gott hat auf diese Weise den würdigsten Glauben/Gesetz vollendet, er hat den Sinn des Lebens und das Ziel der Schöpfung offenbart. Er hat den Menschen durch Worte, Taten und Handlungen eine Ordnung und Maßstäbe, Gesetze und Verordnungen gepredigt.«

»*Islam Dini*«: Die beiden ersten Worte leiten die Predigt wie ein Donnerschlag ein. Grundsätzlicher und allgemeiner hätte Kaplan kaum beginnen können. Es geht um das Ganze – nämlich um den »*Din*« – ein Wort, das die Doppelbedeutung von Glauben und Gesetz trägt (und im folgenden immer in dieser Doppelung wiederge-

---

43 Diese Historiographie ist spätestens zum fünften Jahrestag festgeschrieben worden. Am 15. 8. 1988 erschien in Ümmet-i Muhammed Nr. 6 der Artikel: Die Barbaros-Bewegung – ein Wendepunkt.

geben wird). Das grundsätzliche Anliegen wird auch durch die Form der Predigt unterstrichen. Die Worte *Islam Dini* befinden sich nämlich an der Stelle, wo sonst die Sure steht, deren Exegese dann den Gegenstand der Predigt bildet. Hier aber wird nicht über eine Forderung der Religion gesprochen, sondern über Religion überhaupt. Im zweiten Satz wird dann mit Adam, dem ersten Menschen und Propheten, der Bezug zum Ursprung hergestellt. Adam steht hier, wie in der islamischen Theologie insgesamt, für den Menschen schlechthin, genauer: für die Stellung des Menschen in der Schöpfung.

An dieser Stelle wird dies durch Kaplan freilich nur angedeutet. Auf die Konsequenzen geht er in einer anderen Predigt (*Augsburg Konuşması* – »Augsburger Predigt« 1984) ausführlicher ein, die wir an dieser Stelle als Kommentar heranziehen können.

Die Augsburger Predigt setzt mit der Vergegenwärtigung der Majestät der Natur ein. Das Universum, wie es sich etwa im nächtlichen Sternenhimmel erfahren läßt, ist unermeßlich und geordnet. Angesichts der Größe der Schöpfung stellt sich die Frage, wer für wen geschaffen worden ist: Ist der Mensch für die Schöpfung da oder ist die Schöpfung für den Menschen da? Auf dem Hintergrund der Beschwörung der Majestät der Schöpfung, die bis dahin die Predigt durchzieht, wirkt es wie ein Paradox, wenn Kaplan nun die Antwort formuliert: Die Welt ist für den Menschen geschaffen worden. Der Mensch ist der Herr des Universums, der Herr über Leben und Tod (soweit es die nicht-menschlichen Wesen betrifft); er ist selbst den Engeln übergeordnet (die zu seiner Anbetung gezwungen werden). Dem Menschen wird also ein unendlicher Wert zugestanden. Was erwarte Gott dafür? Die Antwort ist: Sklavendienst (*kulluk*), also Hingabe. Die ungeheure Bedeutung des Menschen im Universum geht einher mit seiner absoluten Bedeutungslosigkeit vor Gott. Unendliche Größe und unendliche Nichtigkeit charakterisieren die conditio humana. Der Mensch ist Herr des Universums: Aber dies bedeutet gerade nicht, daß er es nach seinen Plänen gestalten kann. Der Mensch ist gerade nicht als Gesetzgeber auf die Welt gekommen, sondern als Statthalter. Es ist Hybris, wenn man sagt: ›Gott hat das alles geschaffen, aber ich folge den eigenen Gesetzen.‹ Der Mensch ist von Gott als sein Stellvertreter, als sein Kalif, eingesetzt worden und ist ihm deshalb verantwortlich.

Damit kehren wir zur Predigt in der Barbaros-Moschee zurück.

Dem Menschen wurde von Anfang an eine zeitlos geltende Ordnung – eben der *din* – offenbart, und er wurde auf diese Ordnung verpflichtet. Mit der Offenbarung des Gesetzes wird aber – von Anfang an – auch ihr Gegenteil definiert. Im Anschluß an die oben zitierten Zeilen fährt Kaplan fort:

»Und ER hat auf diese Weise das Recht vom Unrecht geschieden, den Glauben vom Unglauben, die Einheit *(tevhid)* von der Vielgötterei, die Achtung von der Rebellion, das Heil vom Unheil, das Erlaubte vom Verbotenen, den richtigen vom falschen Weg, in einem Wort: das [wahrhaft] menschliche Leben vom falschen [unmenschlichen] Leben. Nun, im Ergebnis, war alles sonnenklar *(güneş gibi ortaya çıkmış)*.«

Der Gesetzgebungsprozeß wird als Scheidungsprozeß beschrieben: Recht wird vom Unrecht, Glauben vom Nichtglauben usw. getrennt und ihm gegenübergestellt. Mit dem Gesetz *(hakk)* konstituiert sich also auch das Andere zu ihm, sein Gegensatz: *batil* – der Polytheismus, die Vielgötterei. Damit ist ein grundsätzlicher Dualismus gesetzt. Es gibt die Offenbarung – und ihr Gegenteil; das Recht *(hakk)* und das Unrecht *(batil)* – wobei die Vielfalt alles Nicht-Islamischen als Polytheismus in unterschiedlichen Erscheinungsformen gesehen wird. Zwischen Recht und Unrecht existiert eine scharfe Grenze. Am Ende war alles »sonnenklar«: Diese Konstruktion von Recht und Unrecht erlaubt keine Zweideutigkeit oder auch Dialektik. Undenkbar, daß unter bestimmten Umständen Recht aus Unrecht entstehen könnte oder umgekehrt. Der Gedanke, daß es keine Grauzone zwischen Recht und Unrecht und keinen Übergang gibt, legt ein Denken in Kategorien von Reinheit und Unreinheit nahe.[44] Immer wieder[45] wird Kaplan in den kommenden Jahren betonen, daß man Recht und Unrecht nicht vermischen darf. So wie ein einziger Tropfen Unrat ausreicht, ein ganzes Faß Wasser ungenießbar zu machen, zerstört auch die scheinbar kleinste und unbedeutendste Abweichung das absolut Reine: Auch jemand, der in 99 Punkten Recht hat und nur in einem einzigen fehlt, ist insgesamt gesehen im Unrecht. Solange er an seinem Fehler festhält, macht er sich der Sünde des *şırk*, der Vielgötterei schuldig, weil er ein anderes Prinzip über dasjenige Gottes stellt.

Doch das Abgespaltene, der Polytheismus, erweist sich als ge-

---

44 Hierzu vor allem Mary Douglas (1966/1985).
45 Z.B. in der Predigt *Hakk Ihiya, Batılı Imha* (»Realisieren des Rechts, Zurückweisen des Unrechts«).

schichtsmächtig. »Nach [dem Auftreten der] Propheten hat der Mensch [immer wieder] den gerechten Schöpfer und den wahren Gott vergessen. An seine Stelle hat er Traumgebilde (*hayali yaratı-cılar*) und betäubende Götter (*uydurma ilahlar*) gesetzt und versucht, von ihnen Hilfe zu erhalten« (1983/1995:2). Nach jeder Offenbarung, nach jeder Neuerrichtung des Monotheismus erfolgt der Rückfall in den Polytheismus und macht das Auftreten eines neuen Propheten erforderlich. In diesem Zusammenhang ist ein weiteres Schlüsselkonzept wichtig, nämlich das der *nefis*. *Nefis* bezeichnet Selbst, menschliche Seele, Inneres, darüber hinaus Begierde, Bedürfnis und Lust. »Der Wunsch [des Teufels] ist es, den Menschen mit seinen *nefsi* [Plural von *nefis*], die man als inneren Feind bezeichnen könnte, zu verführen, so daß er sich dem Vergnügen und der Wollust der *nefsi* hingibt, und in einem weiteren Schritt sich selbst vergottet . . .«, schreibt Demiray (1986:5), ein weiterer Prediger aus der Umgebung von Kaplan. *Nefis* steht so vor allem für die Lust am Selbst, für das Bedürfnis, das eigene Selbst in das Zentrum menschlichen Strebens zu stellen. Es ist die privilegierte Stellung des Menschen in der Schöpfung, die immer wieder die Versuchung zur Selbstvergottung mit sich bringt. Der Mensch realisiert sozusagen die conditio humana nur teilweise. Überwältigt von der ihm zugestandenen Machtfülle vergißt (oder verdrängt) er den anderen Teil, nämlich seine absolute Bedeutungslosigkeit vor Gott. An die Stelle der Klarsicht der Vernunft *(akıl)* tritt dann ein Dämmerzustand des Rausches, der Illusion, der Selbstbetäubung. Man muß dies als genauen Gegenentwurf zu allen Theorien lesen, die das Selbst (also die »Selbsterkenntnis«, »Selbstfindung« oder »Selbstverwirklichung«) als Angelpunkt menschlicher Existenz sehen. Im Gegensatz zu ihnen betont Kaplan, daß man sich nur dann selbst findet, wenn man sich als Teil eines größeren Ganzen, der Schöpfung, realisiert – wenn man anstrebt, die Ordnung in sich selbst zu realisieren, und so über sich hinauswächst. Die Hoffnung zu einer humanen, gerechten Ordnung zu finden, wenn man das Selbst (*nefis*) zum Ausgangspunkt seines politischen Denkens nimmt (wie es etwa in dem *pursuit of happiness* der amerikanischen Verfassung der Fall ist), ist dagegen zum Scheitern verurteilt. Bestenfalls ist Selbstbetrug das Resultat, schlimmstenfalls Tyrannis. Diese Kritik betrifft natürlich vor allem die Demokratie selbst, die sozusagen die Institutionalisierung der Herrschaft der *nefis* darstellt.

Die Geschichte Gottes mit dem Menschen entfaltet sich bei Kaplan als ständige Bewegung von der Aufrichtung des Einheitsgebots, über den Verrat an ihm hin zu seiner Neuaufrichtung. »In jeder Epoche«, führt Hasan Hacıoğlu, auch ein Prediger aus der Umgebung Kaplans, diesen Gedanken weiter aus, »geht der Kampf zwischen dem Glauben und dem Heidentum weiter. In jeder Periode gibt es jene, die den Glauben an den einen Gott verteidigen, und die Gegner, die die Gläubigen bekämpfen. Jeder Prophet und seine Anhänger wurden grausam unterdrückt. Der Grund dafür ist, daß sie erklären, daß es nur einen Gott gibt . . .« (1988:11)

Was hier formuliert wird, ist eine Geschichtsphilosophie, die man sich in der Form einer Spirale vorstellen kann: Der Grundkonflikt, der die gesamte Geschichte durchzieht, gliedert sich jeweils in folgende Phasen: Errichtung der Ordnung – Abfall von der Ordnung und zunehmende Bekämpfung der Gläubigen (die deshalb immer weniger werden) – Auftreten eines Propheten, der die Ordnung anmahnt und deshalb unterdrückt wird – Durchsetzen des Propheten und Wiedererrichtung der Ordnung. Der Konflikt nimmt von Epoche zu Epoche eine andere Ausprägung an, wobei die jeweilige Epochengrenze durch das Auftreten eines neuen Propheten markiert ist. Entscheidend ist hier, daß nach dieser Geschichtsphilosophie die wahre Religion, der Islam, immer in der Defensive ist: Die Propheten treten in den finstersten Stunden der Menschheit auf, um die unterdrückte Ordnung wiederherzustellen. Wir haben dies oben am Fall Muhammeds genauer beschrieben.

Aber was, fragt Kaplan nun rhetorisch, wird von den Propheten zu den unterschiedlichsten Zeiten immer wieder zum Ausgangspunkt der Prophetie genommen und in das Zentrum der Predigt gestellt? Die Antwort: die Lehre von der Einheit Gottes (*tevhid*).

»Sie [die Propheten] haben dargelegt, daß er in seinem Wesen, in seinen Eigenschaften, in seinen Taten EINER ist. Es gibt keinen seinesgleichen. Aller Besitz und alle Herrschaft liegen in seiner Hand, und alles steht unter seinem Befehl. Er ist Herr über Leben und Tod. [Die Propheten] haben die Machthaber und Regierungen, die Unterdrücker und die götzendienerischen Amtsinhaber bekämpft. Sie haben sich nicht gefürchtet und haben [unendlich viel] Qual und Strafe, Unterdrückung und Folter auf sich genommen. Und warum haben sie immer wieder mit der Lehre von der Einheit begonnen? Obwohl die Lehre von der Einheit die Grundlage des Glaubens darstellt, ist es doch die Sache, über die die Menschen am meisten getäuscht wurden ... Das war [in der ganzen] Geschichte so« (1983/1995:2).

Kurz: In der Lehre der Einheit Gottes – und damit der Schöpfung und der Menschheit – schließt sich sozusagen alles zusammen. Aus ihr leitet sich alles ab. Sie begründet eine alles umfassende Ordnung. Letztlich liegt nichts außerhalb der Ordnung – oder genauer: Alles, was außerhalb der Ordnung liegt, hat satanischen Charakter.

Die Beschwörung der Reihe der Propheten am Beginn einer Predigt, die dann zur Politik überleitet, ist bedeutsam. Sie gliedert alles, was folgt, in das große Geschichtsdrama ein. Die Botschaft lautet: Es ist wieder soweit. Der Monotheismus muß wieder erneuert und eingeklagt werden. Kaplan stellt sich in die Reihe der Propheten, die gegen den Polytheismus auftreten – und leitet damit eine neue Phase der Geschichte ein. Freilich wird das zu diesem Zeitpunkt noch nicht explizit formuliert. Erst als die Predigt nach seinem Tod, zwölf Jahre später, in Ümmet-i Muhammed erneut abgedruckt wird, heißt es ausdrücklich in der Überschrift: »Das Ende eines Zeitalters – der Beginn eines neuen Zeitalters«.

Soweit die Theologie Kaplans. Die politischen Positionen, die er ebenfalls in diesen Predigten entwickelt, lassen sich als Übersetzung der Vision von der Einheit und Größe Gottes lesen. Mit ihnen vollzieht Kaplan den Bruch mit der Nationalen Sicht. Auf sie möchte ich nun näher eingehen.

Bewegung und Verkündigung

Die politische Botschaft der Predigt in der Barbaros-Moschee lautet: Jeder Versuch, den islamischen Staat auf parlamentarischem Weg herbeizuführen, verstrickt sich in innere Widersprüche und ist deshalb zum Scheitern verurteilt. Das Problem liegt *nicht* in der konkreten Politik der Nationalen Heilspartei oder in der Inkompetenz der Führung; es ist kein Problem, das man durch Reform oder Neugründung lösen kann.

Kaplan führt dabei eine ganze Reihe von Gründen an, warum der Parlamentarismus seiner Meinung nach mit einer revolutionär-islamischen Politik unvereinbar ist: Die Mitwirkung im parlamentarischen System führt dazu, die eigentlichen Ziele (nämlich die Einführung der Scheriat) zu verschleiern – der Islam verlangt aber generell Aufrichtigkeit.[46] Die Mitgliedschaft im Parlament nötigt zu Kompromissen (etwa auf eine laizistische Verfassung zu schwören), der Islam fordert aber Kompromißlosigkeit.[47] Die Orientierung an einer Partei führt zu Klientelismus, weil Positionen aufgrund von politischen Loyalitäten und nicht aufgrund von Leistungen besetzt werden. Kompetente Außenseiter kommen deshalb kaum in Leitungsfunktionen – der Islam aber verlangt, die Leitungsstellen mit den Fähigsten zu besetzen.[48] Parteien mobilisieren in ihrem Wettstreit Emotionen – der Islam spricht dagegen die Vernunft an. Auch eine islamische Partei muß sich an diesem Spiel beteiligen, wenn sie nicht untergehen will.[49] Parteien machen die eigenen partikularen Interessen zum Maßstab ihres Handelns, nicht aber die Wahrheit;[50] Parteien produzieren Spaltungen und säen Feindschaft zwischen den Anhängern verschiedener Parteien – der Islam aber gebietet Einheit.[51] Weniger grundsätzlich ist dann eine Reihe weiterer Punkte: Parteien lassen sich relativ leicht unterwandern, während dies bei Bewegungen nicht der Fall ist;[52] die Eroberung der Macht auf dem Parteienweg ist so gut wie ausgeschlossen – sobald Parteien sich zu revolutionären Schritten durchringen, werden sie verboten.[53] Summa summarum: Die Parteien sind Produkte des Westens.[54] Sie entsprechen nicht der Sunna, der geheiligten Praxis des Propheten:[55] Deshalb stellt sich die prinzipielle Frage, ob ein legitimes Ziel (der islamische Staat) mit nicht-legitimen – also mit nicht-islamischen – Mitteln erreicht werden kann.[56]

---

46 Punkt 3 und 7. Ich weiche bei dem Referat der Predigt aus Darstellungsgründen von Kaplans Reihenfolge ab: Die Zahlen beziehen sich auf die Numerierung der Punkte in der Predigt.
47 Punkt 4.
48 Punkt 10.
49 Punkt 5.
50 Punkt 6.
51 Punkt 2.
52 Punkt 8.
53 Punkt 11.
54 Punkt 1.
55 Punkt 12.
56 Punkt 5.

Diese Vision ist eine fundamentalistische[57] Antwort auf die realpolitisch-strategische Haltung der Nationalen Sicht. Die grundsätzliche Alternative zu einer taktierenden Parteipolitik ist die Massenbewegung. Sie erlaubt eine Politik, die Offenheit, Konsequenz, Kompetenz, Vernunft und Einheit zum Maßstab ihres Handelns nimmt, und entspricht damit der Praxis des Propheten. Man kehrt zu den Quellen zurück: Wenn man sich ausschließlich auf den Koran beziehe, werde man die Spaltungen zwischen den verschiedenen Gruppen überwinden und die ursprüngliche Einheit und Stärke des Islam wiederherstellen. »Wenn wir uns auf den Koran einigen, dann ist alles in Ordnung, dann gibt es keine Spaltung«, argumentierte Kaplan ein Jahr später in Augsburg.[58]

Kaplan meinte damit nicht, daß alle strittigen Fragen durch einfaches Nachschlagen im Koran beantwortet werden könnten. Vielmehr ist gemeint, daß mit der Einigung auf den Koran ein Konsens über den *Weg zur Wahrheitsfindung* etabliert werden kann. Man schreibt einen verbindlichen Textkorpus (Koran und Hadith) fest und einigt sich auf Interpretationsregeln. Damit, so die Überzeugung, ist eine Basis für eine Einigung über offene und strittige Fragen gewonnen. Die Entscheidungsfindung sieht dann so aus, daß ein ausgewiesener Gelehrter ein Rechtsgutachten (*fetva*) zu einer offenen Frage erstellt. Dieses *fetva* hat einen dem Rechtsgutachten im westlichen Recht vergleichbaren Status. Es ist die vorläufige Klärung einer Rechtsfrage, die solange eine Basis für eine Entscheidungsfindung abgeben kann, bis ein anderes Gutachten mit besseren Argumenten erlassen wird. Dieses Verfahren schließt (für einen gegebenen Zeitpunkt) jeden Relativismus aus: Im Prinzip lassen sich alle strittigen Fragen durch eine Disputation klären, in der die besseren Argumente sich durchsetzen werden. All dies kommt in der Formel zum Ausdruck, mit der Kaplan seine *fetvas* zu beenden pflegt: »Alle diese Sätze stellen je für sich Rechtsgutachten (*fetvalar*) dar. Sie können öffentlich kritisiert werden: Beantwortet sie oder akzeptiert sie!«

Die Vision der inneren Struktur der Bewegung – wie auch des

57 »Fundamentalistisch« wird hier (und im folgenden) nur in dem Sinn gebraucht, wie es von den Grünen der achtziger Jahre verwendet wurde – nämlich als Bezeichnung für den Flügel, der dem parlamentarischen Kurs der »Realos« mißtrauisch, wenn nicht ablehnend gegenüberstand. Ich werde im letzten Kapitel diese vorsichtige Begriffswahl ausführlich begründen.
58 *Augsburg Konuşması* (»Rede in Augsburg«). Transkribierte Predigt.

Staates, der nach der Revolution kommen soll – ist die einer islamischen Gelehrtenrepublik. Im freien Spiel der Kräfte werden sich diejenigen herauskristallisieren, die mehr wissen – sie werden über mehr Schüler und dadurch über mehr Einfluß verfügen. Man kann sich dies nach dem Modell der idealen Universitätslandschaft vorstellen, in der sich ebenfalls im Laufe der Zeit gewichtigere von unbedeutenderen Stimmen scheiden, ohne daß dies eines formalen Verfahrens bedarf. Eine Gelehrtenrepublik verlangt als Vergesellschaftungsform das offene soziale Netz. Eine Form der Meinungsfindung über Parteien und Mehrheiten ist dagegen, jedenfalls nach Kaplans Meinung, mit dieser Vision unvereinbar. Sobald Parteien sich konstituieren, wird das Machtstreben eine unvoreingenommene Wahrheitssuche unmöglich machen. Man mag Parteien in bester Absicht gründen – einmal etabliert, werden sie eine Eigendynamik entwickeln und die Wahrheit darüber opfern.[59]

Die entscheidenden Institutionen dieser Gelehrtenrepublik sind der Emir (Vorsitzender) und die Schura, die Ratsversammlung, die einander in einer islamischen Variante des *checks and balances* kontrollieren sollen. Bei der Einsetzung in ein Amt ist ein mehrstufiges Verfahren vorgeschrieben. Üblicherweise wird jemand durch eine Mehrheit der Ratsversammlung vorgeschlagen; die Entscheidung wird rechtskräftig, wenn auch der Vorsitzende den Vorgeschlagenen nach islamischen Maßstäben für würdig erachtet. Ist dies nicht der Fall, wird der Vorsitzende den Vorschlag der Minderheit prüfen. Findet auch dieser nicht seine Billigung, müssen Vorschläge geprüft werden, die von einzelnen Mitgliedern der Ratsversammlung stammen. Erst wenn keiner der Vorgeschlagenen des Amtes würdig ist, kann der Vorsitzende von sich aus eine Wahl treffen. Wir haben hier also ein abgestuftes Vorschlagsrecht, bei dem die Gewichte zwischen Ratsversammlung und Vorsitzendem je nach Phase des Entscheidungsfindungsprozesses unter-

59 Auf diesem Hintergrund ist das Festhalten an der Absolutheit der Offenbarung (und die Absage an eine historische Lesart) notwendig. Wenn man die Position aufgibt, daß der Koran Wort für Wort – und zwar in der heiligen Sprache Arabisch – verkündet wurde, opfert man die innere Einheit des Islam. Man verzichtet auf *den* Maßstab, auf den alle verpflichtet werden können. Die Absolutheit der Offenbarung erlaubt es, auf das Disziplinierungsinstrument des Dogmas zu verzichten, ohne in Relativismus zu verfallen. Der Islam ist hier sehr streng: Jede Übersetzung der Schrift gilt letztendlich als Fälschung, weil sie das Original in ihrer Ganzheit nicht ersetzen kann.

schiedlich gelagert sind. Hat der Vorsitzende in der ersten Phase nur eine Überprüfungsfunktion, so hat er in der letzten Phase die Aufgabe der Exekutive. Es ist offensichtlich, daß diese Form der Entscheidungsfindung (wenn sie nicht totalitär werden soll) die gemeinsame Verpflichtung aller Gruppenmitglieder (und besonders des Vorsitzenden) auf die »islamischen Maßstäbe« erfordert. Şevket A., der ehemalige Vorsitzende der Augsburger Kaplan-Gemeinde, war der Meinung, daß dieses Verfahren eine rationale Prüfung jedes Vorschlags erlaube; vor allem aber könne man die Fraktionierungen vermeiden, die bei freien Wahlen unumgänglich seien.

Aber wie wird der Vorsitzende selbst gefunden? Letztendlich liegt dieser Konzeption die Idee zugrunde, daß sich in der Gelehrtenrepublik der geeignetste Kandidat für das Amt des Vorsitzenden in einem informellen Verfahren von selbst herausstellen werde: Zu einem gegebenen Zeitpunkt wird einfach klar sein, wer der bedeutendste Gelehrte ist: »Die ideale Lösung«, merkt Olivier Roy an, »wäre, daß der Emir *index sui* ist, Indikator seiner selbst: Er wäre erkennbar durch sein bloßes Auftreten« (1994:43). Die Suche nach einem Emir ist daher in der Literatur oft auf die Eigenschaften reduziert, die er haben sollte: Von ihm wird eine Überlegenheit in allen Punkten verlangt, die von einem Gläubigen gefordert werden (ebenda).

Es ging bei der Entscheidung zwischen Partei oder Basisbewegung also um weit mehr als um eine strategische Frage: Nur in einer offenen Bewegung können die Parteiungen überwunden und die Geschlossenheit wiedergefunden werden. Nur in ihr läßt sich das Einheitsgebot realisieren. Mit den falschen Methoden aber wird man nie das richtige Ziel erreichen. »Statt zur Kaaba zu gelangen, wird man in Moskau landen ... Deswegen hat der Islam, so wie er das Ziel und die Absicht aufzeigte, auch den Weg zum Ziel selbst gezeigt und hat das nicht unserem Verstand und unseren Ideen überlassen.«[60]

Der Aufbau einer Bewegung verlangt Verkündigung (*tebliğ*):[61] »Ihr verfügt weder über ein Land noch über ein Heer. Aber in euren Händen befindet sich etwas Größeres und Stärkeres. Das

---

60 Kaplan, Cemaleddin. (~1984) *Hicret Konuşması: Şeytani bir düzen* (»Predigt in der Hedschra: Ein teuflisches System«).

61 Auch hier entspricht Kaplans Denken auffallend dem der Linken: Die Verkündigung entspricht strukturell der Agitation.

ist die Verkündigung. Ihr seid die Herren der Verkündigung. Ihr werdet von der islamischen Politik und Wirtschaft und dem islamischen Recht künden; ihr werdet über den islamischen Staat predigen, sagen, daß ein Staat ohne Islam ein Staat ohne Glauben ist; ein Staat, der den Muslimen kein Glück bringt« (Kaplan 1983/1995:5). Die Idee der Verkündigung ist für Kaplan ähnlich zentral wie die Idee der Bewährung für den calvinistischen Protestantismus: Alle konkreten Forderungen, die Kaplan an seine Gefolgschaft richtet, erhalten ihren Sinn von diesem Auftrag. Die Bewegung soll eine »Verkündigungsgemeinde« (*Tebliğ Cemaatı*) sein, wie vor allem in den ersten Jahren immer wieder betont wird. Wie sehr der Verkündigungsauftrag den Geist der Bewegung formt, wird deutlich, wenn man sich die Konsequenzen ansieht, die Kaplan aus ihm ableitet: Nämlich die Forderungen nach Wissen, nach methodischer Lebensführung und nach völliger Identifikation.

Verkündigung, »das Ansprechen des Verstandes und der Ideen«, erfordert systematisches religiöses Wissen, »weil man sonst in bester Absicht, etwas Gutes zu tun, möglicherweise das Gegenteil erreicht«. Dies beinhaltet nicht weniger als die Forderung nach dem Bruch mit dem traditionalen Textverständnis. Für letzteres war der Gedanke entscheidend, daß in der koranischen Schrift und in den arabisch vorgetragenen Koranrezitationen das Göttliche selbst präsent ist. Es war deshalb weit wichtiger, Suren auswendig rezitieren zu können, als ihren Sinn zu verstehen. Kaplan verlangt nun, sich nicht nur den Text anzueignen, sondern auch den Textsinn nachzuvollziehen. Man muß mit dem Koran argumentieren können. Diese Forderung ist allerdings nicht auf den Umkreis der Kaplan-Bewegung beschränkt, sondern wird in vielen islamisch-revolutionären Kreisen erhoben. So finden sich bei der zum Islam (re)konvertierten Schauspielerin Canan Ceylan folgende Charakterisierungen der traditionalen Religiosität: »So mancher, der sich selbst für wissend hält und von uns auch als solcher akzeptiert wird, liest die arabische Schrift, aber er weiß weder, was im Koran steht, noch lebt er danach ... [Stellen Sie sich vor,] Sie geben einem Untergebenen einen schriftlichen Befehl. Dieser nimmt den Befehl entgegen, küßt das Papier in seiner Hand mit aller Hochachtung, beriecht es ... rahmt es und hängt es an die Wand. Die Befehle im Papier würde er aber nicht ausführen ... Wären Sie mit einem solchen Diener zufrieden?« (Ceylan 1983:57)

Deutlicher könnte die vom islamistischen Standpunkt artikulierte Kritik am herkömmlichen Wissen nicht formuliert werden.[62]

Verstehen soll man indes nicht nur den Sinn der Texte, sondern auch den der Rituale. So unternahm Kaplan in der Artikelserie *Islamiyet nedir, ne değildir* (»Was ist der Islam, was nicht«) eine explizit politische Begründung der »Säulen« des Islam. Er zeigt etwa, wie das *namaz*-Gebet eine Vision der politischen Ordnung ausdrückt:

»Die Freitagsgebete sind Staatsgebete. An den Freitagen werden Moscheen zu staatlichen Einrichtungen ... Der Kalif predigt in der Hauptstadt und leitet das Gebet an; die Gouverneure tun desgleichen in den Provinzhauptstädten; die Landräte in den Kreisstädten. An den Freitagen stehen sie dem Volk Rede und Antwort. In der Predigt wird Rechenschaft abgelegt und werden Informationen weitergegeben. In der Predigt wird über die letzte Woche informiert. Die Staatsleute müssen zu dem Stellung beziehen, was sie beim letzten Freitagsgebet angekündigt hatten, ob sie es ausgeführt haben oder nicht ...«[63]

»[Um Gleichheit zu erfahren,] genügt es, eine Moschee zu betreten. Man wird dort sehen, daß einfache Beamte, Arbeitgeber und Arbeiter, Bürgermeister und Schäfer neben dem Kalifen [dem Oberhaupt der Muslime und Staatsoberhaupt des islamischen Staates] stehen [und die Rituale vollziehen]. Wenn ein einfacher Staatsbürger neben dem Staatsoberhaupt [betet] und ›Allah ekber‹, d. h. ›Allah ist größer als alle‹ ausruft, [besagt das,] daß Allah größer als alle ist und es vor ihm keinen Unterschied gibt, daß sie alle von Allah gleich behandelt werden.«[64]

Man soll jedoch nicht nur den Sinn der Rituale kennen, man soll auch Wichtiges von Unwichtigem scheiden können. Auch in dieser Hinsicht unterscheidet sich das Wissen, das Kaplan vorschwebt, vom klassisch islamischen Wissen. Am Anfang der »Predigt in der Hedschra« führt Kaplan aus:

»Hier möchte ich etwas klar machen. Das Land, in dem wir als Türken den Islam verkünden müssen, ist die Türkei – und weil die Türkei kein islamischer Staat ist, müssen wir mit dieser Frage [nämlich der politischen Botschaft des Islam] beginnen ... Ich möchte eure Aufmerksamkeit auf folgenden Punkt lenken: Die

---

62 Vgl. auch einschlägige Zitate bei Seufert 1997a:283.
63 *Tebliğ* Nr. 52:6.
64 *Tebliğ* Nr. 52:12.

Gebote des Gottesdienstes, also des *namaz* (des rituellen Gebetes), des *oruç* (des Fastens), des *zekat* (Almosen) und der Pilgerfahrt sind keine Themen heutzutage. Warum nicht? Weil man sich in jedem Korankurs damit intensiv auseinandersetzt ... Aber es gibt ein Thema, das weder in den Korankursen noch auf den Kanzeln angesprochen wird, weder in Schulen noch in Büchern – und das ist das Thema der islamischen Politik und des islamischen Staates. Es handelt sich um Folgendes: Der Islam ist nicht möglich ohne [islamischen] Staat, und der Staat ist nicht möglich ohne Islam.«

Das ist ein spezifisch moderner Zugang zur Religion, der sich deutlich vom klassischen Verständnis unterscheidet. Nach letzterem stehen alle Teile der Offenbarung gleichgewichtig nebeneinander, weil jedes Teil das Absolute in sich birgt.[65] Dies wird zwar von Kaplan nicht zurückgewiesen – aber er leitet doch aus der Forderung des Tages eine Perspektive ab, die einige Themen als besonders bedeutsam hervortreten läßt, während andere zurücktreten.

Außer Wissen verlangt die Arbeit der Verkündigung eine methodische Lebensführung: »Man muß auch selbst umsetzen, was man predigt: man muß es persönlich leben; erst dann kann man anderen davon erzählen. Sonst wird es nicht akzeptiert.« Damit wird eine islamische Durchgestaltung des Lebens gefordert, die weit über das übliche Maß hinausgeht. Besondere Kritik gilt etwa der weitverbreiteten Praxis, den Islam an eine fortgeschrittene Lebensphase zu knüpfen. Gemeinhin wendet man sich erst im Alter zwischen 35 und 45 dem Islam zu und beginnt dann, fünfmal am Tag zu beten, die Fastenzeiten einzuhalten und die Pilgerfahrt nach Mekka vorzubereiten (vgl. hierzu Schiffauer 1991:139 ff.). Kaplan hat dagegen gerade auch junge Leute angesprochen – und war, wie wir sehen werden, in dieser Hinsicht sehr erfolgreich. Gefordert ist aber auch, mit dieser Lebensführung nach außen zu treten. Die islamische Kleidung, das öffentlich vollzogene Gebet, aber auch die politische Demonstration sind Wege, mit denen die Verkündigungsgemeinde versucht, zu missionieren.

Drittens schließlich steht jeder einzelne in der Verantwortung für das gemeinsame Werk. Kaplan fordert, sich der gemeinsamen Sache unterzuordnen: »Jede Verkündigung erfordert, daß man sich selbst vorstellt ... Man darf nun nicht sagen: ›Ich stamme von

---

65 Die Ordnung, nach der der Koran ediert ist, symbolisiert diese Gleichwertigkeit aller Teile: Die Suren sind nach ihrer Länge geordnet.

dem oder jenem ab, ich bin der Sohn von dem und jenem, ich bin von dieser oder jener Schule abgegangen, ich bin der Schüler von diesem oder jenem Lehrer; ich gehöre zu dieser oder jener Nation und zu dieser und jener Partei.‹ Statt dessen muß man sagen: ›Ich bin Muslim und einer von den Muslimen.‹«[66] Angesichts der islamischen Identität werden alle anderen Attribute bedeutungslos.

Mit dieser umfassenden Identifikation ist eine spezifische Spiritualität verknüpft. Diese wird von Kaplan in das Bild der Liebe eines jungen Mannes zu einer Frau gefaßt:

»Man muß an die Sache glauben, man muß bis zur Liebe zu ihr gehen. Ein junger Mann liebt ein Mädchen; er faßt eine tiefe Zuneigung zu ihr. Bei Tag und bei Nacht, im Wachen und im Traum ist alles mit dem Traumbild verbunden. Wer an die Bewegung glaubt, sie sich zu eigen macht, der wird ein Gefühl für den Glauben entwickeln, das dieser Liebe entspricht. Selbst wenn er ißt, selbst wenn er nachts schläft, selbst wenn er tagsüber arbeitet, wird er denken: ›Ach, was kann ich noch machen, wie kann ich mich noch verhalten, damit ich die Sache vorantreiben kann – und sei es nur um eine Kleinigkeit« (Predigt in der Hedschra).

Das Bild ist deshalb interessant, weil man in ihm die oben diskutierte mystische Idee der Liebesbindung wiedererkennt: Nur gilt die Bindung hier nicht einer Person, sondern der Bewegung. In dieser Bindung muß man über sich hinauswachsen.

An dieser Stelle leitet Kaplan daraus (mit deutlichem Seitenblick auf die Wohlfahrtspartei) eine Kritik an der Nüchternheit der Parteiarbeit ab:

»Wir sind eine Gemeinde der Liebe, wir sind keine Gemeinde des Verstandes. Wer Liebe besitzt, opfert sich selbst für die Sache oder für den Glauben. Wer [nur] Verstand besitzt, gibt sich dagegen mit Maßnahmen zufrieden« (Predigt in der Hedschra).

In der Predigt in der Barbaros-Moschee hatte Kaplan bei der Verkündigung der Geistlichkeit eine Führungsrolle zugedacht:

»Wie und wo müssen die Aufräumarbeiten beginnen, und wer muß mit ihnen anfangen? Die Antwort auf diese Frage lautet: Dort, wo der Prophet begonnen hat, und auf die Art und Weise, in der er begonnen hat, dort und so müssen wir beginnen. Die Geistlichkeit (*ulema*) muß den Anfang machen: Denn die Schriftgelehrten sind die Bewahrer, die Schriftgelehrten sind die Verantwortlichen, die

66 *Hicret Konusması: Şeytani bir düzen* (»Predigt in der Hedschra: Ein teuflisches System«). Transkribierte Predigt. Etwa 1984.

Schriftgelehrten sind die Erben des Propheten. Die Aufgabe der Verkündigung ist von den Propheten ihnen zugefallen, die Hauptverantwortung liegt bei ihnen. Sie sind es, die zuerst zur Rechenschaft gezogen werden« (1983/1995:2).

Uğur Mumcu beschreibt Kaplans Traum – leider ohne Quellenangabe – folgendermaßen: »›In 50000 Moscheen werden sich 50000 Hodschas erheben.‹ Der Aufstand wird zu diesem Zeitpunkt beginnen. Deshalb besteht die Hauptaufgabe darin, . . . die Geistlichen zu beeinflussen. Er hat sich völlig auf die Hodschas konzentriert . . .« (Mumcu 1987:27).

Kaplan hat also zu dieser Zeit die Arbeitsmigranten in Deutschland keineswegs als die idealen Träger der Revolution betrachtet! Es waren vielmehr die Prediger, die die Speerspitze der islamischen Revolution bilden sollten. Auf diesem Hintergrund wirkt die Idee eines Hodschatums aller Gläubigen[67] fast wie ein Notbehelf, eine notdürftige Krücke, die es auch den wenig Gebildeten erlaubte, in der Bewegung mitzumachen. Hier kündet sich bereits der Riß an, der sich dann Ende der achtziger Jahre zur Kluft ausweiten sollte.

Die Vision ist aber auch deshalb interessant, weil mit den Hodschas und Schriftgelehrten der Stand angesprochen ist, der in der Geschichte dem Traum der Gelehrtenrepublik so nahe gekommen war wie vielleicht kein anderer. Die Hodschas hatten sich als egalitäre Gemeinschaft von Scholaren verstanden, die sich dem Recht und der Wahrheit verpflichtet sahen. Die Gelehrtenschaft hatte sich klassischerweise (jedenfalls im sunnitischen Islam) nie als Körperschaft, Kirche oder Beamtenschaft konstituiert, was bedeutete, daß es nie Organisationen gab, die autoritativ eine Lehrmeinung vorgeben und festschreiben konnten. Die Fetwas, »also Urteile zu Fragen, die in den Texten offengelassen wurden, werden immer im Hier und Jetzt formuliert und können durch eine spätere Autorität wieder aufgehoben werden« (Roy 1992/1994:10). Gerade weil sich diese Gelehrtenschaft nie organisiert hatte, konnte sie als ganze nie staatlich unterdrückt und kontrolliert werden – so sehr dies in Einzelfällen versucht wurde. Die Unabhängigkeit von staatlicher Macht und die Distanz zu ihr waren die Bedingung der Möglichkeit eines herrschaftsfreien Umgangs untereinander. Letztendlich scheint deshalb der Traum der Gelehrtenrepublik mit der klassisch islamischen Konfiguration von Macht und Wissen zu

---

67 Vgl. oben S. 83.

stehen und zu fallen. Diese würde sich aber mit dem Traum Kaplans von der Machtergreifung der Gelehrtenschaft verändern. Dann würde aus der Scheriat ein positives Recht, dann würde auch das Defizit an organisationellen Regelungen zum Problem: Es ist schwer zu sehen, wie die *checks and balances* zwischen Vorsitzendem und Schura noch funktionieren sollen, wenn ernsthafte Machtinteressen auf dem Spiel stehen – es sei denn, die Beteiligten sind bereit, ihre Loyalität zur Sache über alles andere zu stellen. Olivier Roy hat auf den Zirkel hingewiesen, der sich damit ergibt: »Kein islamischer Staat ohne tugendhafte Muslime; keine tugendhaften Muslime ohne islamischen Staat« (Roy 1994:67). Kurz: Man wird konzedieren, daß die Vision Kaplans antitotalitär ist – entgegen allen Klischees, die über den islamischen Fundamentalismus zirkulieren. Nur scheint diese Vision die Änderungen nicht zu berücksichtigen, die sich ergeben würden, wenn die Hodschas tatsächlich den Staat übernehmen sollten.

All dies scheint in Erbakans Antwort auf Kaplan mitzuschwingen. Gegen Kaplan argumentierte er 1984, man müsse Theologie und Staatsführung auseinanderhalten und korrespondierend das Amt des Schriftgelehrten vom Amt des Regierungspräsidenten trennen. Das Herz, so Erbakan, sei zwar der wichtigste Teil des Körpers, aber für die Handarbeit ungeeignet.[68] Dieses Prinzip wurde von der Wohlfahrtspartei 1993 institutionell umgesetzt, indem das Amt des Scheichülislam wiederbelebt wurde. Der Scheichülislam war der ranghöchste Mufti zu Zeiten des Osmanischen Reiches. Er unterstand zwar dem Sultan, konnte letzteren aber, wenigstens in der Theorie, seines Amtes entheben, wenn er gegen die Scharia verstieß. Der Scheichülislam war also letztendlich unabhängig vom Herrscher (Spuler-Stegemann 1998:227). Mit der Einsetzung eines Scheichülislam neben der Parteiführung machte Erbakan seine Wohlfahrtspartei zu einer Miniatur-Replik des Osmanischen Reiches – etwa zur gleichen Zeit, in der Kaplan sich zum Statthalter des Kalifen ernannte und damit seine Bewegung zur Replik der Urgemeinde machte.

---

68 Nach Metin Kaplans Darstellung in Ümmet-i Muhammed 130 vom 17. 11. 1995.

In der Predigt in der Barbaros-Moschee wird das Engagement, das eine Bewegung (anders als eine Partei) dem Gläubigen abverlangt, wiederum mit dem Hinweis auf die Große Erzählung des Islam begründet:

»Die Propheten haben den Weg der Verkündigung gewählt. Ohne Furcht, ohne Müdigkeit, ohne Angst, ohne Zögern sind sie für ihre Sache eingetreten ... Die Handlungen und die Entbehrungen von Muhammed und seinen Zeitgenossen sind bekannt. Nachdem sie allen möglichen Foltern unterworfen worden waren, haben sie ihre Häuser und ihre Heimat verlassen und sind in die Emigration (*hicret*, also Hedschra) gegangen. Sie wurden geschlagen und verprügelt ... Dann hat Gott ihnen zum Erfolg verholfen und ihnen einen Staat geschenkt. All das bedeutet doch: Eine der größten Gnadengaben, nämlich der Staat, wurde und wird auch künftig einem Volk nicht geschenkt, ohne daß es vorher geprüft worden wäre und ohne daß es sich hätte beweisen müssen« (Kaplan 1983/1995:5). Man solle sich doch nur nicht einbilden, daß es damit getan sei, alle vier bis fünf Jahre ein Kreuz auf dem Wahlzettel zu machen.

In dieser Passage wird eine Entsprechung der Situation der Arbeitsmigranten in Deutschland mit derjenigen der mekkanischen Auswanderer in Medina hergestellt. Der ursprüngliche islamische Staat wurde von den Exilanten mit einem revolutionären Akt konstituiert, und nur so kann auch ein gegenwärtiger islamischer Staat gebildet werden. Es sei eine Illusion zu meinen, daß man einen islamischen Staat herbeiwählen könne. Der Staat wird von Kaplan hier nach islamischer Tradition als Gottesgeschenk gesehen, dessen man sich allerdings als würdig erweisen muß – eine Auffassung, die den christlichen Leser etwas irritiert, der auf dem Hintergrund seiner eigenen großen Erzählungen dazu tendiert, den Staat als menschliches (wenn vielleicht auch notwendiges) Übel zu sehen (Lewis 1988/1991:51). Mit der Parallelisierung von Deutschland und Medina wird die Arbeitsmigration auf der Folie der Geschichte von Unterdrückung, Exodus, Staatsgründung und siegreicher Rückkehr gedeutet. Ein ganzes Szenario wird damit entfaltet – eine Deutung der Vergangenheit, eine Interpretation der Gegenwart und ein Versprechen auf die Zukunft gegeben.

Dies alles bedeutet eine bemerkenswerte Zuspitzung der revolutionären Botschaft:

Wenn Deutschland mit Medina gleichgesetzt wird, dann die Türkei mit dem vormuhammedanischen Mekka, dem Mekka der Dschahiliyet. Auch die anderen revolutionären islamischen Bewegungen bestritten der Regierung das Recht, als Gesetzgeber von eigenen Gnaden aufzutreten; auch sie ließen den Staat lediglich als Übersetzer offenbarter Gebote in die gegenwärtige Praxis gelten. Aber sie stellten sich vor, den Staat von innen zu verändern – entweder durch parlamentarische Arbeit (wie die Nationale Sicht) oder durch Aushöhlung des Staates mit Hilfe von Korankursen (wie die Süleymancı) oder durch Unterwanderung (wie die Nurcu). Sie gingen also davon aus, daß das gegebene System genügend Ansatzpunkte bietet, um es auszuhebeln. Kaplan bestreitet mit seinem Szenario diese Möglichkeit: Die Situation in der Türkei hat nicht nur Ähnlichkeiten zu der des vormuhammedanischen Mekka, sondern sie entspricht ihr in allen wesentlichen Punkten. Wie damals in Mekka, so herrscht heute in der Türkei eine durch Unwissenheit, Polytheismus und Barbarei charakterisierte Periode der absoluten Finsternis. »Das Mekka von gestern ist die Türkei von heute.«[69] Die türkische Republik ist nicht mehr nur eine Despotie und ein Unrechtsstaat, sondern ein »teuflisches System« (şeytani bir düzen). Deshalb kann man auch nicht erwarten, auf legalem Weg – eben durch Wahlen oder durch Bildungsarbeit – Schritt für Schritt die Gewichte zu verschieben und dadurch das System zum Kippen zu bringen. Man kann es nur noch – und das besagt das Szenario – von außen stürzen, indem man ihm den Krieg erklärt.

Diese radikale Auffassung von der Türkei bedarf einiger argumentativer Anstrengungen. In verschiedenen Predigten[70] wird Kaplan in den nächsten Jahren versuchen zu zeigen, wie die jüngere Geschichte der Türkei auf dem Hintergrund des existentiellen Kampfes von Monotheismus gegen Polytheismus zu lesen ist, der die Geschichte der Menschheit von Anfang an bestimmt. Im 18. Jahrhundert, so Kaplan, sind die Feinde des Islam, also die Christen, zur Einsicht gelangt, daß man den Islam nicht in einer of-

---

69 *Augsburg Konuşması* 1984.
70 *Hakk Ihiya, Batılı Imha* (»Realisieren des Rechtes, Zurückweisen des Unrechts«), *Augsburg Konuşması* (»Augsburger Predigt«) 1985, *Hakkı Sahibine iade* (»Rückgabe des [Besitz]titels an den rechtmäßigen Eigentümer«) 1992.

fenen Auseinandersetzung bezwingen könne. Daraufhin änderten sie ihren ursprünglichen Plan. Es wurde nun kein offener Krieg mehr geführt, sondern versucht, die »Festung von innen« zu erobern – und zwar durch Bestechung und Gewinnung von Kollaborateuren. Erste Erfolge erzielten die Christen dabei während der *Tanzimat*-Zeit (der Reformperiode im Osmanischen Reich zwischen 1839 und 1876), als zum ersten Mal die westliche Idee der Freiheit an Stelle der islamischen Idee der Gerechtigkeit gesetzt wurde.[71] Als diese Unterwanderung des Osmanischen Reichs von Sultan Abdülhamit (1876-1909) unterbunden wurde, brach der Westen den Ersten Weltkrieg vom Zaun. Nach der militärischen Niederlage gab der damalige Sultan Vahiüddin Mustafa Kemal den Auftrag, den Widerstand in Anatolien zu organisieren, und rüstete ihn zu diesem Zweck mit Geld aus. Nach dem erfolgreich geführten Befreiungskrieg ließ Mustafa Kemal sehr schnell die Maske des Islam fallen, unter der er anfänglich noch operiert hatte. Letztendlich vertrieb Atatürk die Griechen, Franzosen und Engländer nur deshalb aus Anatolien, um desto effektiver die Scheriat abzuschaffen. Selbst in Griechenland ging man bei der Behandlung der Muslime nicht so weit wie in der Türkei. Während die »fremden Ungläubigen« gescheitert sind, haben es die »einheimischen Ungläubigen« geschafft: In ihrer Hybris haben sie die gottgewollte Ordnung aufgehoben und einen Götzendienst institutionalisiert. Bei Licht betrachtet, war der Befreiungskrieg nichts anderes als ein abgekartetes Spiel des Westens.

In dieser Gegengeschichte sind praktisch alle Vorzeichen der offiziellen Geschichte vertauscht: Was gewöhnlich als Weg der Türkei hin zu einem modernen Rechtsstaat beschrieben wird, erscheint bei Kaplan als Etablierung der Tyrannis; was gewöhnlich als siegreicher Befreiungskrieg dargestellt ist, wird als Weg in die Unterdrückung geschildert; der gewöhnlich als Tyrann gezeichnete Abdülhamit wird als großer Padischah charakterisiert.[72] Mu-

71 Während der *Tanzimat*-Periode der von Sultan Abdülmecit eingeleiteten politischen Reformbewegung erfolgte ein intensiver Verwestlichungsschub in allen Bereichen von Staat und Gesellschaft. In der etablierten Geschichtsschreibung (etwa Shaw 1971) wird die *Tanzimat*-Periode als Versuch gewertet, moderne Staatsstrukturen im osmanischen Reich einzuführen und insbesondere eine zentrale Staatsgewalt zu errichten, um dem sich abzeichnenden Niedergang des osmanischen Reiches zu begegnen.
72 Zur kontroversen Bewertung Abdülhamits (1876-1909) siehe die knappe Zusam-

stafa Kemal schließlich erscheint als Agent des Westens, als williges Werkzeug der dämonischen Mächte, mit dem es die Christenheit geschafft hat, dem Islam in der Türkei einen tödlichen Schlag zu versetzen.

In der nachrevolutionären Türkei war, so Kaplan, ein islamisches Leben nicht nur erschwert, sondern schlechterdings unmöglich. Dem frommen Muslim wird von der Gesellschaft die Anerkennung verweigert, er wird diskriminiert oder gar verfolgt. Jeder höhere Beamte verstrickt sich notgedrungen in Sünde, weil er zu islamfeindlichen Handlungen gezwungen wird. Ein besonderes Problem stellt die Lage der islamischen Geistlichen dar, die als Angestellte des Präsidiums für Glaubensangelegenheiten auf die türkische Verfassung und damit auf den Laizismus vereidigt sind. Ein rituelles Gebet, das von einem Hodscha des Präsidiums angeleitet wird, ist deshalb nicht gültig (hat vor Gott keinen Bestand).[73] Dies besagt nichts anderes, als daß man in der Türkei seinen elementaren Glaubenspflichten nicht nachkommen kann. Die Unmöglichkeit eines islamischen Lebens spricht schließlich aus den (eine Zeitlang fast in jeder Ausgabe des Zentralorgans Ümmet-i Muhammed zu findenden) Berichten über Folterungen von Muslimen, die für einen islamischen Staat eintreten. Diese Beschreibungen erinnern an die Märtyrererzählungen zu Zeiten der Verfolgung in der Dschahiliyet – Märtyrererzählungen, die sehr lebendig sind, nicht zuletzt als zentraler Bestandteil vieler islamischer Spielfilme.[74] Wie derartige Pressemeldungen auf Gläubige wirken, wurde mir aus dem Kommentar eines jungen Mannes der Augsburger Gemeinde deutlich. Sichtlich erregt zeigte er mir einen Artikel, der die Folter eines Muslim durch die türkischen Sicherheitskräfte beschrieb, und sagte: »Was soll man mit einem solchen Staat

menfassung bei Kreiser: »Der von den Jungtürken nach 30jähriger Alleinherrschaft 1908 entmachtete Sultan gilt den republikanischen Kräften als Verkörperung der orientalischen Despotie (istibdat), der die erste osmanische Verfassung außer Kraft setzte und mit einer allgegenwärtigen Geheimpolizei sowie strengster Zensur der Presse regierte. Nationalreligiöse Publizisten und Schriftsteller . . . sehen in ihm den Inbegriff eines vorsichtigen und zugleich reformbewußten islamischen Herrschers . . .« (1992:11)

73 Hicret Konuşması (1984). Die rituellen namaz-Gebete können vor Gott ihre Gültigkeit (d.h. ihren Sinn) verlieren, wenn sie etwa im Zustand ritueller Unreinheit vollzogen werden. Das Verdikt Kaplans läuft darauf hinaus, Hodschas im Dienst des Präsidiums den Status eines Muslims abzuerkennen.

74 Diese Spielfilme sind meist ägyptischer Herkunft. Sie zirkulieren in türkischer Synchronisierung in islamischen Kreisen.

noch machen?« Ein Staat, der die Rechtgläubigen foltert, ist kein Verhandlungspartner mehr – er setzt sich selbst ins Unrecht.[75] In dieser Rhetorik erscheint der türkische Staat als das Andere zur islamischen Existenz schlechthin. Da das Leben in ihm die Leugnung der eigenen Existenz abverlangt, muß er zerschlagen werden.

Innerhalb eines solchen Systems ist eine islamische Politik unmöglich: Sie ist nicht nur zum Scheitern verurteilt, sondern trägt selbst zur Stabilisierung des Unrechtssystems bei. Wer im »System des Teufels« Politik macht, wird selbst Teil des Bösen. Gezwungenermaßen wird man Kompromisse eingehen, beispielsweise auf die Verfassung einen Eid ablegen oder dem staatlich verordneten Personenkult Tribut zollen. Damit stärkt man nicht nur das System, sondern schwächt auch den Islam. Ja mehr noch: Man versetzt ihm hinterrücks einen tödlichen Schlag. Ein mit polytheistischen Elementen durchtränkter Islam stellt das Gegenteil zum wahren Islam dar. Die Erfolge einer unter diesen Bedingungen arbeitenden islamischen Partei sind deswegen nichts wert, ja sogar schädlich. Unter der Maske des Islam setzt sich der Polytheismus durch – und die Gläubigen merken es nicht einmal.

Wer die Dinge so zuspitzt, entwirft das Bild einer politischen Grenzsituation. Kaplans Position weist an dieser Stelle bemerkenswerte Parallelen zur Staatstheorie auf, die der konservative Staats-

75 Emmanuel Sivan (1985 insbesondere 40-45) beschreibt, wie das Weltbild der Generation des ägyptischen Islamisten Sayyid Qutb (* 1906; hingerichtet 1966) durch die Erfahrung von Folter und Gefängnis geprägt wurde. Diese Generation sollte die Wendung von einer Politik, die immer noch mit Teilen des Systems paktiert, zu einer Politik vollziehen, die nur noch im Zerschlagen des Systems das Heil sieht. Die in den zwanziger Jahren gegründete Muslimbrüderschaft hatte noch für eine islamistische Politik gestanden, die im Rahmen des antikolonialistischen Befreiungskampfes für Allianzen mit den Sozialisten eingetreten war. Die Enttäuschung kam, als das postkoloniale Ägypten eine Politik massiver Repression gegenüber den Muslimbrüdern einschlug. Es ist bezeichnend, daß inhaftierte Muslimbrüder 1956 während des Suezkriegs dennoch darum baten, eingezogen zu werden, um am antiimperialistischen Kampf mitzuwirken (Sivan 1985:18) – eine Haltung, die der nächsten Generation sehr fremd geworden war (ebenda 16,17). Der Journalist Sayyid Qutb hatte in seinem Buch »Wegzeichen« als erster den Begriff der Dschahiliyet auf einen islamischen Staat bezogen, nämlich auf das Ägypten Nassers. Er kam zu dieser Bestimmung auf dem Hintergrund der Erfahrung in Konzentrationslagern. Das Erleben von Verhaftung auf Grund politischer Gesinnung, von Folter und staatlich sanktioniertem Mord brachten ihn dazu, den ägyptischen Staat als das absolut Böse zu sehen (Kepel 1983/1995 insbesondere 24-71; Sivan 1985).

rechtslehrer Carl Schmitt in den zwanziger Jahren in Auseinandersetzung mit der politischen Situation der Weimarer Republik entwarf.[76] Wie dieser postuliert er die Notwendigkeit einer existentiellen Entscheidung. Zwischen dem »System des Teufels« und dem »System Gottes« gibt es keinen Kompromiß. Man ist in der (nach Carl Schmitt: elementaren) politischen Situation, in der sich die Lager nach Freund und Feind sortieren, und in der man Farbe bekennen muß. Jeder, der wie Erbakan oder auch Kemal Kaçar (Vorsteher der Süleymancı) meint, der Frage ausweichen zu können, läuft in die Irre. Ausgeschlossen sind im Prinzip ebenfalls Kompromisse und Koalitionen, wie sie Timurtaş Uçar (in den siebziger Jahren) für denkbar hielt, als er sich etwa ausmalte, man könne eine religiös-politische Kampagne in Zusammenarbeit mit dem »ehrwürdigen Präsidium für Glaubensangelegenheiten« starten. Man muß hier und jetzt die Wahl treffen, weil es nicht mehr darum geht, innerhalb eines Spiels mehr herauszuholen, sondern ein ganz anderes Spiel durchzusetzen. Man muß wissen, ob man das Spiel Gottes will oder das des Teufels – ob Islam oder Kemalismus.

In dieser Situation kann man sich nur zwischen Krieg, beziehungsweise Revolution, und Selbstaufgabe entscheiden. Kaplan ruft deshalb konsequenterweise zum Dschihad auf, zum Glaubenskrieg. Allerdings meint er damit eher eine existentielle Entschlossenheit als einen gewaltsamen Aufstand. In der Barbaros-Moschee lehnte er 1983 Gewalt als unrealistisch ab; 1987 wiederholte er diese Position in einem WDR-Interview und führte aus, daß der Begriff des Dschihad prinzipiell von dem der Gewalt zu trennen sei: Neben dem eigentlichen Glaubenskrieg sei im Koran die Rede vom Glaubenskrieg zur Überwindung des Selbst (*nefis*), vom Glaubenskrieg mit der Feder, durch Verkündigung und so weiter.[77]

Die Nähe zu Carl Schmitt ist nicht zufällig. Nicht, daß Kaplan Schmitt gelesen hätte – aber er und andere radikale Muslime wurden mit dem Putsch und der Ausrufung des Ausnahmezustands am 12. September 1980 mit dem Problem konfrontiert, das für Carl Schmitt den Ausgangs- und Drehpunkt seines politischen

---

76 Ich beziehe mich vor allem auf die »Politische Theologie« (1934/1985) und »Der Begriff des Politischen« (1932/1963).

77 Wieder abgedruckt in ÜiM 140 16. 4. 1996. Der Gebrauch des Wortes Dschihad hat manche Ähnlichkeiten mit dem Gebrauch des Wortes »crusade« im Anglo-Amerikanischen.

Denkens gebildet hatte. Das Militär hatte ihnen eine Lektion in Sachen Souveränität erteilt.

»Souverän ist, wer über den Ausnahmezustand entscheidet«, leitet Carl Schmitt sein Buch über die politische Theologie (1985:11) ein. Souverän ist nach Schmitt derjenige, der in letzter Instanz entscheidet, der also dann noch zuständig ist, wenn die Katastrophe eintritt – kurz derjenige, der die im Prinzip unbegrenzte Befugnis hat, die gesamte bestehende Ordnung zu suspendieren. Dies ist derjenige, der vor jeder Rechtsordnung Recht setzt und der deshalb selbst (wohlgemerkt in der Ausnahmesituation) nicht an das Recht gebunden ist – in diesem Fall also das türkische Militär, das in Berufung auf das kemalistische Erbe das bestehende Recht suspendierte.

In dieser Konstruktion wird die Rechtsordnung analog zu einem Spiel (etwa einem Schachspiel) verstanden. Wie in einem Spiel werden zwei Ebenen unterschieden: Es gibt die Ebene der spielkonstituierenden Regeln (die ein Spiel von einem anderen unterscheiden – Schach von Dame etwa), und es gibt die spielimmanenten Regeln (die einen richtigen Zug von einem falschen Zug unterscheiden). Die Entscheidung *für* ein Spiel (für ein Set von spielkonstituierenden Regeln) ist streng von den Entscheidungen *in* einem Spiel zu unterscheiden. Auf der Ebene des Staates entspricht dem die Unterscheidung zwischen Entscheidungen, die die Rechtsordnung selbst betreffen, und den administrativen oder juristischen Entscheidungen, die innerhalb der Rechtsordnung getroffen werden. Es ist bezeichnend für das Denken Schmitts, daß er den Begriff des Politischen auf die Frage der Rechtsordnung insgesamt eingeschränkt sehen will. Administrative und juristische Entscheidungen sind nach seiner Meinung keine im eigentlichen Sinn politischen Entscheidungen.[78]

Die Frage der Souveränität stellt sich kaum in Zeiten, in denen eine Rechtsordnung fraglos gilt. Selbst Gesetzesverstöße stützen dann noch die Ordnung, weil sie sie sichtbar machen. In diesen Zeiten verwischt sich oft die klare Unterscheidung zwischen spiel-

78 In der Alltagssprache klingt dieser Begriff des Politischen an, wenn etwa gesagt wird, ein Problem könne nicht durch das Verfassungsgericht, sondern müsse politisch entschieden werden. Dies bedeutet, daß es nicht im vorgegebenen Rahmen gelöst werden kann – sondern daß der Rahmen neu definiert werden muß. Es handelt sich um ein Problem, das eine Grundsatzentscheidung und damit eine politische Auseinandersetzung erfordert.

konstituierenden Regeln und spielimmanenten Argumenten. Es gibt jedoch Grenzsituationen, in denen die Frage der Souveränität plötzlich sehr nachdrücklich formuliert wird. Dies ist dann gegeben, wenn sich die Lage so zuspitzt, daß das Spiel als Ganzes und damit die »eigene Art Existenz« gefährdet zu sein scheint. Für einen Staat ist das immer der Fall, wenn »die öffentliche Ordnung und Sicherheit« gefährdet ist. In solchen Situationen stellt sich die Frage, wer letztlich das Sagen hat. »In seiner absoluten Gestalt ist der Ausnahmefall dann eingetreten, wenn erst die Situation geschaffen werden muß, in der die Rechtssätze gelten können« (Schmitt 1934/1985:19). Der Ausnahmezustand ist damit für Carl Schmitt die politische Situation schlechthin. Er transzendiert jede existierende Ordnung. »Der Ausnahmezustand hat für die Jurisprudenz eine analoge Bedeutung wie das Wunder für die Theologie« (ebenda: 49): Der nicht mehr auf innerweltliche Ordnungen zurückführbare Charakter des Ausnahmezustands begründet die innere Nähe und Wesensverwandtschaft von Politik und Theologie.

Im Falle des Putsches vom 12. September 1980 wurden die Muslime mit einer nicht weiter hintergehbaren Staatlichkeit konfrontiert, die sich in der Frage, was letztendlich gilt, auf nichts weiter berief als auf sich selbst. Das Militär rechtfertigte den Putsch mit dem Selbsterhaltungsrecht eines Staates. Es ging dabei nicht um den Willen der Mehrheit, sondern um die Identität des kemalistischen Projektes. Als dieses gefährdet war, sah sich das Militär, um der Aufrechterhaltung der Ordnung willen, nicht mehr an die Ordnung gebunden. Es fühlte sich im Namen des Kemalismus legitimiert, Unterdrückung, Folter und Gewalt anzuwenden. Der Kemalismus wurde damit als letztgültiges Prinzip des Staates bestätigt.

Wenn Kaplan den Dschihad ausruft, dann folgt er der gleichen Logik. Das Militär hatte mit dem Putsch klargestellt, wofür die türkische Republik »eigentlich« oder »letztendlich« steht – und wer der Souverän ist. Der so definierte Staat konnte nun von Kaplan als radikal Anderer, als Feind wahrgenommen werden. Seine Entscheidung für den Glaubenskrieg beruhte darauf, daß er, wie Schmitt es formulierte, »das Anderssein des Fremden« als »Negation der eigenen Art Existenz« empfand und es bekämpfte, »um die eigene, seinsmäßige Art von Leben zu bewahren« (1932/1963 27). Angesichts der Entscheidung der türkischen Republik für

Mustafa Kemal und gegen Gott entscheidet er sich für Gott als letzten Referenzpunkt. Im Grunde ist hier schon angelegt, was später umgesetzt werden soll – nämlich daß er sich selbst zum Kalifen ausruft, der im Namen Gottes spricht und der deshalb einen eigenen Staat ausruft.

Bemerkenswerterweise hatte diese Hinwendung zur radikal revolutionären Politik eine genaue Parallele in der sich gleichzeitig konstituierenden PKK (Schiffauer 1996). So wie Kaplan mit der bisherigen Politik radikaler islamischer Kreise brach, brach Öcalan mit der klassischen Linken und verkündete den revolutionären Krieg. Beide entwickelten ihre Position unter dem Eindruck der Verkündung des Ausnahmezustands durch das Militär. Der Unterschied zwischen den beiden Bewegungen liegt in der Haltung zur Gewalt: Während die PKK tatsächlich zum Terror griff und damit die Entscheidungssituation nicht nur verkündete, sondern auch herbeiführte, schloß Kaplan die Gewalt zwar prinzipiell nicht aus, verschob sie aber auf später. Während Öcalan blutigen Ernst machte, beließ es Kaplan bei revolutionärer Rhetorik.

Exkurs: Atatürk – Zur Ikonographie des Bösen

Eine Bewegung vermittelt ihr Anliegen nicht nur in Argumentationen, sondern vor allem durch die Schaffung wirkungskräftiger Bilder. In diesem Zusammenhang ist die Sondernummer der Zeitschrift »Ümmet« vom 15. 9. 1988 zu Mustafa Kemal besonders bemerkenswert. In ihr wird Mustafa Kemal nicht nur als der Diktator dargestellt, der mit Gewalt und Hinterlist die Heilige Ordnung zerschlägt, sondern er wird als Inkarnation des Bösen gezeichnet.

Der Aufmacher ist eine wahre Trouvaille. Unter der Überschrift: »Wer ist der Vater von Mustafa Kemal?« wird auf der Titelseite ein Urteil des Landgerichtes Thessaloniki abgedruckt, in dem auf Grund der unehelichen Geburt Mustafa Kemals ein Anspruch auf das Erbe des Vaters Abduş zurückgewiesen wird (siehe Abb.). Das Gericht sah es auf Grund von Zeugenaussagen als erwiesen an, daß Zubeyde mit ihrem unehelichen Sohn Mustafa Aufnahme in einem Bordell fand und erst dort ihren späteren Ehemann Abduş kennenlernte. Der Abdruck des Urteils geschieht in der offenkundigen Absicht, die Ehre Atatürks an ihrem empfindlichsten Punkt anzugreifen. Nichts zieht in den Augen der Leser, meist Migranten ländlicher Herkunft, die Ehre eines Mannes derart in den Schmutz wie die Infragestellung der sexuellen Integrität der Mutter oder Ehefrau (Schiffauer 1983). Doch dies ist nicht alles. Das Urteil zeigt auch, daß der eigentliche Vater Mustafa Kemals unbekannt ist. Damit wird den weit verbreiteten Gerüchten, daß Mustafa Kemals Vater ein »*dönme*« gewesen sei, neue Nahrung zugeführt. Die *dönme* sind eine Gemeinde zum Islam konvertierter Juden, die aus dem chassidischen Judentum hervorgegangen sind. Die Gemeinde hatte sich im 17. Jahrhundert gebildet, als der von ihnen als Messias verehrte Sabbatai Zwi (1626-1676)[79] in der osmanischen Haft zum Islam konvertiert war. Ein Teil seiner Anhänger sah darin nicht einen Abfall vom jüdischen Glauben, sondern ein Mysterium – einen Abstieg in die äußerste Unreinheit, erforderlich, um das Erlösungswerk zu vollenden. Wie ihr Meister traten auch treugebliebene Anhänger zum Islam über. Die Existenz einer jüdischen Sekte, die unter der Maske von Muslimen auftritt, bietet sich naturgemäß für Verschwörungstheorien an. »Im türkischen Antisemitismus ist die Denunziation von Personen oder ganzen Familien als *dönme* ein festes Versatzstück« (Kreiser 1991:55).

War die Verbindung von Mustafa Kemal zum Judentum in diesem ersten Artikel implizit angedeutet, so wird sie in dem Artikel »Mustafa Kemal ist ein Freimaurer« explizit hergestellt – wobei das Freimaurertum, gestützt auf eine antisemitische Quelle (»Die Katholische Kirche und das Freimaurertum«, ohne Angabe des Verfassers) als Werkzeug des internationalen Judentums im Kampf um die Errichtung des Staates Israel und die Erlangung der Weltherrschaft gesehen wird: »Die Juden waren schon immer die Feinde des Islam. Diese Feindschaft trat bei jeder Gelegenheit zu Tag. Sie wollten den Fortschritt des Islam verhindern. Mustafa Kemal hat das gleiche gemacht. Er hat dem Islam einen Schlag versetzt und Hunderttausende Muslime ermorden lassen.« Das gleiche Thema nimmt eine Bildunterschrift auf derselben Seite auf: »Mustafa Kemal und der jordanische König Abdullah bin Hüseyin bei der Vorbereitung des Plans zur Gründung des Staates Israel«. Die Gründung des Staates Israel gilt bei zahlreichen Muslimen als das Symbol des aggressiven, antiislamischen Imperialismus des Westens. In diesem Akt verdichtet sich wie in keinem anderen die Geschichte der Demütigung des Islam während der letzten zwei Jahrhunderte. Die Assoziationskette wird abgeschlossen in einem Artikel zum Hutgesetz (siehe oben

---

79 Sabbatai Zwi gab sich 1648 vor der jüdischen Gemeinde in Smyrna (dem heutigen Izmir) als Messias zu erkennen, indem er den nach jüdischer Überlieferung unaussprechlichen Namen Gottes sagte. Von den Rabbinern verbannt, begab er sich auf eine lange Wanderschaft nach Palästina. Als er 1665 nach Smyrna zurückkehrte, wurde er in einer begeisterten Prozession von der jüdischen Gemeinde gefeiert. 1666 wurde er verhaftet und trat in der Haft zum Islam über. Hierzu Scholem (1941/1980); vgl. auch Taubes 1993:19.

G 2886 D

4 Safer 1409

15 September 1988

Yıl: 1 Sayı: 8

Postmoralahlichi Gelatihi basatbl

Advress: Neabreao (or) 195 7230 Belin 1

ÜMMET

الأمة

Hakimiyyet Allah'ındır.

MUSTAFA KEMAL'İN BABASI KİMDİR ?

İlk kez yayınlanıyor!

M. KEMAL ÖZEL SAYISI

SELANİK ASLİYE HUKUK MAHKEMESİ
İlâm karar numarası: Adet/451

Abdus'un ölümünden sonra Zübeyde Abdus'un karısı olduğunu ve oğlu da Abdus'un oğlu olduğunu iddiası ile açmış olduğu miras davasında Abdus'un kardeşleri, mahkemeye vermiş oldukları iddianâmede Zübeyde'nin Abdus'un karısı olmadığını ve umumhâneden (genel evinden) odalık aldığını ve oğlu Mustafa iki yaşında kucağında olduğunu ve Abdus'un bilavelet öldüğünü iddiaları ile keyfiyetin umumhâneden sorulmasını talebleri üzerine umumhâneye yazılan tezkerenin cevabında Zübeyde'nin oğlu ile beraber 19 Haziran 1297'de umumhânemize dühul edip Yeni Şehirli Abdus isminde bir kabadayı ile anlaşıp 11 Nisan 1298 de umumhânemizden huruc etmiştir (çıkmıştır). Bu yazıya istinaden Zübeyde'nin davasının reddine karar verilmiştir.

22 Kanunievvel 1298

20 kuruşluk pul   Hakim   Aza   Aza

Selanik Asliye
Hukuk Mahkemesi   Mühür   Mühür
Mühürü

S. 45). Der Zylinder wird als »jüdischer Hut« bezeichnet. Damit wird suggeriert, daß die raison d'être des Gesetzes nicht, wie von Kemalisten behauptet, die Anpassung an »die Zivilisation« ist, sondern die symbolische Unterwerfung unter eine andere Religion.

Die erste Assoziation des Bösen ist also »Judentum«. Die Redakteure der Sondernummer übersehen dabei offensichtlich, daß sie gerade an dieser Stelle an eine durch und durch »christliche« Tradition anschließen. Der islamische Antisemitismus ist – anders als der christliche – historisch relativ jungen Datums. In nennenswertem Umfang trat er erst ab der Mitte des 19. Jahrhunderts als Reaktion auf die von den imperialistischen Mächten erzwungene Gleichstellung von nicht-muslimischen Religionen und Islam auf (Lewis 1986/1987:161 ff). Anfangs betrafen die Ressentiments noch gleichermaßen alle anderen Religionsgemeinschaften; erst zu Beginn des 20. Jahrhunderts begann die islamische Opposition, offenbar unter dem Einfluß antisemitischer Doktrinen aus Europa, das Judentum besonders herauszustellen.

Mustafa Kemalin Babası Kimdir (»Wer war der Vater von Mustafa Kemal?«). Titelblatt der Sondernummer der Zeitschrift Ümmet *zu Mustafa Kemal vom 15. 9. 1988. Das abgedruckte Dokument ist ein Urteil des Landgerichts Thessaloniki. Die Inschrift links vom Dokument lautet: »Zum ersten Mal veröffentlicht«. Die Inschrift rechts: »Sondernummer zu Mustafa Kemal«. Unten findet sich die Übersetzung des Gerichtsdokuments ins Neutürkische. Sie lautet:*

Landgericht Thessaloniki. Bescheid Nummer 451

In der (auf Grund der Angabe Zübeydes, sie sei die Frau von Abduş und ihr Sohn sei Abduşs Sohn eröffneten) Erbschaftsklage nach dem Tod von Abduş wurde in der vor dem Gericht abgegebenen Aussage der Brüder von Abduş [behauptet], daß Zübeyde nicht Abduşs Frau gewesen war, daß er sie aus dem Bordell zur Nebenfrau genommen hat, daß ihr Sohn Mustafa zu diesem Zeitpunkt [bereits] zwei Jahre alt gewesen war und daß Abduş kinderlos gestorben sei. Des weiteren hieß es in Beantwortung einer (auf einen Beweisantrag[80] *hin) an das Bordell gerichteten Anfrage, daß Zübeyde mit ihrem Sohn am 19. Juni 1297 in dem Bordell aufgenommen worden war, daß sie sich mit einem Mann niederen Standes aus Yenişehir namens Abduş zusammengetan und am 11. April 1298 das Bordell verlassen hatte. Gestützt auf dieses Schreiben, wird die Klage von Zübeyde zurückgewiesen.*

---

80 So habe ich »keyfiyetine umumhaneden sorulmasını talebleri üzerine« verkürzt
    wiedergegeben.

Ein zweites Attribut des Bösen, nämlich Islamfeindlichkeit, wird in dem Artikel »Mustafa Kemal ist ohne *din* (Glauben/Gesetz)« entfaltet. Der Artikel enthält eine Zusammenstellung von Äußerungen Mustafa Kemals zu Gott, zum Propheten Muhammed, zu den Zeitgenossen Muhammeds, zum Jenseits usw. Die Zitate zeichnen sich vor allem dadurch aus, daß in ihnen eine historische Lesart des Koran zum Ausdruck kommt. Man wird diesen Artikel als Versuch werten können, gegen die verbreitete Auffassung von Mustafa Kemal als »eigentlich« islamischem Staatsmann anzuschreiben (vgl. oben S. 66) und ihm, wie Kaplan es später in einer Predigt formuliert, »die Maske eines Gläubigen abzureißen«[81].

Ein weiteres Assoziationsfeld wird in den nächsten Artikeln eröffnet: Im Artikel »Mustafa Kemal: Spielball der Engländer« wird zunächst der bereits bekannte Vorwurf wiederholt, daß die Westmächte das, was sie durch die Kreuzzüge nicht erreichen konnten, mit Hilfe Mustafa Kemals erreicht haben. Dann wird aber ein neuer Vorwurf erhoben: Mustafa Kemal habe eine Politik betrieben, die bewußt auf die Zerstörung der Sittlichkeit des türkischen Volkes abgezielt habe: »Was hat dieses Geschöpf Englands nicht alles gemacht. Er hat eine Religionsgemeinschaft ruiniert, die in ihrer ganzen Geschichte ehrenhaft war, er hat das islamische Dogma verändert; er hat die Europäer nachgeäfft; er hat den Orient zu einem Gendarmerieposten des Westens gemacht. Er hat einem gläubigen Staat unter der Herrschaft eines Padischah die Form einer gottlosen Republik gegeben . . . Er hat mit dem Glauben und der Ehre des türkischen Volkes seine Spiele getrieben, er hat mit Frauen und Mädchen getanzt . . .« »Es wurden große Ausgaben gemacht, um im Land die Prostitution zu fördern und das Volk daran zu gewöhnen. Ebenso wurden viele Tanzbälle mit Frauen und Mädchen ausgerichtet« (ebenda).

Doch nicht nur das, was Mustafa Kemal machte, war böse – er selbst war durch und durch verderbt. Dies betraf sein Verhältnis zu Frauen – »er liebte die Frauen sehr, er liebte keine Frau sehr« (15) –, aber auch sein Verhältnis zum Alkohol: »Mustafa Kemal lebte normalerweise nachts auf. Er liebte das Essen, das Gespräch, den Alkohol. Er wollte auch, daß seine Umgebung trank«, heißt es im Artikel »Mustafa Kemal – ein Trinker«. Besonders angekreidet wird ihm dabei, daß er dies in aller Öffentlichkeit praktizierte. Ein Trinkspruch wird zitiert: »Meine Freunde, diesen Raki in meiner Hand haben früher die Padischahs und Kalifen getrunken. Aber sie haben ihn im Palast, in ihren vier Wänden getrunken. Ich aber trinke vor dem geschätzten Volk und auf sein Wohl« (5). In dem öffentlichen Akt wird der Regel-

---

81 Predigt: *Hakkı istemek hakter* (»Es ist gerecht, das Recht zu verlangen«) 1992b/ 1995:45.

bruch auf die Spitze getrieben (der im Innenraum des Hauses vollzogene Regelbruch wäre noch hinzunehmen gewesen – bezeichnenderweise bleibt die Aussage unwidersprochen, auch die Padischahs und die Kalifen hätten getrunken). Mustafa Kemal wird vorgeworfen, die Grenzen zwischen Innen und Außen zu mißachten. Dies wird als unangemessenes und schamloses Verhalten angeprangert. Das gleiche Motiv findet sich in folgender Passage: »Wie schlimm und häßlich ist folgender Vorfall: ›Man beginnt zu tanzen. Der Ghazi (also Mustafa Kemal) erhebt sich zuerst mit Şefika Falih Rıfkı zum Tanz; ihm folgt Yakup Kadri mit der Frau von Salih Ruşen. Der Boden war jedoch so schlecht und dazu noch stümperhaft gewienert und gebohnert, daß zunächst der Ghazi mit seiner Dame ausrutscht und auf sie fällt. Auf sie stürzen Yakup und an seinem Arm Frau Saliha.«[82] Was ursprünglich als lustige Anekdote gemeint war, gerät hier zum Beweis der Würde- und Sittenlosigkeit der neuen Ordnung.

Die Vorwürfe sind interessant, weil sie an eine etablierte Tradition der Herrscherkritik anschließen. Die Kritik an Atatürk nimmt die Elemente auf, die meines Wissens zum ersten Mal in der Patrona-Revolte 1730 laut wurden und seitdem immer wieder in den unterschiedlichsten Zusammenhängen eine Rolle spielten (Mardin 1974:433; Schiffauer 1997:11 ff). Der Vorwurf der Verwestlichung wird fast immer stereotyp mit den Vorwürfen der Sittenverderbnis und der Verschwendung verknüpft. Diese Triade läßt sich verstehen als Inversion des klassischen islamischen Ideals einer Gesellschaft, in der der Einzelne mit dem sozialen Ganzen über eine Reihe ineinander verschachtelter, aber dennoch getrennter Gruppierungen verbunden ist: die Familie, die Verwandtschaft, die religiöse Gemeinschaft (*millet*), das Viertel, die Stadt. Diese bilden eine Serie von Innen- und Außenräumen – wobei jeder Außenraum auf der nächsthöheren Ebene als Innenraum gesehen wurde.[83] So scheidet sich etwa der Raum des Hauses in einen nach außen offenen Empfangsraum (*selamlık*) und einen den Frauen und anderen Familienmitgliedern vorbehaltenen Innenraum (*haremlik*); der Raum des Hauses ist andererseits insgesamt ein Innenraum in bezug auf die Straße beziehungsweise das (religiöse wie ethnische oft homogene) Wohnviertel. Letzteres bildet wieder einen Binnenraum in bezug auf den Markt, den Ort, an dem innerhalb der Stadt Fremde sich begegnen und der gleichwohl wiederum Binnenraum gegenüber dem außerstädtischen

---

82 Als Quelle wird A. Dilipak: *Bir Başka Açıdan Kemalizm* (»Kemalismus aus einem anderen Blickwinkel«) angegeben.

83 Diese Gliederung nach Innen- und Außenräumen korrespondiert nur bedingt mit unserer Grenze zwischen öffentlich und privat, weil sie nicht unterschiedliche Rechtssphären begründet.

Raum war. Diesem Ideal einer verschachtelten Ordnung korrespondiert eine feine Kultur des Ritualismus und Formalismus. Durch elaborierte Techniken des Zeichensetzens und Zeichenlesens wird markiert, was zu einem gegebenen Zeitraum »Binnenraum«, was »Außenraum« ist. Dabei stellen in dieser im wesentlichen endogamen Gesellschaft die Körper der Frauen ein privilegiertes Zeichensystem dar (Seni 1984). In Gesellschaften, in denen Heirat innerhalb der Familie präferiert wird, bleiben die Frauen in der Gruppe: Die auf Abstammung basierenden Beziehungen werden damit tendenziell bestärkt und die Grenzen nach Außen betont. In einer solchen Gesellschaft werden Frauen fast von selbst zum Symbol der Unantastbarkeit der Gruppe, in der sie (wie Lévi-Strauss es formulieren würde) »zirkulieren«. Respekt vor dem anderen wird durch die Achtung vor der Integrität und Unantastbarkeit seiner Frauen ausgedrückt; Aggression auf den anderen nimmt nicht selten die Form eines Angriff auf die ihm zugeordneten Frauen an (Schiffauer 1987:46f). In einer so gedachten Ordnung beruht der innere Frieden, die Solidarität und damit nicht zuletzt die Stärke des Gemeinwesens auf der Respektierung der sozialen Grenzen, auf den Regeln der Angemessenheit und des Anstands. Auf diesem Hintergrund sind nun die Vorwürfe der Prostitution und des Alkoholgenusses zu lesen: Durch beide Verhaltensweisen werden die sozialen Grenzen und Kategorien verwischt und das harmonische Gleichgewicht wird zerstört: Anstelle von Harmonie und Balance herrschen nun Chaos und Tumult, Disziplin- und Haltlosigkeit – ein Mischmasch, das sich für den Autor des Artikels offenbar in dem Bild der übereinanderstürzenden Tanzpaare verdichtet.

Während derartige Vorwürfe von Zeit zu Zeit auch gegenüber islamischen Despoten erhoben wurden, bezieht sich ein letzter und am weitesten reichender Vorwurf ausschließlich auf Mustafa Kemal: Es ist der Vorwurf der Selbstvergottung. Dabei bedienen sich die Redakteure an dieser Stelle der Technik, diese Vorwürfe durch die Wiedergabe von Artikeln aus kemalistischen Zeitungen zu belegen. Mit dem Abdruck von Dokumenten politischer Gegner verbindet sich offenbar die Absicht, die Beweiskraft der eigenen Argumentation zu steigern.[84] Anstatt den Redakteuren auf diesen etwas verschlungenen Wegen zu folgen, ziehe ich es vor, Kaplan direkt zu diesem Punkt das Wort ergreifen zu lassen. In der »Augsburger Predigt« (1984) sagt er: »Der Kemalismus . . . ist weder eine Philosophie noch eine Doktrin, noch ein System. Was ist er also? Der Kemalismus ist ein Götze! . . . In der Türkei wird der Kemalismus als Glaube praktiziert und Mustafa Kemal als Gott gesehen. In der Türkei sind Mustafa Kemal

---

84 Diese Technik wird auch in anderer Hinsicht eine Rolle spielen. Vgl. unten S. 211.

und der Kemalismus unangreifbar. Er ist unantastbar wie ein Prophet. Ihm wird Makellosigkeit zugeschrieben.« Zum Beweis zitiert Kaplan unter anderem aus dem Gedicht »Der Orden Atatürks« – einem Beispiel für die exaltierte Revolutionslyrik der dreißiger Jahre: »Alles ist bei ihm, er ist überall, sein Werk ist in jedem Himmel, er rauscht in jedem Meer, alles ist er, er ist alles, in allem ist Atatürk, im Himmel und auf Erden . . .« Was bedeute das denn anderes, fragt Kaplan, »als Mustafa Kemal nicht nur ins Prophetenamt, sondern sogar an Gottes Stelle zu setzen? Die meisten dieser Worte wurden zu seinen Lebzeiten geschrieben und publiziert. Das ist doch . . . Götzenkult reinsten Wassers. Ja, und was ist der Anit Kabir [das Mausoleum Atatürks in Ankara]? Das ist der Tempel der Kemalisten.«

So gedeutet ist der Personenkult, der auch heute noch in Allgegenwart von Atatürk-Bildern und -Statuen fortlebt, nicht wesentlich verschieden von dem Kult der Göttinnen Manat, al-'Uzza und al-Lat im vormuhammedanischen Mekka. Hier wie dort herrscht Zeitenverfinsterung.

Läßt man die verschiedenen Anklagen Revue passieren, so steht Mustafa Kemal für die schillernde Natur des Bösen. Insbesondere aber spiegelt und konkretisiert sich in ihm der Gegenpol zur Vernunft (akıl), nämlich die Herrschaft der nefsi, der Lüste, der Begierde und des Selbst, die letztendlich zu Selbstvergottung und Hybris des Menschen führt. Pars pro toto steht Mustafa Kemal für das Schicksal des Menschen, der seinen Platz in der Schöpfung verleugnet – der vergißt, daß er nur deshalb Herr des Universums ist, weil er von Gott in diese Stellung eingesetzt wurde. Mustafa Kemal ist die Personifikation des Entwurzelten, der Träger von Unmoral und Zerrüttung schlechthin. Dabei tritt das zerstörerische Böse unter der Maske des Guten auf. Die natürliche Folge dieser Anmaßung ist nicht etwa Freiheit, sondern ganz im Gegenteil Tyrannis – die Unterdrückung von Meinungs- und Glaubensfreiheit. In der Figur von Mustafa Kemal verdichtet sich so der (für den nicht-islamischen Leser schwer nachvollziehbare) Zusammenhang, der über das Konzept der nefis hergestellt wird: Eine Herrschaftsform, die ihre Legitimität in der Befriedigung menschlicher Bedürfnisse sieht, produziert nur Tyrannis und Götzendienst. Die Mißachtung der Grenzen im Verhältnis zu Gott führt von selbst zur Mißachtung der Grenzen im Inneren der Gesellschaft. An die Stelle der gottgewollten harmonischen Ordnung treten damit Chaos, Anarchie und Sinnestaumel. In diesem Bild ist der ganze Assoziationsreichtum des Begriffs der fitne eingefangen – die Zwietracht, die Verführung[85], das Chaos.

85 Fitne heißt neben Verführung auch »verführerische Schöne«, Probe, Unfrieden, Zwietracht, beiderseitige Verstimmung, Aufruhr, Aufstand, Unruhen (Steuerwald

Kalifatsidee und revolutionärer Panislamismus benennen den dritten thematischen Komplex, mit dem Kaplan sich von der Nationalen Sicht/Religiösen Heilspartei absetzt.

Der Kalif ist das geistige und weltliche Oberhaupt der Muslime; mithin der Nachfolger und Stellvertreter Muhammeds. In der Geschichte wurde dabei die geistliche und weltliche Bedeutung des Amtes unterschiedlich gewichtet. Nach der Beseitigung des Abbasidenkalifats im Jahr 1258 war das universale Kalifat praktisch aufgegeben worden. Es hatte sich der Gedanke durchgesetzt, »daß jeder Sultan, der in seinem Territorium das religiöse Gesetz aufrechterhält, den Titel eines Kalifen führen könne« (Kreiser, Wielandt: 1992:150). Die Idee des weltumspannenden Kalifats wurde erst in der zweiten Hälfte des 18. Jahrhunderts von den osmanischen Sultanen wieder belebt. Von seiner Erneuerung erhoffte man sich eine panislamistische Allianz, die in der Lage sein würde, dem Imperialismus der europäisch-christlichen Großmächte Widerstand entgegenzusetzen. Wie bereits erwähnt, wurde das Amt während der kemalistischen Revolution 1924 abgeschafft (siehe S. 43).

Die Notwendigkeit, für die Wiedererrichtung des Kalifats zu kämpfen, wird von Kaplan schon in der Anfangszeit der Bewegung als heilsentscheidend eingeführt:

»Schaut, was der Prophet befiehlt: ›Wenn jemand stirbt, ohne den Kalifen gekannt zu haben – vor allem euch jungen Leuten rufe ich das zu –, wenn jemand stirbt, ohne den Kalifen, ohne das Staatsoberhaupt kennengelernt zu haben, dann stirbt er den Tod der Unwissenheit (*cahiliyet* – Unwissenheit, aber auch Bezeichnung für die vorislamische Phase).‹ Das ist nicht mein Wort, das ist das Wort des Propheten. Bei einer Versammlung von jungen Leuten, im letzten Winter, fragte ein junger Mann: ›Nun, was sollen wir denn heute machen? Es gibt keinen Kalifen, den wir kennenlernen könnten. Deshalb werden wir alle den Tod der Unwissenheit sterben‹. Jawohl. *Wenn ihr nicht dafür kämpft, wird es so sein*. Wenn ihr aber in der heutigen Zeit, in der es keinen Kalifen gibt, nach euren Möglichkeiten, unter Einsatz eures Besitzes und eures Lebens dafür arbeitet, einen Kalifen zu finden

1974: Stichwort *fitne*). Zur Assoziation von *fitne* und Sexualität siehe auch Mernissi (1975), insbesondere 4 ff.

und ihn einzusetzen, dann werdet ihr einen heiligen Tod sterben.«[86]

Der Satz: »Das ist nicht mein Wort, das ist das Wort des Propheten« ist verräterisch. Kaplan ist sich der Tatsache bewußt, daß das Eintreten für das Kalifat sechzig Jahre nach seiner Abschaffung befremdlich wirken muß. Auch in anderen Predigten erfolgt ein Verweis auf die Autorität der Offenbarung immer an Stellen, die nicht unmittelbar plausibel sind. Die Betonung der Kalifatsidee ist eine Eigenheit Kaplans, mit der er sich von anderen islamisch revolutionären Gruppen innerhalb wie außerhalb Deutschlands unterscheidet. Der ansonsten für Kaplan sehr entscheidende islamistische Vordenker Sayyid Qutb (siehe oben 112 Fußnote) beispielsweise maß der Kalifatsfrage keinerlei Rolle bei dem Aufbau einer islamischen Gegengesellschaft zu.

Für Kaplan hingegen leitet sich die Idee des Kalifats direkt aus der Einheitsvision des Islam ab: Die Erneuerung der Institution sei notwendig, um die Geschlossenheit und Stärke der islamischen Welt wiederherzustellen. Derartige panislamistische Gedanken sind an sich nichts Neues: In der zweiten Hälfte des 19. Jahrhunderts war es die Türkei gewesen, die den Panislamismus zum Instrument ihrer Innen- und Außenpolitik gemacht hatte; in den sechziger und siebziger Jahren des zwanzigsten Jahrhunderts hatte Saudi-Arabien ähnliches versucht. Das Anliegen war immer die Überwindung der großen Spaltung zwischen Sunna und Schia. Diese Versuche stießen stets auf eine zwiespältige Reaktion bei den Gläubigen: Einerseits gilt es als sinnvoll, einer christlich dominierten Welt gegenüber als Einheit aufzutreten, andererseits wurde es immer problematisch, wenn es ums Detail ging. Vor allem unterschied sich der Bezug zu den Narrativen: Während die Sunniten den Kult um Zeitgenossen Muhammeds betrieben, betonten die Schiiten die Verfehlungen der ersten Kalifen Abu Bakr, Omar und Osman.

Kaplan schwebt nun allerdings ein Panislamismus *von unten* vor, ein Panislamismus, der die Wiederherstellung der Einheit des Islam mit seiner Erneuerung verbindet. Die Vereinigung des Islam kann deshalb nicht von den real existierenden islamischen Staaten (etwa Saudi-Arabien, Sudan, Pakistan oder Indonesien) ausgehen, in denen Kaplan nur Karikaturen der gottgewollten Ordnung

---

86 *Hicret Konusmasi: Şeytani bir düzen* (»Predigt in der Hedschra: Ein teuflisches System«). Etwa 1984.

sieht, sondern muß von den kämpferischen islamischen Oppositionsgruppen getragen werden: Den Glaubenskämpfern in Afghanistan, der palästinensischen Hamas, den islamistischen Oppositionsgruppen in den arabischen Staaten, den islamischen Kämpfern in Bosnien. Der einzige existierende Staat, den er als Ausnahme gelten läßt, ist der Iran. Damit stellt sich freilich das Problem der aus historischen Gründen bei den sunnitischen Gläubigen in der Türkei besonders tief verankerten Feindschaft gegenüber der Schia. Kaplan löste es, indem er die Schia als »fünfte Glaubensschule« zu den vier sunnitischen Rechtsschulen hinzuaddierte. Er folgte damit der panislamischen Lehre, wie sie im 19. Jahrhundert von al-Afghani (1838/9-1897) entwickelt worden war: Angesichts des übermächtigen Imperialismus der christlichen Großmächte schienen diesem die innerislamischen Querelen bedeutungslos geworden zu sein (hierzu Keddie 1994). Allerdings hatte diese Lehre nie in der weiteren Öffentlichkeit Fuß gefaßt (Ende 1985:190).

Eine wahrhaft islamische Politik darf sich keinesfalls auf eine mechanische Einführung der Scheriatgesetze beschränken. Im Gegenteil: In einer Gesellschaft, die nicht nach islamischen Prinzipien sozialrevolutionär umgestaltet ist, kann die Durchführung der Scheriat-Strafen (verwiesen wird immer auf das Abhacken der Hand als Strafe für Diebstahl) großes Unrecht bedeuten, und zwar weil die sozioökonomischen Voraussetzungen nicht geschaffen sind, die einen Diebstahl aus Not ausschließen würden. Die Scheriat ist für Kaplan kein Paragraphenwerk, sondern eine Lebensordnung – ihre Einführung bedeutet, das Projekt einer Revolutionierung der sozialen und politischen Basis der Gesellschaft zu wagen. Die Scheriat ist damit »eher ein Projekt als ein Textcorpus«.[87]

Die internationalistisch-revolutionäre Ausrichtung der Kaplan-Gemeinde spiegelte sich in den wichtigsten Ritualen der Bewegung, den Feiern zu Beginn des islamischen Neujahrs. Delegationen aus dem Iran, Palästina, Afghanistan, Ägypten oder auch den

---

87 Roy 1992/1994:38. Nach der Klassifikation von Roy hat die Kaplan-Gemeinde damit eindeutig einen »islamistischen« Charakter und unterscheidet sich von den »fundamentalistischen« Gemeinden, die in der Anwendung der Scheriat den Schlüssel für die Islamisierung der Gemeinde sehen. In dieser Terminologie wären Saudi-Arabien und Pakistan fundamentalistisch. Wie weiter unten deutlich werden wird, stehe ich derartigen Klassifikationsübungen skeptisch gegenüber.

USA (Black Muslims) hielten Ansprachen oder vermittelten Gruß-
adressen. Vor allem spiegelt sich die internationalistische Ausrichtung im Zentralorgan Tebliğ und den Nachfolgern Ümmet und
Ümmet-i Muhammed. Eine stichprobenhafte Auswertung ergab,
daß über die Jahre hinweg etwa ein Viertel der Artikel der Aus-
landsberichterstattung gewidmet war (zu je einem weiteren Viertel
wurden Artikel zur Türkei, Artikel theologischen Inhalts und Artikel zu Aktivitäten in der Gemeinde abgedruckt). Die Auslandsbe-
richte wiederum bestanden dabei vor allem aus vier Textgattun-
gen: Relativ breiten Raum nahmen politische Meldungen zu den
Aktivitäten islamistischer Bewegungen ein – etwa zu den Erfolgen
von afghanischen Glaubenskämpfern in ihrem Kampf gegen die
sowjetischen Truppen. Dazu gesellten sich als zweites Berichte
über die Unterdrückung von Muslimen etwa in Israel, Serbien und
Algerien. An dritter Stelle kamen Artikel von allgemeinem Interesse für Muslime. So wurde relativ ausführlich über die Bombar-
dierung von Gaddafis Wohnsitz durch die Amerikaner berichtet
oder auch über den Golfkrieg. Wenngleich die kriegerischen Maßnahmen in diesen Fällen zwar Regimes betraf, die man ander-
weitig verurteilte, so machen sie doch die Schutzlosigkeit der
gesamten islamischen Welt gegenüber dem Westen deutlich. Zu
dieser Kategorie von Artikeln wird man auch die Berichte zum
»Zionismus« zählen, wobei die Existenz des Staates Israel pars pro
toto für die imperialistische Demütigung der islamischen Welt
steht. Schließlich erschienen gelegentlich ausführlichere Hinter-
grundsartikel, die in ihrer Diktion und Weltsicht auffallende Parallelen zu maoistischen Diskursen aufweisen: So behandelte ein
1986 erschienener Artikel die Auswirkung der »Revolution der
Produktionsmittel« auf den »Kampf der imperialistischen Mächte
USA und Sowjetunion um die Weltmärkte«. Im gleichen Artikel
wurde der Islam als dritter Weg neben Kapitalismus und Kommunismus gefeiert.[88]

Der revolutionäre Panislamismus mag konsequent gedacht
sein – er steht indes in Spannung zu den Positionen der anderen re-
volutionär-islamistischen Gruppen, denen der türkische Nationalstaat immer selbstverständlicher Rahmen für ihre politischen

---

88 Tebliğ Nr. 18, 1. Mai 1986 S. 2. Olivier Roy sieht meines Erachtens zu Recht eine
   der zwei Wurzeln des gegenwärtigen Islamismus im antiimperialistischen und
   antikolonialistischen Diskurs der fünfziger und sechziger Jahre (die andere Wurzel
   ist die Kritik der Herrscher im Namen der Scheriat) (1992/1994:4 f).

Ziele geblieben ist. So heißt es etwa in einer Predigt von Timurtaş Uçar: »Wir Muslime sind diejenigen, die im Heer der Glaubensmärtyrer unser Blut und Leben zum Heil des Vaterlandes opfern. Uns gehört dieses Land, uns. Haben wir denn dieses Land einfach so erhalten, daß wir es jetzt einer Handvoll Kommunisten ausliefern . . . ? Unter jeder Handbreit dieses Bodens findet man den Schädel eines Glaubensmärtyrers. Ich kann ihnen [den Kommunisten] dieses Vaterland nicht ausliefern. Bevor ich nicht den letzten Tropfen meines Blutes vergossen habe, kann ich niemandem diese Heimat überlassen . . . Es ist meine Heimat von Osten bis Westen . . . Ich kenne keine Internationale . . . Ich habe einen Unabhängigkeitsmarsch [in dem es heißt]: ›Sei unbesorgt! Dieses in der Morgenröte wogende rote Banner (*al sancak*) erlischt nicht, bevor der allerletzte Herd, der in unserer Heimat raucht, erlöschen wird.‹ Diese Wahrheiten gibt es für mich. Die Nachkommen, die diesen Unabhängigkeitsmarsch nicht singen wollen, sind Nachkommen ohne Gott. Es sind nicht die Kinder von Muslimen.«[89] Der erwähnte Unabhängigkeitsmarsch wurde am 12. 3. 1921 von der Großen Nationalversammlung als Nationalhymne angenommen; seine Erwähnung zeigt, wie selbstverständlich Uçar die Nation als Bezugsrahmen ist. Der große Feind dieser Tage (die Predigt wurde Ende der siebziger Jahre gehalten), der Kommunismus, wird dagegen gerade wegen seines Internationalismus angegriffen. Dies schließt natürlich ein Bekenntnis zum Panislamismus nicht völlig aus – aber es wird doch sehr zurückgenommen.

Bei der Nationalen Sicht drückt bereits der Name die programmatische Orientierung an der Nation aus. Ali Yüksel, der Generalsekretär der Organisation, benennt den Internationalismus Kaplans als entscheidenden Grund für die Spaltung von Kaplan-Gemeinde und Nationaler Sicht. In einem Interview mit dem Journalisten Uğur Mumcu[90] erwähnte Yüksel, Kaplan habe verlangt, sich im Falle eines Krieges zwischen der Türkei und dem Iran auf die Seite der islamischen Republik zu schlagen. »Als ich das hörte, standen mir als jemandem, der sein Vaterland liebt, die Haare zu

---

89 *Itaat Üzerine* (»Über den Gehorsam«), o. J., transkribierte Predigt.
90 Ich kann Uğur Mumcu nicht zitieren, ohne zu erwähnen, daß er am 23. 12. 1993 ermordet wurde: Es wurde nie geklärt, wer die Mörder waren. Spekulationen vermuteten sie in den Kreisen des organisierten Verbrechens oder im Umfeld radikaler islamistischer Organisationen. Im Kommentar zu Mumcus Ermordung in Ümmet-i Muhammed wurde er als »großer Feind des Islam« bezeichnet.

Berge. Das ist doch unmöglich, sagte ich mir. Solche Sachen haben uns auseinander gebracht« (Mumcu 1987a:75) ... »Wir haben niemals in unseren Predigten den Staat oder die Heimat (*vatan*) schlecht gemacht. Das war unmöglich. Wie konnte jemand, der sein Land liebt, gegen diesen Staat reden« (ebenda:76). Zwar habe es – so Yüksel – auch in der Nationalen Sicht anfangs eine Begeisterung für die islamische Revolution gegeben, doch sei sie angesichts der Entwicklung sehr rasch abgeflaut.

Die Rezeption von Kaplans Lehre in Augsburg

Es war die Verbindung von theologischem Feuer und politischer Mission, die viele Gläubige an Kaplan faszinierte. Sie begeisterte, wie Kaplan den islamischen Urgedanken, nämlich die Vision einer allumfassenden Einheit alles Geschaffenen, aufnahm und erneut zur Sprache brachte. Seine Predigt über die Stellung des Menschen im Kosmos, über die Notwendigkeit der Erneuerung des Monotheismus und die Wiederherstellung einer einzigen, alle Bereiche des Lebens umfassenden gottgesetzten Ordnung barg das Versprechen der Überwindung von Zerrissenheit und der Wiedererlangung von Identität. Mehmet G. drückte sehr knapp und klar aus, was für ihn den Kern dieser Botschaft ausmachte: »Wir sind SEIN [Eigentum], alles ist SEIN [Eigentum]. Deshalb müssen wir uns unterwerfen. Das ist die Rettung, glauben wir.«

Mit der großen Vision von der Herstellung einer islamischen Ordnung gewann Kaplan die Gläubigen für sich, und viele trauten ihm zu, die Einheit zunächst in ihrem Umfeld, d. h. unter den türkisch-islamischen Gemeinden, herzustellen. Diese Hoffnung bestimmte unter anderem Mehmet G.s Entscheidung für Kaplan. Mehmet G. hatte die Spaltung der islamischen Gemeinden in Deutschland in mehreren Gedichten beklagt und dabei besonders hervorgehoben, daß die Fragmentierung des Islam auch die Lehre nicht unberührt ließ (so daß beispielsweise bezüglich der Frage des Beginns des Fastenmonats Ramadan unterschiedliche Meinungen vertreten wurden). Dies ist deshalb gravierend, weil damit die Einheit des Islam auf der entscheidenden Ebene in Frage gestellt wird. Institutionelle Vielfalt ist so lange unproblematisch, wie der Grundkonsens nicht bedroht ist. Man kann dann davon ausgehen, daß es verschiedene Wege zu Gott gibt – also Mystiker einen anderen Zugang zu IHM haben als Anhänger der Gesetzesreligion. Anders verhält es sich, wenn dogmatische Fragen ins Spiel kommen: Dann steht plötzlich die Frage der Wahrheit auf dem Spiel.

Viele Gläubige überzeugte der Grundgedanke Kaplans, Parteienpolitik würde den Dissens institutionalisieren und aus strukturellen Gründen Differenz produzieren: »Als sie die Scheriat zerschlugen und an ihrer Stelle die laizistische Türkei gründeten, haben sie in der Absicht, die Muslime zu spalten, Parteien gegründet. Das ganze Brot können wir nicht fressen, sagten sie, also teilen wir es. Einer rechts, einer links, einer Faschist, so und so . . . Was passiert denn, wenn es Parteien gibt? Der eine sagt: ›Ich möchte die Rechten an die Regierung bringen.‹ Der andere sagt: ›Ich möchte die Linken an die Regierung bringen.‹ Der dritte sagt: ›Ich möchte die Muslime an die Regierung bringen.‹« (Şevket A.) Damit waren die offensichtlichen Widersprüche in der Politik der Religiösen Heilspartei auf strukturelle (und nicht personale) Gründe zurückgeführt: »Die Parteien gehen immer nur so weit, wie es ihnen gestattet ist. Dann sagen sie: ›Halt!‹. Also mit den Parteien kannst du nicht machen, was im Islam geboten ist« (Abuzer K.).

Ebenso einleuchtend erschien den Gläubigen der Vorschlag, zu den Quellen der Offenbarung zurückzukehren, um die Spaltung zu überwinden. Dabei war es wiederum Kaplans Verweis auf das Einheitsgebot (nur *ein* Weg, nämlich der Weg Muhammeds, kann zum Ziel führen), der überzeugte: »Mit Methoden, die im Koran nicht vorgesehen sind, kann man nichts lösen . . . Der [islamische] Staat entstand in der Geschichte immer nur durch Gottes Methode, das heißt durch die Verkündigung« (Şevket A.). Die neue Gemeinde sollte dabei nicht neben die bereits existierenden treten, sondern sollte alle anderen aufheben: »Unser ursprüngliches Ziel war es nicht, einen Teil der islamischen Gruppen zu organisieren, sondern den Islam insgesamt. Der Hodscha gab der ersten Gemeinde den Namen *Islami Cemiyet ve Cemaatlar Birliği* (Vereinigung der islamischen Gemeinschaften und Gemeinden), also unser Ziel ist es, alle Muslime in der Welt unter einem Dach zu versammeln, und weil das zu unseren Ideen paßte, haben wir das akzeptiert und ihn unterstützt. So haben wir dann weitergemacht. Er hat es selbst in seinen eigenen Reden und Predigten klargemacht: ›Geht hin, ladet sie ein, wenn sie nicht kommen, dann geht ihr hin, wenn sie kommen, sollen sie das Wort haben, dann sollen sie in den Kursen reden. Das macht nichts.‹ Solche Vorschläge kamen.« (Mehmet G. 1993:15)

Sehr plausibel war schließlich Kaplans Forderung nach einer systematischen Lebensführung – d. h. die Forderung, auch das eigene Leben ganz unter das Zeichen der Schrift zu stellen. Dies wurde von mehreren mit »Aufrichtigkeit«, »Kompromißlosigkeit« und »Mut« assoziiert. »In meinem Leben möchte ich keine Konzessionen machen«, sagte Mehmet G. Hierbei handelte es sich nicht um Lippenbekenntnisse. Die Personen im inneren Zirkel der Kaplan-Gemeinde in Augsburg setzten bemerkenswert konsequent ihre Überzeugung, der Islam sei Lehren und Lernen und nichts weiter, in den Alltag um. Personen wie Şevket A., Abuzer K., Mehmet G., oder Yaşar F. verbrachten ihr Leben nahezu ausschließlich in dem Dreieck Familie, Gemeinde, Arbeit – wobei ihre Freizeit fast zur Gänze mit der Gottessuche ausgefüllt war: Sie lasen Erbauungsschriften, führten Gespräche über religiöse Themen oder hörten auf Ton- oder Videokassetten Predigten ab. Andere, die sich nicht in der Lage sahen, das Ideal derart konsequent umzusetzen, bekannten sich wenigstens verbal zu dem Wert einer methodischen Lebensführung. Ich habe an anderer Stelle in bezug auf Yaşar F. zu zeigen versucht, wie eine derartige Orientierung dazu beitragen kann, Ängste vor Selbstverlust, wie sie in der Migration nicht selten auftreten, zu bewältigen (Schiffauer 1991:120–160).

All diese Punkte betreffen den oben unter dem Abschnitt »Bewegung und Verkündigung« dargestellten Aspekt der Lehre Kaplans: Es ist dieser Aspekt seiner Botschaft, der die Gläubigen in Augsburg beeindruckte. Komplexer verhält es sich mit den beiden anderen Schwerpunkten seiner Predigt.

Schwieriger nachzuvollziehen war zum einen Kaplans Zuspitzung der Staatskritik im Zeichen der *Dschahiliyet*-Konzeption. Die Gläubigen teilten zwar die Kritik am Atatürk-Kult – und in den einschlägigen Kreisen wurde der Name »Atatürk« mit Vorliebe zu »Atagötze« verballhornt. Sie teilten auch die Einschätzung, die türkische Regierung unterdrücke den Islam – erwähnt wurden in diesem Zusammenhang Regelungen, die es Angehörigen des öffentlichen Dienstes untersagen, islamische Kleidung anzulegen oder einen Vollbart zu tragen. Reicht dies aber, um die Situation in der Türkei mit der Situation in der Zeitenverfinsterung der Dschahiliyet zu parallelisieren? Der Staatskult ist ausgehöhlt, und auch mit den Kleider- und Bartvorschriften können sich viele Muslime arrangieren, insofern die meisten ohnehin erst nach der Pensionierung daran denken, sich ganz dem Islam zu widmen.

Diese Praxis entspricht zwar nicht ganz dem Methodismus Kaplans, ist aber andererseits alles andere als heidnisch. Selbst meine Gesprächspartner aus dem inneren Zirkel der Gemeinde waren überzeugt, den Islam in der Türkei konsequenter praktizieren zu können als in Deutschland. Schließlich ist der Alltag trotz allem staatlich verordneten Säkularismus nach wie vor islamisch geprägt. Praktiken, die dort selbstverständlich sind, fallen hier auf und machen einen Gläubigen nicht selten auf unangenehme Weise sichtbar. Hadschi Ismail setzte mir dies im Detail auseinander: Während in der Türkei ein öffentlich vollzogenes Gebet an der Autobahnraststätte eine Selbstverständlichkeit sei, löse man hier damit Befremden aus. Mißmut errege man vor allem dann, wenn man in der öffentlichen Toilette die rituellen Waschungen vollzieht. Es sei einfach anstrengend, seine religiöse Praxis immer gegen die Gesellschaft durchsetzen zu müssen. Auch sonst sei es in der Türkei einfacher, ein gutes Leben mit einem islamischen Leben in Einklang zu bringen. So kann man dort etwa schwimmen gehen, weil die Bekleidungsvorschriften respektiert würden – hier dagegen seien »alle nackt, die Frauen, die Mädchen, die Kinder«. Ähnlich verhalte es sich mit dem Besuch von Gaststätten: Anders als in der Türkei könne man sich in Deutschland auch bei türkischen Lokalen nie sicher sein, ob das angebotene Fleisch auch tatsächlich rituell geschlachtet worden sei. Vor allem aber sei es viel schwieriger, die Kinder in Deutschland im islamischen Geist zu erziehen. Tatsächlich wird nicht nur von Hadschi Ismail die Gefährdung durch Sexualität und Drogenkonsum in Deutschland weit ernster genommen als die Gefährdung durch ein laizistisches Schulsystem in der Türkei. Außerdem gibt es Ausweichmöglichkeiten in der Form von Privatschulen. Kurzum: Auf dem Hintergrund von sehr konkreten Erfahrungen im Leben mit Ungläubigen erscheint die Türkei als ein bemerkenswert islamisches Land. Selbst der ehemalige Gemeindevorsteher Şevket A. wollte deshalb langfristig in die Türkei zurückkehren: Wenn die Regierung auch nicht islamisch sei, so Şevket, so sei es doch das Volk. Die Alltagserfahrung widerspricht also der Lehre von der absoluten Zeitenverfinsterung. Behauptungen, wie die von der prinzipiellen Ungültigkeit eines unter der Anleitung eines Predigers des Präsidiums verrichteten Gebets fallen nicht auf besonders fruchtbaren Boden. Şevket A. schränkte diese Äußerung dahingehend ein, daß nur die Gebetsanleitung von Hodschas, die innerlich vom Laizismus überzeugt sind, ein Problem darstelle. Ein erzwungener Eid auf Laizismus und Kemalismus aber sei nichts als ein Lippenbekenntnis und zähle deshalb nicht weiter. Damit wird Kaplans Position in dieser Frage bis zur Bedeutungslosigkeit relativiert.

Distanz wird auch dem kämpferischen Pathos entgegengebracht, das Kaplan einfordert. Zwar nickt man zustimmend, wenn er zu Selbstaufgabe, Kampf und Opfer aufruft – andererseits aber steht eine derartige Selbstverleugnung im Widerspruch zur ganzen raison d'être der Arbeitsmigration. Schließlich ist man nach Deutschland gekommen, um sich eine Existenz in der Türkei aufzubauen, und dieses sehr weltliche Ziel bindet viel Energie.

Das alles bedeutet jedoch nicht, daß man Kaplan widersprochen hätte. Viele gaben Kaplan *im Prinzip* recht: Es sei gut und nötig, endlich einmal Klartext zu reden. Kaplan wurde als jemand gesehen, der dem Regime die Stirn bietet und dem Unbehagen, wenn nicht der Wut auf die Gesellschaft Ausdruck verleiht. Er artikuliert den Zorn über die Demütigungen, die man als bekennender Muslim im eigenen Land einstecken muß.

Ähnlich komplex verhält es sich mit der Haltung zum revolutionären Panislamismus. Er ergibt sich aus dem Einheitsgebot des Islam. Die dogmatischen Differenzen zwischen den Rechtsschulen und zwischen Sunna und Schia schienen vielen meiner Gesprächspartner in der Gegenwart überholt. Auch war man die ganzen achtziger Jahre über aufrichtig vom Modell Iran fasziniert. Dabei spielte nicht zuletzt der herausfordernde Gestus gegenüber den USA eine Rolle. In gewissem Sinn verhielt sich der Iran auf der globalen Bühne wie Kaplan auf der türkischen. »Nur weil sie den Islam vertreten, macht die ganze Welt Front gegen sie . . . Einerseits fügen sie ihnen Gewalt zu, andererseits zeigen sie ständig mit dem Finger auf sie . . . Sie wollen einfach Gottes Ordnung nicht akzeptieren« (Mehmet G.). Khomeini stand dabei für jemand, der »wie ein Mann« gegen die weltweite Unterdrückung des Islam aufsteht. Auf der Ebene des gelebten Alltags war indes von Internationalismus wenig zu spüren. Nicht-türkische Besucher waren eine seltene Ausnahme in der Moschee, und man begegnete ihnen mit einem gewissen Unbehagen. Nach einem Besuch von zwei jungen Anhängern der Tablighi-Bewegung – einer in Indien und Pakistan beheimateten Erweckungsbewegung eher quietistischer Provenienz – beklagte Şevket A., daß diese den ganzen Nachmittag das Gespräch dominiert hätten, anstatt, wie es Fremden zusteht, Zurückhaltung zu üben. Unvergeßlich bleibt mir auch ein Gespräch, in dem mir ein Gläubiger mit deutlich bäuerlichem Hintergrund das panislamistische Ideal auseinandersetzte. »Wir«, erklärte er strahlend, »lieben unterschiedslos alle Menschen. Selbst wenn der allerhäßlichste Neger hier vorbeikommt«, er verzog das Gesicht zu einer fürchterlichen Fratze, um die problematische Physiognomie des Glaubensbruders anzudeuten, »lieben wir ihn wie unseren Bruder« (wieder Strahlen).

Die Entscheidung für Kaplan war nicht zuletzt dadurch bedingt, daß man ihm Glaubwürdigkeit zubilligte. Für meine Gesprächspartner stand er mit seiner ganzen Person hinter seiner Botschaft. Mehmet G.: »Es gibt viele Prediger, die Reden halten . . ., aber nicht danach leben. Anders Kaplan . . . Es gibt den folgenden Ausspruch von Kaplan: ›Ich habe zwei Dinge von mir geworfen, und ich bin zur Ruhe gekommen. Das eine ist das Interesse an der Welt, das zweite ist die Angst. Ich denke nicht, daß ich Angst habe, außer der Angst vor Gott, und ich glaube nicht, daß es eine [wirkliche] Existenz gibt, außer derjenigen im Jenseits.‹ Es tut ihm nicht weh, daß er seinen Besitz in der Türkei verloren hat, daß ihm die Staatsbürgerschaft aberkannt wurde, er hat keine Angst.« Kaplan, fuhr er fort, benutze etwa öffentliche Verkehrsmittel, obwohl er durchaus durch Attentate gefährdet sei: »Er sagt: ›Was ist daran gefährlich? . . . Was ist nach unserer Religion, unserem Glauben schöner als der Tod? . . . Stirbt der Mensch vor der Stunde, die Gott festgesetzt hat?‹« Kaplan steht für die Ideen, die die Gläubigen teilen. Er vertritt ein Ideal, mit dem man sich identifizieren kann – auch wenn man es selbst nicht schafft, es völlig umzusetzen.

Exkurs: Revolutionsrituale

Wie alle religiösen Bewegungen, schuf sich auch die Kaplan-Bewegung eigene Rituale, um in ihnen die entscheidenden Aspekte ihrer Lehre sinnlich erfahrbar zu machen. Eine besondere Bedeutung spielen die »Hedschra-Treffen«, die zu Beginn jedes islamischen Jahres abgehalten werden: Zu diesen Treffen kommen Anhänger Kaplans aus ganz Europa zusammen. Die Rituale bei diesen Treffen haben sich im Lauf der Zeit verändert, und zwar parallel mit der Lehre Kaplans. Ich werde deshalb später noch einmal auf sie zurückkommen. Hier soll am Beispiel des Hedschra-Treffens von

1409 (17. 9. 1988), an dem ich mit der Augsburger Gemeinde teilnahm, die Wirkung der Rituale auf die Gläubigen diskutiert werden. Was lösen die Rituale in ihnen aus, was bedeuten sie für sie?

Gegen Mitternacht trafen sich ungefähr vierzig Gemeindemitglieder (darunter einige vollverschleierte Frauen) in der Moschee, um mit dem Bus nach Köln zu fahren. Die Fahrt wurde mit dem Verlesen von Suren und einem gemeinsamen Gebet eingeleitet. Für die nächtliche Autobahnfahrt hatte der Hodscha Fevzi A. ein islamisches Quiz vorbereitet. Ich erinnere mich an Fragen wie: »Wie viele Menschen tötete Muhammed in seinem Leben?« – »Wie viele Menschen starben in der Schlacht von Badr?« – »Welcher Prophetenname kommt am häufigsten im Koran vor?« – »Wer war der erste Märtyrer des Islam?« Mehmet G. wurde vom Hodscha zum Sieger erklärt (was allerdings nicht ohne Einspruch abging – ein anderer Teilnehmer, der immer etwas übereifrige Hadschi Ismail, fühlte sich übergangen). Gegen fünf Uhr wurde dann auf einer Autobahnraststätte Halt eingelegt, um die rituellen Waschungen zu vollziehen und (an einer abgelegenen Ecke auf dem Parkplatz) das Morgengebet zu verrichten. Bei der Weiterfahrt wurde eine Kassette mit einer Predigt Kaplans abgespielt. Zu dem Zeitpunkt hörten indes nur noch wenige zu, die meisten versuchten zu schlafen. Gegen halb zehn traf der Bus in Köln ein – etwas zu früh zur Demonstration, die den Auftakt zum Jahrestreffen bilden sollte. An dem kaltnebligen Septembermorgen sollte gegen Saddam Hussein demonstriert werden, der kurz vorher den Giftgasangriff auf kurdische Dörfer befohlen hatte. Im Demonstrationsaufruf hatte es geheißen: »›Wer sich nicht mit den Problemen seiner moslemischen Brüder beschäftigt, gehört nicht zu ihnen [den Muslimen, W.S.].‹ Wir richten uns nach diesem Ausspruch von unserem Propheten Muhammed und stellen uns auf die Seite der Unterdrückten und Ausgebeuteten ...« Gegen halb elf formierte sich ein Zug von etwa 5000 Demonstranten. Den Anfang machten schwarz verschleierte Frauen mit Kindern; dann folgten Männer aller Altersstufen in islamischer Kleidung. Die Organisation und Durchführung der Demonstration unterschied sich kaum von der linker Demonstrationen: Flugblätter und Poster wurden verteilt; Einpeitscher mit Megaphonen versuchten mit Parolen, die Stimmung anzuheizen. »Saddam Hussein – Mörder!«; »Der islamische Staat kommt« (*Islami Devlet kurulacak elbet)*; »Nieder mit den USA, nieder mit der Sowjetunion, nieder mit Israel«; »Nieder mit Kapitalismus, nieder mit Sozialismus – der einzige Weg ist der Islam«. Die Demonstrationsroute verlief relativ abseits durch praktisch menschenleere Straßen, zum Teil durch das Messegelände. An Kreuzungen wurde der Zug manchmal aufgehalten, um den Verkehr durchzulassen – eine Geste, die sich die Polizei bei studentischen Demonstrationen nie erlaubt hätte. Deutsche Passanten zeigten offen Widerwillen und Feindseligkeit. Die Demonstranten registrierten dies und erklärten sich die Reaktion mit Respekt und Furcht vor der Macht des Islam. Bei der Abschlußkundgebung wurden Saddam Hussein, die USA und die Sowjetunion verurteilt. Es folgte eine Verurteilung von Waffenfirmen und -händlern, ohne daß allerdings Namen genannt wurden.

Danach zog die Demonstration zur Kölner Sporthalle. Frauen und Männer begaben sich durch verschiedene Eingänge zu ihren getrennten Sitzplätzen. Aus den Lautsprechern ertönten islamische Revolutionslieder, in denen europäische Marschrhythmik und arabische Harmonik eine eigentümliche Verbindung eingingen. Auf dem grünen Teppich in der Mitte der Sportfläche versammelten sich die Männer der Gemeinde allmählich zum Mittagsgebet, das den Auftakt zur eigentlichen Veranstaltung bilden würde – die Frauen beteiligten sich nicht am Gebet, weil für sie in der Sporthalle kein geeigneter separater Raum zur Verfügung stand. Gegen halb zwei erfolgte dann der Einzug Cemaleddin Kaplans und seines engsten Kreises. Mehrere junge Männer mit Megaphonen begleiteten ihn in den Saal mit Rufen: »Es gibt nur einen Gott, und Muhammed ist sein Prophet.« Kaplan leitete als Vorbeter das Mittagsgebet an. Dann nahm die Gemeinde wieder im Saal Platz, Kaplan ihnen gegenüber mit acht weiteren Mitgliedern des Leitungsgremiums auf dem Podium. Gegen 14 Uhr begannen die Predigten. Den Anfang bildeten jüngere und unerfahrenere Prediger (deren Predigtstil sich vor allem durch betont aggressive Lautstärke auszeichnete – bis hin zum Umschlag der Stimme): Ali Settaroğlu ging in seiner Eröffnungsansprache auf die Idee der Hedschra ein. »Jeder Muslim ist ein Mann der Hedschra. So ist es, Muslim! Ergreife das Gewehr der Hedschra, finde den Weg der Hedschra, schließe dich der Hedschra an, erweise dich ihrer würdig. Die Männer und die Heiligen, die sich auf die Hedschra verpflichtet haben, werden unter der Führung des Propheten im Heer der Wahrheit dienen. Du, Muselman, wirst in diesem Heer deinen Tod finden, du wirst in erster Reihe stehen und im Tod aufgehen.« Auch der nächste Prediger, Hodscha Himmet, nahm das Thema der Hedschra auf: »Hedschra heißt: das Recht durchzusetzen und . . . die rechtmäßige Herrschaft zu erobern. Hedschra heißt: den Götzen zu stürzen und den islamischen Staat zu gründen.« Nach jeder Predigt folgten Einlagen von einzelnen oder Gruppen: Kämpferische Lieder und revolutionäre Gedichte. Nach Hodscha Himmet predigte Hasan Hayrı, der vor allem die weltweiten Angriffe auf den Islam kritisierte. Wie die Predigten vor ihm war auch seine durchzogen von einem zornigen Grundton. – Man kann nicht behaupten, daß die

Augsburger Mitglieder den Predigten bis dahin besonders aufmerksam zugehört hätten: Tatsächlich forderten die durchwachte Nacht und der Wechsel von der Kälte draußen in die Wärme der Sporthalle ihren Tribut: Die meisten nickten einfach ein. Dies änderte sich allerdings, als Kaplan gegen 17 Uhr das Wort ergriff. Seine (im Kontrast zu den anderen Predigern in angenehm ruhigem Ton gehaltene) Predigt bildete in jeder Hinsicht den Höhepunkt der Veranstaltung. Ich werde auf den Inhalt an anderer Stelle zurückkommen.

Jenseits aller verkündeten Inhalte zeigte die Inszenierung der Veranstaltung ihren politischen Charakter. Spruchbänder, Einpeitscher mit Megaphon, Sprechchöre, der Ton der Predigten und Ansprachen gaben ihr einen Charakter, der stark an die politischen Veranstaltungen der radikalen Linken der siebziger Jahre erinnerte. Zweifel, Kritik an eigenen Positionen, aber auch sachliche Erörterungen hatten keinen Raum. Es war eine Machtdemonstration, ein politisches Fest, bei dem die Heerscharen gemustert und ihre Einheit und Geschlossenheit gezeigt wurden. Das Ganze wirkte wie eine Collage aus westlicher Demonstrationskultur und politischer Freitagspredigt.

Gegen halb sieben brach die Augsburger Gemeinde nach Hause auf. Im Bus wurden wieder Kassetten mit Predigten abgespielt, denen allerdings kaum jemand zuhörte. Auf der Heimfahrt herrschte eine lockere Stimmung mit einer gewissen revolutionsromantischen Einfärbung, eine verzauberte Gemeinschaftlichkeit, wie sie sich oft nach einer gemeinsam durchwachten Nacht einstellt. Man sprach sich gegenseitig nicht wie üblich mit Namen, sondern als *mücahit* (»Glaubenskämpfer«) an. Sehr deutlich teilte sich das wohlige Gefühl mit, wieder einmal seine revolutionäre Pflicht erfüllt zu haben.

Die Veranstaltung übersetzte die allgemeine Aussage des *namaz*-Gebetes, die Vision einer in Ausrichtung auf Gott geordneten Gesellschaft von Gleichen, in ein politisches Programm, genauer: in den Aufruf zur Revolution. Die Anleihen bei den Ritualen linker revolutionärer Parteien sind nicht zufällig. Man teilt mit der Linken den spezifisch neuzeitlichen Gedanken der Veränderbarkeit der Gesellschaft. Hier wie dort lautet die heroische Botschaft: Du bist den Kräften der Gesellschaft nicht ausgeliefert, du kannst dich wehren, du kannst und mußt dein Schicksal in die eigene Hand nehmen. Dazu mußt du dich mit anderen zusammenschließen, eine solidarische Einheit bilden und kämpfen.

Man kann den deutlichen Bruch zwischen dem Alltag der Gläubigen und diesen Ritualen nicht übersehen: Was finden die Gottessucher, die sonst ein sehr ruhiges Leben zwischen Arbeit, Familie und Moschee verbringen, an diesen lauten Massenritualen? Wie paßt die im Alltag so ernst und ruhig betriebene Suche nach der Wahrheit zu den Sprechchören und plakativen Parolen einer derartigen Veranstaltung?

Zum einen haben derartige Veranstaltungen einen gewissen Unterhaltungswert. Man war gespannt, worüber Kaplan dieses Mal predigen würde – zumal Kaplan den Ruf hat, »immer etwas Neues zu sagen«. Tatsächlich fährt man oft auch aus reiner Neugier zu Veranstaltungen anderer Gruppen. Noch wichtiger aber schien die Emotionalität des Gemeinschaftserlebnisses zu sein. Man erlebte sich im Kollektiv auf eine gesteigerte Weise, die deutlich anders ist als im Alltag. Auf Feiern wie der oben beschriebenen teilt sich der »lebendige« *Geist* (im Gegensatz zum »dürren« Wort) einer Gemeinde mit – und reißt die einzelnen mit. Es entfaltet sich die Alchemie der Kraft, die schon Durkheim beschrieben hat:

»Innerhalb einer Ansammlung, die eine gemeinsame Leidenschaft erregt, haben wir Gefühle und sind zu Akten fähig, deren wir unfähig sind, wenn wir auf unsere Kräfte allein angewiesen sind . . . Das ist der Grund, warum alle politischen, ökonomischen oder konfessionellen Parteien periodisch Versammlungen einberufen, auf denen ihre Anhänger ihren gemeinsamen Glauben beleben können, indem sie ihn gemeinsam bezeugen. Um diese Gefühle zu stärken, die alleingelassen verkümmern würden, genügt es, diejenigen, die sie empfinden, einander näher und in enge Beziehung zu bringen.« (1981:289/290)

Tatsächlich gewann ich den Eindruck, daß die Besucher auf dieser Veranstaltung sich in einer besonderen Intensität erlebten und über sich hinauswuchsen. Ich erlebte, wie man so sagt, meine Bekannten von einer ganz anderen Seite. Die sonst sehr zurückhaltenden, ruhigen Männer zeigten sich kämpferisch und laut. Man schlug einmal richtig auf den Tisch und zeigte, daß man »auch wer« ist.

Andererseits war schon auf der Busfahrt, also bei der Rückkehr in den säkularen Alltag, von Zorn, Kampfesgeist oder disziplinierter Ordnung nichts mehr zu spüren: Die ganz andere Stimmung, die im Vergleich zur Hinfahrt herrschte, deutet auf ein kathartisches Erlebnis hin – man hatte sein Unbehagen und seinen Zorn artikuliert und sich dadurch von diesen Leidenschaften gereinigt. Für eine kurze Zeit, innerhalb klarer örtlicher und zeitlicher Grenzen, hatte man sich als Glaubenskämpfer erlebt – und konnte jetzt deutlich gestärkt (aber nicht unbedingt kämpferischer) in den weit banaleren Alltag zurückkehren. Man hatte seine revolutionäre Pflicht erfüllt und konnte sich nun wieder anderen Sachen widmen.

Wenn dieser Eindruck stimmt, dann würden Revolutionsrituale das Schicksal aller Rituale teilen. Diese haben, wie Troeltsch in seiner Religionssoziologie (1922/1977) gezeigt hat, ein doppeltes Gesicht: Einerseits machen sie einen Gedanken faßbar und nachvollziehbar, indem sie ihn in rituelle Praxis übersetzen – sie »härten« ihn, indem sie ihm eine Form geben und ihn damit objektivieren. Andererseits ermöglichen sie gerade dadurch das, was man gemeinhin »Ritualismus« nennt. Rituale verselbständigen sich leicht und bilden dann eine Sphäre sui generis. Das Ritual zu praktizieren bekommt einen Wert für sich. Damit verhindern Rituale in gewissem Sinn, daß ein Gedanke auch im Alltag lebendig wird. Dies schien mir gerade bei vielen Augsburger Gläubigen der ersten Generation der Fall zu sein: Sie bedienten die Rituale – und sahen darin keinen Widerspruch zur wenig revolutionären Existenz eines Häuslebauers. Dies sollte sich bei der zweiten Generation ändern.

Topographie eines Diskursfeldes

Es dürfte deutlich geworden sein, daß es nicht *den* Islam gibt, noch nicht einmal *den* Islam türkischer Migranten in Deutschland. Was es gibt, ist eine Vielfalt von Stimmen, die beanspruchen, für *den Islam* zu sprechen; Stimmen, die sich miteinander zum Teil heftig darüber streiten, was der Islam »ist«. Man trifft also auf die, in der Postmoderne so nachdrücklich beschworene, Polyphonie. Aber die Stimmen stehen nicht einfach nebeneinander. Sie beziehen sich aufeinander und lassen sich nur von diesem Bezug her verstehen. Auf diese Weise stellt sich ein Diskursfeld her, eine Arena von Debatten, in der jede Position auf andere Positionen antwortet. Ich habe versucht, dies anhand der drei Debatten, mit denen sich die Kaplan-Bewegung gegenüber den anderen Positionen verortet, näher zu zeigen. Dabei lag das Gewicht der bisherigen Argumentation auf den Inhalten der Auseinandersetzungen. Dies ist aber nicht alles: Es ist nicht nur wichtig, *worüber* man sich auseinandersetzt, sondern auch, *wie* man sich auseinandersetzt. Dem möchte ich mich nun zuwenden.

Vergegenwärtigen wir uns zunächst noch einmal die geistige Landschaft, die wir bisher kennengelernt haben. Hierzu zeichnen wir eine Landkarte des »Diskursfelds« und tragen in ihr die jeweiligen Positionen ein. Aus der Karte sollten die Nähen und Entfernungen der Positionen in dem Feld hervorgehen, die Parallelen und Unterschiede, die Abgrenzungen und die Bezüge. Auf dem Hintergrund des bisher Ausgeführten ergibt sich das Diagramm auf Seite 143.[91] Dort sind die Konfliktlinien kursiv eingetragen. Zwei von ihnen brauchen kaum noch erläutert zu werden: Da ist zum einen der Konflikt zwischen dem Lager, das die türkische Republik prinzipiell affirmiert (Präsidium für Glaubensangelegenheiten und Idealistenvereinen/Graue Wölfe) und dem Lager der »revolutionären« Gemeinden, die eine andere Republik wollen. Beide Lager sind ideologisch klar voneinander geschieden – daher die durchgezogene Trennlinie. Die zweite Konfliktlinie verläuft innerhalb der revolutionären Gemeinden zwischen den Nurcu und

---

91 Es mag sinnvoll sein, noch einmal daran zu erinnern, daß meine Untersuchung hauptsächlich auf Gesprächen mit Angehörigen der Kaplan-Gemeinde beruht. Deshalb gibt dieser Abschnitt die geistige Topographie aus dieser Perspektive wieder.

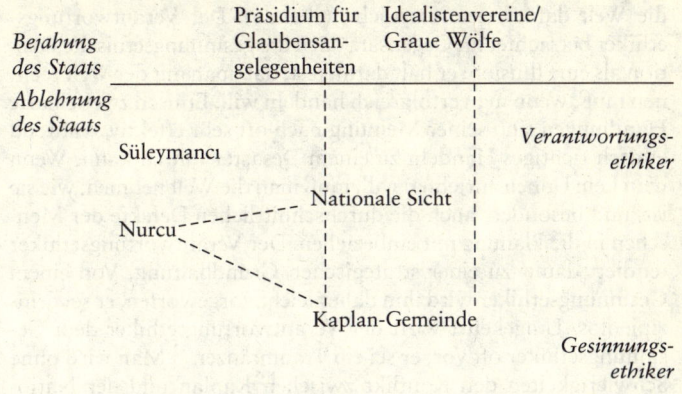

Das Diskursfeld der islamischen Gemeinden im Jahr 1985

Süleymancı einerseits, die sich in der Tradition der Mystik organisieren und diese für den innerweltlichen Kampf nutzen, und der Nationalen Sicht sowie der Kaplan-Gemeinde andererseits, die sich in der Tradition des rationalen Gesetzesislam organisieren. Die dritte Konfliktlinie muß dagegen etwas ausführlicher kommentiert werden: Der Gegensatz von Verantwortungsethikern und Gesinnungsethikern wurde von Max Weber in seinem Aufsatz »Der Beruf zur Politik« (1919/1973b) eingeführt: Dort argumentiert Weber, daß jede politische Handlung sich mit dem schwierigen (und sehr oft in sich widersprüchlichen) Verhältnis von Mittel und Zweck auseinandersetzen muß. Dies gilt nun besonders für eine Politik, die religiös motiviert ist und die deshalb ganz besonders mit dem Problem konfrontiert ist, edle Ziele in einer schlechten Welt verfolgen zu müssen. Nach Weber gibt es zwei Antworten auf dieses Dilemma: Der Gesinnungsethiker leugnet diese Spannung, er ordnet die Mittel dem Ziel unter: »Der Christ [in unserem Fall: der Muslim] tut recht und stellt den Erfolg Gott anheim« (1919/1973b: 175). Der Gesinnungsethiker tendiert damit zu einer methodischen Grundhaltung und kennt keine Kompromisse mit dieser Welt: »Wenn die Folgen einer aus reiner Gesinnung fließenden Handlung üble sind, so gilt ihm nicht der Handelnde, sondern die Welt dafür verantwortlich« (ebenda). Der Verantwortungsethiker betrachtet im Gegensatz dazu die gesinnungsethische Position als eine Illusion; er hält daran fest, daß man mit der Welt rechnen muß, wenn man erfolgreich handeln will. Ethisch zweifelhafte Handlungen sind seiner Meinung nach oft sehr effektiv, während ethisch richtiges Handeln zu einem Desaster führen kann. Wenn man kein Unheil anrichten will, muß man die Welt nehmen, wie sie ist, und besonders auch die durchschnittlichen Defekte der Menschen in die Planung mit einbeziehen. Der Verantwortungsethiker tendiert damit zu einer strategischen Grundhaltung. Von einem Gesinnungsethiker wird ihm daher leicht vorgeworfen, er sei prinzipienlos. Umgekehrt wirft der Verantwortungsethiker dem Gesinnungsethiker oft vor, er sei ein Traumtänzer.[92] Man wird ohne Schwierigkeiten den Konflikt zwischen Kaplan und der Nationalen Sicht darauf beziehen können – zwischen einem Weg zum Gottesstaat, der sich ohne Wenn und Aber an dem Vorbild des Propheten ausrichtet, und einem anderen, der die Notwendigkeit zumindest vorübergehender Kompromisse mit dem existierenden Staats- und Parteiapparat sieht. Die Differenz zwischen Gesinnungs- und Verantwortungsethik scheint mir jedoch auch die Unterschiede zwischen Süleymancı und Nurcu zu erklären. Die realpolitisch gesinnten Süleymancı setzen auf die Strategie der Kaderpartei, bei der eine kleine Gruppe von Initiierten eine islamische Schulung für die Massen betreibt und dazu Zweckbündnisse mit den Machthabenden eingeht. Die gesinnungsethischer gesinnten Nurcu setzten (zu dieser Zeit) dagegen auf eine Strategie von Unterwanderung von Armee und Bürokratie durch die Bildung geheimer Logen. Dies war insofern methodischer, als man im Geheimen zu weniger Abstrichen gezwungen war. Gleichwohl bedeutet Geheimhaltung per se natürlich eine gewisse Inkonsequenz. Die Nurcu wurden deshalb auf unserer Karte als weniger gesinnungsethisch eingezeichnet als die Kaplan-Anhänger.

92 Der Gegensatz von Gesinnungsethik und Verantwortungsethik steht in engem Zusammenhang zu anderen Schlüsselbegriffen von Webers Religionssoziologie: In dem erwähnten Artikel zeigt er, wie aus diesem Dilemma die Theodizee-Problematik erwächst, die er als grundlegend für die religiöse Suche insgesamt ansieht (sie würde sich, wenigstens zum größten Teil, auflösen, wenn das richtige Handeln von Erfolg gekrönt wäre und das Böse nicht so oft triumphieren würde). Er steht ebenfalls im Zusammenhang mit der Veralltäglichungsproblematik: Die Veralltäglichung läßt sich als notwendige Verschiebung von Gesinnungsethik zu Verantwortungsethik lesen.

In diesem Zusammenhang werden die Auseinandersetzungen auf drei Ebenen geführt. Diese Ebenen unterscheiden sich nach den Fragen, die man sich stellt, nach den Argumenten, die man zuläßt, und nach den Regeln der Auseinandersetzung, auf die man sich, meist implizit, geeinigt hat.

Eine Gesellschaft läßt sich als Diskursfeld von Diskursfeldern begreifen. Eine erste Ebene der Auseinandersetzung ist die zwischen den verschiedenen Diskursfeldern einer Gesellschaft. In unserem Fall läßt sich das Diskursfeld der »sunnitischen islamischen Gemeinden« beziehungsweise der »gläubigen sunnitischen Muslime« von anderen Diskursfeldern einer Gesellschaft abgrenzen. Innerhalb dieses Diskursfelds hat man sich auf die Gültigkeit bestimmter Argumente verständigt. So ist man sich einig darüber, daß man starke Argumente formulieren kann, wenn man sich auf die großen islamischen Erzählungen bezieht. Zwar werden auch andere Punkte ständig angeführt – im Konfliktfall ist man aber gut beraten, sich auf die islamischen Erzählungen zu beziehen, wenn man gewinnen will. Mitglieder anderer Diskursfelder finden dagegen derartige Bezüge irrelevant und nichtssagend. Allerdings sind die Grenzen dieses (wie jedes) Diskursfeldes unscharf. Und zwar aus zwei Gründen. Erstens sind sie nicht identisch mit den Grenzen des »Islam«: Die alevitischen Gemeinden gehören zum Beispiel nicht dazu, weil sie sich in ihren Argumenten hauptsächlich auf einen anderen Corpus von Narrativen beziehen – nämlich den der Leidensgeschichte der Imame, der Nachfolger Alis. Zweitens partizipieren die meisten Akteure nicht nur an einem Diskursfeld. Die Grauen Wölfe, die Nationale Sicht, aber auch das Präsidium für Glaubensangelegenheiten partizipieren ebenfalls im Diskursfeld »Türkische Nation«. In diesem Diskursfeld setzen sie sich mit anderen Parteien über die Ausgestaltung der Nation auseinander und beziehen sich in der einen oder anderen Weise auf die Narrative der türkischen Geschichte, wenn sie eine Position begründen oder rechtfertigen wollen.

Zwischen den verschiedenen Diskursfeldern einer Gesellschaft finden symbolische Kämpfe statt. Dabei geht es darum, die Anerkennung der jeweiligen Gültigkeitskriterien einzufordern und fremde Gültigkeitskriterien zu bestreiten. Die Mitglieder des hier diskutierten Diskursfelds kämpfen alle dafür, daß der Bezug auf ein islamisches Narrativ in der türkischen Gesellschaft als legitimes Argument anerkannt wird.

Innerhalb des Diskursfelds, also zwischen den Gemeinden, setzt sich die Auseinandersetzung um die Gültigkeitskriterien auf einer anderen Ebene fort. Hier gibt es Differenzen über die Frage, welcher Bezug zum Textcorpus hergestellt werden soll und wie dieser zu lesen ist. Dabei erlaubt es die Komplexität der großen islamischen Überlieferung, mit sehr unterschiedlichen Argumenten zu operieren. Wie wir oben gesehen haben, stellt sich die Frage der *fitne*, der Spaltung, grundsätzlich anders, je nachdem, ob man sich auf den frühen Muhammed in Mekka oder auf die Lage zur Zeit des Bürgerkriegs bezieht. Im ersten Fall überwindet gesinnungsethischer Radikalismus die Spaltung (*fitne*) der polytheistischen Gesellschaft; im zweiten Fall spaltet gesinnungsethischer Radikalismus die Einheit der islamischen Gesellschaft und führt zur *fitne*. Auch der Gegensatz von Gesetzesreligion und Mystik thematisiert unterschiedliche Aspekte der Urgemeinde: Von den einen wird Muhammed vor allem als Staatsmann und Gesetzesgeber verehrt; von den anderen als das geistig-göttliche Zentrum der Gemeinde, der allein schon durch seine Gegenwart auf seine Umgebung ausstrahlte, wodurch die Prophetengenossen von selbst in den Genuß dessen kam, was später durch mystische Exerzitien mühsam hergestellt werden mußte.[93]

Auf der Diskursebene zwischen den Gemeinden bezieht man sich zwar aufeinander (jede einzelne Position ist nur als Antwort auf die anderen zu verstehen) – man diskutiert aber nicht miteinander. Der Kampf um die Lesarten ist heftig – er wird aber nicht offen ausgetragen, weil er in Konflikt mit der Idee der *einen* Wahrheit steht. Es ist nicht legitim, den einen Muhammed gegen den an-

---

93 Die Prophetengenossen, so heißt es in mystischen Träumen, kamen »mit dem Betrachten seines Antlitzes aus und hatten ohne alle ... Exerzitien mehr davon als andere in langer Zeitspanne von Gottesgedenken. Deshalb war der Rang der Prophetengenossen unerreichbar« (Meier 1994:107). Ebenfalls betont man bei den Nakşibendis gerne, daß zur Zeit des Propheten scholastische Differenzen etwa zwischen Monismus (alles ist er, Gott) oder Dualismus (alles kommt von Gott) unerheblich waren, »da der Islam damals noch ganz auf dem Boden der Erlebnisart der Propheten gestanden war« (Meier 1994:108). Troeltsch (1922/1977) hat gezeigt, wie auch die verschiedenen Fraktionen des Christentums auf ähnliche Weise Bezug zu den unterschiedlichen Aspekten des ursprünglichen Narrativs herstellen: Während die Kirchen Bezug auf den Christus der Gnade nahmen, der in Taufe und Abendmahl sich schenkte, nahmen die Sekten Bezug auf die Gemeinde der Jünger beziehungsweise der Heiligen, in der das Gesetz zur Anschauung kam. Die Mystiker bezogen sich ihrerseits auf die Erfahrung der Ausschüttung des Geistes im Pfingstwunder.

deren auszuspielen – und wenn es noch so plausibel ist. So werden die verschiedenen Positionen oft nur gegeneinandergesetzt. Ein schönes Beispiel dafür ist der Konflikt zwischen Kaplan und der Nationalen Sicht. Kaplan pflegte, wie wir oben gesehen haben, seine Aufrufe und Fetwas mit einem Aufruf zur scholastischen Disputation zu beenden. Dies war insofern ein kluger Schachzug, als er damit seine politischen Gegner vor die Wahl stellte, seine eigenen Gültigkeitskriterien (also den *ausschließlichen* Rekurs auf Koran und Sunna) zu übernehmen oder sie zurückzuweisen. Ersteres hätte für sie eine sichere Niederlage bedeutet, letzteres wäre kaum zu rechtfertigen gewesen. In dieser Situation bestand die Gegenstrategie der Nationalen Sicht darin, diese Aufrufe schlicht zu ignorieren – das heißt keines der Disputationsangebote anzunehmen, sie aber auch nicht offen abzulehnen: »Wir haben das Prinzip beschlossen (und uns auch daran gehalten), mit niemandem zu debattieren – auch wenn es sich um jemanden wie Kaplan handelt, der alles daran setzt, uns zu zerstören . . . Man machte uns auf all unseren Konferenzen und Treffen Vorwürfe; trotzdem haben wir nicht geantwortet«, so Ali Yüksel, der Vorsitzende der Nationalen Sicht in bemerkenswerter Offenheit im Gespräch mit Uğur Mumcu (Mumcu 1987a:73). Dieser Schachzug, der im Kern darauf hinausläuft, eine Herausforderung nicht anzunehmen, sondern sie zu übersehen, ist riskant: Er kann von Beobachtern entweder als Zeichen der Schwäche, als Unfähigkeit, eine Debatte zu bestehen, gedeutet werden, er kann aber auch – und darauf setzte offenbar Erbakan – als Zeichen der Stärke aufgefaßt werden. Ebenso wie ein Mann von Ehre sich nicht mit einem Narren oder einer Frau duelliert, braucht sich ein angesehener Politiker nicht mit einem Querulanten herumschlagen.

Die dritte Ebene bezieht sich auf die Diskurse innerhalb der einzelnen Gemeinden. Hier hat der Besucher zunächst den Eindruck einer weitgehenden Einigung auf Gültigkeitskriterien. Gleichgesinnte scheinen sich zusammengefunden zu haben, die sich untereinander rege austauschen. Dabei gibt es eine ausgeprägte Kultur des Lehrens und Belehrens – einigen Gemeindeangehörigen wird zugestanden, mehr zu wissen als die anderen, und ihnen wird breiter Raum gegeben, um sich zu artikulieren. Die anderen nehmen in dieser Hinsicht die Haltung von Schülern ein, die zuhören und nachfragen. Gelegentlich (wenn sich zufällig die Situation ergibt, daß ihnen selbst die Rolle der Wissenden zufällt – beispielsweise im Gespräch mit dem nichtmuslimischen Anthropologen) nehmen sie dann selbst die Rolle der Lehrenden ein. Einigen geht es dabei offenbar fast ausschließlich um die Sache: Şevket A., der eine meiner Fragen nach bestem Wissen und Gewissen, aber doch wohl mit leichtem Unbehagen beantwortet hatte, vergewisserte sich später (in meiner Gegenwart) über den fraglichen Punkt bei Mehmet G. Ausgangspunkt dieser Lehrgespräche sind nicht selten Meldungen aus der Tageszeitung oder Vorfälle aus dem Alltag, die dann mit einer guten Geschichte (meist aus dem Koran oder aus dem Umkreis Muhammeds und seiner Weggefährten) kommentiert werden und denen derart ein Sinn abgewonnen wird. Gelegentlich wird auch ein kognitives Aha-Erlebnis weitergegeben, eine kleine Offenbarung, die man etwa bei dem Hören einer Predigt von Kaplan erfahren hat. Dann wird etwa gefragt, wer für die Führung eines islamischen Staats eher in Frage komme: Ein Nicht-Muslim, der sich aber wie ein Muslim verhält, oder ein Muslim, der sich wie ein Nicht-Muslim verhält? (Antwort: Der Muslim, denn ihm sei das Paradies auch dann sicher, wenn er gegen die Religion verstößt, wenn auch erst nach einer Zeit im Fegefeuer). Ein Diskurs des Lehrens und Lernens trägt affirmativen Charakter – auffallend ist eine Orientierung am Konsens bzw. eine zur Schau getragene Bereitschaft zum Zuhören. Während meines ganzen Aufenthalts wurde ich nie Zeuge einer kontroversen Diskussion.

Ein näherer Blick zeigt jedoch, daß der Eindruck von weitgehender Übereinstimmung trügt. Die unterschiedlichen Meinungen traten jedoch erst in den Einzelinterviews hervor. Ibrahim E. (64, Arbeiter) bat mich bei unserem Interview im Hinterzimmer der Moschee, das Band auszuschalten, als er sich gegen die offizielle Position der Kaplan-Gemeinde aussprach: Er verurteilte zunächst den Kampf für die Scheriat (»ich bin Muslim, aber gegen die Scheriat«), weil er die Sorge hatte, ein Bürgerkrieg über diese Frage würde auch seine Familie entzweien. Dann kam er auf seine eigenen Überlegungen zu sprechen. Ich zitiere aus dem Gedächtnisprotokoll, das ich unmittelbar danach anfertigte. »Ich bin gegen die Spaltung der Gemeinden. Woher kommt sie? Doch bloß aus persönlichem Interesse an materiellem Vorteil. Ich gehe in alle Moscheen. Wenn ich hier Mitglied bin, dann hauptsächlich deswegen, weil ich möchte, daß diese Moschee nicht geschlossen wird. Ich mache es nicht wie die anderen, die sich gegenseitig schlecht machen. Ich mache es nicht wie die anderen, die sich nicht gegenseitig besuchen. Die anderen nennen die hier ›Khomeini-Anhänger‹. Sie sagen, hier lägen keine türkischen Zeitungen aus, sondern nur iranische. Gut – aber: In türkischen Zeitungen gibt es Nacktfotos, nicht aber in iranischen. Hier nun wiederum sagen die Hodschas: ›Ich bin kein Türke. Ich bin Muslim.‹ Nun gut: Aber wie kann einer sagen: ›Ich bin kein Türke?‹ Sind denn nicht Tausende von Glaubensmärtyrern in der Türkei begraben? Glaubensmärtyrer, die für das Land gekämpft haben? Und dann soll das Land nichts wert sein? Lebte nicht dein Großvater, dein Vater dort, hast du keine Mutter dort, keine Verwandten dort? Und dann sind sie gegen Atatürk: Gut. Aber wer hat denn das Land von den Griechen und Engländern befreit und dir übergeben? Gut, sagen sie nun, aber in wessen Namen hat er es befreit? Hat er es im Namen des Islam befreit oder in seinem eigenen Namen? Er hat es in seinem eigenen Namen befreit. Gut. Aber was hat er denn gemacht? Hat er die Moscheen geschlossen? Nein. Er hat nur die Schrift geändert.«

Was wir hier haben, ist die Integration der Positionen verschiedener Gemeinden – hier des Präsidiums für Glaubensangelegenheiten und der Kaplan-Gemeinde – in einen inneren Dialog und damit verbunden die Genese einer individuellen Position. Ibrahim E. empfand bemerkenswerterweise den Widerspruch zu Geboten der Höflichkeit, die ja die Demonstration von Konsens verlangt hätten, so stark, daß er mich bat, an der Stelle das Band abzuschalten, wo er sich in einer Weise äußerte, die zwar im Gegensatz zur offiziellen Politik der Gemeinde stand, die ihm aber in der weiteren Öffentlichkeit keineswegs geschadet hätte.

Trotz seiner Selbsteinschätzung handelt es sich bei Ibrahim E. um keinen Einzelfall. Wie er unterhielten viele meiner Gesprächspartner aus der Kaplan-Moschee (notabene im Jahr 1988) Doppelmitgliedschaften – und bewegten sich auf diese Weise eigenständig zwischen den Gemeinden. Ein derartig kreativer Umgang mit den Differenzen zwischen den Gemeinden wird durch eine Eigenheit des Islam ermöglicht. Die islamischen Gemeinden sind, anders als christliche Kirchen und Sekten, keine exklusiven Organisationen. Man mag unterschiedliche Meinungen haben – aber man teilt die religiösen Rituale und kann deshalb prinzipiell in jeder Moschee beten. Dabei waren es, in Anbetracht der offiziellen Positionen, sehr überraschende Verbindungen, die hergestellt wurden. Besonders bemerkenswert war beispielsweise, daß mehrere meiner Gesprächspartner sowohl Mitglied in der Kaplan-Gemeinde waren als auch in der Gemeinde des Präsidiums für Glaubensangelegenheiten. All dies fiel in der Regel nicht auf, weil es die Höflichkeit gebietet, sich dem dominanten Diskurs in der jeweiligen Moscheegemeinde unterzuordnen. »Wenn ich in irgendeine Gemeinde gehe, muß ich mich anpassen. Auch wenn ich ihre Positionen nicht akzeptiere, muß ich ihnen zuhören und kann nicht sagen, was ich will. Wenn ich dein Haus betrete, dann habe ich auch kein Recht, dich zu belästigen« (Mehmet G. 1993).

In der Regel betonten diejenigen, die mehrere Gemeinden aufsuchten, den Gedanken, es gebe unterschiedliche Wege zu Gott, und bemühten nicht selten die klassische Sufiparabel von den Blinden, die einen Elefanten abtasten und unterschiedliche Beschreibungen des Tieres geben – die einen beschreiben ihn als Schlange, die anderen als Säule usw. So sagte etwa Ismet D., der zum Nurcu-Zirkel gehörte, aber auch die Moscheen des Amts für Glaubensangelegenheiten oder der Süleymancı aufsuchte: »Es gibt einige Unterschiede, was die Methode betrifft. Die einen akzeptieren die *siyaset* (Politik im Sinn von politischer Religion) nicht, die anderen nicht die Bruderschaften. Deswegen sehen einige ungebildete Muslime hier Differenzen. ›Die sind so und so‹, sagen sie. Im Grund ist beides ziemlich normal. Der Weg eines jeden ist verschieden.«

Indessen hatten diese praktischen Synthesen auch Grenzen: »Es gibt Gemeinden, in denen wirst du verächtlich behandelt, du wirst dort nicht respektiert, die Gespräche dort machen keinen Spaß. Du kannst dich dort einfach nicht entspannen« (Mehmet G.). Die meisten meiner Gesprächspartner aus der Verkündigungsgemeinde scheinen dies in bezug auf die Süleymancı empfunden zu haben. Mit Ausnahme des eben zitierten Ismet D. gaben alle an, definitiv nicht dorthin zu gehen: In dieser Weigerung dürfte sich die Tatsache ausdrücken, daß die Süleymancı als mystische Realpolitiker in gewisser Hinsicht den Gegenpol zu den gesinnungsethischen Anhängern von Kaplan darstellten.

Auf der geistigen Karte habe ich die Verbindungen, die sich durch Doppelmitgliedschaften zwischen den Gemeinden ergaben, gestrichelt eingezeichnet. Diese Querverbindungen sind wissenssoziologisch von Bedeutung. Sie weisen nämlich darauf hin, daß es zwei Arten und Weisen gibt, sich in einem ausdifferenzierten Diskursfeld zu bewegen, zwei Arten, die von erheblicher Bedeutung für die Entwicklung des Weltbilds sind.[94]

Zum einen hat man die Möglichkeit, Gleichgesinnte zu treffen, Personen, mit denen einen von vorneherein eine breite Übereinstimmung verbindet. Auf Grund einer weitgehend geteilten Basis und einer ähnlichen Perspektive ergibt sich ganz von selbst, daß man an »einem gemeinsamen Strang zieht«, also seine Auffassungen in der Zusammenarbeit weiterentwickelt. Dies gilt mit Sicherheit für Personen wie Mehmet G., Şevket A. oder Abuzer K., die sich in der Verkündigungsgemeinde fanden, um durch Lernen und Lehren ihre islamische Weltsicht auszubauen und zu vervollkommnen. In intensiven Gesprächen entwickelte diese Gruppe ihr Paradigma weiter, vertiefte es und reicherte es an. Wer derartige Auseinandersetzungen pflegt, tendiert leicht zu einem gewissen Überlegenheitsgefühl gegenüber Außenstehenden. Wenn in diesem Kreis von Einheit die Rede war, dann hatte man weniger die verschiedenen Weg zu Gott im Sinn, sondern eher die Tatsache, daß man selbst auf dem Weg der Wahrheitsfindung vergleichsweise weit fortgeschritten ist und die anderen deshalb gut beraten wären sich anzuschließen. Kurz: In solchen Zirkeln bildet sich leicht das Selbstbewußtsein einer *in-group* aus. Fast naturgemäß bildet eine Gruppe dieser Art den inneren Kern von Gemeinden – und setzt den Ton, der in ihnen herrscht.

Für die andere Möglichkeit, sich in einem Diskursfeld zu bewegen, steht Ibrahim E. Hier finden wir einen Genuß an der Vielfalt der Positionen. Von diesen Gläubigen wird der Kampf der Virtuosen mit einer gewissen Gelassenheit betrachtet. Sie verhalten sich nicht viel anders als Studenten, die verschiedene Professoren aufsuchen und unterschiedliche Paradigmen auch dann noch schätzen, wenn diese ihre Unvereinbarkeit miteinander betonen: Sie hören sich das an, ohne den Zwang zu empfinden, eine endgültige Entscheidung für oder gegen ein Paradigma zu treffen; ja, sie empfinden es im Gegenteil als Einschränkung, wenn ihnen ein Bekenntnis abgenötigt wird. Freilich passiert es nicht selten, daß sich *in-groups* gegenüber solchen Wanderern zwischen den Welten abschotten. 1987 wahrten die Süleymancı ihre Exklusivität. Wie man auf unserer geistigen Karte sieht, waren sie die einzige Gemeinde, bei der keine Doppelmitgliedschaften existierten.

---

94 Auf die Bedeutung der beiden Prozesse hat im Kontext der Urbananthropologie insbesondere Ulf Hannerz 1980 hingewiesen.

II Evidenzen

Das Problem der Veralltäglichung

Ein begabter Prediger hat eine Vision, in der sich alles auf eine überzeugende und in sich schlüssige Weise fügt. Es gelingt ihm, eine Gruppe von Menschen zu begeistern und eine Gemeinde um sich zu scharen. Das ist eine Sache. Eine andere Sache ist es, an der Vision über die Jahre hinweg fest und die Gläubigen bei der Stange zu halten.

Für jeden Gläubigen stellt sich nämlich das Problem, einer außeralltäglichen Begeisterung Dauer zu verleihen. Für eine kurze Zeit kann man sich, zumal in einer Gruppe Gleichgesinnter, einem revolutionären Rausch hingeben. Man wächst in diesen besonderen Momenten über sich hinaus, schwört, sein Leben zu verändern, es ganz in den Dienst der großen Sache zu stellen. Mit der Zeit jedoch machen sich andere Stimmen bemerkbar, Stimmen, die man in dem Moment, als alles so klar schien, einfach überhört hat. Da sind zum einen die Festlegungen, die man getroffen hat: Pläne, eine Existenz in der Türkei aufzubauen, nach denen man sein Leben eingerichtet und etwa – ganz prosaisch – Sparverträge abgeschlossen hat. Soll man das wirklich aufs Spiel setzen? Da sind Bekannte und Verwandte, denen sich die große Vision überhaupt nicht vermitteln will, ja, die sie mit einem lapidaren Satz wie: »Du hast Dir wohl in Deutschland den Kopf verkühlt!« abtun (Yaşar F. berichtete mir von entsprechenden Erlebnissen). Und dann sind da die ganz lapidaren Zweifel, von denen schon im letzten Kapitel die Rede war: Herrscht in der Türkei wirklich die Verderbnis der Dschahiliyet? Kann man allen Ernstes eine ähnliche Sittenverderbnis behaupten, wie man sie sich für das vormuhammedanische Mekka vorstellt? Ist nicht gerade Sittlichkeit das Gebiet schlechthin, auf dem die türkische Kultur der deutschen überlegen ist – und schickt man nicht deshalb die Kinder lieber in der Türkei zur Schule als in Deutschland? Die Bindungen des Alltags werden spürbar – und mit ihnen kommen die Bedenken. Wie, wenn die Klarheit der Botschaft trügerisch sein sollte? Macht man sich vielleicht zum Narren, wenn man an ihr festhält? Und selbst, wenn es sich nicht so verhalten sollte: Sind diese spirituellen Erlebnisse in Wahrheit und auf die Dauer wirklich etwas für einen selbst? Lohnt es sich, das unbestreitbare Risiko auf sich zu nehmen, einer revolutionären

Gruppe anzugehören – und vielleicht eine Rückkehr in die Türkei damit zu gefährden?

Der Prediger steht vor dem Problem, diesen Bedenken etwas entgegenzusetzen. Es ist keineswegs damit getan, in einem einmaligen Akt eine überzeugende Botschaft zu verkünden. Vielmehr ist kontinuierliche Arbeit vonnöten, um immer wieder die Evidenz der Botschaft unter Beweis zu stellen und sie gegen die fast übermächtigen Einwände des alltäglichen Lebens zu verteidigen.

Die Notwendigkeit, die Gläubigen in der Gewißheit zu halten, ist das Schlüsselproblem, von dem aus sich die Entwicklung der Kaplan-Bewegung in den Jahren zwischen 1985 und 1995 verstehen läßt. Kaplan hat zwei Strategien entwickelt, um seine Anhänger (um es biblisch zu sagen) in der Gewißheit zu halten. Die erste bestand in der Institutionalisierung: Durch den Umbau einer Bewegung in eine geschlossene Sekte gelang es Kaplan, die Gläubigen immer mehr einzubinden und von den demoralisierenden Einflüssen der Umwelt fernzuhalten. Eine zweite Strategie bestand in einer geschickten Selbstinszenierung. Kaplan nutzte die realitätskonstituierende und -verbürgende Wirkung der Massenmedien, um den Anhängern seine Bedeutung zu beweisen. Aus dem Ineinanderspielen dieser beiden Prozesse erklärt sich die ständige Radikalisierung der Bewegung über die Jahre hinweg.

Die Entwicklung der Kaplan-Gemeinde 1985-1995

Die Jahre des Niedergangs

Kaplan hat sich mit seiner Predigt in der Barbaros-Moschee, wie man so sagt, weit vorgewagt. Die Menschen, so seine Botschaft, sind (wieder einmal) an dem Punkt der absoluten Zeitenverfinsterung angelangt und vor die Notwendigkeit der Erneuerung des Monotheismus gestellt. Es gilt nun eine Sammlungsbewegung ins Leben zu rufen, um in der Türkei einen wahren islamischen Staat zu begründen. Das Fernziel ist die Einigung der islamischen Welt durch die Wiedererrichtung des Kalifats. Da man sich an einem Wendepunkt befindet, ist die Zeit reif – es muß sich nur jemand finden, der die Initiative ergreift: Auf ein Signal hin würden sich in der Türkei die islamischen Massen in Bewegung setzen und die Macht ergreifen.

1983 zündete die Idee – nicht nur in Augsburg, auch anderswo. Dies lag offenbar auch daran, daß sie sozusagen in der Luft lag – und zwar nicht zuletzt wegen der nur kurz zurückliegenden islamischen Revolution im Iran.

Der Anfangserfolg war jedoch trügerisch. Sehr schnell entfaltete sich ein Problem, das sich allen religiösen Bewegungen stellt, die auf die Begeisterung, Hingabe und Opferbereitschaft ihrer Anhänger setzen – mithin auf außeralltägliche Zustände. Die Begeisterung läßt sich aufrechterhalten, solange die Bewegung wächst und Erfolge aufweist – solange also das Ziel, in diesem Fall die Errichtung des islamischen Staates immer näher zu rücken scheint. Unter diesen Umständen scheint eine offene Bewegung einer formalen Organisation wie einer Partei, einer festen Gemeinde oder einer Bruderschaft in vielem überlegen. In der Bewegung scheint der religiöse Gedanke »zu leben«, ein »neuer Geist« zu herrschen, in ihr künden sich auf mitreißende Weise »eine neue Welt und ein neuer Mensch« an. Um so massiver treten allerdings Probleme auf, wenn es nicht »vorangeht«, wenn Rückschläge einsetzen, wenn die Bewegung mit dem Problem zu kämpfen hat, das Max Weber auf den Begriff der Veralltäglichung gebracht hat. In solchen Phasen verliert eine Bewegung schnell ihren Glanz – und steht bald vor dem drohenden Ende.

Diese Probleme stellten sich der Kaplan-Gemeinde bereits in den Jahren 1985/1986, also zwei bis drei Jahre nach der Gründung. Mehrere Faktoren kamen zusammen. Zum einen griff die islamische Revolution in Iran nicht (wie man gehofft hatte) auf andere Länder über. Auch war die Bilanz der Revolution nicht für alle überzeugend: Es häuften sich Berichte über Unterdrückung und Folter. Auch ehemalige Sympathisanten begannen sich von der Revolution zu distanzieren. Wie der Vorsitzende der Nationalen Sicht, Ali Yüksel, waren viele der Meinung, daß die iranische Revolution letztendlich der Sache des Islam schaden würde.[1] Dann ging die Rechnung mit der Initialzündung nicht auf. Kaplans Hoffnung, die Hodschas aller Moscheen der Türkei würden an einem festgesetzten Tag die Gläubigen zu einem Marsch auf die Regierungsinstitutionen aufrufen und damit die Machtübernahme einleiten, entpuppte sich als unrealistischer Traum. Aber auch in Deutschland kam die Bewegung nicht vom Fleck. Insbesondere fanden die erhofften Massenübertritte aus den anderen Gemeinden nicht statt – man rekrutierte zwar ehemalige Anhänger der Nationalen Sicht, ehemalige Süleymancı und Nurcu fanden jedoch kaum zur Bewegung. Noch bedeutsamer war schließlich, daß die Nationale Sicht sich langsam, aber stetig von den Rückschlägen zu Beginn der achtziger Jahre zu erholen begann.

1985 und 1986 stagnierte die Kaplan-Bewegung; 1987 begann sie, und zwar unübersehbar, zu bröckeln. Die Gläubigen blieben fern. Dieser Prozeß fand 1987 in der Trennung von Ahmet Polat, einem der Gründungsmitglieder der Gemeinde, seinen Höhepunkt. Polat war insbesondere für die *medrese* in Köln verantwortlich gewesen, ein Internat, in dem die Elite der Bewegung ausgebildet werden sollte.[2] Mit ihm verließen sechs weitere Mitglieder aus dem Leitungsgremium die Gemeinde. In ihrer Verlautbarung wurde eine Reihe sehr heterogener Gründe für den Austritt aufgeführt, die von dem Vorwurf der Hörigkeit gegenüber dem Iran über Veruntreuung von Geldern bis hin zur Deckung von Straftatbeständen gingen.[3] Wenn man die Vorwürfe durchgeht,

1 Yüksel im Gespräch mit Mumcu (Mumcu 1987a:74).
2 Das Internat sollte 1988 durch das Innenministerium des Landes Nordrhein-Westfalen geschlossen werden. Es handelte sich um ein Wohnheim, in dem junge Muslime untergebracht waren, die reguläre Schulen in der Nachbarschaft besuchten. Nach der Schule wurden Korankurse angeboten (siehe auch unten S. 270).
3 Die Vorwürfe lauten: (1) Kaplan sei ein Befehlsempfänger des Iran gewesen und habe dafür materielle Unterstützung erhalten. (2) Während er früher für den Parteienweg eingetreten sei, verwerfe er ihn nun. (3) Er habe Geld veruntreut. (4) Er sei für einen kurdischen Staat eingetreten. (5) Er habe eine Vergewaltigung gedeckt, die mit dem Ziel begangen worden war, eine Eheschließung herbeizuführen (Atacan

gewinnt man den Eindruck, daß sie, jeweils für sich genommen, nicht besonders triftig sind, sich in ihnen jedoch ein allgemeines Unbehagen spiegelt.

Eine charismatische Bewegung ist aber gerade von Stimmungen sehr abhängig. Kaplan reagierte nervös, wohl deshalb, weil im Austritt Polats verbreitete Zweifel der Anhängerschaft zum Ausdruck kamen. Er versuchte, eine freie Diskussion über den Austritt Polats in den Gemeinden zu unterbinden. In einem Erlaß verkündete er, daß man sich bei Klärungsbedarf an das Zentrum wenden und auf einschlägige Veröffentlichungen warten solle. Auf keinen Fall solle man mit Stellungnahmen an die Öffentlichkeit gehen. Das Zentrum sei von Verstößen gegen diese Anordnungen, aber auch über alle anderen Konflikte in den Gemeinden zu unterrichten. Dies ist ein deutlich neuer Ton. In Augsburg hatten die Gläubigen immer mit Stolz auf ihre Unabhängigkeit vom Zentrum hingewiesen und betont, daß man bei ihnen (ganz anders als in den anderen Gemeinden) frei diskutieren könne.[4]

Mit diesen ersten Maßnahmen war die Richtung vorgezeichnet, in der sich in den folgenden anderthalb Jahren der Umbau der Gemeinde vollziehen sollte. Von Bedeutung ist in diesem Zusammenhang ein Artikel von Kaplan zum sechsten Jahrestag der Bewegung, der am 15. 8. 1988 unter dem Titel: »Die Barbaros-Bewegung und ein Wendepunkt« in der Zeitschrift Ümmet erschien. Besonders in zwei Punkten revidierte Kaplan seine bisherige Position:

Zum einen bestimmte er sein Verhältnis zum Iran neu. Er grenzte sich sehr deutlich gegen den Vorwurf ab, er sei ein »Irancı« – ein Parteigänger des Iran. Dieser Vorwurf war deshalb so ernst zu nehmen, weil das Thema Schia für die sunnitischen Gläubigen in der Türkei emotional hoch besetzt ist. Viele tendie-

1993:40). Einige Vorwürfe muten sehr merkwürdig an: Kaplans Haltung zur Parteienfrage war von Anfang an bekannt, und daß er einen kurdischen Staat gefordert hat, stimmt allenfalls insofern, als ihm ein anatolischer Bundesstaat vorschwebte. Die anderen Vorwürfe sind schwer zu überprüfen. Kaplan antwortete auf die Vorwürfe in Tebliğ Nr. 55 (1. 4. 1988:55).

4 Man muß auch anmerken, daß es Zeit brauchte, bis diese Disziplinierungsversuche Auswirkungen in der Provinz, d.h. außerhalb von Köln hatten. In Augsburg war 1988 noch nichts davon zu spüren. In der Gemeinde entschied man sich, mit mir zu kooperieren, ohne die Notwendigkeit zu verspüren, das Zentrum davon zu unterrichten. Auch wurden mir keinerlei Auflagen bei meinen Interviews gemacht. Das alles war sehr anders bei den Süleymancı, die mir aus Gründen der Informationskontrolle keine Gespräche in der Gemeinde gestatteten.

ren dazu, die Schiiten nicht voll als Muslime zu akzeptieren. Die islamische Revolution hatte kurzfristig genügend Faszination ausgestrahlt, um dieses Bild zu relativieren; mit der einsetzenden Ernüchterung lebten die Vorurteile wieder auf. In dem Artikel argumentierte Kaplan jetzt, es sei nur eine böswillige Unterstellung, wenn behauptet würde, die Bewegung sei schiitisch und damit Feind aller Sunniten. »Tatsächlich verhalten wir uns in dieser Frage klar und sicher. Wir sind Anhänger der Schule und Lehre der Sunniten. Wir halten nichts davon, keiner Lehre anzuhängen oder die Lehre zu wechseln, wenn dies nicht nach den Gesetzen der Religion vorgeschrieben ist. Wir beschreiten nicht den Weg der Ketzerei (*tekfir*)« (1988a:8).

Hier wird die Frage der Rechtsschulen angesprochen. Diese hatten sich in der Mitte des achten Jahrhunderts herausgebildet und die zunächst ungezügelte Interpretation der kanonischen Texte abgelöst. In der Gegenwart sind noch vor allem vier große sunnitische Rechtsschulen und die schiitische von Bedeutung, wobei sich die vier sunnitischen Schulen – Schafiten, Hanbaliten, Hanfiten und Malekiten – gegenseitig anerkennen. Als Sunnit bekennt man sich zwar in der Regel auf Lebenszeit zu einer Schule (in der Türkei entweder der hanefitischen oder schafitischen), kann aber in einzelnen Fällen der Rechtsmeinung einer anderen Schule folgen oder auch die Entscheidungselemente mehrerer Schulen kombinieren.[5] Kaplan bezieht nun gegen zwei Positionen Stellung, die sich im Zeichen des Panislamismus in seiner Gemeinde herausgebildet hatten: Einige Gläubige hatten sich an Fetwas (Rechtsgutachten) aus Teheran oder Gom orientiert und hatten sich damit der Schia gegenüber nicht anders als einer anderen sunnitischen Rechtsschule gegenüber verhalten. Andere hatten das Insistieren auf dogmatischen Differenzen ohnehin für überholt gehalten und erklärt, das Pochen auf Rechtsschulen sei obsolet. Kaplan erteilt beidem eine Absage und wendet sich dann einer Gruppe besonders zu, die mit Nachdruck für eine Allianz mit dem Iran eingetreten war. »So wie derjenige, der sich gegen uns stellt und damit zum Feind wird, keinen Platz in unserer Organisation hat, so ist auch kein Platz für die, die sagen: ›Wir haben den Treueid geschworen und uns unterworfen (*bey'at edip teslim olduk*).‹« Er formuliert also einen Unvereinbarkeitsbeschluß! Dieser betrifft eine Fraktion in der Ge-

5 Vgl. den Artikel »Rechtsschulen« in Kreiser/Wielandt 1992.

meinde, die einen Treueeid auf Khomeini abgelegt hat, offenbar unter dem Eindruck, daß eine panislamistische Bewegung nur unter der Führerschaft des einzigen revolutionären islamischen Staates zustande kommen würde. In dem Artikel wirft Kaplan dieser Gruppe vor, »päpstlicher als der Papst« (wörtlich sagt er: »königlicher als der König«) zu sein. Sie gingen in ihrer Loyalität zu Khomeini weiter, als dieser selbst es verlangen würde. Wer sich so verhält, so Kaplan jetzt, gibt sich nur selbst auf. Die Härte, mit der Kaplan gegen diese Gruppe Stellung bezieht, erklärt sich aus seiner Angst, als Parteigänger des Iran zu gelten. Eine – noch so kleine – Fraktion in der Gemeinde, die ihre uneingeschränkte Loyalität gegenüber Khomeini offen zur Schau stellt, hätte allen Behauptungen Nahrung gegeben, die Kaplan-Gemeinde sei die fünfte Kolonne des Iran.

Nach der außenpolitischen Klarstellung kommt Kaplan auf die innenpolitische Konsequenz zu sprechen, die er aus der Trennung von Ahmed Polat zieht. Er nennt drei Institutionen, auf denen ein revolutionärer Islam beruht – darunter überraschenderweise auch den Derwisch-Konvent.

»Die Bewegung hat sich ausgehend von dem Grundsatz ›Die Quelle ist der Koran, das Beispiel der Prophet!‹ auf den Weg gemacht. Auf diesem Weg gibt es Etappen der Reifung. Sie sind gebunden an drei Orte:
– Die Medresse (Schule)
– Die *tekke* (Derwisch-Konvent)
– Die Kaserne
In der Medresse werden unsere Anhänger die Scheriat [kennenlernen], im Konvent den mystischen Weg [erfahren] und in der Kaserne schießen lernen . . .«

Diese programmatische Erklärung zielt darauf ab, die Sammlungsbewegung in einen elitären Orden von Glaubenskämpfern zu transformieren. Zu der Medresse, dem Ort des Gesetzesislam und der ihn charakterisierenden Gemeinschaft von Lehrenden und Lernenden, sind jetzt Derwischkloster und Kaserne getreten. Die Reihung erinnert an die Grade fortschreitender Initiation in den mystischen Bruderschaften, also an die Stationen auf dem spirituellen Weg zur Selbstvervollkommnung. Diese Stationen sind inklusiv: Die jeweils nächste Stufe hebt die vorherigen Stufen auf – und zwar im Doppelsinn des Wortes »aufheben«, nämlich »bewahren« und »überwinden«. An höchster Stelle findet sich damit die Kaserne bzw. die Existenzform des Glaubenskämpfers, des *mücahit.*

Die Anlehnung an das Organisationsmodell der mystischen Bruderschaften geht einher mit einer Neubestimmung des Verhältnisses zur Mystik. Hier deutet Kaplan dies nur an: Der Grundgedanke der Mystik sei gut, leider aber im Laufe der Zeit pervertiert worden. Vor allem komme es heute darauf an, auch im Bereich der mystischen Religiosität die unheilvolle Spaltung zwischen den Bruderschaften zu überwinden. Kaplans Sohn Metin Müftüoğlu (Kaplan) führt näher aus, wodurch der Geist der Mystik zerstört wurde – nämlich durch die Absage an die Idee des Glaubenskrieges: »Der Geist des Dschihad, des Glaubenskriegs, ging verloren. Einige haben sich . . . zu Scheichs erklärt und ihre Anhänger veranlaßt, Verfassungen, Wahlen und Parteien anzuerkennen oder sie zumindest zu ignorieren. Der Verlust des Geistes des Dschihad führte zu einem Nebeneinander von Orden und Parteien« (Metin Kaplan 1994).

Damit wird eine radikale Kehrtwendung vollzogen. Während Kaplan zu Beginn der achtziger Jahre die Mystik noch als irrelevant oder gar als schädlich betrachtete, wird sie nun als entscheidender Baustein für eine revolutionär islamische Politik gesehen. Es kommt darauf an, zum kämpferischen Geist der Mystik zurückzufinden – dann läßt sich ihre Spaltung überwinden und ihr guter Kern tritt rein hervor. »Dies ist es, was die Glaubensanhänger des Islam wollen, von welcher Rechtsschule sie auch kommen oder welchen Charakter sie auch haben mögen! Dies ist der Weg, nicht gespalten zu werden und die Einheit zu sichern!« (Metin Kaplan 1994).

Mit der Übernahme des Organisationsmodells der mystischen Bruderschaften wird dem egalitären Schema der Gesetzesreligiosität eine Absage erteilt: Es entwickelt sich in den folgenden Jahren eine Gemeinde, in der Kaplan nicht mehr der *primus inter pares* ist, also derjenige, der sich in die Gemeinde einreiht, sondern derjenige, der wie die Nabe im Rad das absolute Zentrum der Gemeinde darstellt. Kaplan nimmt zunehmend die Stellung ein, die der Scheich in einer Bruderschaft bekleidet (ohne dies freilich explizit zu sagen). Damit transformiert sich eine nach außen offene Gemeinde in eine Ordensbruderschaft von Initiierten.

Ab 1987/1988 wurde der Umbau der Gemeinde zielstrebig vorangetrieben. Auf drei Versammlungen (der jungen Frauen, der Gebietsjugendführer und des Generalrats) rief Kaplan zu vier »Feldzügen« (*seferberliği*)[6] auf. Dies waren: Ein Feldzug zur Ablehnung des Polytheismus/Götzendienstes; ein Feldzug zur Unterweisung in der Wissenschaft des Koran; ein Feldzug zur Verbreitung der arabischen Schrift und schließlich ein Feldzug zur Verkündigung der islamischen Wissenschaften. Dabei wurden die Gläubigen immer wieder als »Soldaten« angesprochen. Kaplans Sohn Metin Müftüoğlu faßte die damaligen Appelle Kaplans folgendermaßen zusammen:

»Alle Gläubigen sind Soldaten, und die Wohnungen, Moscheen usw. sind Kasernen. Das Vorbereitungsprogramm besteht aus der Erfassung der Adressen der Familien, der Registrierung von Videogeräten bzw. Fernsehern, der Überprüfung der Verfügbarkeit von Lehrvideos und der Bereitstellung von Hilfe bei der Benutzung. Jeden Monat werden die Familien in die Moscheen gerufen, wo sie von den Lehrern oder Jugendführern kontrolliert werden. So wird eine gute Ausbildung zustandekommen, und die Bewegung wird in die Lage versetzt, effektiv zu arbeiten.«[7]

Die Rhetorik bezeugt den neuen Geist, der in die Gelehrtenrepublik eingezogen ist. Das Programm des Lehrens und Lernens wird jetzt militärisch durchorganisiert. Eine neue Eindeutigkeit zieht ein: Zum ersten Mal gibt es das Anliegen, klar festzustellen, wer zu der Bewegung gehört und wer nicht. Festzustellen ist auch, daß eine neue Trägerschaft definiert wird. Auch wenn die Jugendführer nicht unbedingt jung waren (in Augsburg war der damals ungefähr vierzigjährige Abuzer K. Jugendführer), so gibt es doch die deutliche Tendenz, die zweite Generation zur führenden Gruppe in der Gemeinde zu machen.

Besonders wichtig ist nun, daß Kaplan dieses Bündel von Maßnahmen abrundete, indem er den jungen Männern und Frauen den »Treueid« (bey'at) abnahm. Zur gleichen Zeit wurde der Treueid auf Khomeini untersagt. Die Loyalität soll künftig ausschließlich Kaplan gelten. Das Abverlangen eines Treueids war offenbar so ungewöhnlich, daß Kaplan sich genötigt sah, diesen Schritt in einem Rechtsgutachten (*fetva*) zu begründen.[8] Dort heißt es:

6 In der deutschen Fassung wurde *seferberliği* mit »Mobilisierung« wiedergegeben.
7 Ümmet-i Muhammed 107, 15. 11. 1994:13.
8 In dem Fetwa wird das Synonym *sadakat yemini* (und nicht *bey'at*) gebraucht. In der Verwendung gibt es keinen Unterschied. Auch taucht der Begriff *sadakat yemini* später nicht mehr auf.

»Es ist völlig richtig und angebracht, daß gerade diejenigen, die aufgebrochen sind, die Scheriat wieder zu blühendem Leben zu erwecken, sich ... gegenseitig verpflichten und dies mit dem Treueeid bekräftigen, so daß sie ... zu einem unauflösbaren Ganzen werden ... Der Koran sagt: ›Und erfüllt die Verpflichtung gegen Gott, wenn ihr eine [solche einmal] eingegangen habt, und brecht nicht die Eide, nachdem ihr sie (in aller Form) bekräftigt habt! Ihr habt ja Gott zum Garanten gemacht. Gott weiß, was ihr tut‹ (Sure 16:9).«[9]

Aus der offenen Bewegung ist eine verschworene Gemeinschaft geworden. Sich von ihr zu trennen bedeutet nun nicht mehr nur, Kaplan die Loyalität aufzukündigen, sondern auch gegen Gott zu verstoßen.

Um keinen falschen Eindruck entstehen zu lassen: im Alltag stellte sich alles weit ziviler dar. Auch noch 1993, bei meinen letzten Besuchen in Augsburg, herrschte in der Gemeinde alles andere als ein militärischer Geist. Nur ein Zirkel junger Gemeindeangehöriger absolvierte das strenge Ausbildungsprogramm, während die älteren Mitglieder (soweit sie noch da waren) ihre Religion weiterhin so ausübten wie bisher – also ernst und suchend, aber eben alles andere als militärisch diszipliniert. Allerdings besetzten nun die jungen Männer die Leitungsgremien. Ich werde darauf zurückkommen.

Ein derartig radikaler Umbau der Gemeinde mußte Reaktionen hervorrufen. 1989 kam es zur Auseinandersetzung mit der Gruppe um Hasan Hayrı.

Die Rebellion von Hasan Hayrı

Hasan Hayrı gehörte bis zu den Jahren 1987/1988 zum engsten Kreis um Kaplan. Er fungierte als Pressesprecher der Bewegung und predigte unter anderem auf dem Hedschra-Treffen im Jahr 1988. 1989 kam es zum Bruch mit Kaplan, und er verließ mit fünf anderen Mitgliedern des innersten Kreises die Bewegung. Die Analyse dieses Konfliktes gibt einen guten Einblick in den Kreis um Kaplan während dieser Jahre des Umbruchs.

Über die Auseinandersetzung gibt es zwei sehr unterschiedliche Darstellungen. Der Sohn Kaplans, Metin Müftüoğlu, stellte die

9 *Sadakat Yemini ve Ahitleşme* (Der Treueeid und die gegenseitige Verpflichtung). Ümmet 1 (5) 15. 7. 1988: 5 und 13.

Differenzen über das Verhältnis zum Iran in den Vordergrund: Hasan Hayrı habe gefordert, den Eid auf Khomeini abzulegen, und sich damit »dem Iran auszuliefern und Befehle und Anweisungen von dort entgegenzunehmen«. Auch was das Dogma betreffe, habe er verlangt, sich an der Schia zu orientieren, und habe Rechtsgutachten zugunsten der Schia verfaßt. Schließlich hätten Hasan Hayrı und sein Kreis dafür plädiert, Fotos von Khomeini in den Moscheen aufzuhängen. Nachdem Hasan Hayrı vergeblich versucht habe, die Leitungsgremien der Bewegung und Kaplan auf seine Seite zu bringen, habe er begonnen, Kaplan anzugreifen.[10]

Hasan Hayrı und seine Freunde haben ihre eigene Sicht der Dinge in einem offenen Brief an Kaplan – tatsächlich einer Broschüre von 88 Seiten Umfang – niedergelegt. Das Dokument bezeugt Wut und Schmerz. Man hat mit dem geliebten und bewunderten Lehrer gebrochen, weil dieser (tatsächlich oder vermeintlich) sich nicht an das gehalten hat, was er selbst gepredigt hat. In dem Brief wird der Zustand der Bewegung im Jahr 1989 an dem Ideal gemessen, das diese Bewegung ursprünglich von sich hatte. Dabei handelt es sich bei Hayrı und seinen Freunden offenbar geradezu um »Musterschüler« von Kaplan: Der scholastische Duktus ihrer ganzen Argumentation zeigt den Einfluß des Meisters. Und man nimmt es ihnen ab, wenn sie schreiben: » . . . wenn man unser tägliches Beisammensein mit Euch, die Tatsache, daß wir Euch beschützt haben, daß wir für Euch gearbeitet und uns engagiert haben [in Rechnung stellt], dann wird man verstehen, aus welcher Sorge sich unsere Erregung speist« (Hayrı 1989:7).

Aus den Vorwürfen, die im Text aufgelistet werden, läßt sich der Vorfall rekonstruieren, der allen Anschein nach der Anlaß für die Trennung war:[11]

In einem Zirkel, dem die Autoren (offenbar Männer im Alter zwischen zwanzig und dreißig Jahren aus dem engeren Umkreis Kaplans) angehörten, wurde ein Buch zum islamischen Recht gelesen und diskutiert. Die Tatsache, daß Hasan Hayrı den Titel des Buchs nicht verrät, läßt aufhorchen: Wahrscheinlich handelte es sich um ein Werk schiitischer Provenienz. Kaplan, der von dem

---

10 Ümmet-i Muhammed 162, 13. 3. 1997.
11 Der Vorfall selbst wird nicht geschildert – es wird offenbar davon ausgegangen, daß die Leser ihn kennen. Der hier unternommene Versuch, die Bruchstücke zusammenzusetzen, mag im einzelnen fehlerhaft sein; im Ganzen wird er durch die Berichterstattung in Ümmet-i Muhammed bestätigt.

Unterfangen erfuhr, war skeptisch und forderte die jungen Männer auf, das Buch zunächst an das Zentrum, sprich: an ihn zu schicken. Diese sahen darin einen Versuch der Zensur. »Wurden denn die Rechtsvorschriften für das Zentrum erlassen? Oder haben Sie etwa befürchtet, daß diese Vorschriften vom Volk gelesen würden?« (Hayrı 1989:9) Jedenfalls ließen sich die Schüler nicht entmutigen. Die Ergebnisse ihrer Lektüre fanden Niederschlag in einem Schreiben, in dem die Praxis der Bewegung durch Argumente kritisiert wurde, die auf der Scheriat basierten (womit sich die Befürchtungen Kaplans nachträglich als begründet herausstellten). Kaplan versuchte zunächst, das Schreiben zu ignorieren, woraufhin Hasan Hayrı und seine Freunde sich an die Gemeindeöffentlichkeit wandten. Nun nahm Kaplan in einer Predigt Stellung. Er habe Hasan Hayrı aufgefordert, seine Bedenken schriftlich zu formulieren, aber es sei keine Antwort gekommen. Dies, so Hasan Hayrı später in seiner Kampfschrift, sei eine klare Verdrehung der Tatsachen. Der Konflikt spitzte sich nach der Predigt so zu, daß Kaplan eine Ratsversammlung einberief. Hayrıs Bericht liest sich folgendermaßen:

»In Ihrer[12] eigenen Ratsversammlung haben Sie zunächst zwei Hodschas beauftragt, Untersuchungen zu einigen der angesprochenen Themen anzustellen. Dann jedoch haben Sie auf einem zweiten Treffen einen dieser beiden Hodschas, ohne ihm das Recht auf Rede einzuräumen, hinausgeworfen und das Treffen ohne ihn durchgeführt. Ja – Sie haben es noch nicht einmal zugelassen, daß man die . . . mitgebrachten Rechtsgutachten (*fetvalar*) bespricht. Sie haben eine Ratsversammlung, die auf zwei Tage angesetzt war, durch eine Abstimmung innerhalb von zwei Stunden beendet und [auf diese Weise] verhindert, daß Gottes Wille offenbar wurde« (Hayrı 1989:9).

Aus der Sicht der Parteigänger Kaplans klingt dies allerdings etwas anders. Es existiert das Protokoll einer Versammlung, die nach dem Erscheinen des offenen Briefes abgehalten wurde und auf der die Gebietsvorsitzenden der Reihe nach ihre Loyalität zu Kaplan bekundeten. Der offenbar sehr temperamentvolle Vorsitzende aus Baden-Württemberg schilderte, wie er die besagte Ratsversammlung wahrgenommen hatte: »Sie [Hasan Hayrı und seine Freunde] sagen: ›Eine Sache von zwei Tagen hat er auf der Ratsver-

---

12 Hier ist Kaplan gemeint. Die persönliche Ansprache resultiert aus dem Gestus des offenen Briefes.

sammlung in zwei Stunden abgewickelt.‹ Natürlich wird das in zwei Stunden abgewickelt! Sollen wir uns denn die ganze Zeit mit euch abplagen? Mit was seid ihr nicht alles gekommen: Zuerst soll ein Eid auf den Iran abgelegt werden; dann soll Khomeinis Foto aufgehängt werden. Und wir mußten uns damit abmühen, eure Scheiße zu beseitigen. Stimmt's nicht? (Tekbir-Rufe[13]) Die Ratsversammlung war keine Ratsversammlung mehr. Verehrte Brüder. Eine Aussprache muß zu etwas führen. Unsere Brüder in der Ratsversammlung wissen das. Aber [zu dieser Zeit] wurde selbst ich in der Ratsversammlung müde. Was soll denn das? Immer wieder bringt der Kerl die Rede auf seine Sache . . .«[14]

Der Flügel um Hayrı war also zumindest bei diesem Treffen isoliert. Sie gaben jedoch trotz Abstimmungsniederlage nicht auf. Daraufhin sah Kaplan sich genötigt, Hasan Hayrı mit einer Gerichtsvorladung zu drohen: »Entweder kommen Sie ins Zentrum, oder Sie werden mit dem Gerichtsbeschluß [der deutschen Gerichte] zu rechnen haben, jedenfalls besteht keine Notwendigkeit einer Untersuchung durch ein Scheriat-Gericht.«[15] Durch diese bemerkenswert hilflose Drohung dürfte sich Kaplan in den Augen seiner Kritiker endgültig bloßgestellt haben. Jedenfalls formuliert Hayrı die ironische Frage: »Steht es denn Ihrer Meinung nach nicht im Widerspruch zur sunnitischen Rechtslehre, wenn Sie ein deutsches Gericht einem islamischen Gericht vorziehen?« (ebenda: 10)

Der Meister wurde offenbar die Geister, die er in früheren Predigten gerufen hatte, nicht mehr los. Für die Schüler dürfte sich in dem Vorfall all das verdichtet haben, was ihnen seit längerem Unbehagen bereitet hatte. So nahmen sie ihn zum Anlaß, einige grundsätzliche Bedenken zu formulieren.

Der erste, in der Präambel des offenen Briefs formulierte Kritikpunkt betrifft das Verhältnis der Kaplan-Bewegung zu den anderen islamisch-revolutionären Bewegungen. Angesichts der Bedrohungen, der sich der Islam in der ganzen Welt ausgesetzt sehe, und der Gefahr seiner völligen Vernichtung »darf man die Unterschiede in bezug auf Land, Region, Nation und Rechtsschule nicht betonen«. Die großen Aufstände der Muslime in allen Gegenden der Welt beweisen, daß die islamische Welt endlich aktiv gewor-

---

13 Ausrufen von Allahu ekber – »Gott ist erhaben«.
14 Ümmet-i Muhammed 163 vom 27.3.1997:8.
15 Hayri 1989:9. Das Schreiben Kaplans ist dem offenen Brief als Anlage beigefügt.

den ist; unter großen Opfern versucht sie, »die islamische Identität
. . . wiederherzustellen«. In dieser Situation sei von einer islamischen Bewegung zu verlangen, sich bedingungslos dem Gesetz unterzuordnen. Keinesfalls dürfe man (impliziert ist: wie Kaplan)
den Versuchungen von Ruhm und Ansehen nachgeben. – Die Argumentation ist komplexer, als es von Metin Müftüoğlu unterstellt wird. Dennoch ist nicht zu übersehen, daß sie tatsächlich auf
eine Unterordnung unter den Iran hinausläuft und eine eigenstän-
dige Politik Kaplans ablehnt. Daß sich Hasan Hayrı und seine
Freunde an keiner Stelle ihres Textes offen zu einem Bündnis mit
dem Iran bekennen, bezeugt allerdings, wie heikel das Thema ist.

Ein zweiter Punkt betrifft die Unvereinbarkeit von Zentralis-
mus und dem von Kaplan früher vertretenen Ideal der islamischen
Gelehrtenrepublik. In dem Brief wird der zunehmend autokrati-
sche Führungsstil an dem Ideal einer gemeinsamen Unterordnung
unter das Gesetz gemessen: »Wir können es nicht ertragen, daß Sie
einerseits von den Kanzeln verkünden: ›Ich bin Muslim, ich bin
Angehöriger der Sunna. Ich bin der sunnitischen Rechtsschule verpflichtet und komme in diesem Rahmen meinen Verpflichtungen
nach‹ – und daß andererseits [alles] . . . ausschließlich an Ihrer Person hängt. Ihre Worte und Ihre Taten entsprechen nicht der sunnitischen Rechtslehre« (Hayrı 1989:8). Auch Kaplans Insistieren
darauf, daß lediglich das Zentrum Rechtsgutachten erlassen
dürfe, sei unvereinbar mit dem Ideal einer freien Debatte. »Ist
denn das Zentrum ein neuer *din* (Glauben/Gesetz) oder eine neue
Rechtsschule?« In den Gemeinden gehe man davon aus, daß die
Ratsversammlung im Zentrum zusammentrete und auf der
»Grundlage von Gottes Buch, der Erfordernisse der Überlieferung
(*sünnet*) und der sunnitischen Rechtsprechung« zu Entscheidungen gelange. »Sie [die Gläubigen] wissen nicht, daß genau dies
vom Zentrum mit aller Kraft verhindert wird.« Kaplan unterbinde
die Diskussion an dem Ort, der für sie vorgesehen sei, nämlich die
Ratsversammlung (Schura): Letztendlich diene ihm das Gremium
nur zur Absegnung seiner eigenen Meinung, nicht aber als Institution zur Untersuchung einer Rechtsfrage (ebenda: 33).

Dies habe unter anderem dazu geführt, daß Kaplan in bezug auf
die Rushdie-Affäre nur zögernd dem Druck der Ratsversammlung
nachgegeben habe: »Wenn das Volk bei (tagespolitischen) Ereignissen von Ihnen Stellungnahmen und Handlungsanweisungen er-
wartete, haben Sie . . . nur spät Antwort gegeben und es mit

Schweigen hingehalten. So blieben Sie in bezug auf die Rushdie-Affäre lange Zeit schweigsam; auch als Druck auf Sie ausgeübt wurde, haben Sie Rushdies Renegatentum bezweifelt und den Fetwas der islamischen Geistlichen kein Ohr geschenkt. Statt dessen haben Sie auf die Nachrichten der Ungläubigen gehört . . . Sie gaben keine Einwilligung zu Demonstrationen und wollten die ganze Angelegenheit mit einem Schreiben abtun« (ebenda: 14).

Exkurs: Kaplans Stellungnahme zur Rushdie-Affäre

Kaplan sollte in der Predigt »Gegen die Verleumdungen« (*Iftiralara karşı*) auf die Rushdie-Affäre eingehen. Er beginnt mit Sure 5:54, die vom Abfall vom Glauben handelt. Sie lautet in der Übertragung von Paret (der sie allerdings als 5:53 zählt): »Und die Gläubigen werden sagen: ›Sind das diejenigen, die früher bei Gott hoch und heilig geschworen haben, daß sie zu euch halten würden?‹ Ihre Werke sind hinfällig, und sie haben nun (letzten Endes) den Schaden.‹« Ergänzend zieht Kaplan mehrere Hadith aus der Sammlung von Buhari heran. Darauf gestützt kommt er zu folgender Einschätzung der islamischen Rechtslage: Wenn jemand vom Glauben abfällt, soll man ihn zur Rückkehr auffordern. Wenn er sich bedenken will, dann können ihm drei Tage Bedenkzeit im Gefängnis eingeräumt werden. Bereut er und tut Buße, dann wird er wieder in die Gemeinschaft aufgenommen. Besteht er indessen weiter auf seiner Meinung, wird er getötet. Seit einigen Wochen, so Kaplan, gebe es nun die Auseinandersetzungen um Salman Rushdies »Satanische Verse«. In diesen Versen werde der Koran, der Prophet und seine Frau beleidigt. Dazu gebe es nun die oben geschilderte Rechtslage, die ebenso eindeutig sei wie die Regelung in bezug auf Fasten oder das rituelle Gebet. Ein alltäglicher Vorgang also: ein Verstoß – eine Beurteilung. Warum also gebe es ein solches Geschrei um die Angelegenheit? Jemand habe den Propheten angegriffen, und der Rechtslage entsprechend sei die Todesstrafe verhängt worden. Hätte er Jesus, Moses oder auch Adam angegriffen, würde es sich nicht anders verhalten. Wenn es sich bei Rushdie um einen Nicht-Muslim handeln würde, könnte man gelassener reagieren. Bei einem Muslim muß aber die Strafe der Tod sein.

Letztendlich werde, so Kaplan, mit zweierlei Maß gemessen. Wenn ein Todesurteil erlassen wird, weil jemand ein Staatsoberhaupt angegriffen oder einen Putschversuch unternommen hat, kommt es zu keinem Aufschrei. Wenn jedoch ein Todesurteil erlassen wird, weil jemand Muhammed oder den Islam angegriffen hat, entstehe ein Aufruhr. All das sei nur ein Vorwand, um gegen den Islam vorzugehen. Aber Recht müsse Recht bleiben. Ein Todesurteil könne von jedem Kadi gefällt werden – die Umsetzung freilich »ist eine andere Sache.«

Der Duktus der Predigt ist langsamer und zögerlicher als sonst. Auch nehmen die, zunächst arabisch rezitierten, dann ins Türkische übertragenen Zitate aus Koran und Hadith breiteren Raum ein als üblicherweise – als müßte unterstrichen werden, daß man die Rechtslage und nichts als die Rechtslage wiedergibt. Die merkwürdige Relativierung am Schluß (nämlich daß die Umsetzung eine »andere Sache« sei) ist wohl als Distanzierung zu verstehen und dürfte den Zorn von Hasan Hayrı und seinen Freunden hervorgerufen haben.

Eine dritte Kritik von Hasan Hayrı bezieht sich auf die zunehmende Kontrolle der Gemeinden. Kaplan habe bei der Besetzung von Leitungsstellen in den Gemeinden mehr Gewicht auf Loyalität gelegt als auf Kompetenz und »Personen ohne Wissen, ohne tiefe Glaubensneigung und ohne Ideen zur Leitung von Moscheen und als Prediger« (ebenda: 12) eingesetzt. Auch mit diesem Vorwurf wird Kaplan an seiner immer wieder erhobenen Forderung gemessen, die Leitungsstellen mit den Geeignetsten zu besetzen. Außerdem habe Kaplan die Muslime aufgefordert, sich gegenseitig zu bespitzeln, und habe so Mißtrauen in den Gemeinden geschürt – ein Punkt, der sich offenbar auf die Maßnahmen nach der Trennung von Polat bezieht. Auch verhalte sich Kaplan zunehmend intolerant gegenüber abweichenden Positionen: »Auf bloßen Verdacht hin haben Sie einige beschuldigt, sie seien Schiiten, andere, sie seien Extremisten, dritte, sie seien Millenaristen (*kiyamcı*) geworden. Sie selbst wußten besser als alle anderen, daß dies alles Lüge war, [bloßer] Verdacht und üble Nachrede« (ebenda: 14).

Schließlich zeichne sich Kaplans Führungsstil immer mehr durch Arroganz aus. Er habe nachgerade die Muslime betrogen: »Sie vertrauen dem Volk nicht, und vielleicht liegt Ihnen auch nichts am Respekt des Volkes. Sie halten das Volk für uneinsichtig und dumm. Und wie oft haben Sie nicht in Ihren Predigten im Namen des Islam und der Sünnet gelogen. Auf unseren Protest hin sagten Sie: ›Ich weiß, daß meine Worte nicht richtig waren. Aber wenn ich die Wahrheit sage, bleiben die Leute weg, weil sie nichts verstehen.‹ Ist das etwa kein Betrug am Volk?« (Hayrı 1989:12,13)

Die Geburt der Sekte
aus dem Geist der charismatischen Bewegung

So nachvollziehbar der Aufschrei von Hasan Hayrı und seinen Freunden ist: Sie tun Kaplan unrecht, wenn sie ihn persönlich für den neuen Geist in der Bewegung verantwortlich machen. Statt dessen scheint er wenig mehr als der Ausführende eines Prozesses zu sein, der sich mit einer gewissen Unerbittlichkeit hinter seinem Rücken vollzieht. Dies wird deutlich, wenn wir nun von der historischen Beschreibung zur soziologischen Analyse übergehen.

Eine Idee bedarf eines sozialen Ausdrucks, einer Gemeinde, um zu tragen. Eine Idee, die nur von einem einzelnen vertreten wird, ist – und sei sie noch so originell – nichts als ein Hirngespinst. Sie ist »idiotisch« im ursprünglichen griechischen Sinn des Wortes, nämlich »privat«. Ohne die Bestätigung anderer können wir nicht sicher sein, daß eine Idee »sinnvoll« oder »realistisch« ist, sich, mit anderen Worten, durch eine gewisse Substanz auszeichnet. Der Zusammenhang von Gemeinde und Idee geht jedoch noch weiter: Wenn sich Gläubige um eine Idee scharen, dann ist die Art und Weise, in der sie das tun, von der Idee abhängig. Einer Idee korrespondiert eine soziale Ausdrucksform. Wir haben oben Beispiele genannt, als wir die Vergesellschaftungsformen der Mystik und der Gesetzesreligion miteinander verglichen haben. Es gibt jedoch auch den umgekehrten Zusammenhang. Sobald sich eine Gemeinde um eine Idee gebildet hat, setzt eine soziale Eigendynamik ein, die nun wiederum auf die Idee zurückwirkt. Auf die einzelnen Aspekte dieses wechselseitigen Prozesses gilt es nun näher einzugehen.

Kaplans Idee der Erneuerung des Monotheismus und der Wiederherstellung der Einheit der Muslime fand eine adäquate soziale Umsetzung in seiner Vision einer offenen Bewegung unter seiner charismatischen Führerschaft. Die Sprengkraft einer charismatischen Bewegung besteht in ihrem grenzüberwindenden Charakter: Geladen sind alle – unabhängig von institutionaler Einbindung oder Herkunft –, und je mehr dieser Einladung folgen, desto mehr scheint das Ziel einer neuen Welt unmittelbar bevorzustehen (vor allem scheint es im Erlebnis der Bewegung bereits vorweggenommen). Auf sie trifft zu, was Victor Turner über die spontane communitas schreibt, daß sie nämlich mit dem Gefühl einhergeht, alle Probleme könnten gelöst werden, wenn nur die als »wesenhaftes Wir« empfundene Gruppe an der intersubjektiven Erleuchtung festhält (1982/1989:75). Gerade weil eine offene Bewegung die Qualität des Neuen aufweist, tritt sie nicht als zusätzliche Gruppierung neben andere, sondern transzendiert alle anderen Gruppierungen. Sie birgt das Versprechen, alle Spaltungen und Konflikte zu überwinden. Ihr beizutreten bedeutet nicht, die bisherigen Loyalitäten zu verraten – es bedeutet, sie in einem höheren Ganzen aufzuheben. Es ist dieser grenzüberwindende Charakter, der das Versprechen der Erlösung birgt und der den eigentlichen Gegensatz der charismatischen zur rationalen und traditionalen Ordnung darstellt. Alle anderen »Organisationen«, die Bruderschaften wie die Parteien, betonten Grenzen – Kaplan überwand sie. Für einen kurzen Moment schien die Vision einer Gemeinde der Liebe in Erfüllung gegangen zu sein. Der offene Brief von Hasan Hayrı drückt den Schmerz über den Verlust dieser Gemeinschaft aus.

Das tragische Schicksal charismatischer Gemeinden (und radikaler Ideen) ist – hier folge ich natürlich Weber – ihr zeitgebundener Charakter. Für einen kurzen außeralltäglichen Moment scheint das Neue durchsetzbar und die Idee lebbar zu sein. Der von allen Erlösungslehren beschworene Riß in der Zeit wird sichtbar – die Möglichkeit eines Bruchs mit den Routinen, dem Getriebe der Welt, blitzt auf. Dann setzt unerbittlich der Prozeß ein, den Weber als »Veralltäglichung« charakterisierte: Die für einen Moment völlig in den Hintergrund getretenen Bindungen fordern wieder ihr Recht und mit ihnen die wohletablierten Institutionen, die bis dahin den Zusammenhalt und die Festigkeit der Welt garantierten. Eine Bewegung, die sich jenseits der etablierten Institutionen und Gruppen anzusiedeln schien, wird »von der Realität eingeholt« – aus einer welttranszendierenden communitas wird ein Teil der Welt. Die Gemeinde sieht sich vor die Aufgabe gestellt, ihr Verhältnis zu anderen weltlichen Gruppierungen und Kräften zu definieren. Dabei kann dieser Prozeß der Veralltäglichung zwei sehr verschiedene Formen annehmen, je nachdem, ob die charismatische Bewegung Erfolg hatte oder nicht. Es lohnt sich, kurz auf die ideologische Entwicklung der Wohlfahrtspartei einzugehen. Sie stellt sozusagen das erfolgreiche alter ego der Kaplan-Gemeinde dar. An ihr wird sich Kaplan in den kommenden Jahren abarbeiten.

Ich habe oben bereits erwähnt, daß die Wohlfahrtspartei Ende der achtziger Jahre einen kometenhaften Aufstieg erlebte. 1987 erzielte sie noch 7,2 % der Wählerstimmen, 1995 kam sie auf über 20 % und wurde damit größte Partei in der Türkei. Dabei wuchs ihr vor allem in den *gecekondus*, den Armenvierteln der Großstädte eine neue Machtbasis zu. Zunehmenden Einfluß in der Partei gewannen auch islamistische Studenten – und nicht zuletzt Studentinnen. Ausgehend von dem Kampf um das Recht, an der Universität ein Kopftuch zu tragen, hatte sich eine Frauenbewegung in der Wohlfahrtspartei etabliert.

Dies blieb nicht ohne Konsequenzen für die Inhalte, die die Partei vertrat. Die neuen Gruppen mußten integriert und die Dogmen entsprechend modifiziert werden: Man begann Konzessionen zu machen. Auffallend war zunächst, daß die ausschließlich religiöse Rhetorik zurückgenommen wurde. In bezug auf den Wahlkampf 1991 merkt Dufner an: »Die Partei vermied in ihren Propagandasendungen eindeutig ›islamische‹ Elemente. Statt dessen wurden Slogans verwendet, die sowohl ›religiös‹ als auch ›nicht-religiös‹ interpretiert werden konnten, wie ›ungerechtes System‹, ›kapitalistisches System‹, ›Sklavensystem‹, ›ausbeuterisches System‹. Diesen wurde als Gegensatz die ›gerechte Ordnung‹ gegenübergestellt (1998:239).« Daneben wurde gefordert, die Beschränkung auf Themen wie die Rückverwandlung der Hagia Sophia in eine Moschee,[16] Bekämpfung von Alkohol und Prostitution aufzugeben und mehr soziale Fragen zu thematisieren. Ein starker Flügel der Partei vertritt offenbar nicht mehr die Meinung, es komme ausschließlich auf die Erneuerung des islamischen Geistes an, und der Rest werde sich von selbst ergeben.[17] Welch weitgehende Folgen das Bemühen hat, neue Wählerschichten anzusprechen, tritt ebenfalls aus einem in der Zeitschrift Yörünge am 26. 3. 1993 erschienenen Artikel hervor. Dort heißt es unter anderem: »In die Wohl-

16 1934 war die Hagia Sophia, die seit der Eroberung Konstantinopels 1453 als Moschee genutzt worden war, in ein Museum verwandelt worden. Ende der siebziger Jahre und erneut 1989/90 war die Wiedereröffnung als Moschee Gegenstand militanter Demonstrationen (Kreiser 1991:29). Siehe auch den S. 45.

17 Es scheint eine deutliche Parallele zur Entwicklung der christlichen Kirchen im 19. Jahrhundert zu geben, also dem Aufbau von Diakonie und Caritas in Europa und der Entdeckung des »social gospel« in den USA. Bekanntlich bildete diese Entwicklung den Hintergrund für die Entstehung der *fundamentalists* in den USA. Die Kritik aus diesen Kreisen lautete, daß die eigentliche Botschaft geopfert werde, wenn die Kirchen sich in Institutionen der Sozialarbeit verwandeln (siehe hierzu Riesebrodt 1990).

fahrtspartei können Frauen ohne Kopftuch eintreten, auch solche, die Alkohol trinken oder um Geld spielen. Die Tore können denen, die kommen, nicht verschlossen werden . . . Wenn solche Frauen aufrecht in der Wohlfahrtspartei mitmachen, werden sie auch bald ein Kopftuch tragen« (nach Dufner 1998:234).

Die wachsende Bedeutung der Partei, vor allem aber die zunehmend realistischere Perspektive, die Regierung zu übernehmen, führte dazu, daß das Verhältnis zu den weltlichen Instanzen neu definiert wurde. Auf dem Parteikongreß 1994 forderte Erbakan das Militär auf, in die Partei einzutreten, und rückte von der Forderung nach der Abschaffung des Laizismus ab. 1996 erteilte er der Einführung der Scheriat eine Absage.[18] Die ländliche Honoratiorenpartei transformierte sich in diesen Jahren in eine moderne Volkspartei; von der ursprünglichen radikalen Partei, die die Opposition repräsentierte, blieb nicht mehr viel übrig. All diese Prozesse waren nur möglich auf dem Hintergrund des Erfolges der Partei – wie sie umgekehrt auch zum Erfolg beitrugen.

Es lohnt sich, einige kritische Stimmen zu zitieren, weil in ihnen die Veränderungen im Charakter der Partei besonders deutlich werden. So kritisierte Mezarcı, ein ehemaliger Abgeordneter der Partei: »Man muß zwischen Veränderung und Öffnung unterscheiden . . . Wenn man sagt ›Wenn Atatürk leben würde, wäre er Anhänger der Wohlfahrtspartei‹ oder ›der Kemalismus ist so schlecht nicht‹, oder wenn man nach Jahren erneut das Symbol der offiziellen Ideologie in der Türkei, das Anıtkabir (das Mausoleum Atatürks) besucht, dann ist das ein ernsthaftes Anzeichen für eine Wende und ein Friedensschluß mit dem System.«[19] Abdurrahman Dilipak, einer der Chefideologen der Partei, beschrieb kritisch die mit der ideologischen Reorientierung einhergehende Veränderung in der Anhängerschaft: »Die Wohlfahrtspartei möchte den Krämer Mehmet Efendi übergehen . . . Anstelle von Bauern und Arbeitern, die nach Schweiß und Kuhmist riechen, stellt sie Männer mit gebügelten Hosen und parfümierte Frauen in den Vordergrund« (Cumhuriyet 8. 10. 1993 nach Dufner 1998:243).

Kurz: Die Veralltäglichung bedeutete in diesem Fall, daß an die

---

18 Hürriyet 19. 9. 96: »Erbakan: Das religiöse Gesetz wird hierzulande nicht eingeführt«. Dies heißt nicht, daß es nicht einen Flügel in der Wohlfahrtspartei gegeben hätte, der auch danach noch für die Einführung der Scheriat eingetreten wäre (siehe auch Seufert 1997:466).

19 In: Yeni Zemin, 11, 1993:43 nach Dufner 1998:241.

Stelle der kleinen radikalen Oppositionspartei mit einer relativ homogenen Wählerschaft ein innerweltlicher Machtapparat trat, der seiner eigenen Logik gehorchte. Gruppierungen, in denen der ursprünglich radikale Geist noch herrschte, mußten erleben, daß sie im Namen der Parteiräson behindert, kontrolliert und von der Macht ausgeschlossen wurden. Das Interesse an der Partizipation an der Macht hatte die inhaltlichen Interessen völlig überlagert.[20]

Die Kaplan-Bewegung stellt in gewissem Sinne das Gegenstück zur Wohlfahrtspartei/Nationalen Sicht dar – nämlich das Beispiel der Veralltäglichung einer Bewegung angesichts eines ausbleibenden Erfolgs. Auf dem Hintergrund der einsetzenden Ernüchterung erwies sich besonders der grenzüberwindende Charakter einer charismatischen Bewegung als Bumerang: Ebenso leicht wie die Gläubigen sich anschließen konnten, blieben sie auch wieder weg. Auch in diesem Fall mußte das Verhältnis zur Welt neu definiert werden – aber dies erfolgte nun in einer grundsätzlich anderen Weise als in der Partei.

Der erste Schritt war mit der Klärung der Iran-Frage nach dem Austritt Polats getan. Dieser zog mit fast zwingender Notwendig-

---

20 Die Beschreibung einer anderen erfolgreichen charismatischen Bewegung hat hier Ernst Troeltsch (1922/77) mit seiner Geschichte des Christentums geliefert. Hier bedeutete der Erfolg, daß man auch Anhänger gewann, mit denen man ursprünglich nicht gerechnet hatte, zum Beispiel Soldaten, Geschäftsleute und Familienmitglieder – und diese nun auch intellektuell integrieren mußte. Man mußte Regelungen in bezug auf Gewalt, Besitz oder Sexualität finden, die etwa die in der Bergpredigt enthaltenen Forderungen so abmilderten, daß sie lebbar wurden. Andererseits konnte man nicht völlig von ihnen absehen, da sie ja in gewisser Hinsicht den Kern der neuen Lehre bildeten. Man löste dies, indem man mit dem Mönchtum Institutionen für die religiösen Virtuosen schuf. Man gewann damit Orte, an denen das ursprüngliche Ideal überlebte. Kurz: An die Stelle einer Gemeinde von Brüdern und Schwestern, die alle einer Ethik der Weltabkehr huldigten, trat eine vielfältig gegliederte Institution, die alle möglichen Kompromisse mit der Welt eingehen mußte – und intellektuell sich vor die Aufgabe gestellt sah, diese zu begründen und zu rechtfertigen. Eine parallele Entwicklung trat im Verhältnis nach außen ein: Der Erfolg der Gemeinde führte zu Besitz und Macht und damit zu wachsendem wirtschaftlichem und politischem Einfluß, was wiederum dazu zwang, das Verhältnis zu den weltlichen Instanzen zu definieren. Kurz: An die Stelle der Urgemeinde trat eine Kirche, eine komplexe innerweltliche Organisation, in der der ursprüngliche Geist der Urgemeinde nur noch sehr verhalten wehte. Die Erneuerungsbewegungen im Laufe der Kirchengeschichte sollten immer wieder diesen Geist der Urgemeinde gegen die ihrem Gefühl nach zu sehr verweltlichte Institution in Anschlag bringen – um im Fall des Erfolgs unwiderruflich dasselbe Schicksal zu erleiden.

ÜMMET-İ MUHAMMED

Hakimiyet, Kayıtsız ve Şartsız Allah'ındır

İSLAMCI GENÇLİK BÜYÜK TOPLANTISINA

DAVET

Şanlı mücadelemizin yiğit mücahidlerini ve bütün müslümanları davet ediyoruz!

İslamcı Gençlik Kur'an'ı anayasa, Şeriat'ı kanun yapmak için yola çıkmıştır.

Tarih:	25.-26. Aralık 1993
Yer:	Niehler Kirchweg 63, 50733 Köln
Saat:	12.30

Davet: »Einladung zur Großveranstaltung der islamistischen Jugend. Wir laden die tapferen Glaubenskämpfer unseres ruhmreichen Kampfes und alle Muslime ein. Die islamistische Jugend ist aufgebrochen, um den Koran zur Verfassung zu machen und die Scheriat zum Gesetz zu erheben. Datum: 25. Dezember 1993.«

keit eine Reihe weiterer Schritte nach sich, Schritte, die zum Umbau der offenen Bewegung in eine geschlossene Sekte führten.

Die nächsten beiden Schritte bestanden in Zentralisierung und Hierarchisierung. Wenn die dogmatische Abgrenzung vom Iran etwas bewirken sollte, dann mußte sie auch in den Gemeinden durchgesetzt werden. Während in den Jahren zuvor eine Gruppe wie die um Hasan Hayrı selbstverständlich Teil der Bewegung sein konnte, wurde sie nun zur Belastung. Eine Aktion wie das Aufhängen von Khomeini-Bildern hätte in der kritischen Phase, in der sich die Bewegung befand, negative Auswirkungen auf das Erscheinungsbild der Bewegung gehabt und weitere Anhänger verprellt. Ebenfalls wurde zum Problem, daß sich jedes Gemeindemitglied frei äußerte oder äußern durfte. Auch hier mußte Kaplan fürchten, daß unbedachte Äußerungen einzelner auf die Bewegung als ganze zurückfallen würden. Die Gemeinden mußten also strenger dem Zentrum unterstellt werden. Während zuvor die Gemeinden selbst ihre Vorsitzenden und ihre Prediger gewählt hatten (und diese lediglich durch Kaplan bestätigt wurden), begann Kaplan nun die Besetzung dieser Positionen in die eigene Hand zu nehmen. Ein Zielkonflikt zwischen Qualifikation und Loyalität war in einer solchen Situation fast unvermeidlich – und es ist bezeichnend, daß Kaplan sich angesichts der schwierigen Situation seiner Gemeinde für Loyalität entschied. Einen ideologischen Ausdruck fanden Zentralisierung und Hierarchisierung in der Doktrin vom Kriegerorden mit den Institutionen Schule, Derwischkloster und Kaserne.

Hierarchisierung und Zentralisierung zogen Säuberungen und Elitenbildung nach sich. Die weitreichenden Änderungen hatten fast zwangsläufig Konflikte und Austritte aus der Gemeinde zur Folge. Dies wurde von Kaplan als Prüfungs- und Reinigungsprozeß gedeutet: Wer aus einem Kriegerorden austritt, hat entweder keinen Mut zum Kampf oder ist zu sehr an innerweltliche Ziele gebunden. Die Lauen und Halbherzigen haben die Bewegung verlassen – nur eine Elite ist geblieben. In einer Art sozialen Alchemie scheint das, was an Quantität verloren gegangen ist, an Qualität gewonnen zu werden. Wer jetzt noch in der Bewegung war, hatte sich bewährt – er konnte sich mit guten Gründen zur Speerspitze, zur Elite der Revolution zählen.

Säuberungen und Elitenbildung gehen mit einer wachsenden Betonung von Grenzen einher. Es ist nicht zufällig, daß 1988 zum ersten Mal Mitgliederlisten der Gemeinde angelegt wurden. Indem die Anhänger registriert werden, wird Klarheit darüber geschaffen, wer »eigentlich« dazu gehört und wer nicht, wessen Wohnung eine »Kaserne« ist und welche nicht. Gleichzeitig wird immer häufiger betont, daß man sich jetzt endlich dafür oder dagegen entscheiden müsse. Dogmatische Präzisierungen und soziale Grenzziehungen ergänzen sich gegenseitig. Je mehr die Grenzen nach außen betont werden, desto enger rücken die Mitglieder einer Gemeinde zusammen. Ein hochgradig integriertes Kollektiv bildet sich heraus, dessen Angehörige sich auf der Grundlage weitgehend geteilter Überzeugungen intensiv austauschen. Je mehr der Austausch unter Gleichgesinnten an Bedeutung gewinnt, desto unwichtiger wird die Auseinandersetzung mit anderen Positionen (die bislang ein Gegengewicht dargestellt haben). Dies führt zu einer zunehmenden Nonkonformität der inhaltlichen Positionen. In einer immer enger gefügten Binnengruppe entwickeln sich rasch hermetische Denk- und Deutungsmuster, die sich Außenstehenden oft kaum noch vermitteln lassen. Je größer die Distanz zu den anderen ist, je eindeutiger das Weltbild der eigenen Gruppe, desto ausgeprägter sind wieder die Tendenzen zu Zentralisierung, Hierarchisierung, Säuberung und Elitenbildung. Es entsteht ein zirkulärer Prozeß. In einer Eigendynamik wird der sektiererische Prozeß immer weiter vorangetrieben.

Wir haben oben mit der Entwicklung der Wohlfahrtspartei ein Beispiel für eine erfolgreiche charismatische Bewegung betrachtet und festgehalten, daß der Erfolg zu zunehmender Konformität führte. Mit der Kaplan-Bewegung haben wir das Beispiel einer charismatischen Bewegung, die, um ein Scheitern abzuwehren, mit den Jahren immer nonkonformer wird. Tatsächlich wird die Kaplan-Gemeinde in den Jahren, die nun folgen sollten, den oben beschriebenen Zirkel noch mehrfach durchlaufen.

Vom »Islamischen Bundesstaat Anatolien« zum »Kalifatsstaat«

Der Zirkel ist ein erstes Mal durchlaufen, als am 18. 4. 1992 der »Islamische Bundesstaat Anatolien« erklärt und Kaplan von seinen Anhängern zum Statthalter des Kalifen ausgerufen wird. Dieser Schritt setzte die Existenz einer festgefügten Gruppe voraus; nur bei ihr konnte Kaplan damit rechnen, daß ein derart radikaler Schritt nicht zur Spaltung führt. Gleichzeitig wird mit den beiden

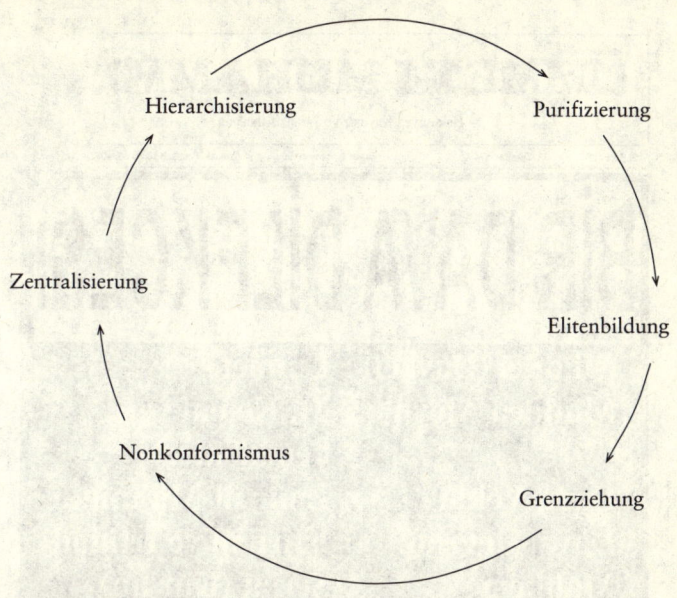

Hierarchisierung

Purifizierung

Zentralisierung

Elitenbildung

Nonkonformismus

Grenzziehung

Schritten der Hierarchisierungs- und Zentralisierungsprozeß vorangetrieben und damit ein zweiter Durchgang des Zirkels eingeleitet.

Mit der Ernennung zum Statthalter des Kalifen sollte ein erster Schritt zur Erneuerung des Kalifats gemacht werden – die Entscheidung, wer endgültig das Amt bekleiden würde, würde einer Ratsversammlung islamischer Staaten vorbehalten bleiben. Bis dahin aber beanspruchte Kaplan das Amt eines Sprechers der islamischen Gemeinschaft für sich. Im Namen des Islam trat er nun auf und forderte die Rückgabe des Territoriums von Anatolien, eines Territoriums, das im Zug der kemalistischen Revolution dem Islam widerrechtlich entrissen worden sei. In der Predigt »Es ist gerecht, das Recht zu verlangen« (1992) formulierte er dies in Gestalt einer Anklageschrift:

Der Schritt ist natürlich unglaublich anmaßend, verweist aber auf ein reales Problem: Da die islamische Gemeinschaft, anders als die Kirchen, nicht in der Form ineinander verschalter Körperschaften

ÜMMET-İ MUHAMME

Hakimiyet, Kayıtsız ve Şartsız Allah'ındır

23. April 1994   13. Zilkade 1414   Jahr: 6 Nummer: 99   Adresse: Postfach 10 30 36, 40

BİR DAVA DİLEKÇESİ

Müddei (Davacı) : Ümmet
Müddea Aleyh : M. Kemal ve
kemalistler
Dava Vekili : Emir'ül-Mü'minin
Dava Mevzuu : İstirdad ve İrtidad
Mahkeme : Şeriat (Kur'an)
Mahkemesi
Mahkeme Makamı: Dünya
Mahkeme : Aleni (İnsanlık dünyası, ilim dünyası, fikir dünyası, hukuk dünyası)
Şikâyet Mevzuu : Şer'an ve hukuken istenilen iki şey:
1- Topraklarımızın istirdadı (geri alınması),
2- Mücrim ve mütecavizlerin tecziyesi.

Titelseite von Ümmet-i Muhammed (6)99 vom 23.4.1994

Bir dava dilekçesi: **Eine Klageschrift**[21]

Kläger:	Islamische Gemeinschaft [Umma]
Angeklagter:	Mustafa Kemal und die Kemalisten
Prozeßbevollmächtiger der Anklage:	Der Führer [der islamischen Gemeinschaft] und Statthalter des Kalifen
Gegenstand der Klage:	Rückerstattung und Abfall vom Glauben
Gericht:	Islamisches Gericht
Gerichtsort:	Die ganze Welt
Sitzung:	Öffentlich [die Welt der Menschheit, der Wissenschaft, der Ideen, des Rechts]
Forderung:	Nach islamischem und allgemeinem Recht wird gefordert: 1) Rückgabe unserer Länder 2) Bestrafung der Schuldigen und Angreifer

organisiert ist, gibt es nach der Abschaffung des Kalifats auch niemanden mehr, der legitimiert wäre, im Namen des Islam (oder auch nur der türkischen Muslime) eine Forderung zu erheben.

Dennoch: Wie kann ein kleine Splittergruppe allen Ernstes beanspruchen, daß die Erneuerung des Kalifats ausgerechnet von ihr ausgehen sollte? Dabei handelt es sich genaugenommen um zwei Fragen: Warum eine türkische Gruppe – und warum nicht etwa (wenn man schon die Schiiten außen vor läßt) die Befreiungskämpfer in Afghanistan, die sich schließlich in einer weit ernsteren Situation behaupten müssen? Und warum unter den türkischen Gruppen ausgerechnet die Kaplan-Gemeinde? Auf die erste Frage antwortete Kaplan im wesentlichen mit einem Verweis darauf, daß das Kalifat schließlich in der Türkei abgeschafft wurde und es daher angebracht sei, es dort auch wieder neu zu begründen. Auf die zweite Frage antwortete er – wenig überraschend, aber freilich nur für diejenigen plausibel, die ohnehin seine Anhänger sind – mit dem Hinweis darauf, daß seine Organisation (und damit er) einfach die methodisch konsequenteste sei (1992b/1995:62). Damit ist der Einwand jedoch noch nicht erledigt, denn die geringe Zahl seiner Anhänger stellt ein Problem für sich dar. In der islamischen Staatstheorie hat sich nämlich die realpolitische Position durchgesetzt, daß der islamische Herrscher den Titel des Kalifen füh-

---

21 Die Anklageschrift wurde auf der Titelseite von Ümmet-i Muhammed (6) 99 vom 23. 4. 1994 als Aufmacher verwendet.

ren sollte, der über die meiste Macht verfügt (und damit die Stärke und Einheit des Islam garantieren kann) (Nagel 1981:126-129; Lewis 1988/1991:166). Ist es angesichts dieser Rechtslage nicht nachgerade absurd, wenn jemand, »den zwei Polizisten verhaften und abführen können« (Mehmet G.), diesen Titel für sich beansprucht? Auf diesen Einwand hin pflegte Kaplan zu betonen, daß er gerade *nicht* der Kalif, sondern nur sein Statthalter sei. Eine Verhaftung würde also das Amt selbst nicht beschädigen. Seine Absicht sei es lediglich, durch symbolische Politik eine Leerstelle zu markieren. Wer etwas anderes behaupte, betreibe üble Nachrede.

Mit dem Verweis auf symbolische Politik begegnet er auch islamischen Kritikern, die in der Ausrufung der Exilregierung nur absurdes Theater sehen. Immer wieder betonte er, es handele sich bei der Ausrufung des Staates nicht um eine Neugründung, sondern nur um die Aktualisierung eines nie erloschenen Rechtstitels.[22] Diese Denkfigur wäre freilich plausibler, wenn die Forderung an eine fremde Besatzungsmacht gerichtet wäre. Bei Mustafa Kemal handelt es sich indes eindeutig nicht nur um einen Einheimischen, sondern er gilt auch als Person, die den Widerstand gegen den Kolonialismus geleitet hat. Es ist deshalb kein Zufall, daß gerade die Predigt, in der die Exilregierung ausgerufen wurde, noch einmal ausführlich Mustafa Kemal als Verräter, Usurpator etc. beschrieb.

Durch die Ausrufung der Statthalterschaft wird die Hierarchie in der Gemeinde ein weiteres Mal unterstrichen. Loyalität[23] wird nachdrücklicher gefordert. Wurde in der Predigt in der Hedschra 1984 noch verkündet, daß diejenigen, die nicht für das Kalifat eintreten, den »Tod der Unwissenheit erleiden«, so wird dies jetzt denen prophezeit, die nicht den Treueeid auf Kaplan ablegen (1993/1995:122).

22 Eine derartige Strategie schlagen auch andere politische Gruppen gelegentlich ein. Die Handlung erinnert an die Aktion eines Kreises von Vertriebenen, die 1998, also lange nach der völkerrechtlichen Anerkennung der Oder-Neiße-Grenze und der Klärung der Eigentumsfrage, Briefe nach Polen schickten, in denen auf die Aufrechterhaltung ihrer Eigentumsrechte hingewiesen wurde. Auch hier wird in einer symbolischen Handlung die Unaufhebbarkeit eines Rechtstitels durch staatliche Instanzen behauptet.

23 *Hakkı istemek haktır.* Abgedruckt in: Ümmet-i Muhammed (4) 62 vom 15. 6. 1992 (auf deutsch erschienen unter dem Titel: »Es ist gerecht, das Recht zu verlangen« in Kaplan 1995: 42-77).

Die Ausrufung der islamischen Republik hatte eine Reihe weiterer Austritte zur Folge. Es blieben Gläubige weg, die diesen Schritt nicht mehr nachvollziehen konnten (auf Beispiele aus Augsburg werden wir weiter unten zu sprechen kommen). Andererseits kamen andere, die sich gerade von dem Anspruch faszinieren ließen. Die Aussteiger wurden der Unwissenheit, der Furchtsamkeit oder des Hochmuts beschuldigt (1993/1995:120). »Strenges Vorgehen von Ankara und der Lügen- und Verleumdungskampf der hiesigen Verwaltungsbehörden ließen die Unentschlossenen bereits auf halbem Weg zurückkehren. Aber, Gott sei Dank, hinter unserem Meister bildete sich nun erneut eine reine, starke, unerschütterliche, monotheistische Religionsgemeinschaft, nachdem die ehemalige Gemeinde sich von labilen Mitgliedern getrennt hatte.« (Metin Kaplan 1994/1995:191) Mit der »Säuberung« steigerte sich der elitäre Anspruch: Aus einer revolutionären Avantgarde waren die Mitglieder einer künftigen islamischen Regierung geworden (so wie auch Kaplan vom Anführer eines Militärordens zum Regierungsoberhaupt avancierte): »Nun haben wir gesagt: ›Es gibt nur eine wahre Organisation oder Gemeinde; alle anderen Gemeinden und Organisationen sind entweder im Unrecht oder sind solche, die Recht und Unrecht vermischen‹« (Kaplan 1993:9).

All dies vertiefte den Graben zu den anderen Organisationen. Die Ausrufung der islamischen Republik war eine deutliche Provokation – was auch unumwunden ausgesprochen wurde: »Alle islamischen Organisationen, sowohl in Europa als auch in Anatolien, werden ohne Vorbehalt und Einschränkung ihre Organisationen auflösen und dieser aktiven Bewegung, die den islamischen Staat bildet und die islamische Gemeinschaft vertritt, also dem Koranstaat, beitreten« (1992a:34). Kaplan antizipierte selbst die Reaktion, die dieser Schritt haben würde: »Es . . . wird bestimmt welche geben, die sich darüber lustig machen, die drohen und die dagegen protestieren« (1992a/1995:36).

Die wachsende Kluft zu den anderen Organisationen drückt sich auch darin aus, daß Kaplan zu dieser Zeit damit begann, die Führer der anderen Gemeinden, allen voran Erbakan, als *müşrik*, als Polytheisten zu verurteilen. Damit machte Kaplan von einer in der islamischen Gemeinschaft äußerst umstrittenen Waffe Gebrauch – nämlich der Verurteilung eines anderen Muslim als Apostaten, solange dieser selbst nicht öffentlich dem Islam abgeschworen hat. Auch damit stellte sich Kaplan gegen den allge-

ANADOLU FEDERE İSLAM DEVLETİ 'NİN
İHYASININ 1. YILI MERASİMİNDE BULUŞALIM !

" Şu tarihi ve tarihi olduğu kadar da hayati öneme haiz ve aynı zamanda mübarek Kur'an Devleti'nin Şeriat Devleti'nin ve İslam Devleti'nin ihya edilmesine ve Dünyanın gündemine getirilmesine bi-inayetillah karar veriyor ve bu hakikatı Anadolu insanına, İslam alemine ve bütün bir Dünyaya ilan ediyoruz. "
16 Şevval 1412
(18 Nisan 1992)
Koblenz

HİLAFET DEVLETİ' NE DOĞRU ...

YER   : Rhein-Mosel-Halle, Koblenz
TARİH : 26. Şevval 1413 (18. Nisan 1993), Pazar
SAAT : 11.00

meinen Konsens, der besagt, daß keiner für sich in Anspruch nehmen dürfe, der einzig wahre Gläubige zu sein.[24]

Symbolisch wurde die Kluft zu den anderen Gemeinden durch einen Erlaß zur Kleidungsfrage unterstrichen: Die Mitglieder der Bewegung wurden aufgefordert, sich bewußt islamisch zu kleiden – also weite Hosen und Umhänge anzulegen und Turbane aufzusetzen – und sich auch darin von anderen Gläubigen abzusetzen. Noch bedeutsamer war, daß Kaplan Eheschließungen außerhalb der Gemeinde verbot (1993/1995:126). Dies ist insofern bemerkenswert, als gerade im islamisch-konservativen Milieu die Heirat mit Nah-Verwandten üblich ist. Mit seinem Verdikt stellte Kaplan die Mitgliedschaft in der Gemeinde eindeutig über die Verpflichtungen gegenüber der Verwandtschaft.

Durch all diese Maßnahmen wurde die Gemeinde immer fester zusammengeschmiedet. Kaplan ließ sich durch sie am 8. 3. 1994 zum Kalifen ausrufen. Das Haupt einer winzigen Splittergruppe beanspruchte damit, geistiges und weltliches Oberhaupt von 971 Millionen Muslimen in 184 Ländern zu sein. Dies ist Außenstehenden kaum mehr zu vermitteln, hat jedoch eine innere Logik. Wenden wir uns zunächst der Argumentation zu, mit der Kaplan diesen Schritt vor seinen Anhängern rechtfertigte.

Kaplan begründete das Ausrufen des Kalifats in einem offenen Brief »an die Zuständigen, die sich vor Allah und der Religionsgemeinschaft verantworten müssen«. Darin betonte er vor allem die Dringlichkeit der Lage: Die Gelegenheit zum Ausrufen eines Kalifen ist da – und jetzt kommt es darauf an, sie zu nutzen und den entscheidenden Schritt wagen. Damit verbindet sich wieder einmal die Hoffnung auf ein Fanal (1994:9): »Diejenigen, die den Monotheismus anerkennen, werden in hellen Scharen kommen, und diejenigen, die in ihrem Willen schwach sind, werden . . . er-

Aufruf: »Laßt uns zu den Feierlichkeiten anläßlich des ersten Jahrestags der Ausrufung des Islamischen Bundesstaats Anatolien zusammentreffen: ›Wir beschließen mit Hilfe Gottes und verkünden es den Menschen in Anatolien, der islamischen Welt und der ganzen Welt, daß der koranische Staat, der Staat der Scharia und der islamische Staat ausgerufen wird, ein Staat, der genauso historisch wie lebenswichtig und heilig ist.‹ (18. April 1992) Koblenz. Vorwärts zum Kalifatsstaat.«

24 In Ägypten, wo die Gruppe um Sayyid Qutb ebenfalls Gebrauch von der Apostasie-Erklärung machte, führte dies zu erheblichen Auseinandersetzungen mit den Muslimbrüdern (siehe Sivan 1990:109).

starken« (1994:10). Es ist unverantwortlich, eine derartige Gelegenheit verstreichen zu lassen: Die Menschheit ist am Verdursten und wird sich deshalb dem Erstbesten an den Hals werfen, der ihr Wasser anbiete: Dies wird entweder das klare, heilkräftige Wasser des Islam sein oder das bakterienverseuchte Wasser (anderer Ideologien). »[Im letzteren Fall] wird sie [die Menschheit] in eine tiefe Bewußtlosigkeit versinken oder gar in den Tod gehen« (ebenda: 10). Außerdem besteht die Gefahr, daß »einer von denen, die ständig bereit sind, Kompromisse zu schließen, und unerwünschte Neuerungen im Islam dulden, mit Unterstützung oder Duldung von Nichtmuslimen sein Kalifat ausrufen könnte« (ebenda: 10) – eine deutliche Anspielung auf Erbakan.

Mit der Ausrufung zum Kalifat stellt sich das Problem von Kaplans Machtlosigkeit erneut – die früher gegebene Antwort, also der Verweis auf den symbolischen Charakter der Politik, hatte sich ja erledigt. Kaplan beantwortete die Frage, indem er in der Predigt: »Das Kalifat und der Kalif« (1994b) eine neue Geschichtsphilosophie einführte. Der Niedergang des Kalifats, so führt er (diesmal in Einklang mit der etablierten Geschichtsschreibung) aus, habe bereits mit der Krise des osmanischen Reiches zu Beginn des 17. Jahrhunderts begonnen. Die islamische Welt sei seit damals immer weiter hinter der christlichen Welt zurückgeblieben. Mit der Machtergreifung von Mustafa Kemal sei schließlich der Islam endgültig entmachtet worden. Seitdem seien die Führungspositionen des türkischen Staats von Agenten des christlichen Auslands besetzt. Da der Niedergang vierhundert Jahre gebraucht hat, müsse man realistischerweise auch für den Wiederaufbau eine entsprechende Zeitspanne veranschlagen: »Fragt doch mal diejenigen, die sich mit der Begründung, es sei keine Streitmacht vorhanden, vor dem Eid drücken wollen, ob sie noch 400 Jahre leben werden!« (1994b:5).

Kaplan streckt also den Zeithorizont, in dem Niedergang und Wiedererrichtung sich vollziehen, sehr weit. Dies ist in dem Lager radikaler islamischer Gruppen, wo ansonsten oft Endzeitstimmung vorherrscht, ein außergewöhnlicher Schritt. Nach Kaplan befindet man sich am Scheitelpunkt der Kurve – in der Mitte der Nacht. Es entspricht völlig dieser Situation der absoluten Zeitenverfinsterung, daß nur eine winzige Gruppe von Gläubigen übrig geblieben ist. Da diese aber nun in jeder Hinsicht eine Elite darstellen, kann man mit ihnen die Wende einleiten und an die Arbeit des

Neuaufbaus gehen. Und wer jetzt noch zweifelt, soll sich fragen, wie groß die Streitmacht gewesen ist, die Muhammed zur Verfügung gestanden hat: 300 Leute in der Schlacht von Badr, der ersten großen Schlacht des Glaubenskrieges gegen Mekka, und 1000 bei Uhud, in der zweiten Schlacht (ebenda: 9).

Man wird der Argumentation eine innere Logik nicht absprechen können. Auf Außenstehende wirkte dieses Gedankengebäude zunehmend wie ein Wahnsystem – ein Konstrukt, das sich durch hohe innere Konsistenz bei gleichzeitiger völlig Abgekapseltheit auszeichnet.

Die Radikalisierung hat nun interessante Konsequenzen in bezug auf die Grenzziehung. Hier ist ein qualitativer Umschlag zu beobachten. Grenzte man sich vorher am meisten von denjenigen ab, deren Positionen am entferntesten waren (also etwa vom Präsidium für Glaubensangelegenheiten oder den Süleymancı), so erscheint jetzt nicht mehr der Ganz-Andere, sondern der Allzu-Ähnlich-Andere der größte Feind zu sein: »Wer nicht die ganze Wahrheit sagt, ist verflucht, selbst wenn er 99 % der Wahrheit sagt ...« Mehr noch als die anderen Parteien füge Erbakans Wohlfahrtspartei dem Islam Schaden zu. »Die anderen Parteien haben sich zwar weiter vom Islam entfernt. In Erbakans Partei ist der Islam Thema. Aber genau deshalb handelt es sich um die schlimmste Partei. Je mehr sie dem Islam zu entsprechen scheint, desto schwieriger ist es, ihr nicht zu verfallen. Deshalb ist Erbakans Partei vom islamischen Standpunkt aus schlimmer als die anderen« (Sofu 1996).

Je radikaler und abgeschotteter eine Gruppe ist, desto höher ist der Preis des Ausstiegs. In diesem Zusammenhang ist ein 1995 auf der Jugendseite erschienener Artikel »Wer sich von der Gemeinde trennt, gerät in eine Krise« besonders interessant. Er erlaubt einen Blick auf die Kontrollmechanismen, die sich in einer derartigen Gemeinde herausbilden. Im ersten Abschnitt heißt es: »Wer sich von der Gemeinde trennt, gerät in eine Krise. Wer den Treueschwur bricht, verletzt nicht nur ein religiöses Gebot, sondern ist ... auch kein anständiger Mensch mehr. Jeder wird sein Schicksal finden und den Lohn seiner Taten erhalten ... Wer sich von der Gemeinde trennt, wird vereinsamen und sich selbst fremd werden. Als er seinen Fehler ... bereute, sagte Ka'b bin Malik – möge Gott seine Freude an ihm haben –: ›Ich geriet auf ein mir unbekanntes Feld. Ich kann nicht sagen, was mein Zustand war.‹ Er verfiel in einen Zustand, in dem er sich selbst nicht mehr kannte, und hatte das Gefühl, sich selbst fremd geworden zu sein. Auch schien ihm, als wären die ihm Nahestehenden, seine Freunde und Leidensgenossen zu Unbekannten geworden.«[25]

Der Text erschien auf der Jugendseite der Zeitung: Es sind also die jungen Männer und Frauen, die hier angesprochen sind. Dabei scheinen zwei Zielgruppen in Frage zu kommen: zum einen diejenigen, die mit dem Gedanken des Austritts spielen und vor den Folgen gewarnt werden sollen; zum anderen diejenigen, die fest in der Gemeinde verankert sind und denen (zur Erbauung? zur Genugtuung?) die furchtbaren Folgen eines Austritts geschildert werden. Der ganze Gedankengang macht nur Sinn im Kontext einer Sekte, in der praktisch alle relevanten Beziehungen innerhalb der Gemeinde angesiedelt sind. Nur dort gibt man bei einer Trennung alle sozialen Kontakte auf und vereinsamt. Zwischen dem ersten und vierten Satz wirken die beiden Sätze: »Wer den Treueschwur bricht, verletzt nicht nur ein religiöses Gebot, sondern ist . . . auch kein anständiger Mensch mehr. Jeder wird sein Schicksal finden und den Lohn seiner Taten erhalten« wie später eingefügt – der Text wäre ohne sie stimmiger. Möglicherweise ging es dem Autor an dieser Stelle darum, noch einmal klarzumachen, worin das Besondere einer Trennung von *dieser* Gemeinde besteht – sie ist nicht nur ein Austritt wie aus irgendeiner anderen Gemeinde, sondern bedeutet den Bruch des Treueschwurs (und umgekehrt zieht der Bruch des Treueschwurs auch den Abbruch der sozialen Beziehungen nach sich). Dann kommt der Autor auf die eigentliche Sache, nämlich auf die Beschreibung des »außergewöhnlichen Zustands« zu sprechen, in den man in einer derartigen Lage gerät. Ka'bin Malik ist ein Dichter aus Medina, der in Aquaba den Islam annahm und Muhammeds Kriegstaten verherrlichte. Er war aus nicht überlieferten Gründen zeitweise in Ungnade gefallen, und Muhammed hatte den Kontakt abgebrochen. Was den Autor unseres Artikels offenbar bewegte, ist die Beschreibung des psychischen Zustands dieses Prophetengenossen, die er in der Hadith-Sammlung des Buhari gefunden hat – einem der großen klassischen Texte des Islam. »›Ich geriet auf ein mir unbekanntes Feld. Ich kann nicht sagen, was mein Zustand war.‹« Hier wird in einer meisterhaft verkürzten Form das Erlebnis des Realitätsverlusts ange-

25 Ümmet-i Muhammed 1995 Nr. 117:7.

sprochen: Mit dem Bild des unbekannten Felds wird das Gefühl angesprochen, das sich einstellt, wenn man sich verläuft: Alle Formen sind vertraut – und dennoch erlebt man einen heillosen Verlust an Orientierung und Sicherheit. Der Zustand selbst ist unangenehm, kann aber offenbar nicht beschrieben werden. Könnte man ihn in Worte kleiden, hätte man ihm wenigstens eine Form gegeben und ihn damit an vertraute Erfahrungen zurückgebunden. Die Folge ist das Gefühl, »sich selbst nicht mehr zu kennen«, also den selbstverständlichen Bezug zu sich selbst verloren zu haben, »neben sich zu stehen«, »sich zu beobachten, als wäre man ein anderer«. Aus Freunden scheinen Fremde geworden zu sein.[26] In der zweiten Hälfte des Artikels schlägt die Warnung in eine Drohung um. Auf einmal ist die Rede davon, daß die Ausgrenzung auch von der Gemeinde ausgehen könnte – und es klingt an, daß die Meidung ein letztes Sanktionsmittel der Gemeinde sein könnte. Angesichts der weitreichenden Konsequenzen dürfe diese Strafe allerdings nicht leichtfertig verhängt werden: »Sie ist keine Sache, die von den Fußtruppen ausgesprochen werden kann, sondern kann nur auf Befehl des Anführers geschehen . . .« (ebenda).

Ausschlüsse sind die einzige wirkliche Disziplinierungsmöglichkeit, die eine Gemeinde hat, die sich gegen die Welt stellt und deshalb auf die Unterstützung der Welt verzichten muß.[27] Der Text zeigt, daß sich die Anhänger Kaplans sehr klar über diesen Mechanismus sind, mit dem eine Sekte ihre Anhänger halten kann.

Mit dem Umbau der Bewegung zu einer Sekte hat Kaplan seine Gemeinde – und damit seine Vision – gerettet. Es gelang ihm, das Schicksal abzuwenden, als Prophet ohne Anhänger dazustehen. Dieser Prozeß wirkte auf die Idee zurück. Je sektenartiger die Gemeinde wurde, desto nonkonformer wurden die Ideen, die in ihr vertreten wurden. Im gleichen Prozeß wandelte sich die Art und Weise, wie die Evidenz der Idee sozial abgestützt wurde. Am Anfang, als die Bewegung noch wuchs, konnte sie auf das Argument der Zahl setzen: Je mehr Personen sich um eine Idee scharen, desto wahrscheinlicher ist es, daß etwas an ihr »dran ist«. Im Prinzip gilt

26 All dies erinnert an andere Schilderungen derartiger Irrealitätsgefühle: Siehe etwa Marguerite Sechehayes »Tagebuch einer Schizophrenen« (1950/1973), in dem auf beklemmende Weise das Leiden des Wirklichkeitsverlusts geschildert wird; sehr beeindruckend ist auch Eva Hoffmanns: Ankommen in der Fremde – Lost in Translation (1989/1993).

27 Dieses Argument wird von Mary Douglas in verschiedenen Zusammenhängen vorgebracht. Siehe Douglas 1978 und 1986/91.

dies auch umgekehrt: Mit dem Schwinden der Anhängerschaft sinkt auch die Plausibilität der Idee. Bald tritt die Situation ein, daß beides sich wechselseitig verstärkt. Mit der Errichtung einer Sekte gelang es Kaplan, diesen drohenden Prozeß abzuwenden. Es waren nun zwar nicht mehr viele, die seine Botschaft akzeptierten (weit weniger etwa als bei Erbakan), dafür aber waren es die Besten. An die Stelle einer quantitativen Bestätigung war eine qualitative Bestätigung getreten. Allerdings war diese Wendung teuer erkauft – zumindest nach Meinung derer, die sich von dem ursprünglichen Gedanken der Gelehrtenrepublik hatten begeistern lassen.

Die Veränderungen im Diskursfeld der islamischen Gemeinden in Augsburg

Wie wirkten sich diese Veränderungen vor Ort in Augsburg aus? Mehmet G., bis zu seinem Ausscheiden die graue Eminenz der Gemeinde, sagte, er erinnere sich noch genau an eine Predigt, die Kaplan 1985 oder 1986 gehalten hat: »Also ich vergesse eine Predigt nicht, ich habe sie in Augsburg gehört, das war vor acht oder neun Jahren. Er [Kaplan] sagte: ›Es steht inzwischen fest, wer Freund und wer Feind ist. Wir müssen jetzt die Reihen schließen. Wir sind auf dem Weg in die Zukunft, auf dem Weg der Wahrheit. Wir haben die Antwort auf das Nurcutum, Parteientum, das Süleymancıtum gegeben. Sie sollen jetzt kommen und mit uns auf dem richtigen Weg zusammenarbeiten. Wenn sie nicht wollen, dann kommen sie eben nicht und bleiben fern.‹ Also so eine Haltung nahm er ein.« Diese Predigt sieht Mehmet G. im Rückblick als den Zeitpunkt, zu dem die ursprünglichen Träume verraten wurden. »Unser Traum war es ja gewesen, den Islam nicht zu spalten, sondern [die Muslime] zu sammeln. Wir wollten den eigentlichen Islam verwirklichen und nicht den Islam der Gemeinden oder Bruderschaften . . . Wir hatten gesagt: ›Laßt uns zusammenarbeiten, die Gemeinden sollen kommen, Cemaleddin Hodscha soll kommen, die Islamischen Kulturzentren sollen kommen, die Nationale Sicht, alle.‹ Zuerst hat Cemaleddin Hodscha wie wir gesprochen . . . und wir haben alle eingeladen.«

Ich hatte mich zu dem Zeitpunkt, auf den Mehmet G. anspielt, zu einer Vorstudie in der Gemeinde aufgehalten. Damals erlebte ich mehrere Debatten über die Frage, wie stark man die Unterschiede zu den anderen Organisationen betonen solle. Das folgende Gespräch spielte sich im Jahr 1987 während des Fastenmonats Ramazan in der Wohnung des damaligen Gemeindevorstehers Şevket A. ab. Etwa zehn Männer saßen beim Tee im Kreis auf dem Boden; nach einiger Zeit kam das Gespräch auf die anderen islamischen Gemeinden. Ich zitiere aus meinen Feldnotizen: »Auf eine herablassende Bemerkung von Şevket über die Süleymancı ging Turan, ein etwa 25 jähriger Mann, in die Luft. Er finde diese Trennungen falsch. Man bausche die Unterschiede zu den Süleymancı oder den Nurcu auf. Dabei gingen Nurcu in die Diskotheken, um Jugendliche ›zu retten‹. Er selbst würde alle Gruppen unterstützen, die für einen islamischen Staat einträten. Şevket A. fragte zurück, ob er sich bewußt sei, was er da sage. Er könne doch nicht die Leute vom Präsidium für Glaubensangelegenheiten unterstützen. Turan erwiderte, Şevket habe nicht richtig zugehört. Er habe gesagt, er würde alle unterstützen, die für einen islamischen Staat arbeiteten. Dies aber seien gerade *nicht* die Leute des Präsidiums. Mit den anderen werde er aber zusammenarbeiten. Şevket findet diese Position untragbar. Seien denn die anderen Organisationen gekommen, als sie zu einer Afghanistan-Demonstration aufgerufen hatten? (Er zählte noch ein paar weitere Initiativen auf, an denen sich die anderen Gemeinden nicht beteiligt hatten.) Turan wandte ein, daß sie selbst ja auch nicht zu den Veranstaltungen der anderen gingen; so könnten sie dies umgekehrt auch nicht erwarten. Wenn ihn aber jemand von den anderen Vereinigungen auffordern würde, Flugblätter zu verteilen, sei er dazu bereit. Şevket: Es wäre unmöglich, wenn Turan dies im Namen der Organisation [also der Kaplan-Gemeinde] machen würde. Turan darauf: Selbstredend werde er dies nur als Privatperson machen, keinesfalls im Namen der Organisation. Şevket: Dies sei in Ordnung – solange nur die Organisation nicht mit hineingezogen werde. Turan: Er sei das ganze leid. Beispielsweise würde über Timurtaş Uçar gesagt, er stünde im Sold der Regierung. Aber habe man denn das Recht, so zu reden? Timurtaş Uçar sei gefoltert worden, man habe ihm seine Fingernägel unter der Folter herausgerissen. Habe man das Recht zu sagen, er sei ein Angehöriger der Regierung? Der Hodscha Timurtaş sei im Gefängnis gewesen. Wenn man selbst nicht dort gewesen war, habe man auch nicht das Recht, den Mund aufzureißen.«

Şevket A. betont in dem Gespräch die Abgrenzung zu den anderen Organisationen und vertritt damit die zu dem Zeitpunkt offizielle Haltung des »Hic Rhodos, hic salta.« Schließlich, führt er später am gleichen Abend aus, habe Cemaleddin Kaplan immer wieder die anderen Hodschas aufgerufen, sich einer Disputation zu stellen; sie hätten aber nicht geantwortet. Turan, der zur zweiten Generation gehört, nimmt dagegen die Position ein, man könne die Differenzen zwischen den Gemeinden nicht durch einen Zwang zum Offenbarungseid überwinden, sondern nur durch gegenseitige Akzeptanz und Achtung als Muslime. Ihm erscheint die offizielle, in diesem Gespräch von Şevket vertretene Position als arrogant und überheblich – als eine Abwertung der Leistungen der anderen Gemeinden. In die gleiche Richtung argumentierte ein anderer Gesprächsteilnehmer aus der Türkei, der sich besuchsweise in der Gemeinde aufhielt: Er mache einen Unterschied zwischen revolutionären Muslimen (*inkilapçı*) und anderen. Bei den Revolutionären sei das Ziel (also der Aufbau des islamischen Staats) das gleiche – aber die Methoden seien verschieden. Die einen arbeiteten innerhalb des Systems, die anderen außerhalb. Man müsse aber z. B. zugeben, daß die Nurcu am besten organisiert seien. Sie hätten Studentenwohnheime, würden den Studenten Stipendien geben usw. Was ihn selbst angehe – er sei noch nicht einmal dafür, den Gesprächsfaden zu den Leuten vom Präsidium für Glaubensangelegenheiten abreißen zu lassen (was Kaplans Politik impliziert): Man solle doch bedenken, daß auch die Hodschas des Präsidiums sich bewegt hätten und heute nicht da wären, wo sie sind, wenn man sie nicht ständig mit Fragen bombardiert hätte.[28]

Es zeichneten sich also bereits 1987 Konflikte in der Augsburger Gemeinde ab. Sie wurden jedoch dann unversöhnlich, als Kaplan begann, sich vom Iran abzugrenzen und in diesem Zusammenhang die Bedeutung der Rechtsschulen hervorzuheben. Ein derartiger Schritt bedrohte nach Meinung von Mehmet G. und Abuzer K. die Einheit und Geschlossenheit der revolutionär-panislamistischen Bewegung. »Unser Problem heute sind doch nicht die Rechtsschulen. Heute geht es darum, daß wir einen islamischen Staat und eine islamische Ordnung brauchen: Wenn wir die einmal haben, dann können wir uns der Frage der Rechtsschulen wieder zuwenden: Aber sich zu einer Zeit, wo es keinen islamischen Staat und keine islamische Verfassung gibt, hinzustellen und zu sa-

---

28 Tatsächlich spiegelt die Meinung des Gasts die weniger fraktionierte Situation in der Türkei, wo die Islamisten sich in die Wohlfahrtspartei integrierten. Vgl. S. 54.

gen: ›Ich lasse meine Rechtsschule nicht in Frage stellen‹ – das ist doch Unsinn.« (Mehmet G.) Abuzer K., der Jugendwart der Gemeinde, brach 1991 nach einer Predigt Kaplans in der Augsburger Moschee den Streit vom Zaun. Kaplan hatte die Position vertreten, daß man auf Grund der rituellen Differenzen zwischen der Sunna und der Schia das Gebet nicht hinter einem schiitischen Vorbeter verrichten dürfe – was eine weitere Verschärfung in der Abgrenzung zum Iran darstellte.[29] Abuzer: »Ich wollte etwas sagen, sie ließen mich nicht. Ich ging nach unten, setzte mich zu ihm [Kaplan]. Ich fragte: Warum haben Sie das gepredigt? Wußten Sie denn nicht, bevor Sie in den Iran gegangen sind, daß die Schiiten bei den Waschungen die Füße auslassen? Sie haben doch selber hinter dem Imam [Khomeini] gebetet. Damals war Ihr Gebet doch gültig; warum soll es jetzt ungültig sein . . . Später habe ich [zu meinen Freunden] gesagt: Dieser Mann ist ein Lügner, dieser Mann ist kein Gelehrter. Wenn er ein Gelehrter wäre, hätte er gewußt, daß sie die Waschungen an den Füßen nicht vornehmen . . . Ich sagte, diesem Mann darf man nicht folgen. Natürlich haben sich dann einige von hier über mich [beim Zentrum in Köln] beschwert . . . Sie haben gesagt, er redet so und so über dich. Die waren darüber beunruhigt und haben mich ausgeschlossen.« Hier wird der Vorwurf laut, daß Kaplan die theologischen Begründungen nur vorgeschoben habe. In Wirklichkeit, so Abuzer, werden die dogmatischen Differenzen aus strategischen Gründen betont. Das alles sei unaufrichtig.

Für Mehmet G. war kurz nach dieser Episode die Ausrufung zum Statthalter des Kalifen der Grund für den endgültigen Bruch: »Als Cemaleddin Kaplan sagte: ›Wir sind die Islamische Gemeinschaft und die Vereinigung der Islamischen Gemeinden‹, da waren wir ganz vorn dabei und haben alles [für die Bewegung] getan, aber als er sagte: ›Ich bin der Kalif, ich bin der Staat‹, habe ich das nicht akzeptiert. So einfach ist es nicht mit dem islamischen Staat, mit dem Kalifat. Warum hätte ich denn sonst einen Mann verlassen, für den ich acht bis zehn Jahre gearbeitet habe . . .? Wenn er sich doch nur mit seiner Tätigkeit als Lehrer begnügt hätte, mit seiner Vorstandstätigkeit in einer Vereinigung, wenn er es dabei belassen hätte, eine Vereinigung islamischer Gemeinden zu gründen! Die Schura hätte ihn dann immer noch zum Kalifen wählen kön-

---

29 Die gleiche Position hatte Kaplan in bezug auf die Vorbeter des Präsidiums für Glaubensangelegenheiten vertreten.

nen. Er selbst hat immer wieder gesagt: Sobald ein islamischer Staat gegründet ist, können die Schriftgelehrten und die Imame zusammenkommen, sich beraten, einen Kalifen wählen und ihm die Befehlsgewalt übertragen. Das hat Cemaleddin Hodscha selbst gesagt, das sind seine eigenen Worte – die Bänder existieren noch. Nun, und wieviel Schriftgelehrte hat er denn versammelt? Daß er sich selbst zum Kalifen gemacht hat, ist ungültig, ungültig, ungültig!«

Mehmet G. war sich klar darüber, daß der Schritt Kaplans für die anderen Gemeinden unzumutbar war – daß er die Spaltung des Islam in Deutschland vertiefen würde anstatt sie aufzuheben. Kaplan habe sich mit der Ausrufung zum Statthalter, für die es keinerlei Notwendigkeit gab, selbst geschadet und die Bewegung geschwächt. Letztendlich sei nun die Kaplan-Gemeinde von den anderen Gemeinden ununterscheidbar geworden: »Nach meiner Meinung stehen jetzt Cemaleddin Kaplans Gemeinde, die Gemeinde der Nationalen Sicht oder der Süleymancı alle auf einer Ebene« (Mehmet G.).

Mit Abuzer K. und Mehmet G. hatten zwei der tonangebenden Männer die Gemeinde verlassen. Da zur gleichen Zeit Şevket A. (der in der Gemeinde blieb, obwohl auch er zunehmend Unbehagen über die Politik Kaplans empfand) nach Köln umzog, war der Boden für einen Generationenwechsel bereitet. Die führende Rolle in der Gemeinde sollte nun die zweite Generation übernehmen. Abuzer K. und Mehmet G. suchten nach den Konflikten die Moschee nicht mehr auf. »Meine jungen Freunde dort sind etwas fanatisch. Sie können das [Mehmets Kritik an Kaplan, W. S.] nicht ertragen ... Wenn ich dorthin ginge, würden entweder sie sich nicht wohlfühlen oder ich mich nicht. Dabei habe ich diese jungen Leute sehr gerne, es sind außergewöhnliche junge Leute ... Aber weil sie etwas fanatisch sind, werden sie ausgenutzt ... Sie opfern ihre Jugend, ihr Geld, alles. Irgendwann habe ich gesagt, daß mir diese jungen Leute leid tun. Das haben sie gehört und waren sehr sauer. [Sie haben es mir vorgeworfen.] Ich konnte nicht unbarmherzig sein und habe deshalb gesagt: ›Ihr seid nicht dümmer als ich, ihr habt Verstand, ihr habt Vernunft, ihr seid reicher an Geist als ich – warum sollte ich Schmerz über euch empfinden, ihr könnt auf euch selbst aufpassen.‹ Aber hat es mir wehgetan. Es sind saubere junge Leute mit den besten Absichten.«

Abuzer K. und Mehmet G. gehen zum Beten wieder in die Moschee der Nationalen Sicht. Mehmet G. hat das Gefühl, dort akzeptiert zu sein. »Sie wissen, daß ich nicht die Auffassung der Nationalen Sicht teile, daß ich nicht für den Parteienweg bin, und ich sage auch ganz offen, daß ich Islamist bin, Koranist, ein Anhänger der Scheriat . . . sie verstehen das.« Allerdings haben die beiden Männer dort eine sehr periphere Stellung. Beide wissen auch sehr gut, daß das Aufsuchen dieser Moschee letztendlich ein Eingeständnis ihres Scheiterns ist. Als ich Mehmet G. fragte, ob er daran denke, unter Umständen noch einmal die Initiative zur Gründung einer Gemeinde zu ergreifen, winkte er ab. Es habe dreimal nicht geklappt – erst mit der Allgemeinen Moschee nicht, dann nicht mit der Gemeinde der Nationalen Sicht und schließlich nicht mit Kaplan. »Wir haben das, was wir gesucht haben, nicht gefunden. Mit unseren Handlungen, mit den Auseinandersetzungen haben wir bloß die Herzen von vielen Menschen gebrochen.« »Jede neue Organisation bedeutet wieder eine Fraktionierung. Wenn ich etwas auf die Beine stelle, wird die Folge wieder eine Spaltung sein, das liegt gar nicht in meiner Hand . . . Wenn wir uns zusammentun würden . . ., würden sie uns angreifen. So wie sie von Süleymancı gesprochen haben, von Nurcu, von Anhängern Erbakans und Kaplans, so würden sie jetzt sagen: Anhänger des Irans oder Anhänger Khomeinis, oder so etwas. Deswegen halte ich nichts davon.« Jetzt begnüge er sich damit, die Wahrheit zu sagen, wenn er mit Freunden zusammenkomme, mit denen er einer Meinung sei.

Die Gegenposition, wie sie vor allem von den jungen Männern der Gemeinde vertreten wird, sieht in der Entwicklung Kaplans nicht einen Verrat an früheren Prinzipien, sondern faßt sie – ganz im Gegenteil – als »Reifungsprozeß« auf. Letztendlich unterscheide sich die Position Kaplans heute nicht von seiner früheren. Was früher abstrakt in die Forderung nach dem Kalifat gekleidet wurde, wird jetzt konkret in die Praxis umgesetzt. Die jungen Männer haben deswegen auch keinerlei Verständnis für Positionen wie die von Mehmet G. und Abuzer K. Sie unterstellen den beiden Älteren (zu Unrecht), sich der Schia unterzuordnen: »Vielleicht wird das vom Iran aus betrieben, vielleicht von jemand anderem . . . Also das ist falsch . . . Manche von ihnen [den Kaplan-Gegnern] wurden auch Schiiten. Wenn man sie fragt, sagen sie zwar, sie seien Sunniten. Aber sie arbeiten gegen das Sunnitentum – auch wenn sie sich dessen möglicherweise nicht bewußt sind. Vielleicht machen sie es absichtlich, vielleicht wurden sie verführt. Wie immer man das sieht« (Ali M., Arbeiter).

Die jungen Männer in der Gemeinde nehmen ebenfalls die immer größere Distanz zu den anderen islamischen Gemeinden wahr, deuten sie aber naturgemäß anders als die Generation vor ihnen: Sie stellen den Wert der Wahrheit (die sie in Kaplans Position verkörpert sehen) über den Wert der Einheit. Ihrer Meinung nach hat Kaplan der Einheitsforderung mit seinen Einladungen zu Disputationen Genüge getan. Wenn die anderen Gemeinden diese Aufforderung nicht annehmen, dann liegt die Verantwortung für die Spaltung bei ihnen. »Kaplan sagt immer: ›Das ist unser Weg. Das schreiben Koran und Sunna vor. Natürlich können wir uns irren . . . Wenn wir einen Fehler machen, dann weist uns darauf hin, so daß wir unsere Fehler korrigieren und den richtigen Weg einschlagen können. Wenn wir aber keinen Fehler gemacht haben, dann kommt und arbeitet mit uns zusammen! Der Koran schreibt Einheit und Gemeinschaftlichkeit vor; wir müssen also zusammenkommen.‹ Von den anderen Gemeinden kam keine Antwort . . . Also wir haben schließlich verstanden, daß sie von uns nichts wollten. Deshalb haben wir uns zunehmend abgegrenzt. Wir sind auf Distanz gegangen und wurden deshalb zunehmend befeindet. Natürlich gibt es immer noch Leute aus den anderen Gemeinden, die zu uns kommen, und auch von uns gehen noch welche zu den anderen. Das kommt schon vor . . . Aber freilich bleiben diejenigen, die von den Konflikten wissen, in ihrer Gemeinde – entweder hier oder dort.« (Ali M.)

Die Beziehungen haben sich auch in anderen Lebensbereichen verschlechtert: Früher, erzählte Ali M., habe er am Arbeitsplatz Kontakte zu Personen gehabt, die dem Präsidium für Glaubensangelegenheiten oder den Grauen Wölfen nahegestanden haben. Vor fünf Jahren habe man sich noch gegenseitig als »[Glaubens-]Bruder« angesprochen. Inzwischen aber gehe man sich aus dem Weg. »Heute sind sie wütend auf uns, weil wir gegen das Regime in der Türkei sind . . . Das finden sie entsetzlich. Irgendwann konnte ich nicht mehr an mich halten und hielt dagegen.« Die Folge war eine heftige Auseinandersetzung. Einer seiner Gegner habe ihn danach beim Meister als fanatischen Islamisten angeschwärzt.

Einen bis dahin nicht erreichten Tiefpunkt erlebten die Beziehungen zu den anderen Gemeinden, als die jungen Anhänger Kaplans die Augsburger Moschee der Nationalen Sicht im Mai 1993 mit einem Flugblatt plakatierten. Auf ihm wurden unter dem Titel »Die Götzen und Götzendiener von heute« zunächst alle Götzen der heutigen Welt aufgeführt: Der Faschismus, der Kommunismus, Kapitalismus, Demokratie, Laizismus, der ›Thesssaloniker Kemal‹ (Atatürk), der Kemalismus, das Parteiensystem; die Vermischung von Recht und Unrecht; der Nationalismus und Rassismus. Dann hieß es weiter: »Die Götzendiener von heute, das heißt die Ebu Cehils[30], die Polytheisten (*müşrik*), die Heuchler (*münafik*) und die Ungläubigen (*kafir*): alle Parteiführer, darunter Ecevit, İnönü, Deniz Baykal, Mesut, Demirel, Erbakan und ihresgleichen sind Polytheisten; sie dürfen nicht islamisch bestattet werden. [Der Parlamentspräsident] Cindoruk und alle Angehörigen der Nationalversammlung sind Polytheisten; sie dürfen nicht islamisch bestattet werden. Alle Beamten sind Polytheisten, weil sie sich nicht für die Scheriat, sondern für die Demokratie und den Laizismus entschieden haben; sie dürfen nicht islamisch bestattet werden. Alle, die sich nicht dazu bekennen, daß die Regierung ohne Einschränkung und unbedingt bei Gott liegt, sondern (an SEINE Stelle) die Nation setzen, sind Polytheisten; sie dürfen nicht islamisch bestattet werden. Der einzige Weg zur Rettung ist es, diese Handlungen aufrichtig zu bereuen, sich mit dem Islamischen Staat zu identifizieren und sich unter der Fahne des Propheten zu versammeln.«

Dieses Flugblatt ist ein Beispiel für die zu diesem Zeitpunkt von Kaplan ausgesprochenen Apostasieerklärungen, die wir schon oben erwähnt haben. In diesem Fall wird von dieser Waffe geradezu inflationär Gebrauch gemacht: In einem Rundumschlag wird ein Großteil der türkischen Staatsangehörigen verurteilt (sofern er nicht bereut). Eine besondere Provokation stellt die Nennung von Erbakan dar. Bei der Plakatierung kam es zu einer mit Stöcken ausgetragenen Massenschlägerei mit jugendlichen Erbakan-Anhängern. Dies war insofern eine einschneidende Episode, als sich

---

30 Ebu Cehil, in anderen Transkription Abu Gahl oder Abu Djahl, war einer der bedeutendsten Gegner Muhammeds in Mekka (Buhl 1961:169). Gegen ihn soll Sure 96,9 ff. gerichtet sein. In der Überlieferung heißt es, daß er im Namen der Quraisch (der in Mekka dominierenden Handelsaristokratie) einen Anschlag gegen Muhammed ausführen sollte. Gott schickte jedoch Dschibril (Gabriel), um Muhammed zu verteidigen. Dieser verwandelte sich in einen Kamelhengst und schlug Abu Cehil in die Flucht. Abu Cehil steht pars pro toto für die Mächte der Finsternis, die die Botschaft von der Einheit Gottes zurückweisen.

die beiden Moscheegemeinden bis dahin als »Brudergemeinden« wahrgenommen und ihre Nähe zueinander betont hatten.

Während sich die Kaplan-Gemeinde nach 1987 zunehmend abkapselte, öffneten sich in der gleichen Zeit die anderen Gemeinden in Augsburg und bewegten sich aufeinander zu. Dieser Prozeß hing eng mit der islamischen Renaissance in der Türkei zusammen, die sich unter anderem in den Wahlerfolgen der Wohlfahrtspartei Erbakans spiegelte. In Augsburg gewannen in diesen Jahren sowohl die Moscheen des Präsidiums wie auch die der Nationalen Sicht neue Anhänger. Inhaltlich näherten sich das Präsidium, die Idealistenvereine (Grauen Wölfe) und die Nationale Sicht einander an. Die Nationale Sicht folgte der Mutterpartei in der Türkei und schlug wie diese zunehmend »verfassungskonforme« Töne an: So erteilte Ali Yüksel, der Generalsekretär der Nationalen Sicht und Kandidat der Wohlfahrtspartei, bei einer Diskussion in Berlin der Idee eine Absage, daß die Wohlfahrtspartei eine islamische Partei sei (sie sei statt dessen eine Partei der Muslime in der Türkei), und sprach sich auch gegen eine Einführung der Scheriat in der Türkei aus. Auf der symbolischen Ebene würdigte Yüksel Atatürk als großen antiimperialistischen Befreiungskämpfer und bezog damit eine klare Abkehr von früheren islamistischen Positionen. Diese Einstellung wird von den Anhängern der Nationalen Sicht in Augsburg weitgehend geteilt. Insgesamt hat sich die vormals scharfe Grenze zwischen »revolutionären« und »nicht-revolutionären« Gemeinden Anfang der neunziger Jahre weitgehend verwischt. Bezeichnend für diese Entwicklung war, daß der ehemalige Vorsitzende des Präsidiums für Glaubensangelegenheiten, Tayyar Altıkulaç, 1996 an einer Versammlung der Nationalen Sicht teilnahm. Auch bei den Nurcu und Süleymancı sind die vormaligen Differenzen zurückgetreten. Der Unterschied zwischen Gesinnungsethik und Verantwortungsethik spielte in den neunziger Jahren eine immer geringere Rolle. Damit relativierte sich auch der Unterschied zwischen Geheimbund und Kaderpartei: Den Nurcu erlaubte das islamfreundlichere Klima in der Türkei, sich nun auch dort öffentlich zu artikulieren. Sie nutzten die Chance, ihr Bildungswerk durch die Einrichtung von Internaten und Studentenwohnheimen weiter zu verankern. In diesem Zusammenhang waren sie auch zu Konzessionen bereit – etwa zum Anbringen von Atatürk-Porträts. Auch wenn man darüber nicht glücklich sei, so wurde mir erklärt, stelle sich doch die Frage, was besser sei, »ein

Bild zu akzeptieren oder die Studenten überhaupt nicht zu erziehen«. Deutlicher könnte ein realpolitisches Bekenntnis nicht abgelegt werden.[31] Es ist kein Wunder, daß derartige Äußerungen von den Anhängern der Kaplan-Gemeinde als Verneigung vor dem Staatskult scharf verurteilt wurden. Nicht nur in dieser Hinsicht haben die Nurcu inzwischen einer politisch-revolutionären Politik eine Absage erteilt. Es kursiert in den Kreisen der Kaplan-Gemeinde der bezeichnende Vorwurf (den ich nicht überprüfen konnte), daß in einer Neuausgabe der Schriften Said Nursis radikal antikemalistische Passagen unterschlagen worden seien. Allein die Position der Süleymancı scheint sich relativ wenig verändert zu haben – sie waren ohnehin immer zu Kompromissen nach außen bereit gewesen.

Die Annäherung dieser Gemeinden zeigte sich in engerer Kooperation – im Ausländerbeirat in Augsburg waren alle Organisationen bis auf die Nurcu und die Kaplan-Gemeinde vertreten. Man bescheinigte sich gegenseitig wachsende Toleranz und tendierte dazu, die jeweiligen Besonderheiten zu respektieren.

Die zunehmende Isolierung der Kaplan-Gemeinde führte dazu, daß die Dispute zwischen ihr und den anderen Gemeinden schablonenhaft erstarrten: Seitens Kaplans kamen immer wieder Aufrufe an die anderen Gemeinden, sich dem Kalifatsstaat anzuschließen oder ihre Ablehnung wenigstens in einer Disputation zu begründen. Diese Aufrufe wurden von den anderen Gemeinden einfach ignoriert und verhallten deswegen. Dies war an sich nichts Neues – wir haben oben gesehen, daß die Führung der Nationalen Sicht von Anfang an diese Strategie eingeschlagen hatte. Die zunehmende Isolation der Kaplan-Gemeinde machte diese Strategie jedoch immer einfacher: Es wurde immer leichter, Kaplan in die Ecke zu stellen – wenn nicht gar ihn »vorzuführen«: Bekir E., ein Anhänger der Nationalen Sicht: »Ich glaube, daß die Parteiführung der Nationalen Sicht hier eine sehr gute Strategie verfolgt. Sie lassen sich überhaupt nicht auf Kaplan ein, weder schriftlich noch mündlich. Sie begleichen auch keine offenen Rechnungen, und so verhalten sie sich immer korrekt. Wenn man nichts gegen die Ka-

---

31 Die Politik wird durch Sammlungen in den Gemeinden in Deutschland unterstützt. Es ist bezeichnend, daß auch in den neunziger Jahren die Nurcu-Gemeinden in Deutschland nach wie vor primär in den Aufbau von Bildungseinrichtungen in der Türkei investieren und in Deutschland nur ausnahmsweise eigene Einrichtungen gründen. Der Blick ist immer noch auf die Türkei gerichtet.

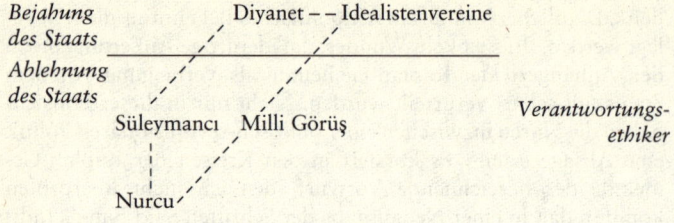

Bejahung des Staats

Ablehnung des Staats

Diyanet – – Idealistenvereine

Süleymancı   Milli Görüş

Nurcu

Verantwortungs-ethiker

Kaplancı

Gesinnungs-ethiker

Politische Mystik   Gemeindereligiosität

Im Vergleich zur Situation von 1985 (oben S. 143) sind die Gemeinden der Idealistenvereine/Graue Wölfe, des Amtes für Glaubensangelegenheiten, der Süleymancı, der Nationalen Sicht und der Nurcu näher zusammenge-rückt. Dabei haben sich die Gegensätze von Staatstreue/Staatsfeindlich-keit wie auch von Realpolitik und Gesinnungspolitik abgemildert. Die Po-sition der Kaplan-Gemeinde ist auf Grund der Rezeption der Mystik im Geist des Glaubenskrieges nach links gerückt. Insgesamt hat sich die Iso-lation dieser Gemeinde drastisch verstärkt (in dieser Hinsicht hat sie die Position eingenommen, die früher die Süleymancı-Gemeinde innehatte). Diejenigen, die 1987 Doppelmitgliedschaften hatten, sind der Kaplan-Gemeinde weitgehend ferngeblieben.

plan-Anhänger sagt, werden sie immer schriller. Sie begehen im-mer mehr Fehler. Sie verkünden immer mehr Falsches.« Die Tatsa-che, daß die Nationale Sicht mit dieser Strategie problemlos durchkam, zeigt, daß sie den symbolischen Kampf gewonnen hatte: Die Kaplan-Gemeinde erschien immer mehr als eine Gruppe, die nicht ernstzunehmen war, weil sie sich in ihrer Isola-tion zunehmend zu absurden Positionen verstieg: »Gleich nach der Trennung hat Kaplan damit begonnen, andere zu beschuldigen und Steine auf sie zu werfen. Das ist nichts Neues. Wenn jemand sich immer in einer bestimmten Umgebung aufhält, dann färbt sie langsam auf ihn ab. Man wird wie sie, denkt wie sie, fühlt wie sie. In dieser Umgebung wird man immer fanatischer. Warum das so ist? Wenn man nur noch Krähen kennt, kennt man keine anderen Vögel mehr.« (Recep E., Arbeiter, Nationale Sicht)

Bei den Kaplan-Anhängern erlaubt die zunehmende Isolation eine Umwertung der Werte: Man ist sich dort durchaus im klaren über das Bild, das die islamischen Gemeinden von dem Kalifatsstaat haben – sieht dies aber tendenziell als Bestätigung: Jemand, der unbequeme Wahrheiten vertritt, hat nichts anderes zu erwarten. Natürlich zieht derjenige Spott, Hohn und Polemiken auf sich, der in einer Welt des Götzenkults als einziger die Reinheit und Wahrheit des Monotheismus aufrechterhält. »Vor allem wird [Spott] das einzige und das beste Mittel sein, an das sich die Einsichtslosen wenden werden,« predigte Kaplan schon 1992 (1992a/1995:36). Aber schließlich ist es allen Propheten, allen voran Noah, so gegangen, als sie die Wahrheit verkündeten. Trägt man all dies in unsere Karte des Diskursfelds ein, ergeben sich die auf Seite 200 dargestellten Veränderungen.

Die Inszenierung der revolutionären Botschaft

Cemaleddin Kaplan hatte es in den Jahren der Krise, also zwischen 1987 und 1993, geschafft, seine Gemeinde und damit seine Vision zu retten, indem er die offene Bewegung in eine elitäre Sekte transformierte. Er schuf einen nach außen weitgehend abgeschotteten Binnenraum, in dem sich die Gemeindemitglieder in ihren Überzeugungen gegenseitig stützen und bestätigen konnten. In einem derartigen Umfeld bildet sich leicht das Gefühl einer Überlegenheit heraus – was es wiederum möglich macht, Zweifel an der eigenen Mission zu beschwichtigen, die angesichts der zahlenmäßigen Bedeutungslosigkeit der Gemeinde ja nicht von der Hand zu weisen sind. Ist die Loyalität der Besten nicht wertvoller als die Unterstützung der Massen?

All diese Maßnahmen betrafen den inneren Umbau der Bewegung. Sie wurden flankiert durch eine geschickte Außendarstellung in den Massenmedien. Die mediale Öffentlichkeit ist der Bereich unserer Gesellschaft, in der die Realität produziert wird, in der »eine gesellschaftsweit akzeptierte, auch den Individuen bekannte Gegenwart« geschaffen wird (Luhmann 1995:176). Durch eine gekonnte Selbstinszenierung gelang es Kaplan, Medienpräsenz zu erzielen und damit seine Bedeutung zu dokumentieren. Wie die »Innenpolitik« hatte auch die »Außenpolitik« Folgen für die politisch-theologische Botschaft. Die Radikalisierung der Bewegung, also die Ausrufung der Exilregierung 1992 und die Ernennung zum Kalifen 1994, erfolgte auch in der Absicht, die Aufmerksamkeit der Medien auf die Gemeinde zu ziehen.

Im Zentralorgan Tebliğ beziehungsweise ihren Nachfolgerinnen Ümmet und Ümmet-i Muhammed findet sich eine Rubrik, deren Analyse einen faszinierenden Einblick in den Zusammenhang von Außenwirkung, Medienreaktion und Theatralisierung erlaubt – nämlich ein Pressespiegel. Dieser Pressespiegel ist deshalb besonders interessant, weil er zum größten Teil aus Meldungen besteht, die in den großen türkischen Tageszeitungen über die Kaplan-Bewegung erscheinen. Die Leser werden auf diese Weise mit den Auffassungen konfrontiert, die in der weiteren Gesellschaft über die Kaplan-Bewegung zirkulieren. Der Blick der Anderen wird in die Zeitung hereingeholt. Ein derartiges Interesse an der eigenen Außenwirkung führt von selbst zu einem Rückkopplungsprozeß. Es kann gar nicht ausbleiben, daß man die Reaktionen, die man in der weiteren Öffentlichkeit zu erzielen hofft, von vornherein berücksichtigt oder sogar mit einplant. Die Untersuchung des Pressespiegels eignet sich daher in besonderem Maß dazu, Einsichten in die Interdependenz von Fremdbild und Selbstbild in einer mediatisierten Umwelt zu gewinnen.

Der Pressespiegel in *Ümmet-i Muhammed*

Der in der Regel eine Seite, manchmal auch zwei bis drei Seiten umfassende Pressespiegel erschien zum ersten Mal in Tebliğ Nr. 20 vom Juni 1986 und war seitdem integraler Bestandteil des Blattes – mit Ausnahme einer Periode: Die Rubrik erschien *nicht* zwischen Mai 1989 und November 1991, also in der Zeit der Krise nach dem Austritt von Hasan Hayrı (siehe oben S. 164 f.). Die ersten Ausgaben des Pressespiegels bestanden aus Zusammenstellungen von Meldungen von allgemeinem Interesse für Muslime: Wiedergegeben wurden Zeitungsabschnitte zu Gerichtsprozessen gegen Muslime in der Türkei; Meldungen zu den Auseinandersetzungen über das Kopftuch an türkischen Universitäten oder auch Berichte über den Besuch des Bundespräsidenten in der Türkei. In Tebliğ Nr. 35 vom 1. 3. 1987 wurden zum ersten Mal Meldungen über Cemaleddin Kaplan bzw. die Bewegung selbst wiedergegeben. Die Berichterstattung seitens der etablierten türkischen Presse (Milliyet, Hürriyet, Tercüman) über die Kaplan-Bewegung bildete seitdem den wichtigsten Bestandteil des Pressespiegels.

Betrachten wir als Beispiel die Ausgabe des Pressespiegels in Ümmet-i Muhammed Nr. 68 vom 15. 11. 1992. Er enthält drei Artikel über Kaplan, einen ihn betreffenden Kommentar (»Eine Botschaft an *Kara Ses*«) und einen Bericht über Erbakan. Der längste Artikel (»Der Islamische Staat von *Kara Ses*«) und die Fotos sind der Tageszeitung »Milliyet« entnommen und beziehen sich auf die Feier zu Beginn des islamischen Jahres 1413 (25. 10. 1992). Dieses Hedschra-Fest war das erste nach der Ausrufung des »Islamischen Bundesstaats Anatolien« und der Selbsternennung Kaplans zum Statthalter des Kalifen. Die Fotos zeigen die Parade der »jungen Glaubenskämpfer« (*genç mücahit*) mit Maschinengewehrimitationen, den symbolischen Sturz einer Atatürk-Figur und Cemaleddin Kaplan während der Pressekonferenz. Ein zweiter Bericht (dessen Quelle nicht angegeben ist) bezieht sich auf die Untersuchung des Hauptstaatsanwalts in dieser Sache. Der dritte Artikel, der Zeitung Hürriyet entnommen, berichtet über Kaplans Verurteilung der Feierlichkeiten zum 54. Todestag von Atatürk. Der Kommentar ist Sabah entnommen und besagt im wesentlichen, daß eine islamische Verfassung mit der Freiheit des Individuums und der Demokratie unvereinbar ist. Der Bericht zu Erbakan stammt wieder aus Milliyet: Er widmet sich dem Besuch des Atatürk-Mausoleums anläßlich des Todestags des Republikgründers. (Texte siehe Exkurs).

Exkurs: Der Pressespiegel aus Ümmet-i Muhammed Nr. 68 (15. 11. 1992)

Ümmet-i Muhammed

Der Islamische Staat von *Kara Ses* (»Stimme der Finsternis«) (Mehmet Aktan, Bonn)

Der als »Stimme der Finsternis« bekanntgewordene und in Köln lebende Cemalettin[32] Kaplan hat sich über die Grundlagen des von ihm gegründeten »Islamischen Bundesstaats« (FID) folgendermaßen geäußert: »Ich bin der Anführer (*emir*) dieses Staates. Unser Grundgesetz ist der Koran; unser Rechtssystem die Scheriat; unsere Fahne ist die grüne Fahne des Propheten. Die Hauptstadt ist Istanbul. Unser Kalender ist der der Hedschra; unsere Schrift ist das koranische Alphabet. Unsere Armee besteht aus der Gesamtheit aller Muslime.« Cemalettin Kaplan war in seinen Äußerungen über den Staat sehr anmaßend. Besonders auffallend waren folgende Aussagen:

– »Wer sagt, die Regierung sei vom Volk und durch das Volk, ist ein Ungläubiger«

– »Die Erziehung unserer Leute findet in der Koranschule, dem Derwischkonvent und in der Kaserne statt«

– »Hände, die den Tesbih[33] [durch die Finger] gleiten lassen können, können auch den Abzug betätigen«

– »Die kurdische Frage werden wir lösen, indem wir uns alle auf den Koran verständigen«

32 Der Vorname Kaplans wird (auch in den eigenen Publikationen) einmal als Cemaleddin und ein andermal als Cemalettin wiedergegeben.
33 Eine Art Rosenkranz.

BASINDAN SEÇMELER

İSTANBUL - Kara Ses Cemaatinin Kaplan, Cumhuriyet Bayramı'nı da uğursuz, kara ilan etti. Propaganda faaliyetini çoklukla ve globalciliği her zaman ön planda tutan Cemaatin örgütünün günlük gazetesinin görüntüye "Kara Bayram" sözünü ekledikten 29 Nisan, 19 Mayıs ve 30 Ağustos gibi belli başlı bayramları kutlamıyor.

ERBAKAN Törene katıldı

HEP'liler ise Ata-türk'ü anma törenine katılmadılar

ANKARA ● MİLLİYET

ATATÜRK'ün ölümünün 54. yıldönümü nedeniyle dün Anıtkabir'de düzenlenen törene, Refah Partisi Genel Başkanı Necmettin Erbakan hazır bulunurken HEP'liler gelmediler.

MÇP Genel Başkanı Alparslan Türkeş'in beş dakika erken saatlerde Anıtkabir'e geldiği görülürken Erbakan'ın, törenden önce kobelere katılmadığı görülmedi.

Erbakan, gazetecilere bir mesaj önerine, 10 Kasım töreninde geçen yıl da katıldığını söyledi ve "bak herkesten önce biz geldik, gürüşoruz" yanıtını verdi.

Anıtkabir'deki törene Deniz Baykal ve Bülent Ecevit geç kaldılar, HEP'liler ise hiç katılmadılar.

"İslam olmak yetmiş kuralsızyrlık yürütülen din devletinde insanın yeri yoktur. İnsan haklar, Osmanlı'yı dahil ki, yurt dönüşü değişik, kişilik kazandırmak, kişiselliktedi-demiş bir şimdiyle kimceliyeli kendisini de Cemaletiini Kaplan seçerek değil. Onun için islâdığı Anayasa'da savunnab sorunyum."

"Sandıktan oyun bile geri götürüler, demokrasi ilke bağımsızının önlemlerve istekler, demokrasik sonularda kimse koksalı, zerre!, insan haklarıyla bağımsızlığından tatsızlıke dünenler de birleşmiş kişisel tezler."

CEMALETTİN KAPLAN   29-Ekim-1992   Milliyet

'Kara Ses'in İslam devleti

Mehmet AKTAN ●
BONN

KARA Ses olarak tanınan ve Köln'de yaşayan Cemalettin Kaplan, kurduğu "Federe İslam Devleti"nin (FİD) amacını şöyle açıkladı: "Ben bu devletin Emiriyim. Anayasamız Kuran, sistemi şeriat.

Bayrağımız kelime-i tevhidli yeşil bayrak. Başkent İstanbul. Takvim hicri. Yasmuz Kuran alfabesi. Ordu'nun Müdürsanlar"

Cemaletin Kaplan, devletini anlatırken, iddialı konuştu. Göze batan bazı açıklamalara ise şunları oldu:

● "Hâkimiyet kayıtsız şartsız milletindir demek kâfirliktir. ● Taraftarlarımızın eğitimini medrese-sistemi-kışla ile de yapacağız. ● Teşpih çeken eller, tekifir, pakuları da bileceik. ● Küri sorunuma, herkesi Kuran etrafında toplayıp çözeceğiz. ● 27 üniversite rektörü, görüşelerimizle ilgili broşürle ve elçiler gönderecegiz. ● Erbakan'ı inanıyoruz. ● İslam'da parti arkasından gidilemez."

Köln'de düzenlediği basın toplantısıyla, Federe İslam Devleti'ni kurduğunu açıklayan Cemalettin Kaplan (solda) ve kendisinin İslam neferleri olarak tanımladığı taraftarları, sembolü Atatürk büstüne saldırırken (yanda).

---

tarafından kapatılan Cemalettin Kaplan'ın, Sabran Rüşdi'ye ölüm fermanı çıkarmasıyla ilgili davası da 1989'dan beri sürüyor.

Kendisinde, bir yerde politik konuşma yapması aslında yasak; ama Hoca, bu yasağa sık sık deldiği için sıvukarından her defasında 500 mark kadar para cezası ödediği söyleniyor.

Ayrıca vize verilmediği için Fransa ve Suudi Arabistan'a giremiyor. Yaşantın Köln'de sürdürüp, Türkiye'nin laik, demokratik sistemi yıkmak için çalışıyor.

KONUŞMA YASAĞI

Köln'deki medresesi iki yıl önce Alman makamları

'Kara Ses'e soruşturma

● Ankara DGM Başsavcılığı Nusret Demiral, "Kara Ses' diyerek bilinen Cemalettin Kaplan ve müritlerinin Almanya'da düzenlediği laik cumhuriyeti ve Atatürk aleyhindeki eylerle ilgili olarak soruşturma başlattı.

● Demiral, soruşturmaya genişkapsamlı olarak yürütülmek amacıyla, törenleri yayınlayan 32 Gün eklentinin programının kasetini de istedi. ● TDA

IMPRESSUM

Herausgeber und Verleger:
Islamischer Verein e. V.
Verantwortlicher und
Chefredakteur:
Salih K.

Tasarım Adresi:
Postfach 10 30 36
4000 Düsseldorf 1

* * *

Hesab No.:
350290-604, Postgiroamt Köln
Blz. 370 100 50
Abone Şartları:
Bir senelik 50 DM

* * *

Baskı:
Druckhaus

- »Wir werden an die 27 Universitätsrektoren Emissäre und Broschüren über unsere Ansichten senden«
- »Glaubt Erbakan nichts«
- »Im Islam schließt man sich nicht einer Partei an«

Redeverbot

Cemalettin Kaplans Islamschule wurde vor zwei Jahren von den deutschen Behörden geschlossen; seit 1989 ist gegen ihn auch ein Verfahren wegen der Unterstützung des gegen Salman Rushdie verhängten Todesurteils anhängig. Eigentlich sind ihm politische Aktivitäten untersagt. Jedesmal nach einem der häufigen Gesetzesverstöße durch den Hodscha sollen seine Anwälte 500 DM Geldstrafe überweisen. Frankreich und Saudi-Arabien verweigern ihm die Erteilung von Visa und damit die Einreise. Er lebt in Köln und arbeitet an der Zerstörung des laizistischen demokratischen Systems in der Türkei.

Untersuchung über *Kara Ses* (»Stimme der Finsternis«)

Der Hauptstaatsanwalt am Ankaraner Staatlichen Sicherheitsgerichtshof, Nusret Demiral, hat eine Untersuchung über den als »Stimme der Finsternis« bekanntgewordenen Cemalettin Kaplan und seine Schüler [aufgenommen]. Ihnen wird vorgeworfen, eine Veranstaltung gegen die laizistische Republik und Atatürk ausgerichtet zu haben.

Demiral forderte vom Team des ›32. Tages‹[34] die Aufzeichnungen der Übertragung der Veranstaltung an, um die Untersuchung in breitem Umfang vorantreiben zu können.

Erbakan: Er nahm an der Zeremonie teil

Die HEP[35]-Abgeordneten blieben den Erinnerungsfeiern für Atatürk dagegen fern
Ankara. Milliyet. Der Vorsitzende der Wohlfahrtspartei, Necmettin Erbakan, nahm gestern an der Gedenkveranstaltung zum 54. Todestages von Atatürk am Anitkabir [dem Mausoleum Atatürks] teil, während die Abgeordneten der HEP nicht kamen. Erbakan, der gesehen wurde, als er unmittelbar nach dem Generalsekretär der MÇP,[36] Alparslan Türkeş, am frühen

34 Fernsehserie von Mehmet Ali Birand.
35 HEP: Halkın Emekçi Partısı (»Arbeiterpartei des Volkes«): Die kurdische Partei.
36 MÇP: Milliyetçi Calışma Partisi (»Nationalistische Arbeitspartei«). Ersatzgrün-

Morgen zum Anıtkabır kam, beteiligte sich indes nicht an den Gesprächen, die im Vorfeld der Feierlichkeiten stattfanden. Erbakan sagte auf eine Frage von Journalisten, daß er bereits im letzten Jahr an der Feier zum 10. November teilgenommen habe, und äußerte: »Wie Sie sehen, sind wir früher als alle anderen gekommen.« Deniz Baykal und Bülent Ecevit kamen verspätet zu der Feier; die Abgeordneten der HEP nahmen überhaupt nicht teil.

Eine Botschaft an *Kara Ses* (»Stimme der Finsternis«) (SABAH)

In einem auf den Regeln der Scheriat der Islamischen Religion beruhenden Religionsstaat gibt es keinen Platz für Menschen; in ihm wird der Mensch zum Sklaven. Wir sagten »ja« zur Republik, wir wurden zu [selbstverantwortlichen] Personen; wir erwarben [eine eigene] Persönlichkeit. Wir wählen nach unserem freien Willen diejenigen aus, die uns regieren sollen; es werden aber nicht die Kandidaten der Wahl Cemalettin Kaplans sein. Wir müssen den Laizismus und die Verfassung schützen.

Die Auffassungen der Scheriat-Anhänger, ihre Träume und Ziele sind mit der Demokratie unvereinbar, auch wenn sie sich in Wahlen durchsetzen sollten; Theokratie und Scheriat sind totalitäre, dem Faschismus vergleichbare Ordnungen, auch wenn sie ein Lippenbekenntnis zur Demokratie ablegen; sie sind mit den Menschenrechten unvereinbar. Wenn derartige Träume auch realistisch erscheinen mögen, so sind sie doch im Grunde nicht demokratisch. Niemand soll sich an ihnen begeistern. Niemand kann erwarten, daß wir einen Ersatz für Demokratie und Republik bekommen werden. Niemand sollte etwas auf die Republik kommen lassen. Wenn man das in Abrede stellt, landet man nirgendwo anders als in der Finsternis.

Kara Ses: Ein finsteres Fest

Die »Stimme der Finsternis« Cemalettin Kaplan hat in einer an die türkischen Zeitungen gerichteten Fax-Nachricht aus Deutschland das Republikfest geschmäht und Unsinn verbreitet: »Dies ist für jeden einzelnen Muslim ein schwarzer Tag«. In einer von der Vereinigung der Islamischen Gemeinden verbreiteten Veröffentlichung unter dem Titel: ›Wessen Fest?‹ wurden die nationalen Feiertage wie der 23. April; der 19. Mai und der 29. Oktober geschmäht. In der Veröffentlichung wird behauptet, daß Muslime, die das

dung für die 1980 geschlossene Partei der Nationalen Bewegung. Die oben beschriebenen Idealistenvereine beziehungsweise »Grauen Wölfe« sind die Ableger dieser Partei.

Fest begehen, von Glauben und Gesetz abweichen und gesagt: ›Wenn Du tatsächlich an diesen Festen teilgenommen hast, lege sogleich dein Glaubensbekenntnis ab und tu Buße« (30. 10. 92 Hürriyet).

Bildunterschrift:
Cemalettin Kaplan gibt auf einer in Köln ausgerichteten Pressekonferenz die Gründung des Islamischen Bundesstaats bekannt (links). Seine als islamische Soldaten bezeichneten Anhänger beim Sturz einer symbolischen Atatürk-Statue.

An dem Pressespiegel fällt zunächst die Auswahl der Zeitschriften auf: Zitiert werden hier (und in den anderen Pressespiegeln) die größten bzw. einflußreichsten Tageszeitungen der Türkei – das über die Jahre ständig gewachsene Spektrum der islamischen Zeitungen ist jedoch nicht vertreten. Ebenfalls nicht vertreten sind deutsche Tageszeitungen. Zum zweiten fällt auf, daß auch (oder gerade) sehr negative Stimmen zur Bewegung wiedergegeben werden. Dies beginnt bei dem Namen, mit dem Cemaleddin Kaplan eingeführt wird: »*Kara Ses*« bedeutet wörtlich »Schwarze Stimme«. Der Beiname evoziert Assoziationen an Finsternis, Zeitenverdunkelung (siehe etwa den Kommentar in Sabah), insgesamt: Antiaufklärung (türkisch: *aydınlanma devri*, wörtlich: Epoche der Aufhellung = Aufklärung) oder Antiintellektualität (*aydın* wörtl. der Helle, Erhellte = der Intellektuelle). Um die Assoziationen wiederzugeben, habe ich deshalb »*Kara Ses*« mit »Stimme der Finsternis« übersetzt. Ebenso polemisch ist der Artikel in Hürriyet, in dem es, nicht sonderlich besorgt um die Trennung von Meinung und Kommentar, heißt, daß Kaplan »Unsinn verbreitet.« In Hürriyet vom 27. 1. 1989 hieß es gar »›Die Stimme der Finsternis‹ ist jetzt völlig übergeschnappt« – auch dies wurde in Ümmet-i Muhammed wiedergegeben (Nr. 15). Drittens fällt auf, daß diese Meldungen kommentarlos wiedergegeben werden. Die Herausgeber müssen sich also sicher sein, daß die Meldungen und Kommentare »richtig«, also in ihrem Sinn, verstanden werden. Der Leser, der ihnen vorschwebt, ihr »Modell-Leser« (Umberto Eco), ist offenbar der Muslim, der für die Errichtung der Scheriat eintritt und der, wenn er nicht bereits Mitglied der Kaplan-Gemeinde ist, wahrscheinlich einer der anderen islamisch-revolutionären Gruppen angehört, am ehesten der Nationalen Sicht.

Die Redakteure der Zeitschrift errichten auf diese Weise ein komplexes Spiegelkabinett: Wieder abgedruckt werden Meldungen und Artikel, die die Handlungen von Kaplan und seinem Hauptkontrahenten Erbakan spiegeln. Durch die Wiedergabe im Zentralorgan wird ein Teil dieser primären Spiegelungen erneut gespiegelt. Den Modell-Lesern der Zeitschrift wird so ermöglicht, das Bild zu betrachten, das die Bewegung bei anderen hervorruft.

Der hier als Beispiel gewählte Pressespiegel besteht im wesentlichen in der Zusammenstellung von Meldungen über die beiden Personen, die beanspruchen, den politischen Islam im engeren Sinn und die Muslime im weiteren zu repräsentieren. Durch die Auswahl der Meldungen entsteht das Bild einer Arena, in der die wesentlichen Kämpfe um die Repräsentation des Islam stattfinden. Kaplan und Erbakan repräsentieren den Islam zunächst in dem Sinn, daß sie ein bestimmtes Bild von ihm entwerfen, also definieren, wofür er heute steht und wie er umzusetzen ist. Sie repräsentieren aber auch den Islam insofern, als sie beanspruchen, für die Muslime zu sprechen – also die islamische Gemeinde im politischen Sinn zu repräsentieren. Beides, also Repräsentation im Sinn von Darstellung und Repräsentation im Sinn von Sprecherschaft, hängt eng zusammen. Der Erfolg oder Mißerfolg der Repräsentationsarbeit hängt davon ab, inwieweit es den Führern gelingt, eine Gemeinde zu bilden, die sich in der von ihnen entworfenen Repräsentation wiedererkennt und sie selbst deshalb als ihre Sprecher akzeptiert. Die Auseinandersetzung von Kaplan und Erbakan wird nun nicht direkt in Augenschein genommen (wie es der Fall wäre, wenn man einfach über sie berichten würde), sondern indirekt, nämlich im Licht der laizistischen Presse. Damit wird ein Reflexionsprozeß konstituiert: Wie bei jedem Blick in einen Spiegel geht es hier um Identitätsbildung. Wenn man sieht, wie der eigene Repräsentant (und damit man selbst) von Dritten wahrgenommen wird, und dies damit vergleichen kann, wie der Repräsentant der anderen (und damit auch sie selbst) auf Dritte wirkt, kann man sich seiner selbst vergewissern. Daraus wird auch deutlich, wozu man die Dritten, also die großen Zeitungen braucht: Sie stehen für »Objektivität« in dem Sinn, daß sie gegenüber dem Repräsentationskampf im islamischen Feld neutral sind. Als Gegner sowohl von Erbakan wie von Kaplan sind sie in gewissem Sinn unvoreingenommen. Wenn sie etwas berichten, dann hat dies einen höheren Realitätswert, als wenn es von einer der Parteien käme. Dieser »Objektivität« tut es keinen Abbruch, daß die Berichterstattung in den wiedergegebenen Zeitungen nach Meinung der Gläubigen »verkehrt« ist: Sie ist es im Sinn von »spiegelverkehrt«, so daß man nur rechts und links vertauschen muß, um sie »richtig« zu lesen.

Wenn man, wie der Pressespiegel deutlich zeigt, ein Interesse an den Reaktionen anderer auf sich selbst hat, dann liegt es nahe, bei Handlungen die Reaktionen anderer von vornherein einzukalkulieren, und es ist ein weiterer kleiner Schritt, bestimmte Handlungen nur wegen der Reaktionen anderer zu vollziehen. Ersteres bedeutet, daß man eine Handlung inszeniert, letzteres, daß Inszenierungen und Handlungen ununterscheidbar werden. Tatsächlich ist damit die Richtung angedeutet, die die Selbstdarstellung der Kaplan-Bewegung in den nächsten Jahren nehmen sollte. Im folgenden werde ich vier Phasen der Theatralisierung unterscheiden, um diesen Prozeß nachzuzeichnen.

Der Hodscha und der Politiker

Eine erste Phase der Theatralisierung läßt sich zwischen 1983 und 1986 ansiedeln. Es handelt sich eigentlich um eine Vorphase, weil es zu dieser Zeit noch keinen Pressespiegel gibt. Gerade deshalb haben wir es hier mit einer vergleichsweise einfachen Grundstruktur zu tun, die sich als Ausgangspunkt für eine Analyse anbietet.

Als Kaplan 1983 mit der Führung der Nationalen Sicht brach, wurde dies von seinen Anhängern auf dem Hintergrund eines Rollenmodells interpretiert, nämlich als Konflikt des ausschließlich um die Wahrheit besorgten Predigers mit dem nur auf Parteiräson bedachten Politiker. Die Protagonisten eigneten sich wunderbar für diese Rollen. Auf der einen Seite stand Erbakan, Professor für Maschinenbau, der sich als moderner islamischer Intellektueller gibt (und Anzüge mit Krawatte trägt), auf der anderen Seite Kaplan, der klassische Schriftgelehrte, der sich als islamischer Geistlicher darstellt (und in Talar und Turban auftritt). Während Erbakan es liebt, bei seinen Vorträgen mit der Rhetorik von Grafiken, Kurven und Zahlen zu operieren, und intensiven Gebrauch von *overhead*-Folien macht, benutzt Kaplan die Rhetorik des auf arabisch vorgetragenen Koranzitats, das er ins Türkische überträgt. Eine derartige Rollenverteilung hat auch Auswirkungen auf die

Botschaft. Es ist an dieser Stelle sinnvoll, eine Unterscheidung einzuführen, mit der sich dies genauer fassen läßt, die nämlich zwischen dem »Sinn« und der »Bedeutung« einer Botschaft. Der »Sinn« einer Botschaft bezieht sich auf die Aussage – in unserem Fall also auf Kaplans Predigten, die wir oben analysiert haben: Die Verderbtheit der Türkei – die der des vorislamischen Mekka entspricht – läßt keine Kompromisse mit dem System mehr zu, die Macht muß erobert und das Kalifat erneut errichtet werden. Die Frage nach der »Bedeutung« einer Botschaft bezieht sich dagegen auf die »Rolle«, die man beansprucht oder die einem zugeschrieben wird, wenn man das Wort ergreift – in Kaplans Fall also die des Predigers, der die Wahrheit und nichts als die Wahrheit vertritt. Die Frage der »Bedeutung« ist genauso konstitutiv für eine Botschaft wie ihr »Sinn«, und zwar deshalb, weil eine Botschaft inszeniert werden muß. Erbakan spielte den modernen islamischen Intellektuellen, Kaplan den Gelehrten in dem Sinn, wie Sartres Kaffeehauskellner den Kaffeehauskellner spielt (der »ein wenig zu rasch auf die Gäste zukommt«, sich »mit ein wenig zuviel Beflissenheit« verbeugt, durch Stimme und Blicke eine Interessiertheit ausdrückt, »die ein wenig zu sehr von der Besorgnis um die Bestellung des Kunden in Anspruch genommen ist« (Sartre 1943/1962:106)). Derartige Inszenierungen sind hier wie dort erforderlich, um die Stellung »real zu setzen« (ebenda), das heißt um dort die Kundschaft, hier die Gläubigen davon zu überzeugen, daß man der ist, der man ist, und, könnte man hinzufügen, in dem Blick der anderen bestätigt zu bekommen, daß man »wirklich« der ist, der man ist. Es wäre einfach zu wenig, sich auf den nackten Akt des Servierens oder des Predigens zu beschränken – man muß die Handlungen in eine Zeremonie (Sartre) einkleiden, damit sie verständlich werden.

Die Rollen, in die man schlüpft, um etwas zu sagen, beziehen sich auf die Bilder und Narrative, in denen eine Kultur ihr Selbstverständnis organisiert. Kaplan zitiert in seiner Selbstdarstellung ein Drama, das seinen festen Platz im kollektiven Gedächtnis des Islam hat. Der Konflikt zwischen dem Schriftgelehrten und dem Herrscher durchzieht die islamische Geschichte – nicht zuletzt auch deswegen, weil der Herrscher nach islamischem Selbstverständnis kein Gesetzgeber, sondern nur der Verwalter des Gesetzes ist, so daß »die gesellschaftlichen Normen und Ideale in ihrer [der Schriftgelehrten, W. S.] Obhut und dem Zugriff des Herrschers entzogen« sind (Gellner 181/1985:71). Die Schriftgelehrten haben damit das Recht und die Pflicht, den Herrscher bei einer Abweichung vom Gesetz zur Rechenschaft zu ziehen. Erbakan bezieht sich in seiner Selbstdarstellung dagegen auf das Bild des Experten, der durch westlich geprägte Universitäten gegangen und dadurch ausgewiesen ist. Er legitimiert sich also durch die Institution, die in der Türkei die Moderne in besonderer Weise symbolisiert. Der Akt der Predigt und der in ihr verkündete Inhalt bekommen durch den Bezug auf solche Narrative eine »gehobene«, eine »mythische« Bedeutung. Indem die Worte der Predigt in eine größere Geschichte eingeschrieben werden, findet eine Stilisierung statt.

Es dürfte deutlich sein, daß die jeweilige Botschaft sich nur vollständig entschlüsseln läßt, wenn beide Aspekte berücksichtigt werden. Der »Witz« von Kaplans Predigt besteht gerade auch darin, daß er beansprucht, Teil ein größeren Dramas zu sein, eines Dramas, in dem nicht nur er für sich selbst eine Rolle in Anspruch nimmt, sondern damit auch seinem Gegner eine Rolle zuweist. Das Parteiestablishment und Erbakan werden in eine Reihe mit islamischen Despoten gestellt – und schon dadurch »entlarvt«. Nur weil Sinn und Bedeutung prinzipiell getrennt sind, konnten damals auch Personen Kaplan unterstützen, die mit dem Inhalt seiner Predigt nicht einverstanden waren. Sie traten »aus Prinzip« für die Freiheit des Predigeramts ein.

Der prophetische Herausforderer und der Staatsmann

Eine zweite Phase der Theatralisierung beginnt um 1986 (zum Zeitpunkt des Erscheinens des ersten Pressespiegels) und dauert bis 1989, als der Pressespiegel vorübergehend eingestellt wird.

1986 griff Kaplan zu einer neuen Form der Verkündigung. Er verfaßte eine Reihe von offenen Briefen an bedeutende Persönlichkeiten der Türkei, angefangen beim Staatspräsidenten Kenan Evren, bis hin zu Professoren, Mitgliedern der Theologischen Fakultät, Botschaftern, Staatsanwälten und Richtern. Daraus spricht eine neue Qualität der Selbstdarstellung: Während eine Predigt, ein Artikel oder ein gewöhnlicher Brief ein zweiseitiges Verhältnis stiftet (eine Person oder ein Publikum wird angesprochen), begründet ein offener Brief ein dreiseitiges Verhältnis zwischen Autor, Adressat und Öffentlichkeit. Kaplan tritt als Mahner oder

Prediger auf, der einen besorgten oder fordernden Brief an den Inhaber eines wichtigen Amts verfaßt, *und* er sorgt gleichzeitig dafür, daß dieser Akt öffentlich wahrgenommen wird. Dritte sollen sehen, daß (und wie) er die staatlichen Instanzen mahnt.

Damit tritt das inszenatorische Moment nun in reiner Form hervor. In der ersten Phase hatte sich die *Bedeutung* der Predigt hauptsächlich im Blick der anderen hergestellt, von ihnen wurde die Predigt in eine größere Geschichte eingegliedert, nämlich in die Geschichte vom Kampf der Wahrheit gegen die Politiker und Machthaber. Jetzt aber kümmert sich Kaplan selbst und mit Nachdruck um diesen Aspekt der Botschaft. Die Gewichtung hat sich verschoben: Ging es Kaplan zunächst wohl hauptsächlich um den Sinn seiner Predigt und nur sekundär um die Bedeutung, so scheint es ihm jetzt primär um die Bedeutung zu gehen, und der Sinn (die Ermahnung des Staatspräsidenten) tritt zurück. Nicht andere mythisieren/stilisieren ihn, er mythisiert sich nun selbst.

Mit der neuen Rolle ist auch das bedeutungsstiftende Drama größer geworden. Kaplan geriert sich als Herausforderer des Staates und wird auch als solcher wahrgenommen. So bemerkte Mehmet G.: »Said Nursi[37] war ein größerer Gelehrter als Kaplan. Aber dennoch hat Cemaleddin Kaplan etwas gemacht, was Said Nursi nicht gemacht hat. Er hat den Staat herausgefordert, und er hat auf den Islam gepocht.« Dieses kämpferische Bild des Herausforderers erinnert an die großen Prophetengestalten, die – unaufgefordert – in einer finsteren Stunde der Menschheit die Machthaber zur Rede stellten und sie an die ursprüngliche Offenbarung erinnerten: »Es gibt keinen Gott außer Mir, dienet Mir« (Koran 21:25). Das Urbild ist Moses, der unerschrocken vor den Pharao tritt. Wenn Kaplan nun einen offenen Brief schreibt, reiht er sich in diese Tradition ein. Freilich spricht er es zu dieser Zeit noch nicht offen aus. Erst später wird sein Sohn in den Erinnerungen an diese Zeit unverhohlen die Parallele ziehen: »So wie sich Pharao und Moses gegenüberstehen, Ibrahim [Abraham] und Nemrut [Nimrod],[38] Muhammed und Ebu Cehil,[39] so stehen sich der Erneuerer (*müceddid*) des zwanzigsten Jahrhunderts (also Kaplan) und der

---

37 Said Nursi (1876?-1960), der Begründer der Nurcu-Bewegung, gilt als eine der wichtigsten islamischen Gelehrten dieses Jahrhunderts.

38 Nach der islamischen Überlieferung wird Nimrod als König dem Propheten Abraham entgegengestellt.

39 Vergleiche oben S. 197 Fußnote.

Putschist und Ministerpräsident Kenan Evren gegenüber«, schreibt Metin Kaplan in seinen Erinnerungen,[40] und an anderer Stelle heißt es noch deutlicher: »Der Pharao von heute ist Evren.«[41]

Wer aber (außer dem Adressaten) soll den offenen Brief lesen – wer soll diesen Akt der Herausforderung zur Kenntnis nehmen? Zunächst sicher die türkische Öffentlichkeit. In Ümmet-i Muhammed findet sich ein Bericht von Metin Kaplan über die Pressearbeit dieser Zeit. Er spiegelt die Stimmung im Zentrum, als sich die ersten Erfolge der Pressekampagne einstellten. Staatspräsident Kenan Evren hatte am 24. 11. 1986 Cemaleddin Kaplan in einer Ansprache erwähnt und dabei Bezug auf den Artikel »Wessen Fest?« (*Neyin Bayramı*) genommen, in dem Kaplan ausführlich die kemalistischen Reformleistungen gegeißelt hatte: »Er [also Evren] machte ziemlich Reklame [für uns]. Nach der Ansprache kamen aus allen möglichen Ecken Anatoliens Briefe an das Zentrum in Köln: Schickt uns den Artikel: ›Wessen Fest?‹«[42] Etwas später kam Evren erneut auf Kaplan zu sprechen, diesmal während eines Vortrags an der Universität Adana zu dem Thema: »Die schwarze Stimme der Reaktion«. Auch nach dieser Rede gab es, laut Metin Kaplan, eine Welle von Anfragen: »Hier gaben wir Telefoninterviews, dort schrieben wir Briefe oder antworteten auf Anfragen per Fax. Die Presse in Anatolien, aber auch in Deutschland, Holland, Frankreich usw., war aktiv geworden. Aller Augen waren auf Köln gerichtet.«[43] »Inzwischen gaben sich einheimische und fremde Presseleute die Klinke in die Hand.« Der triumphierende Ton der Schilderung zeigt deutlich, welche Bestätigung es für die Anhänger Kaplans bedeutete, auf einmal derart in den Blickpunkt der Öffentlichkeit gerückt zu sein.

Die wichtigsten Leser der offenen Briefe waren aber zweifellos die »revolutionären Muslime«. Besonders sie sollten Kaplan in der Rolle des kompromißlosen, der Wahrheit und nur der Wahrheit verpflichteten Herausforderers mit prophetischen Zügen sehen – eine Rolle, die ihre Bedeutung gerade auch im Kontrast zur Figur des kompromißlerischen Parteipolitikers gewinnt, zu der Erbakan nun gemacht wird. Gegenüber diesem Leserkreis wird der Füh-

40 Ümmet-i Muhammed 133 vom 1. 1. 1996:8.
41 Ümmet-i Muhammed 132 vom 15. 12. 1996:8.
42 Ümmet-i Muhammed 133 vom 24. 11. 1996:8.
43 Ümmet-i Muhammed 139 vom 2. 4. 1996:8.

rungsanspruch Kaplans proklamiert: Eine Wende der Politik (so die Botschaft) kann nicht durch Taktieren zustandekommen – dabei verliert man nur sich selbst –, sondern allein durch mutiges Auftreten und unerschrockenes Verkündigen der Wahrheit.

Es ist deshalb kein Zufall, daß zu dieser Zeit der Pressespiegel eingerichtet wurde. Durch ihn sollten die Gläubigen über den Aufruhr informiert werden, den Kaplan mit seinen Initiativen erregte. Die Presseclips zeigten, daß die Herausforderung angenommen und Kaplan als ernstzunehmender Gegner akzeptiert wurde.[44] Sie bewiesen, daß Kaplan als Prophet und Herausforderer des Staats erfolgreich war. Problematisch wäre es dagegen gewesen, wenn er keine Aufmerksamkeit erzielt hätte: Ein Herausforderer, dessen Provokationen im Leeren verpuffen, droht als Querulant eingeordnet zu werden. Was Kaplan durch das Presseecho gewinnt und im Pressespiegel seinen Lesern darbietet, ist also ein *credential,* eine Beglaubigung der Bedeutsamkeit seiner Botschaft.[45]

Es liegt nahe, die Briefkampagne und die Einrichtung des Pressespiegels mit der Situation der Bewegung um 1986 in Verbindung zu bringen. Es war nämlich ziemlich still um Kaplan geworden. Dies ist gerade für eine charismatische Gemeinde problematisch. Ebenso wie ein intensive Berichterstattung den Aufschwung einer derartigen Bewegung verstärkt, weil Erfolg Erfolg gebiert, beschleunigt Schweigen ihren Verfall. Kaplan, der, offenbar anders als in der Anfangszeit, nicht mehr damit rechnen konnte, daß die Presse von sich aus auf ihn zukommen würde, sah sich nun gezwungen, durch spektakuläre Aktionen ihre Aufmerksamkeit auf sich zu ziehen. Dies war der Grund für die provokativen Briefe – wie auch für die Einrichtung des Pressespiegels, der in dieser Situation geschaffen wurde, um den Gläubigen zu beweisen, daß »etwas« an der Sache dran ist.

Die Aktionen Kaplans stießen bei anderen islamischen Gruppen auf erhebliche Bedenken. Der Akt, den Staatspräsidenten anzuschreiben, wurde von weiten Kreisen als anmaßend empfunden. Es hieß, er hätte sich auf die üblichen Methoden der Verkündigung

---

44 Zur Logik von Herausforderung und Gegenherausforderung siehe inbesondere Bourdieu 1972/1976:11-47.

45 Luhmann hat darauf hingewiesen, daß Massenmedien Realität erzeugen – aber keine konsenspflichtige Realität (1996:164). Die zentrale Botschaft eines Zeitungsartikels ist zunächst, *daß* es ein Phänomen gibt, über das zu berichten es sich lohnt; die Frage, *wie* darüber berichtet wird, ist dagegen sekundär.

beschränken sollen, also auf Predigten, Bücher und Zeitschriften-
artikel. In der Predigt »Antworten auf falsche Interpretationen«
(*Yanlış Yorumlar ve Cevaplar*) fühlte sich Kaplan veranlaßt, sich
gegen diese Vorwürfe zu verteidigen: »Ist [ein offener Brief] nicht
auch ein Mittel der Verkündigung? [Die Geistlichen] kritisieren
diese Methode ... damit, daß sich der Prophet erst nach dem
Gründen des Islamischen Staates brieflich an Staatsoberhäupter
gewandt hätte. Der Vergleich geht aber fehl. Diejenigen, die wir
angeschrieben haben, sind Oberhäupter von islamischen Staaten
und Nationen. Sie behaupten von sich, sie seien Muselmanen. Die
Staatsoberhäupter, an die sich Muhammed gewandt hat, waren jedoch die Oberhäupter nicht-islamischer Staaten.«

Der Konflikt über die offenen Briefe war der Anlaß für den
Bruch mit Ahmet Polat, der die Gemeinde in ihre erste ernsthafte
Krise stürzen sollte (vgl. oben S. 158). Polat reagierte sehr betrof-
fen und verärgert, als Evren an der Çukurova-Universität auf Kaplan zu sprechen kam.[46] Nach seinem Bruch mit Kaplan kam Polat in einem Interview mit Metin Gür noch einmal auf diesen Vorfall zurück: »Wenn sein (Kaplans, W. S.) Name nicht in der Presse
vorkam, wurde er krank. Einmal habe ich mitbekommen, daß er
offenbar im Namen der Gemeinde Briefe an Evren (den Staatspräsidenten, W. S.) schrieb. Alles, was ihm gerade so einfiel, hat er von
sich gegeben. Wir haben ihn schließlich ein paarmal gewarnt, aber
es kam nicht an bei ihm. Schließlich erreichte Kaplan Hodscha,
was er wollte. Staatspräsident Evren erwähnte ihn in einer Rede in
Adana. An dem Tag hätten Sie Kaplan mal sehen müssen. Endlich
war er öffentlich gegen die Türkei angetreten. Und er war ein öffentliches Diskussionsthema« (Gür 1993:68).

Auch abgesehen von der Frage des guten islamischen Stils war
die wachsende Medienpräsenz eine zweischneidige Sache. Mit der
Sichtbarkeit der Bewegung stiegen auch die »Kosten« für die Mitgliedschaft – und dies zu einer Zeit, in der Zweifel an einer unmittelbar bevorstehenden islamischen Revolution wuchsen. Abdullah
A. (der Sohn von Şevket A. und Mitglied im engsten Kreis der Bewegung) führte den Ausstieg von Polat darauf zurück: »[1986] gab
es zum ersten Mal einige Kampagnen in der türkischen Presse, ›die
Radikalen kommen, die Fundamentalisten kommen, die Reaktio-
näre kommen ...‹ Also der Mann (Ahmet Polat) hatte vor, in die

---

46 Metin Kaplan in Ümmet-i Muhammed 134 vom 16. 1. 1996:8.

Türkei zurückzukehren. Als natürlich die ganzen Sachen in die Presse kamen, sind diese Träume verflogen . . .« Es ist fast unmöglich, diesen Kommentar zu bewerten. Einerseits liegt er ganz auf der Linie mit den Interpretationen, die Aussteigern sachliche Gründe absprechen und sie als Feiglinge diffamieren. Andererseits spricht er ein reales Problem an. Wenn vielleicht auch nicht Polat selbst – so haben doch sicher andere Arbeitsmigranten, die sich langfristig eine Zukunft in der Türkei ausrechneten, Unbehagen über die wachsende Sichtbarkeit empfunden. Die Medienkampagne dürfte somit der erste Auslöser des Prozesses der Umwandlung der Bewegung in eine Sekte gewesen sein.

Der Statthalter und der Kompromißler

Im Mai 1989 wurde die Rubrik des Pressespiegels vorübergehend eingestellt. Es war die Zeit, als die Bewegung nach der Abspaltung von Hasan Hayrı endgültig vor dem Ende zu stehen schien. Die Gemeinde war unbedeutend geworden und offenbar keiner Beachtung mehr wert. Selbst Provokationen wie die Sondernummer zu Atatürk (vgl. oben S. 116) verhallten weitgehend ungehört. Es war also zum zweiten Mal ruhig geworden.

Doch gelang Kaplan ein »comeback«, und zwar mit Aplomb. Bei dem Hedschratreffen 1412 (November 1991) begann er deutlich kriegerischere Töne anzuschlagen. In die Presse kam er dann mit einem Treffen der Jugend seiner Bewegung im Dezember 1991, zu dem 1500 junge Männer gekommen waren. In einer ausgesprochen offensiven Predigt rief Kaplan zum ersten Mal unverhohlen zum Kampf gegen den Kemalismus auf. Er war »wieder da« – und auf einmal war es wieder möglich, fast eine ganze Seite des Pressespiegels von Ümmet-i Muhammed (Nr. 54) mit Berichten über dieses Treffen zu füllen. Entsprechend der Natur des Boulevard-Journalismus wurden bei den Meldungen die dramatischen Aspekte des Treffens in den Vordergrund gerückt. Unter der Überschrift: »Scheriat-Geschrei bei einer Versammlung von Kaplan-Jugendlichen in Köln« beschrieb Metin Gür die Versammlung in der Zeitschrift Milliyet von 2. 1. 1992. Es lohnt sich, den Bericht in voller Länge wiederzugeben.

»Auf einem Treffen der ›Islamischen Jugendorganisationen Europas‹, einer Unterorganisation der ›Vereinigung Islamischer Gemeinden‹ in Köln, wurden Atatürk, die Republik, die Demokratie, die Parteien und das türkische Parlament beschimpft, und es wurde erklärt, daß man sich mit allen laizistisch gesonnenen Menschen im Kriegszustand befinde. Das Treffen, zu dem Frauen keinen Zutritt hatten, fand in der Allgemeinen Moschee in Köln-Nippes statt. An ihm nahmen ungefähr 1500 jugendliche Scheriat-Anhänger aus Deutschland, England, Dänemark, Holland, Österreich und der Schweiz teil. Glaubenskämpfer in Turbanen und islamischen Gewändern ließen die Besucher der Moschee nur nach strengen Untersuchungen passieren. An der Wand verkündeten Spruchbänder Slogans wie ›Die Revolution, die uns rettet, ist die islamische Revolution – menschengemachte Gesetze können uns nicht aufhalten‹ und ›Das von Muslimen vergossene Blut wird nicht unbeachtet bleiben; für jeden Tropfen wird die Rechnung präsentiert werden‹. Von *Allahu-ekbir*-(›Gott ist erhaben‹)-Rufen [begleitet] und unterbrochen von Slogans wie ›Nieder mit den Laizisten‹ und ›Der islamische Staat wird gegründet werden; der kemalistische Staat wird untergehen‹, hielt der Vorsitzende der Islamischen Jugendorganisationen und Führungsmitglied der ›Organisation der Alten Fronttruppen‹ Seyit Ali Settaroğlu die Eröffnungsansprache. Settaroğlu, der ausführte, daß der Kampf auch in die entlegenste Ecke [Anatoliens] getragen werden würde, sagte: ›Die islamische Jugend ist zu jedem Opfer bereit. Wenn die Zeit kommt, wird sie nicht zögern, Gut und Geld aufs Spiel zu setzen. Wir marschieren gegen alle Systeme, die von Menschen fabriziert sind – vor allem gegen den Kemalismus. Die islamische Jugend ist ein Heer, das gegen die menschengemachten Systeme das Haupt erhoben hat. Wir haben uns aufgemacht, die Rechnung für das Blut zu präsentieren, das vom kemalistischen Regime vergossen wurde. Wir werden Märtyrer sein; wir werden bis zum Tod des letzten Glaubenskämpfers streiten.‹ Auch Cemaleddin Kaplan führte in seiner Rede auf der Versammlung aus, daß man sich in einem furchtbaren Kampf befinde, und äußerte unter Verweis auf Atatürk-Statuen, daß man alle Götzen zerschlagen werde. Häufig unterbrochen von Rufen wie: ›Schlag zu, und wir schlagen zu; stirb – und wir sterben mit‹, sagte Kaplan: ›Ihr seid das Volk dieses Jahrhunderts. Ihr sagt, daß der islamische Staat entstehen wird. Das wird er mit Sicherheit.‹ Abdurrahman Dumlupınar, ein Angehöriger der Führungsspitze der Vereinigung der islamischen Gemeinden, führte in seiner Rede aus: ›Das Parlament der türkischen Republik ist ein satanisches Parlament. Die Teufel regieren in der

Türkei.‹ Dumlupınar sagte, daß die Wohlfahrtspartei unter der Protektion von mystischen Bruderschaften arbeite, und fuhr fort: ›Bei den letzten Wahlen hat Saudi-Arabien Erbakan mit Millionen von Dollar unterstützt.‹ Dumlupınar beendete seine Rede mit den Worten: ›Gott möge Euch zu Märtyrern machen. Das der Sünde verfallene System in der Türkei wird eines Tages mit Sicherheit zerbrechen.‹ Am Ende des Treffens der Scheriat-Anhänger legten alle gemeinsam den Eid ab und sangen folgendes Lied zur Marschmusik: ›Wir werden auf diesem Weg nie umkehren. Für den Islam werden wir Tausende Märtyrer stellen.‹«

Der Presseberichterstattung über dieses Treffen konnten die Anhänger Kaplans zwei Grundregeln für den Umgang mit der Presse entnehmen. Erstens: Es zahlt sich aus, etwas Neues zu bringen, wenn man in die Medien gelangen will. Das Selektionskriterium der Massenmedien ist die »Information«. Information ist aber weniger von der Relevanz einer Meldung als von ihrem Neuigkeitswert abhängig. »Eine Nachricht, die zum zweiten Mal gebracht wird, behält zwar ihren Sinn, verliert aber ihren Informationswert« (Luhmann 1995:41) – so daß jede Meldung sehr rasch veraltet. Wer eine Wahrheit ein zweites Mal in die Medien bringen will, sollte sie in einem neuen Gewand präsentieren. Während die öffentlichen Briefe (die weiterhin erschienen) keinerlei Aufmerksamkeit mehr erregten, konnte man mit einer dramatischen Darbietung die Augen der Medienöffentlichkeit wieder auf sich ziehen. Zweitens: Das Spiel mit den kollektiven Ängsten ist der einfachste und sicherste Weg, eine Neuigkeit zu produzieren. Wenn man die oben wiedergegebene Pressemeldung mit dem hauseigenen Bericht in Ümmet-i Muhammed[47] vergleicht, so ergeben sich einige auffallende Unterschiede: Während im hauseigenen Bericht Kaplan der Hauptredner des Abends ist (der *nach* Settaroğlu und Dumlupınar auftritt), wird er in der Zeitschrift Milliyet zwischen Settaroğlu und Dumlupınar fast beiläufig eingeführt. Auch wird er, mit Ausnahme eines einzigen Satzes, in Milliyet nur indirekt zitiert. Der Grund ist einfach: Diejenigen Prediger wurden wörtlich wiedergegeben, deren Äußerungen am schockierendsten waren, weil sie am besten in das Bild des fundamentalistischen Islam als des Horts der Finsternis, der Reaktion, der Gewalt paßten. Dagegen bot Kaplan, der an diesem Tag über die Notwendigkeit

47 Nr. 53 vom 1. 1. 1992, S. 8/9.

referierte, das Ideal eines islamischen Staates bereits in der politischen Bewegung vorwegzunehmen, offenbar zu wenig »Stoff« für eine dramatisierende Berichterstattung. Die zweite Lehre, die man dem Bericht in puncto Pressearbeit entnehmen kann, lautet also: Je mehr man die angsterzeugenden Klischees bedient, desto größer ist die Chance, in die Presse zu kommen.

Kaplan scheint beide Lektionen gründlich gelernt zu haben. In den folgenden Jahren wird er immer wieder Neuigkeiten liefern, indem er Normbrüche inszeniert. Damit wird seine Bewegung dem weltweit zirkulierenden Bild vom islamischen Fundamentalismus in zunehmendem Maße ähnlicher. Vier Monate nach dem Treffen der Islamischen Jugendorganisationen rief Kaplan die Exilregierung aus und ernannte sich zum Statthalter des Kalifen. Während diese Veranstaltung noch auffallend wenig von der Presse zur Kenntnis genommen wurde (was noch einmal zeigt, wie peripher Kaplan inzwischen geworden war), änderte sich dies mit dem Hedschratreffen von 1992, auf dem zum ersten Mal der nun neu gegründete islamische Staat sich selbst darstellte (die Hauptmeldung des auf S. 207 abgedruckten Pressespiegels bezieht sich auf dieses Treffen). Damit spätestens war, wie die Tageszeitung Hürriyet zutreffend titelte, »Kaplan wieder auf der Bühne«.[48]

Kaplan beharrte zu dieser Zeit immer wieder darauf, daß sich mit der Ernennung zum Statthalter »im Grunde« nichts geändert habe: Seine Forderung sei wie eh und je die Wiedererrichtung des Kalifats – er würde sie nur anders, eben durch symbolische Politik ausdrücken. Dies mag für den Sinn seiner Aussagen zutreffen; es stimmt gewiß nicht für ihre Bedeutung. Die Atmosphäre, die nun bei den Versammlungen herrschte, zeigt, wie grundlegend sich die Botschaft mit ihrer Dramatisierung verändert hat. Betrachten wir einen Bericht über die Versammlung im April 1992, in der der »Islamische Bundesstaat Anatolien« ausgerufen wurde. In seiner Predigt[49] zog Kaplan die Parallele zu den drei Treffen in Aquaba, bei denen 621, also im Jahr vor der Hedschra, die Eidgenossenschaft begründet wurde, die zur Keimzelle des islamischen Staats werden sollte. Nach Schilderung der Lage in Aquaba übertrug Kaplan die Situation von damals direkt auf die Gegenwart (»die Verkündi-

---

48 Meldung zum Hedschratreffen 1993. Wiedergegeben in Ümmet-i Muhammed 88 vom 5. 11. 1993:15.

49 *Hakkı Sahibine iade* (»Rückgabe des [Besitz-]Titels an den rechtmäßigen Eigentümer«) (1992a).

gungsbewegung befindet sich in diesem Stadium«). Anschließend rief er den islamischen und koranischen Staat aus und nahm – wie seinerzeit Muhammed – die Huldigung entgegen.[50] Ich zitiere aus dem Bericht, der dem Abdruck der Predigt in Parenthese beigefügt ist: »Nach dem Ausrufen des islamischen Staates standen alle männlichen und weiblichen Teilnehmer der Versammlung auf, und unter Hochrufen: *Allahu Akbar* – Allah ist der Größte – wurde der zehnte Vers der Sure Feth (»Der Erfolg«) rezitiert (»Auf daß ihr an Gott und seinen Gesandten glaubt, ihm helft, ihn hochachtet und ihn morgens und abends preist«). Dann wurde der Text der Huldigung verlesen und von allen nachgesprochen . . . ›Unser Lehrer. Wir leisten dir den Treueid und geben dir vor Gott das Versprechen, dir zu gehorchen, solange du dich auf dem Wege Gottes und seines Gesandten befindest. [Wir geloben,] dir Gehorsam zu leisten, ob es uns gefällt oder nicht; in reichen und armen Zeiten für deinen Lebensunterhalt aufzukommen, das Befohlene zu befolgen und das Untersagte zu lassen und uns dabei vor keinem zu fürchten. [Wir geloben] mit all unserer Kraft unsere Sache und unseren Hodscha zu schützen, genau wie wir uns selbst, unsere Frauen und Kinder schützen« (Kaplan 1992a:10).

Das bedeutungskonstituierende Drama ist größer geworden: Die Rolle Kaplans ist nun nicht mehr nur die eines aufrechten Gelehrten oder eines Herausforderers mit prophetischen Zügen, sondern die eines Staatsgründers. Die Rolle seiner Gemeinde gleicht nun der der Gemeinde Muhammeds. Vor allem aber hat sich das Verhältnis zu den Rollen verändert. Stand vorher das Wort im Zentrum, so jetzt die Handlung. Konnte man in bezug auf die früheren Phasen der Bewegung von einem bedeutungskonstituierenden Drama nur in übertragener, also metaphorischer Weise reden, so nun in buchstäblicher Weise. Die Gläubigen spielen die Episode von Aquaba nach. Damit wird – und dies ist der Witz symbolischer Politik – das Drama auf eine neue Weise erlebbar.[51] Man redet nicht mehr nur über den islamischen Staat, sondern tut, als ob er bereits existierte. Indem man den Staat aufführt, gewinnt er an Realitätsgehalt: Er wird fühlbar und erlebbar. Genau so wird es sein, wenn er irgendwann tatsächlich existiert. Eine Theateraufführung, sagen die Zeichentheoretiker, ist eine buchstäbliche Exemplifikation: Wie eine Stoffprobe besitzt sie die Eigenschaften,

50 Zu Aquaba siehe Buhl 1929/1969:187.
51 Zur Bedeutung des Erlebnisses in religiösen Ritualen siehe Pollack 1998.

auf die sie gleichzeitig verweist.[52] Die Dramatisierung hat noch eine dritte Konsequenz: Durch sie werden Bilder geschaffen – Bilder, die von den Medien aufgegriffen und nach außen getragen werden können. Tatsächlich tauchen in dem von uns als Ausgangspunkt benutzten Pressespiegel zum ersten Mal (in nennenswertem Umfang) Abbildungen auf: Bilder von islamisch gekleideten Glaubenskämpfern in Marschformation und von dramatischen Handlungen, wie dem Sturz der Atatürk-Statue.

Fassen wir zusammen: Besonders in dieser Phase entwickelt sich im Zusammenspiel einer neuigkeitsversessenen und an Dämonisierung interessierten Boulevardpresse mit einer auf die Presseberichterstattung angewiesenen Bewegung eine revolutionäre Theatralik. Dieser Prozeß läßt auch das Selbstverständnis nicht unangetastet: Die Gemeinde stilisiert sich immer mehr als eine Neuauflage der Urgemeinde.

Es gibt einen deutlichen Beleg dafür, daß die Dämonisierung durch die Presse und die Selbstmythisierung der Bewegung sich gegenseitig zuspielen. In den Pressespiegeln finden sich nämlich nicht alle Meldungen, die im entsprechenden Zeitraum über die Kaplan-Bewegung erschienen sind. Reportagen, die sich ausführlich und differenziert mit der Bewegung auseinandersetzten – vor allem die Serien zu Kaplan in der Cumhuriyet im Februar 1987 oder im Dezember 1992 – wurden *nicht* aufgenommen.[53] Die Kaplan-Gemeinde hat also ein deutliches Interesse an klischeehaften Pressedarstellungen. Diese eignen sich weit besser als Beweis für die Größe und Bedeutung von Kaplan als genaue Analysen, die ihn entzaubern würden.

Der Kalif und der Polytheist

1994 rief Kaplan das Kalifat aus. Damit änderte sich ein weiteres und letztes Mal der Sinn und die Bedeutung seiner Botschaft. Das bedeutungsstiftende Drama hat sich noch einmal vergrößert: Das Staatsoberhaupt ist zum Kalif geworden; die Gemeinde, die die Frühzeit des Islam zitiert und nachspielt, ist die kleine elitäre

---

52 Vergleiche hierzu Ellrich 1998:122, der den Punkt im Kontext seiner Diskussion von Geertz' Darstellung des Hahnenkampfes auf Bali entfaltet.

53 Was die Serie im Dezember 1992 betraf, so wurde nur der Leitartikel, der die Serie ankündigte, abgedruckt (Ümmet-i Muhammed 70, 15. 12. 1992), nicht aber die Serie selbst.

Gruppe geworden, die in der absoluten Zeitenfinsternis dem Islam treu geblieben ist und die nun die Keimzelle des neuen Staats ist.

Damit hat sich der reklamierte Realitätsstatus verändert. Was vorher, auch für Kaplan selbst, »politisches Schauspiel« bzw. »symbolische Politik« war, gibt sich nun als »Wirklichkeit« aus. Während sich bisher seine Anhänger darauf zurückziehen konnten, daß sich »eigentlich« nichts geändert habe, ist dies jetzt nicht mehr möglich. Auch der Sinn der Botschaft hat sich gewandelt. Sie lautet nicht mehr »Wir müssen für das Kalifat kämpfen«, sondern »Das Kalifat ist hier und jetzt neu errichtet worden.«

Zwei Ursachen für die erneute Radikalisierung haben wir bereits genannt. Zum einen haben wir auf die Notwendigkeit hingewiesen, die sich einer charismatischen Bewegung stellt, in die Presse zu kommen, um überhaupt ernstgenommen zu werden; zum zweiten haben wir das Erfordernis betont, immer spektakulärer aufzutreten, um die Presseaufmerksamkeit auf sich zu ziehen. Ein dritter Faktor tritt in dieser letzten Phase der Bewegung besonders deutlich hervor (auch wenn er schon die ganze Zeit eine Rolle gespielt hat): Indem sich die Bewegung anderen – der Öffentlichkeit – darstellt und von anderen wahrgenommen wird, entfaltet sich ein Bild der Bewegung von sich selbst. Um die Metapher vom Spiegel ernstzunehmen: die Bewegung betrachtet sich im Pressespiegel und wird (selbstverständlich mit umgekehrtem Vorzeichen) immer mehr so, wie sie sich im Spiegel sieht. Das Selbstbild nähert sich mit der Zeit dem Fremdbild an.

Hier ist ein Zug der Presseberichterstattung besonders interessant: Die Boulevardpresse stilisiert nämlich Kaplan nicht nur – sondern sie übertreibt auch. Es ist also nicht nur Kaplan, der sich von Mal zu Mal radikaler äußert, um in die Presse zu kommen – sondern die Presse ihrerseits greift Äußerungen von ihm auf und spitzt sie weiter zu. Zwei Beispiele: In der Pressemeldung über das Treffen zum Jahrestag 1414 (November 1993) in Hürriyet[54] heißt es, Kaplan habe sich als Erbe von Muhammed bezeichnet. Tatsächlich hatte er jedoch gesagt: »Nach der Zeit des Propheten ist das Lehramt auf die Schriftgelehrten (*ulema*) übergegangen. Die Schriftgelehrten sind die Erben des Propheten. Auch ich gehöre dazu. Auch ich bin einer seiner Erben . . . ER (Allah) sagte auch zu mir: ›Cemaleddin, auch du bist Schriftgelehrter. Du nimmst also

---

54 Abgedruckt in Ümmet-i Muhammed 88 vom 1. 11. 1993.

[Muhammeds] Stelle ein.‹«[55] Genau genommen hatte Kaplan also nur beansprucht, *einer der* Erben des Propheten zu sein. Allerdings scheint er in der Pressemitteilung sozusagen zur Kenntlichkeit verzerrt zu sein: Nur wenig später wird er sich ja zum Kalifen ausrufen und sich damit tatsächlich als *den* Erben des Propheten einsetzen. In einer anderen Meldung mit dem Titel: »Die Stimme der Finsternis bereitet den bewaffneten Aufstand vor«[56] hieß es, daß Kaplan sich zum Kalifen ernannt habe – fünf Monate bevor er diesen Schritt tatsächlich vollzog. Beides wirkt so, als hätte die Presse Vorgaben gemacht, die Kaplan dann für sich übernahm.

Dieser Prozeß läßt verschiedene Deutungen zu, zwischen denen ich hier nicht entscheiden kann. Die vorsichtigere Deutung ist, daß Kaplan die Presse immer wieder benutzte, um mit ihrer Hilfe zu sagen, was er eigentlich sagen wollte, aber direkt zu sagen inopportun fand. Dies war etwa zur Zeit der Rushdie-Affäre deutlich, die, wie wir oben gesehen haben, Kaplan sehr ungelegen kam. Wenn etwa in Hürriyet vom 7. 3. 1989[57] unter der Überschrift »Auch die ›Stimme der Finsternis‹ fordert den Kopf (von Rushdie)« berichtet wurde, er verteidige die Notwendigkeit des Todesurteils, ist ihm dies aller Wahrscheinlichkeit sehr gelegen gekommen. Es erlaubte nämlich ein doppeltes Spiel: Gegenüber der von der Rushdie-Affäre beunruhigten deutschen Öffentlichkeit konnte er sich auf die Position zurückziehen, die Presse hätte übertrieben. Gegenüber den Kritikern aus den eigenen Reihen konnte er andererseits mit dem Verweis auf die Pressemitteilungen »beweisen«, daß er sich sehr eindeutig verhalten habe. Eine ähnliche Struktur könnte auch hinsichtlich der Frage des Kalifats eine Rolle spielen: Vielleicht meinte Kaplan tatsächlich, daß er *der* Erbe des Propheten sei, behauptete vorsichtigerweise zunächst aber nur, *einer der* Erben des Propheten zu sein. Auch hier könnte ihm die verschärfende Berichterstattung in der Presse durchaus zupaß gekommen sein: Sie hätte sozusagen den Versuchsballon abgegeben, mit dem er, ohne sich festzulegen, testen konnte, wie ein derartiger Anspruch ankommt. Bei einem derartigen rhetorischen Spiel stellt die Übertreibung des wörtlich Gesagten das eigentlich Gemeinte dar – und hat damit einen höheren Realitätsgehalt als das tatsächlich Gesagte. Von da ist es nur ein kleiner Schritt zu der stärkeren Deu-

55 Niederschrift von der Video-Aufzeichnung seiner Predigt.
56 Ohne Quellenangabe; wiedergegeben in Ümmet-i Muhammed 89 (19. 11. 1993).
57 Wiedergegeben in Ümmet-i Muhammed 2 vom 1. 4. 1989, S. 13.

tung, nämlich daß sich in einem solchen Zusammenspiel das Selbstbild erst entwickelte. Es wäre dann nicht nur Strategie gewesen, wenn sich Kaplan 1992 zum *Statthalter* – und nicht zum Kalifen – ernannte, sondern der Gedanke, selbst Kalif zu werden, hätte sich erst in dem Zusammenspiel herausgebildet, das wir hier analysiert haben. In diesem Fall hätte die Maske, die er aufgesetzt hätte, mit der Zeit von ihm Besitz ergriffen.

Die in den beiden letzten Kapiteln untersuchten Prozesse lassen sich natürlich nur analytisch trennen. In Wirklichkeit bedingten sie sich gegenseitig. Als charismatische Gemeinde sah sich die Kaplan-Gemeinde vor die Notwendigkeit gestellt, sich in einer von Medien bestimmten Umwelt zu inszenieren. Dies förderte Tendenzen zur Dramatisierung und Radikalisierung, die wiederum die Prozesse des Umbaus der Bewegung in eine Sekte vorantrieben. Umgekehrt legte der Prozeß der Sektenbildung und der damit einhergehenden Herausbildung einer immer geschlosseneren und nach außen abgegrenzten elitären Gruppe eine bestimmte Form von Selbstdarstellung nahe. Die Entwicklung der Kaplan-Gemeinde ist also nicht nur eine Konsequenz der Medienberichterstattung, auch wenn sie sich ohne die Rolle der Medien nicht verstehen läßt.

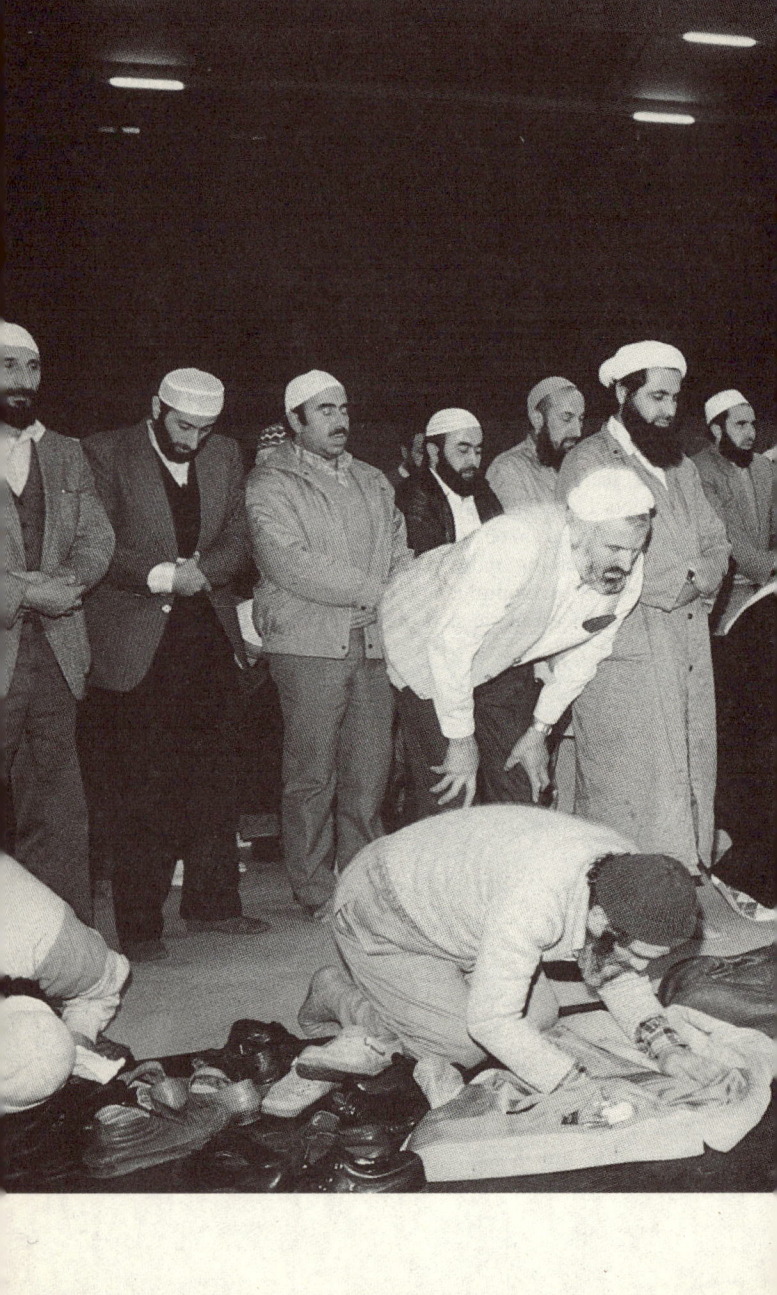

III Erfahrungen

Islamistische Selbstbilder

Wer waren die Männer, die sich von Kaplan begeistern ließen? Was war es, das sie anzog? Was bewog schließlich einige Anhänger der ersten Stunde, sich von Kaplan zu trennen, als die Bewegung zunehmend sektiererische Züge annahm, während für andere gerade diese Radikalisierung der Grund dafür war, sich der Gemeinde anzuschließen? In diesem Kapitel soll auf der Basis von drei Fallstudien rekonstruiert werden, welche Erfahrungen einen politischen Islam plausibel erscheinen lassen. Zwei der vorgestellten Männer gehörten zu den Anhängern der ersten Stunde und sind uns in diesem Buch bereits wiederholt begegnet: Abuzer K., ungelernter Arbeiter, war bis zu seinem Austritt im Jahr 1991 Jugendwart in der Gemeinde in Augsburg. Şevket A., Bauarbeiter, war jahrelang Gemeindevorsitzender.[1] Anders als Abuzer blieb er in der Bewegung, distanzierte sich aber innerlich von Kaplan. Der dritte Mann, Seyfullah S., Gymnasiast, gehört zu der zweiten Generation, die Anfang der neunziger Jahre die Macht in der Gemeinde übernehmen sollte. Er stieß zu Kaplan ungefähr zur gleichen Zeit, als Abuzer K. ihn verließ. Offenbar erschienen ihm gerade Aspekte »überzeugend«, die Abuzer K. und Şevket A. nicht mehr »plausibel« fanden. Ich habe mich für die Darstellung dieser drei Männer[2] entschieden, weil sie zu unterschiedlichen Zeitpunkten zum inneren Kern der Gemeinde gehörten. Mit jedem der Männer habe ich zahlreiche Gespräche geführt, darunter je zwei mehrstündige lebensgeschichtliche Interviews.

Bei der Rekonstruktion von Erfahrungen aus derartigen Selbstzeugnissen gilt es einiges zu beachten. Zunächst muß der Einfluß der Gesprächssituationen selbst berücksichtigt werden. Insbesondere bei einem Forschungsinterview handelt es sich um eine künstliche Situation. Ein türkischer Muslim wird von einem Wissenschaftler, einem deutschen Nichtmuslim, gebeten, über sein Leben zu berichten. Die Situation ist durch eine komplexe Machtbalance charakterisiert. Der Wissenschaftler leitet das Gespräch, er stellt die Fragen und bringt seinen Gesprächspartner auf Punkte, über die er sich noch nie geäußert hat, an die er möglicherweise noch

---

1 Eine weitere Biographie eines Mitglieds der ersten Stunde findet sich bei Schiffauer 1991:120-160.

2 Ich habe während des Aufenthalts achtzehn Biographien aufgenommen.

nie einen Gedanken verschwendet hat. Der Befragte erklärt sein Verhalten aus der Situation des Gesprächs heraus. Er steht dabei unter einem gewissen Konsistenzdruck, nämlich dem Erfordernis, Heterogenes und Widersprüchliches zu vereinheitlichen, um dem Anderen gegenüber glaubwürdig zu erscheinen. Außerdem wird er einen Plausibilitätsdruck empfinden. Der Befragte muß Gründe für sein Verhalten anführen (gelegentlich auch erfinden), um als vernünftig zu erscheinen. Beides wird durch die Statusdiskrepanz zwischen Forscher und Befragtem noch verstärkt. In einem derartigen Gespräch werden also keineswegs einfach vorher existente »Daten« und »Fakten« abgerufen und zur Sprache gebracht. Gerade wenn das Gespräch erfolgreich war, wird der Gesprächspartner neue Züge an sich entdeckt haben und sich anders sehen als vorher. Andererseits verfügt auch der Gesprächspartner über Macht. Er ist nicht in einer Prüfungssituation, sondern (wenn das Gespräch gut läuft) in der Situation eines Experten. Er hat also eine vergleichsweise schmeichelhafte Rolle – und er kann bestimmen, was er erzählt. Dabei ist nun die Tatsache von entscheidender Rolle, daß sich in der Begegnung von zwei Individuen auch immer Vertreter zweier Kollektive treffen – in dem Fall ein Muslim, Türke und Arbeiter mit einem Christen, Deutschen und Akademiker. Dies bestimmt die Auswahl der Erlebnisse, die man erzählt – man berichtet Vorkommnisse, mit denen der Andere mutmaßlich etwas anfangen kann. Und dies bestimmt die Zensur – man entscheidet, was den anderen nichts angeht. Eine biographische Erzählung ist also alles andere als die einfache Wiedergabe von Erfahrungen, die unabhängig und losgelöst von dieser Erzählung existieren. Vielmehr wird aus der Gesprächssituation heraus eine Biographie konstruiert. Dies mag besonders auf die artifizielle Gesprächssituation eines Forschungsinterviews zutreffen, gilt jedoch im Prinzip auch für jedes andere Gespräch.

Noch etwas zweites ist bei der Deutung zu beachten. Die Gespräche kreisen um die Entscheidung für (oder später auch gegen) Kaplan. Intensive religiöse Begegnungen führen oft zu Erweckungen beziehungsweise Konversionen. Die Welt erscheint danach anders, als sie vorher war. Fast von selbst bietet es sich daher an, sein Leben in eine Zeit vor der Erweckung und in eine Zeit nach der Erweckung zu gliedern. Dabei wird das Leben vorher oft als eine Zeit der unbewußten Suche nach der Wahrheit geschildert – als eine Suche, die dann mit der religiösen Begegnung in Erfüllung gegangen ist. Gerade der religiös Begeisterte tendiert nach der Konversion dazu, Zeugnis abzulegen, das heißt, seine Vergangenheit von diesem Ereignis her zu interpretieren.

Es ist wichtig, derartige »Konstruktionen« nicht als »Verzerrung« zu bewerten, sondern zu begreifen, daß sie mit der Konstitution von Erfahrung untrennbar verknüpft sind. Erfahrungen verknüpfen ein Erlebnis – also einen Sinneseindruck, der von einem Objekt oder Ereignis der Außenwelt ausgelöst wird – mit einer Deutung. Ohne Deutung bleiben Erlebnisse unbestimmt, unfaßbar, sinnlos und damit »nichtssagend« – sie haben den gleichen Realitätsstatus wie Traumbilder. Andererseits bleiben Deutungen, die sich nicht mit eigenen Erlebnissen verbinden lassen, blaß, leer und oberflächlich. Weil Erfahrungen auf einer derartigen Verknüpfung von Deutung mit Erlebnissen beruhen, entstehen sie immer »im nachhinein«.[3] Deutungen entstehen nur in der Begegnung mit anderen – seien es reale Personen, imaginierte Personen oder Texte. Eine intensive Begegnung zeichnet sich deswegen dadurch aus, daß man sich danach neu und anders sieht – was nichts anderes heißt, als daß bisher nicht beachtete Erinnerungen nun relevant werden oder daß sich die Bedeutung eines Erlebnisses verschiebt oder vertieft. Kurzum: Erfahrungen konstituieren sich in Begegnungen.[4] Entscheidend für die Herausbildung einer Erfahrung ist deshalb nicht eine dyadische Struktur (Individuum und Außenwelt), sondern eine triadische Struktur (Individuum – alter ego – Ereignis). Das Selbstbild, wie es in einem Forschungsinterview von dem Gesprächspartner entworfen wird, ist nicht losgelöst von diesem Interview zu sehen. Der Befragte präsentiert sich dem Forscher auf eine bestimmte Weise. Dies gilt jedoch genauso

3 Von George Herbert Mead (1934/1993) wird dieser Gedanke mit der Figur des Verhältnisses von »I« und »me« umschrieben. Das handelnde ich (»I«) ist seiner selbst nie bewußt – und wäre es seiner bewußt, wäre es gelähmt. Erst retrospektiv, im Rückblick auf mich (»me«), erkenne ich mich, werde ich mir meiner bewußt.

4 In besonderer Klarheit ist die erfahrungskonstituierende Bedeutung von Begegnung außer von Mead (1934/1993) in der dialogischen Philosophie von Martin Buber (1923/1979) herausgearbeitet worden. Die oben erwähnte (Wahrnehmungen auslösende und Sinnesbilder konstituierende) Begegnung mit der Welt würde von Buber als Erfahrung des Ich in der Begegnung mit dem »Es« bestimmt werden. »Die Welt als Erfahrung gehört dem Grundwort Ich-Es zu. Das Grundwort Ich-Du stiftet die Welt der Beziehung« (1923/1979:10). Ich würde dies – unter Heranziehung der Phänomenologie von Halbwachs – dahingehend modifizieren, daß die Sensationen, die in der Begegnung von Ich-Es gemacht werden, erst in der Begegnung mit dem Du zu Erfahrungen im eigentlichen Sinn werden (Halbwachs 1991).

für die Selbstbilder, die der Befragte von sich in anderen Gesprächssituationen präsentiert. Es wäre vergebliche Mühe, hinter diesen vielen Selbstbildern ein eigentliches suchen zu wollen.

Erfahrungen konstituieren und verändern sich in Begegnungen. Dies heißt aber nicht, daß sie vollständig plastisch wären. Zunächst bereiten »Erfahrungen« den Grund dafür, ob es überhaupt zu einer Begegnung kommt oder nicht. Dies ist bei einer extremen Gestalt wie Kaplan besonders deutlich: Einige fanden seine Positionen einleuchtend und ließen sich von ihm begeistern; andere fanden ihn dagegen »nichtssagend«; dritte waren von ihm abgestoßen und konnten in ihm nur einen gefährlichen Narren sehen. Eine neues Deutungsangebot muß also an frühere Begegnungen anknüpfen können, um überhaupt wahrgenommen zu werden. Daneben gibt es Personen, die sich wie Abuzer K. und Şevket A. anfänglich von Kaplan begeistern ließen, dann jedoch Zweifel bekamen und sich distanzierten. Auch wenn eine Begegnung stattfindet, werden frühere Deutungen nie ganz revidiert. Sie behalten immer etwas von ihrer Eigenständigkeit. Das mag unter dem Eindruck einer intensiven religiösen Begegnung zunächst zurücktreten: Dann scheint sich im Licht der neuen Erfahrung alles für einen Augenblick zu fügen. Nach einiger Zeit werden die beiseitegeschobenen Erfahrungen oder frühere Einsichten wieder ihr Recht beanspruchen – und sich Zweifel melden. Nicht selten kommt es dann zur Ernüchterung. Wie konnte man nur so leichtgläubig sein?

Was folgt daraus für die Deutung der biographischen Interviews? Da die Sicht auf die Vergangenheit von der Gegenwart gelenkt ist, kann man die Episoden, die die Gesprächspartner beispielsweise aus ihrer Kindheit berichten, nicht als historische Fakten nehmen. Man muß sie als Erinnerungen lesen, die ihren Sinn vom Hier und Jetzt her erhalten und dementsprechend bearbeitet sind. Ereignisse haben zu dem Zeitpunkt, zu dem sie sich zugetragen haben, etwas anderes bedeutet als zu dem Zeitpunkt, zu dem sie erzählt werden. Man muß also die Gegenwart (den Zeitpunkt der Interviews) zum Ausgangspunkt der Interpretation nehmen.[5] Man kann nicht die Biographie heranziehen, um Entscheidungen in der Gegenwart zu erklären, sondern muß umgekehrt fragen, wie von der Gegenwart aus die Vergangenheit entworfen wird.

5 Dies bedeutet den Übergang von einer ostensiven zu einer performativen Erklärung (Latour 1986).

Das Verhältnis von Biographie und Selbstbild wird damit umgekehrt: Nicht die Biographie erklärt das Selbstbild – sondern das Selbstbild erklärt die Biographie. Die Erzählungen über Vergangenes werden nicht als historische Fakten betrachtet, sondern als immer schon bearbeitete Erinnerungen – als Konstruktionen, die die Gegenwart rechtfertigen. Allerdings gibt es bei derartigen Erinnerungen immer Brüche und Inkonsistenzen. Sie zeigen, an welchen Stellen sich frühere Einsichten gegen Reinterpretationen sperren; an ihnen tritt das Unverfügbare einer Lebensgeschichte hervor. Diesen Brüchen und Inkonsistenzen gilt es also besondere Aufmerksamkeit zu schenken, wenn man den Eigensinn früherer Erfahrungen beziehungsweise Deutungen erfassen will.

Der Außenseiter: Abuzer K.

Abuzer K. war einer meiner wichtigsten Gesprächspartner während meiner Aufenthalte in Augsburg; er wurde deshalb in diesem Buch schon wiederholt zitiert. Zur Zeit unserer ersten Begegnung war er Jugendwart der Kaplan-Gemeinde. 1993 nach seinem Austritt aus der Gemeinde besuchte ich ihn erneut und führte ein weiteres längeres Gespräch mit ihm. Im folgenden werde ich zunächst auf das 1988 gesammelte Material eingehen und rekonstruieren, was ihm an Kaplans Position plausibel erschien und wo ihm bereits damals Zweifel kamen. Anschließend werde ich – gestützt auf ein Gespräch 1993 – zeigen, wie sich die Zweifel an Kaplan so zuspitzten, daß es schließlich zum Bruch kam.

Die Begegnung

Ich traf Abuzer zum ersten Mal im Versammlungsraum der Moschee. Er setzte sich nach dem Gottesdienst in einer Ecke des Raums zu einem Glas Tee neben mich. Ich war von der Herzlichkeit und Offenheit eingenommen, mit der er mir bei dieser wie bei späteren Begegnungen gegenübertrat. Bei diesem ersten Treffen brachte er das Gespräch auf eine Episode aus der Zeit der Gründung der Moschee der Nationalen Sicht 1978. Er war einer der zwölf Gründungsmitglieder gewesen. Sie hätten sich damals an die

Kirche gewandt und um Unterstützung für das Vorhaben gebeten. Der Bischof habe dies mit dem Hinweis abgelehnt, daß der Anwerbevertrag diesbezüglich keine Regelung vorsehe. Offiziell komme eine Unterstützung daher nicht in Frage. Der Geistliche habe jedoch angeboten, in seiner Gemeinde Geld zu sammeln. Dies, so Abuzer, sei jedoch unakzeptabel gewesen, weil es den Ruf der Gemeinde untergraben hätte. »Es hätte geheißen: ›Schaut doch: Um ihres Glaubens willen akzeptieren die Muslime Geld von Leuten, die ihren Glauben ablehnen.‹«

Ich hatte bei dem Treffen ein Interview mit Abuzer verabredet, das dann zwei Tage später stattfinden sollte. Er kam darin nochmals auf diese Episode zurück. Die Begegnung mit dem Bischof, führte er näher aus, habe bei ihm »eine Revolution« ausgelöst: Ihm sei mit einem Mal das völlige Desinteresse der türkischen Regierung an Fragen, die den Glauben der Arbeitsmigranten betrafen, klargeworden. »Da habe ich verstanden, daß die Regierenden nicht an Gott glauben.« »Viele Staatsbeamten machen sich über den Glauben lustig, sie lügen . . . Damals entwickelte sich in mir ein großer Haß gegenüber den Herrschenden. Ich dachte mir, daß ein Mensch, der sich als Muslim ausgibt und der die Muslime regiert, [wenigstens] einen einzigen Paragraphen für das Leben der Muslime [in Anwerbeverträgen] vorsehen sollte. [Tut er dies nicht,] ist er ein Lügner. Und die Muslime wissen nicht, daß er ein Lügner ist . . . Ich fühlte Verbitterung. Wie kann ein Mensch nur behaupten, er würde glauben, und keinen einzigen Paragraphen für seinen Glauben vorsehen?«

Wieso kam er im ersten Gespräch mit mir auf diese Episode zu sprechen? Zum einen könnte die Rollenaufteilung in der Geschichte Anknüpfungspunkte geliefert haben. Die Deutschen kommen in ihr gut weg: Sie stehen dem Anliegen der Muslime offen gegenüber; ihnen sind die Hände zwar vertraglich gebunden, aber sie bieten Hilfe an – ein Angebot, das man schätzt, aber aus naheliegenden Gründen nicht annehmen kann. Mit meinesgleichen hat er also positive Erfahrungen gemacht. Dann mag ein Element der Eitelkeit eine Rolle gespielt haben: Mit der Erzählung signalisiert Abuzer, daß er einer der Gründer der Moscheegemeinde ist und damit eines ihrer wichtigen Mitglieder. Er hätte dies natürlich auch direkter machen können – etwa mit einem Hinweis auf seine Rolle als Jugendwart –, aber dies hätte den Regeln der Bescheidenheit widersprochen. Schließlich rechtfertigt und legitimiert die Geschichte seine Entscheidung, sich nach der Spaltung der Gemeinde der Nationalen Sicht im Jahr 1983 auf die Seite Kaplans zu schlagen. Das Establishment hat sich in dieser Geschichte als islamfeindlich entpuppt. Nur äußerlich handelt es sich um Muslime, in Wirklichkeit um Gegner des Glaubens. Darauf gründet sich die Notwendigkeit, einer Gemeinde beizutreten, die diesem Staat den Kampf angekündigt hat.

Bereits bei diesem ersten Gespräch trat mir Abuzer als Moralist gegenüber, der »Lüge« und »Unaufrichtigkeit« anprangert. Der Ton, den er anschlug, unterschied sich deutlich von dem juristischen Duktus, der für die Predigten Kaplans charakteristisch war: Kaplan argumentierte mit Gesetzen – seien sie göttlich oder menschlich –, Abuzer verwies auf Moral. Ich werde auf diesen Gegensatz zurückkommen.

Ein Rückblick (1988)

Wie vereinbart, kreiste das Interview um Abuzers lebensgeschichtliche Erinnerungen. Auffallend war ein tiefer melancholischer Grundton, der seine Erzählung über Kindheit, Jugend und frühes Erwachsenenalter durchzog. Armut, Ausgrenzung und Randständigkeit bildeten die Leitmotive seines Berichts.

1941 wurde Abuzer in einem kurdischen Dorf der Provinz Adıyaman als fünfter von sieben Brüdern geboren. Die Familie habe zu den ärmsten des Dorfes gehört. Bis auf einen dreimonatigen Korankurs habe er keine schulische Ausbildung erhalten. In seiner Familie habe man nur Kurdisch gesprochen. »Dort habe ich überhaupt nichts [Positives] erfahren, keine Zuneigung und Wärme, ich hatte gar keine richtige Kindheit. Meine Kindheit verging in Armut und Not. Keinen einzigen Tag habe ich genossen, keinen einzigen schönen Tag erlebt. Normalerweise vergessen ja die Kinder den Ort nicht, wo sie aufwachsen, nicht wahr, ich aber . . .«

Im Alter von zwölf nahm ihn sein Vater mit nach Adıyaman. Abuzer erinnert dies als eine fast schockhafte Begegnung mit der Tatsache seiner Randständigkeit, dem Analphabetismus, seiner Sprach- und damit Bedeutungslosigkeit. »Du schaust dir etwas an, und kannst nicht lesen, du triffst einen Menschen, und kannst nicht sprechen.« Dieses Erlebnis ließ alles in einem anderen Licht erscheinen. Das Heimatdorf wirkt plötzlich wie ein Ort ohne Zukunft. Um einen Fuß auf den Boden zu bekommen, würde er Türkisch lernen müssen. Er beschloß, in der Stadt zu bleiben. Als unmittelbaren Anlaß erinnert er einen Konflikt mit dem Vater. Er habe Geld von ihm gewollt, um etwas zu essen zu kaufen; der Vater habe es ihm verweigert: »Wir haben uns gestritten, und ich sagte: ›Ich komme nicht mehr mit dir ins Dorf‹.« Er fand bei einem Bekannten seines Vaters Unterkunft und fing an, auf einer Baustelle zu arbeiten. Später verkaufte er Zeitungen und arbeitete als Schuhputzer. Er schrieb sich in einer Abendschule ein, um Lesen und Schreiben zu lernen.

Es hieß irgendwann, in Adana gäbe es Arbeit. »Deshalb bin ich in den Zug gestiegen. Die nächsten vierzig, fünfzig Stunden hatte ich keinen Bissen Brot zum Essen. Ich hatte keinen Platz zum Schlafen. Ich bin ständig herumgelaufen, bis mir schließlich aus Hunger schwach zu werden begann. Ich konnte aus Hunger nicht einschlafen. Ich habe da eine Bäckerei gesehen, ich habe etwas um meine Hand gewickelt, ich habe das Glas zerbrochen und zwei Brote genommen . . .« Er wurde erwischt, der Besitzer verzichtete jedoch auf eine Anzeige. »Am nächsten Tag war es wieder das gleiche. An diesem Tag habe ich wieder draußen geschlafen. Gegen Morgen fiel dann Regen, ich wurde ganz naß, ich habe gefroren. Dann hatte ich sowieso Läuse . . . überall in den Kleidern. Ich schämte mich, unter die Leute zu gehen. . . . Ich ging in einen Garten und sah, daß dort Wäsche zum Trocknen hing. Ich habe dort eine Hose, ein Hemd und Unterwäsche gestohlen . . . ich bin dann zu einem Bach gegangen, habe mich gewaschen und die alten Kleider verbrannt . . .«.

Er fand eine Stelle als Wachmann bei einem Großgrundbesitzer. Es kam jedoch zu Konflikten, als er sich in die Tochter des Hauses verliebte. Er wurde von ihren Cousins verprügelt und davongejagt. Er ging nach Konya und arbeitete dort tagsüber in einer Bäckerei. In der Nacht verkaufte er Sesamkringel auf der Straße, um einen Zusatzverdienst zu haben. 1961 bis 1963 ging er zum Militär, danach wurde er von seinen Eltern verheiratet. Mit seiner Frau zog er nach Malatya. »Das Gehalt reichte nicht [mal] für die Miete aus, wir führten ein sehr eingeschränktes Leben. Wenn meine Frau sich etwas wünschte, konnte ich es nicht kaufen.« Er nahm deshalb eine zweite Arbeit an: Nachts arbeitete er von eins bis fünf in einer Bäckerei. »Um fünf ging ich eine Suppe essen; dann in die Zigarettenfabrik; dort arbeitete ich bis 4 Uhr nachmittags.« In Malatya wurden die zwei ältesten Kinder geboren.

Noch vor dem Militärdienst, in Konya, entdeckte er seine religiösen Neigungen. Er begann religiöses Schrifttum zu lesen – Erzählungen aus der heroischen Frühzeit des Islam, vor allem aber die Schriften des großen Mystikers Celaleddin Rumi, der aus Konya stammt und dort als Heiliger verehrt wird. In dieser Zeit habe er ein religiöses Erweckungserlebnis gehabt, wobei er offen läßt, ob es die Ursache oder die Folge seiner Hinwendung zur Religion war: »Er [Celaleddin Rumi] sprach in meinem Traum zu mir. Mein heutiges Leben widerspreche dem Islam, ich solle ein islamisches Leben führen, sagte er. Diesen Traum . . . hatte ich zweimal hintereinander. Man sagte mir, wenn mir Rumi noch ein drittes Mal im Traum erscheine, würde ich erblinden. In der Tat gibt es einen in Konya, den hat Celaleddin Rumi geblendet. Er befolgte nicht seine Anweisungen, und eines Morgens wachte er blind auf. Da habe ich natürlich angefangen nachzudenken.« Das spirituelle Erlebnis zog eine Selbstprüfung nach sich: »Jeder Mensch hat in seinem Herzen eine richtende Instanz, der habe ich mich unterworfen. ›Glaubst du an Gott oder nicht?‹ fragte ich mich. ›Klar, natürlich glaube ich, es gibt nur einen Gott, das bezeuge ich.‹ – ›Ja dann gibt es auch kein Problem. Wenn du an Gott glaubst, befolge seine Gebote‹, sagte ich zu mir, ›sei kein Betrüger. Entweder du glaubst und befolgst die Gebote, oder nicht. Dann wirst du aber auch vor den Menschen nicht so tun [als seist du gläubig]. Die Menschen, die [an Gott] glauben, aber [seine Gebote] nicht befolgen, sind im Grunde viel grausamer als die, die nicht glauben. Es gibt viele, die nicht glauben, weil sie die eigentliche Bedeutung [des Islam] nicht kennen. Es gibt aber auch andere. Sie befolgen die Gebote nicht, obwohl sie die Wahrheit kennen und sind [auch noch] ein Grund dafür, daß andere [weiter] ungläubig bleiben. Deshalb sage ich [zu mir]: ›Entweder du glaubst nicht an Gott, wendest dich ab und hältst an diesem Leben fest, oder du glaubst und befolgst, was er dir befiehlt.‹«

In dieser Zeit erscheint ihm die Moscheegemeinde als Gegenpol zum Leben der Machtlosigkeit, des Herumgestoßenwerdens, der extremen Arbeitsbelastung und des Hungers.

»Du siehst: Draußen ist die Hölle, ein Markt des Teufels. In der Moschee dagegen herrscht absolute Reinheit. Nanu, dachte ich mir, die Menschen in der Moschee sind absolut rein . . . und die Menschen draußen? Wer bringt sie in einen solchen Zustand? Andere Menschen!«

Allerdings weckte die Existenz dieses Gegensatzes auch Zweifel an den anderen Gemeindeangehörigen: »Ich ging freitags in die Moschee, und nahm am Gebet teil. Ich sah dann, daß die wenigsten Leute, die freitags am Gebet teilnehmen, auch draußen ein [dem Sinn des Freitagsgebets entsprechendes] Leben führen ... Wenn sie sich draußen genauso verhalten würden wie in der Moschee, würde draußen ebenfalls Reinheit herrschen.«

Die Erinnerung an die Zeit in Konya wird so von der Opposition von zwei Welten strukturiert, die ohne Vermittlung einander gegenüberstehen. In der einen hatte er einen Ort, war er geachtet; in der anderen völlig machtlos. Welt und Moschee werden so in einen radikalen Gegensatz gebracht. Irritierend ist nur, daß es sich um die gleichen Leute handelt, die einmal neben ihm in der Moschee beten und die ihn ein andermal draußen herumstoßen.

Angesichts dieses nüchtern-skeptischen Blicks überrascht es nicht, daß er sich als radikalen Einzelgänger sieht. Seine religiösen Neigungen haben ihn von den weltlichen Bekannten getrennt: »Wenn ich nicht mit ihnen mitgezogen bin, nannten sie mich einen Dummkopf oder einen Angsthasen. Oder sie beschimpften mich als Geizhals und sagten, der will kein Geld ausgeben.« In Konya oder in Malatya habe er keinen Gleichgesinnten finden können: »Ich konnte keinen Gleichaltrigen finden, und zu Älteren hatte ich damals keinen Zugang. Ältere sind anders ... Mit ihnen kann man nicht [als jüngerer, auf derselben Ebene] Freundschaft schließen.« Mit Skepsis betrachtet er auch die Geistlichkeit: »Die Prediger schätzte ich auch nicht, ich habe immer in Büchern nachgelesen. Ich bin nie zu Leuten gegangen und habe etwas gefragt. Ich habe [die Wahrheit] stets in Büchern gesucht.«[6]

Von Malatya aus bewarb er sich nach Deutschland und kam 1970 nach Bobingen bei Augsburg, wo er in einer Textilfabrik Arbeit aufnahm. Er wäre gerne mit seiner Frau gekommen, ihre Eltern hatten jedoch aus Sorge um ihre Tochter Einwände erhoben. In der Erinnerung an diese Zeit hebt er die sexuelle Vereinsamung hervor: »Eine schöne junge Frau – die läuft so herum, stellt ihre Beine zur Schau. Sie erweckt die Begierde, die fleischliche Lust des Jungen. Er wird gierig danach. Viele können das nicht verwinden, sogar Morde passieren danach ... Sie zeigt mir ihren Körper, ich

---

6 Es mag sein, daß seine Skepsis gegenüber den Predigern wiederum an frühere dörfliche Deutungen anknüpft. »Höre auf das, was die Prediger sagen, aber mache nicht, was sie machen«, ist eine weit verbreitete Sprichwortweisheit.

bin jung, kann mich nicht zügeln . . . Ich habe mir gedacht, entweder muß ich jetzt eine Sünde begehen oder eine andere Frau heiraten.« Erst als er seine Schwiegereltern mit der Drohung, sich scheiden zu lassen, unter Druck setzte, gaben sie nach und erlaubten seiner Frau nachzukommen.

In Deutschland hatte er zum ersten Mal in seinem Leben ein Auskommen. »Hier gibt es keinen Grund, der mich zum Diebstahl zwingen würde. Ich kann mich satt essen, kann meine Miete bezahlen, meine Kinder erziehen.« Die Migration wird von ihm als Möglichkeit zu einem aufrichtigen und würdevollen Leben bewertet. Andererseits bedeutet sie natürlich ein Leben in der Fremde. »Vielleicht ergibt sich irgendwann die Möglichkeit zur Rückkehr, wenn wir es hier bis zur Rente bringen, bevor wir sterben. Aber es wird unser Leichnam sein, der überführt werden wird, denn wir sterben schon hier. Lange machen wir das nicht mehr mit. Jemand, der unter diesen Bedingungen hier Tag und Nacht arbeitet, der stirbt ohnehin früh. Er stirbt ganz einfach, so ist es . . . Hier halten wir es mit der Kälte nicht aus. Jemand aus einem warmen Land lebt nicht lange in einem kalten Land.«

Bei der Schilderung der Migrationssituation tauchen zum erstenmal Gleichgesinnte auf. Abuzer gehörte Anfang der siebziger Jahre zu den Gründungsmitgliedern der Moschee in Bobingen, einem Ort südlich von Augsburg. Auf seine Anregung hin wurden eine Kasse für Waisenkinder und ein Hilfsfonds eingerichtet. Es sei ihm um die Umsetzung des Islam in die Praxis gegangen. Zunächst war die Gemeinde autonom. Die Gläubigen bezahlten aus ihrer eigenen Tasche die Einrichtung der Moschee und das Gehalt der Prediger. Nach kurzer Zeit regte jedoch ein Hodscha an, sich dem Präsidium für Glaubensangelegenheiten anzugliedern, und die Gemeinde folgte ihm darin. Abuzer kritisierte diese Entscheidung: »Was der Hodscha auch immer sagt, akzeptieren sie . . . Es gibt nur wenige Menschen, die über den Islam Bescheid wissen.«

1978 engagierte er sich aus Enttäuschung über die Entwicklung in Bobingen bei der Gründung der Moschee der Nationalen Sicht in Augsburg: Auch dabei sei es ihm um ein wahrhaftes islamisches Leben gegangen. Die Leute sollten kommen und sagen: »Mensch, es gibt ja hier auch eine andere islamische Gemeinde.« Sie würden dann beginnen zu vergleichen, nachzuforschen; schließlich würden sie die Wahrheit entdecken und konvertieren. Die Initiative ging von zwölf Personen aus. Er selbst habe Lahmacun (türkische

Pizza) hergestellt und durch den Verkauf zur Miete beigesteuert. In diesem Zusammenhang kam es zu dem oben geschilderten Gespräch mit dem Bischof.

1979 ließ er sich wie die anderen Gemeindemitglieder von der Revolution im Iran begeistern. 1983 schloß er sich der Gruppe an, die die Nationale Sicht verließ, um die Kaplan-Gemeinde aufzubauen. Der Iran erschien als einziger Ort der Welt, in dem der Islam in die Praxis umgesetzt wurde. »[Dort] herrscht der Islam, herrscht Gerechtigkeit, die Menschen dort leben im Heil, was Ungerechtes kann gar nicht geschehen.« An Kaplan faszinierte ihn besonders sein Eintreten für die Einheit des Islam: »Er [Kaplan] sagte: . . . ›Ich trenne mich von niemanden . . . ich bin aufgetreten, um alle Gläubigen der Welt unter einem Dach zu vereinen‹, sagte er. Und das war ja genau, was wir wollten. Wir sagten: ›Wir wollen keine Differenzen, sondern Eintracht und Gemeinschaft.‹« In der Kaplan-Gemeinde schien Abuzer zum ersten Mal eine geistige Heimat gefunden zu haben, einen Ort, an dem er anerkannt war.

Die Konstitution der islamistischen Erfahrung

In dieser (im Dialog entwickelten) lebensgeschichtlichen Erzählung werden die Erfahrungen benannt, die Abuzer K. dazu gebracht haben, sich einer Bewegung anzuschließen, deren Ziel es ist, den Gegensatz von Moschee und Welt aufzuheben (beziehungsweise die Welt in eine Moschee zu verwandeln). Mit dieser Erzählung rechtfertigt er mir und auch sich selbst gegenüber diese Entscheidung. Es ist anzunehmen, daß er »seine Geschichte« noch nie in dieser Form erzählt hat; schließlich mußte er diese Entscheidung noch nie zuvor einem Nicht-Muslim und Nicht-Türken transparent machen. Wenn man so will, hat es diese Geschichte vor unserem Gespräch also noch nicht gegeben; wohl aber existiert sie seit dem Gespräch.

Aus seiner Erzählung tritt sehr klar die Struktur eines evidenzerzeugenden Zirkels hervor. Die absolute Opposition von Welt und Moschee strukturiert den Blick auf die Vergangenheit – zumindest was die Zeit in der Türkei betrifft. Schutzlosigkeit und Leid herrscht in der einen, Geborgenheit in der anderen Sphäre. Es ist keinesfalls selbstverständlich, daß der Gegensatz von Moschee und Welt so radikal als Antagonismus gefaßt wird. Von anderen wird die Differenz zwischen Moschee und Welt in Form von Abstufungen betrachtet (Haus, Straße, Stadt, Moschee stellen mehr oder weniger islamische Orte dar); von dritten wird sie in ein komplementäres Verhältnis gerückt – beide Seinsbereiche haben dann zu bestimmten Zeiten ihre Gültigkeit und Berechtigung.[7]

Um Moschee und Welt derart gegenüberzustellen, wie Abuzer es tut, bedarf es einer erheblichen Abstraktionsleistung. Die Moschee kann nur dann als absolut reiner Ort konzipiert werden, wenn man sowohl von den realen Moscheebesuchern (die ja, so Abuzer selbst, leider mit einem Fuß im weltlichen Sumpf stehen) als auch von den realen Predigern (die er ebenfalls nicht schätzt) absieht. Man muß an der »Moschee« als Idee und als Ideal festhalten. In dieser Hinsicht scheint Abuzer von Kaplan beeinflußt zu sein. Kaplans Predigt zielte ja immer darauf ab, das zeitlose Ideal der islamischen politischen Ordnung herauszuarbeiten – ich erinnere an seine Deutung der »fünf Säulen« (Gebet, Wallfahrt, Fasten, Almosen und Pilgerfahrt), auf die wir oben zu sprechen kamen (vgl. S. 103).

Ähnliche Deutungsanstrengungen sind erforderlich, um die Welt ausschließlich als Sphäre der Unreinheit zu sehen. Auch hier ist der Einfluß Kaplans zu spüren. Er tritt besonders deutlich hervor, wenn Abuzer sich über Politik äußert. So wirkt die folgende Äußerung fast wie eine Paraphrase von Kaplan: »Keine Partei in der Türkei hat mit dem Islam etwas gemeinsam. Sie betreiben Politik, falsches Spiel, Betrug und stellen Fallen. *Der Islam dagegen ist rein. Es gibt kein Falschspiel im Islam, keine Lügen, keinen Betrug.* Bei den Parteien aber kommt all das vor. Der Beruf der Parteileute besteht im Lügen und Verleumden. Um meine Partei zu stärken, bewerfe ich meine politischen Gegner mit Schmutz und greife dazu zu Lügen jeder Art. Ich ziehe über ihren Charakter her, bezeichne sie als Diebe usw.«

Die von Kaplan übernommene Sicht der Welt strukturiert Abuzers Blick auf das eigene Leben. Im Licht dieser Deutung treten die Erfahrungen des Leidens an der Welt überscharf hervor. Alles, was dies relativieren könnte, ist in den Hintergrund getreten. Keinerlei Glückserfahrungen werden genannt: Die eigene Kindheit wird als lieblos und kalt geschildert; das Verhältnis zu seinen eigenen Kindern oder zu seiner Frau wird mit keinem Wort erwähnt. Dies wirkt nicht zuletzt deshalb wie eine Selbststilisierung, weil Abuzer

7 Vgl. auch Schiffauer 1986:63 f.

eine bemerkenswerte Warmherzigkeit und Freundlichkeit ausstrahlt, eine emotionale Weltzugewandtheit mithin, die in deutlichem Gegensatz zu der proklamierten Weltfeindlichkeit steht.

Man kann also einen Zirkel feststellen: Die Entscheidung für eine Position, die die Aufhebung des Dualismus durch die Errichtung des Gottesstaates erreichen will, konstituiert erst das zu Überwindende – nämlich den Gegensatz von Welt und Moschee. Abuzer, der unter dieser Perspektive auf sein Leben blickt, findet zahlreiche Belege für die Existenz dieses Dualismus: Die Erinnerungen an demütigende Erlebnisse werden in diesem Licht erst richtig bedeutsam – sie werden zu Erfahrungen, die dann wieder die Notwendigkeit eines Gottesstaats belegen. In diesem Prozeß verfestigt sich die politische Grundüberzeugung immer mehr. Letztendlich scheinen alle Forderungen der Religion auf die Herstellung eines Gottesstaats hinauszulaufen: »Der einzige Sinn des Glaubens besteht darin, daß *Gerechtigkeit* hergestellt wird, daß das Übel überwunden wird und die Menschen in einer friedlichen Welt leben.«

Aber auch in einer weiteren Hinsicht hat der Beitritt zur Gemeinde Kaplans den Blick auf die eigene Vergangenheit organisiert. Da die Begegnung mit Kaplan zu einer neuen Sicht des Selbst führte, liegt die Gliederung des Lebens in eine Phase vor und eine Phase nach dem Beitritt zur Gemeinde nahe. Da die Zeit nach dem Beitritt sich als »Finden« einer Erkenntnis darstellt, wird die Zeit vorher von ihm (wie von vielen anderen Gemeindemitgliedern) als Zeit der »Suche« beschrieben. »Ich hatte kein Wissen, aber ich war auf der Suche. Ich empfand Haß. Ich war davon überzeugt, daß die Menschen nicht aufrichtig sind, sie nicht und ihr Handeln nicht. Ich wollte so ein Leben nicht. Das habe ich immer verachtet.« Dabei läßt sich die Schwierigkeit der Suche, das lange Tappen im Dunkeln wiederum mit Gesellschaftskritik verbinden: »Keiner geht diesen Fragen nach, viele haben eh keine Zeit dafür. Also diese Armut ist im Grunde auch so ein [abgekartetes] Spiel, um die Menschen davon abzuhalten, Fragen zu stellen . . . Man läßt die Menschen in der Armut stecken, damit sie sich ja nicht viel damit beschäftigen, weder die Geschichte kennen noch all diese Finten durchschauen.« Auch hier gibt es wieder einen Zirkel. Die Gliederung des Lebens in Phasen des Suchens und Findens leitet sich einerseits von der Begegnung mit Kaplan her; andererseits rechtfertigt sie die Entscheidung für Kaplan. Im nachhinein scheint es so, als hätte man schon immer gesucht, was man dann bei Kaplan gefunden hat – als würde Kaplan nur das ausdrücken, was man im Grunde immer schon gewußt hat, aber in dieser Form nicht hatte sagen können. A posteriori entfaltet sich eine dialektische Struktur: Mit der Hinwendung zu Kaplan scheint das »zu sich« zu kommen, was »an sich« längst vorhanden war.

Verknüpfungen und Brüche

Auch wenn sich die Vergangenheit im Licht der Begegnung mit Kaplan neu erschließt – so hat dieser Prozeß doch Grenzen. Die früheren Deutungen behalten etwas von ihrer Eigenwilligkeit. Sie treten hervor, wenn man auf Bruchstellen in der Erzählung achtet.

Ein Beispiel: Wenn Abuzer über das Verhältnis von Gemeinde zur Welt räsoniert, kommt bei aller Anlehnung an Kaplan ein sehr moralischer Zug zum Tragen. Es ist die Rede von »Unaufrichtigkeit« und »Lüge«, die zu überwinden, von »Wahrhaftigkeit« und »Aufrichtigkeit«, die herzustellen sind: »Das Gebet zu verrichten ist doch nicht der einzige Befehl Gottes. Auch das *Handeln* muß sich nach Gottes Gebot richten. Dein Reden, dein Lernen, deine Pflichterfüllung, alles mußt du nach Gottes Gebot machen . . . *Alles andere wäre Betrug* . . . Also kurz und bündig gesagt, ein Mensch muß seine Aufrichtigkeit unter Beweis stellen, in seinem Leben, durch seine Gesetzestreue, in seiner Arbeit, in seiner Familie.«

Während Kaplan die Forderung nach methodischer Lebensführung aus der Notwendigkeit der politischen Agitation ableitet – nur wer auch praktiziert, was er verkündet, ist glaubwürdig –, ist methodische Lebensführung ein Grundprinzip Abuzers. Beide sehen die Notwendigkeit sowohl von Politik als auch Moral, setzen aber die Akzente anders. Abuzer nennt Timurtaş Uçar als die Person, die seine Vorstellungen von Moral maßgeblich geprägt habe – also den glühenden Prediger, dem wir in diesem Buch schon wiederholt begegnet sind (vgl. oben S. 55, 71). Abuzer wird mit Hodscha Timurtaşs Predigten vor allem durch Aufzeichnungen bekannt geworden sein, die auf Tonkassetten seit Mitte der siebziger Jahre unter den Gläubigen zirkulierten. Für Abuzer bestand die Quintessenz von Uçars Botschaft in folgendem: »Er sagt: ›Ihr seid Muslime, haltet aber die Gebote nicht ein. Das ist verlogen.‹« Abuzer mochte dabei an Predigten gedacht haben wie »Gott und Amtsträger«, eine Predigt, die ich auf Empfehlung von Gläubigen in der Augsburger Moschee erworben habe. Die Predigt ist zwar nicht datiert; ihr Kontext sind aber eindeutig die bürgerkriegsähnlichen Zustände der zweiten Hälfte der siebziger Jahre. Die Muslime, heißt es in ihr, hätten die Ehrung vergessen, die darin liege, daß der Ruf Gottes an sie ergangen sei. Anstatt sich dieser Auszeichnung würdig zu erweisen, hätten sie das Feld den Gottlosen, den Kommunisten, überlassen. Man darf nicht ständig zurückstecken, sondern muß sich offen zum Islam bekennen. Man solle sich doch etwa an einem religiös begeisterten jungen Geschäftsmann in Bursa ein Beispiel nehmen, der sich geweigert habe, jemanden zu bedienen, der während des Fastenmonats mit einer Zigarette in der Hand den Laden betreten hatte. »Der Kunde und seine Freunde verließen gedemütigt [den Laden]. Wenn ein zweiter, ein dritter Muslim das gleiche machen würden, könnte sich meiner Meinung nach kein weiterer Rebell oder Gottloser in diesem Land mehr halten« . . . »Was ER von euch will, ist ein islamisches Leben. Verstehst du den Unterschied? Du mußt den Islam leben. Und du mußt den Islam in nicht-islamische Gesellschaften tragen . . . Die Nicht-Muslime werden auf dein Leben, auf deine Moral, auf deine Tugend, auf deine Aufrichtigkeit, auf deine Rechtschaffenheit . . . schauen und werden ebenfalls Muslime werden.« Hier wird nicht so sehr der Griff nach der Macht gepredigt, sondern die Erneuerung des Islam von unten. Der Einfluß derartiger Predigten auf Abuzer wird besonders dann deutlich, wenn dieser sich über die Überzeugungskraft äußert, die er sich von einer wahrhaften islamischen Gemeinde erhofft.

Die Differenz der eher moralischen Grundhaltung Abuzers zu der eher politischen Einstellung Kaplans zeigte sich besonders deutlich in der Bewertung der Scheriat. In dieser Frage nahm Abuzer eine deutlich andere Position ein: »Meiner Meinung nach ist die Scheriat gar nicht der Punkt . . . Der Punkt ist für mich die Aufrichtigkeit der Menschen. Für mich muß nicht unbedingt die Scheriat eingeführt werden. Selbst wenn die Scheriat eingeführt wird, würde sie nichts bewirken, solange die Menschen nicht aufrichtig sind . . . Die Befehle des Islam gelten zunächst in bezug auf das Gewissen der Menschen . . . Erst gilt es, gewissenhaft und aufrichtig zu sein, und dann, sein Leben danach auszurichten. Dann wird die Welt zu einem Rosengarten . . . Was könnte die Scheriat denn schon bei diesen Menschen, diesen Dieben ausrichten . . . Solange die Menschen nicht (von sich aus) die Gebote einhalten, nützt die Scheriat nichts.« Mit anderen Worten: Für Abuzer schien es sinnvoller, die Kluft zwischen Welt und Moschee nicht durch eine politische, sondern durch eine moralische Revolution zu schließen.

Abuzer ging jedoch noch weiter. Er bezog auch schon 1988 die Frage der Aufrichtigkeit auf Kaplan selbst: »Ich kenne Cemaleddins Vergangenheit nicht . . . Auf Grund der paar Predigten, die er gehalten hat, kann man schwerlich sagen, wie aufrichtig er ist, ob er auch wirklich zu seinen Äußerungen steht. Aber einiges von dem, was ich denke, was ich wünsche, ist [in seinen Predigten] enthalten. Andererseits gibt es viele, die große Worte machen. *Sie halten sich aber nicht an das, was sie reden. Wenn Kaplan an die Macht kommt, verändert er sich eventuell.*«

Im Rückblick sieht Abuzer in seiner Begeisterung für Timurtaş Uçar eine Vorstufe auf dem Weg zu Kaplan. Kaplan erscheint als jemand, der die Postulate von Timurtaş Uçar in die Praxis umsetzte und der organisatorisch einen Weg zum Zusammenfinden der Muslime aufzeigte. Darüber hinaus erscheint Kaplan als jemand, der die Forderung einer islamischen Erneuerung panislamistisch erweiterte und auch in dieser Hinsicht die von Uçar vertretenen Gedanken weiterentwickelte. Diese Verknüpfung war möglich, weil beide das Motiv der Gerechtigkeit betonten. Dennoch war es nicht ohne Konsequenzen, daß Abuzer auf diesem Weg zu Kaplan gefunden hat. Die spezifische Synthese, die er herstellte, führte zu einer ganz bestimmten Ausprägung des »Kaplanismus« bei ihm.

Abuzer nennt noch eine dritte Begegnung als entscheidend für seine geistige Entwicklung: die mit dem Werk des großen Mystikers Celaleddin Rumi (gestorben 1273). Sie hat die Begegnung mit Timurtaş Uçar auf ähnliche Weise vorbereitet und relativiert, wie Uçar die Begegnung mit Kaplan. Ich weiß nicht, mit welchen Aspekten des verschlungenen und heterogenen Werks von Rumi sich Abuzer vertraut machte – ein Werk, in dem, in den Worten der Islamwissenschaftlerin Annemarie Schimmel, auf immer neue und oft assoziative Weise versucht wurde, sich Gott zu nähern, ihn »mit immer neuen Metaphern zu umschreiben, SEINE Größe und Herrlichkeit in farbigen Bildern widerzuspiegeln« (Schimmel 1978/1990:69). Im Rückblick – also nach der Begegnung insbesondere mit Uçar – sagt Abuzer, daß ihn damals vor allem das Thema der Aufrichtigkeit (und der moralischen Erneuerung) fasziniert hat: »Er [Celaleddin Rumi] hat die Menschen stets zum Glauben aufgerufen. Nicht mit Gewalt, sondern mit Verkündigung. Er hat sie aufgefordert, den Glauben in ihrem Leben zu praktizieren. Wenn alle Menschen glauben und sich entsprechend verhalten, dann gibt es keinen Diebstahl, kein Unrecht, keine Ungerechtigkeit ... Da kannst du draußen schlafen, jeder könnte die Türen offenlassen, keiner würde reinkommen und etwas stehlen.« Insbesondere habe ihn ein Wort Celaleddin Rumis begeistert, nämlich die Aussage, daß ein rituelles Gebet [mit Prostrationen, W. S.], das den Menschen »nicht von allem Schlechten, von Lügen und Betrügereien befreit«, nichts weiter als eine sportliche Betätigung darstelle.

Eine besondere Einfärbung, die die Opposition von Welt und Moschee bei Abuzer annimmt (und die sich sowohl von Kaplan als auch von Timurtaş Uçar unterscheidet), könnte auf diese Begegnung mit Rumi zurückgehen (beziehungsweise in der Begegnung mit Rumi ihre Symbolisierung erfahren haben). Dies ist ein tiefer Weltschmerz, ja Weltekel, der bei Abuzer auftritt und der sich etwa in folgenden Worten äußert: »Ich mag die Welt nicht. In einer solch ungerechten Welt ohne Ordnung ... in einer Welt, in der die Menschen so viele Sünden begehen, in einer Epoche, in der die Ungerechtigkeit immer größer wird, will ich nicht noch einmal leben, geschweige denn Reichtum anhäufen.« Auch sonst scheut er nicht vor starken Worten zurück, wenn er sich über die Welt äußert. Sie ist »Dreck«, gekennzeichnet durch Betrug, Niedertracht, Täuschung. Von »Haß« ist an verschiedenen Stellen des Gesprächs die Rede – oben, wenn er von den Politikern spricht; aber auch wenn er auf seine Verwandten kommt. »Ich bin mit Haß erfüllt. Die Menschen ... also ich vermisse ein aufrichtiges Leben. Also ein aufrichtiges, ein Leben in Glaubenssicherheit, wie Gott es befiehlt, das vermisse ich.«

Abuzer scheint vor allem von den Passagen in Rumis Werk beeindruckt worden zu sein, in denen der Mystiker und Asket seinen Widerwillen gegen die Welt ausdrückt. Noch einmal Annemarie Schimmel: ». . . sie wird dann als Aas bezeichnet, als Misthaufen, den man zur Zeit des Bedürfnisses aufsucht; diejenigen, die sich mehr als nötig mit ihr befassen, sind niedriger als die Hunde. Hierher gehört Maulanas [Beiname von Rumi, W. S.] überreiches Vokabular aus dem Tierreich – Hunde, Mäuse und vor allem Esel – ›mit dem er die materielle Welt und ihre niederen Verlockungen höchst drastisch beschreibt. Mit sarkastischen Bildern schildert er ›Frau Welt‹, die alte Vettel, die sich ihre Runzeln mit schön illuminierten Koranblätterstückchen beklebt, um jung und attraktiv auszusehen und möglichst viele Männer zu fangen: ›Wer ist dieses schäbige kleine Weiblein? Eine kleine geschmacklose Heuchlerin, Schicht um Schicht wie Zwiebeln, stinkend wie elender Knoblauch‹« (Schimmel 1978/1990:93).

So von Weltschmerz durchtränkt, bekommt der Gegensatz von Moschee und Welt bei Abuzer eine existentiellere Bedeutung als bei Uçar oder Kaplan. Die Moschee ähnelt einer Insel im Sumpf: »Wenn du die Religion verläßt, kommst du aus den Problemen nicht heraus. Wie viele Menschen gibt es denn, die sich aus dem Sumpf selbst retten konnten? Schau dich doch um. Fast jeder steckt doch in irgendeinem Dreck. Der eine ist alkoholabhängig, der andere ist der Spielsucht verfallen, einer ist frauensüchtig, der andere besessen von Habgier, einer mordlustig, der andere will immer mächtiger werden. Das sind doch keine *Lösungswege*. Egal wie reich du heute bist, wie mächtig du bist, solange du nicht Gottes Gebote einhältst, reicht deine Macht nur bis zu einem gewissen Punkt.« Die Versprechungen der Welt, und seien sie noch so gleißend, sind völlig nichtig: »Schau, wenn wir genau nachrechnen, lebt ein Mensch gerade zehn Jahre lang wirklich. Zieh 15 Jahre Kindheit ab, die Schlafenszeit, die Arbeitszeit, später dann das Alter, ab 60 gibt es für einen Menschen sowieso kein Vergnügen mehr am Leben, ein lebender Toter ist man dann noch. Zieht man all das ab, dann lebt der Mensch zehn Jahre. Zehn Jahre! Was ist, wenn er diese zehn Jahre wie ein König, wie ein Ministerpräsident lebt? Was ist, wenn er jedes einzelne dieser 10 Jahre wie ein König lebt? Was hat er davon? Eines Tages wird er sterben und alles zurücklassen. Nach dem Tod wird alles, was er sich hier angehäuft hat, hier zurückbleiben. Was hat er denn davon? Überleg doch: Das ewige Leben gegen das Leben von zehn Jahren einzutauschen! Was für eine Dummheit!«

Noch eine zweite Besonderheit Abuzers muß hier erwähnt werden, nämlich sein Bekenntnis zur Toleranz. Auch dieses geht möglicherweise auf die Begegnung mit Rumi zurück, dem mystischen Nonkonformisten, der in seinen Beziehungen und Handlungen immer gegen die Regeln der Gesellschaft verstieß.[8] Während Ti-

---

8 Zu nennen ist vor allem die Liebesbeziehung zu dem Wanderderwisch Schamseddin, die seinerzeit einen Skandal auslöste (Schimmel 1978/1990:20): Nach dem Ver-

murtaş Uçar predigt, man müsse Herr über seine Familie sein und dürfe es keineswegs hinnehmen, wenn Frau und Tochter das Kopftuch ablegen, und Kaplan verkündet, man müsse das Gesetz notfalls mit Gewalt durchsetzen, vertritt Abuzer die Einstellung, man solle zwar seine Meinung vertreten, aber keinen Druck ausüben. Er begründet dies mit einer Episode aus dem Leben Muhammeds, der er einen bemerkenswerten Aspekt abgewinnt. Als der Prophet seine erste Vision gehabt hatte, sei er, so Abuzer, zu seiner Frau Hatice gekommen und habe sie gefragt, ob sie an sein Prophetentum glaube. »Er sagte nicht: ›Du wirst daran glauben!‹ Er überließ ihr die Entscheidung. ›Glaubst du an mich?‹ fragte er. – Und die Heilige Hatice sagte ohne zu überlegen, ›ich glaube dir.‹« Abuzers Toleranz zeigt sich vor allem im Hinblick auf seine Kinder, denen er zubilligt, in einer anderen Welt zu leben: »Sie sind natürlich anders, sie denken nicht wie wir. Sie können auch nicht so denken wie wir. Denn wir haben ein anderes Leben geführt. Ein Leben in Not und Armut.« Die Ablehnung von Druck und Zwang steht schließlich im Zusammenhang mit der prinzipiellen Fehlbarkeit des Menschen. Wieder argumentiert er mit einer Geschichte. Der Prophet Davut – der biblische König David – hatte bereits 99 Frauen, beabsichtigte aber dennoch, noch eine weitere zu heiraten. In einer Offenbarung wird ihm mitgeteilt, daß er sich damit an dem Recht anderer vergehen würde. Auch aus dieser Erzählung leitet Abuzer eine überraschende Moral ab, nämlich ein Plädoyer für Nachsicht: »Also selbst Propheten sind sich nicht ganz sicher, ob ihr Handeln richtig ist oder nicht. Gott vermittelt es ihnen ... Daher können die Menschen, ohne es zu wollen, Sünden begehen, es ist menschlich.«

Ich weiß nicht, ob Abuzer auch die andere Seite von Rumis Werk, nämlich seine große Liebeslyrik, kennengelernt hat. Wenn er je von ihr beeindruckt gewesen sein sollte, so ist dieser Zug inzwischen von Weltfeindlichkeit und Misanthropie völlig überdeckt worden.

schwinden Schamseddins (er wurde heimlich ermordet) suchte Rumi ihn verzweifelt, bis er die vollkommene seelische Identifikation erreichte. In der Lyrik, die entstand, ist die verzweifelte Liebe zu dem Freund ein Spiegel der verzweifelten Liebe zu Gott. Einen Skandal erregte auch der wirbelnde Tanz, in den Rumi bei der Totenfeier um den zweiten Geliebten, Salaheddin Zarkup, verfiel (ebenda: 28).

Als ich 1993 ein zweites Gespräch mit Abuzer führte, hatte er sich bereits von Kaplan getrennt (vgl. oben S. 193). In dem Gespräch erläuterte er noch einmal ausführlich seine Gründe. Sie liefen darauf hinaus, daß Kaplan mit der Betonung der Differenz von Sunna und Schia den für Abuzer zentralen Aspekt der Vision aufkündigt, nämlich die Überwindung des Gegensatzes von Moschee und Welt. In dieser neuen Betonung von Differenz sieht Abuzer einen Schritt hin zur Verweltlichung der Gemeinde.

Sie verweltlichte zunächst deshalb, weil Kaplan mit diesem Schritt von der Vision der Erneuerung der Urgemeinde abwich. Nach Abuzers Meinung haben die Rechtsschulen mit dem Koran nichts gemeinsam – sie seien erst zweihundert Jahre nach Muhammed entstanden,[9] und mit ihnen sei die Spaltung in den Islam eingezogen. Erst seit dieser Zeit würden Muslime, die nicht einer der orthodoxen Rechtsschulen angehörten (zum Beispiel der Schiiten), nicht mehr akzeptiert würden. »Das ging mir gegen den Strich. Ich sagte: Das akzeptiere ich nicht. In dem Glauben, mit dem ich mich identifiziere, gibt es keine Unterscheidungen. Ich stelle mich auf die Seite dessen, der gut ist; ich unterstütze den, der nützlich ist; ich bezeichne den als schädlich, der schädlich ist, und versuche ihn zu bekehren – und wenn er nicht einsichtig ist, dann stelle ich mich gegen ihn. Aber ich mache keine Unterscheidungen: Die Menschen töten sich seit Jahren wegen dieser Unterscheidungen.« Die erneute Betonung der Rechtsschulen steht für Abuzer somit für den Rückfall in eine Tradition, die durch Spaltung, Gewalt und Unrecht charakterisiert ist.

Als Motive Kaplans für die Kehrtwendung in dieser Frage vermutet Abuzer politischen Ehrgeiz und materielle Interessen. Im Rückblick scheint es ihm, als sei dies auch schon Kaplans Anliegen bei der Abspaltung von der Nationalen Sicht gewesen: »Das Ziel war es, sich von der Nationalen Sicht zu trennen. Dazu mußte er den Menschen einen Grund nennen, um sich zu trennen. Nur so konnte er mächtig werden.« Damals habe er die Sympathie der Gläubigen für die Revolution im Iran ausgenützt – nur um sich dann vom Iran zu distanzieren, als er sein Ziel erreicht hatte. »Jetzt

---

9 Dies ist historisch korrekt. Die Rechtsschulen bildeten sich in der Mitte des 8. Jahrhunderts und führten zu einer Disziplinierung der Interpretation der kanonischen Texte.

haben sie aus dem Glauben eine Investition gemacht, haben mit dem Glauben Geld verdient.« Der Verdacht, den Abuzer schon 1988 in unserem Gespräch geäußert hat, hat sich bestätigt: Kaplan ist genauso »unaufrichtig« wie alle anderen.

Als er seine Position zu der Frage der Rechtsschulen in der Gemeinde vertreten wollte, wurde ihm entgegengehalten, daß er mit dieser Position den Glauben verlassen habe und ein Ungläubiger geworden sei. Aus seinen Beschreibungen spricht das Gefühl der Ohnmacht, das sich bei ihm einstellte, als er, der ehemalige Jugendführer, die jungen Männer mit seiner Meinung nicht mehr erreichte: »Ich habe die Freunde davor gewarnt, ich habe versucht sie aufzuwecken. Ich habe aber gesehen: sie verstehen es nicht . . . Die jungen Leute haben viel Energie. Das nützt Kaplan für solche Phantasieprojekte [den islamische Staat] aus. Also, das ist nichts, was sich auf Realität stützt, das ist auch nichts, was sich auf Recht stützt.«

Die Erfahrung der Begegnung mit diesen jungen Menschen, die ihm früher sehr vertraut waren und ihm nun fast als Fremde gegenübertraten, schockierte ihn. Er nahm sie als verführt und manipuliert wahr. Dies führte nun zu einem leidenschaftlichen Plädoyer für eine freiheitliche Gemeinde, die Raum für unabhängiges Denken läßt:

»Wichtig und richtig ist es unabhängig zu denken, zu denken, ohne sich dem Einfluß von irgend jemandem unterzuordnen. Es gilt dem Glauben so zu folgen, wie man ihn [mit dem Verstand] versteht. Das ist der beste Weg. Der *din* [Glauben/Gesetz] sagt das ohnehin: Menschen, gebraucht euren Verstand, denkt nach und vergöttert euch nicht gegenseitig. Die Vergötterung eines Menschen kann ich nicht als Glauben akzeptieren. Warum hat Gott mir denn den Verstand gegeben . . .? Was für eine schöne Freiheit hat ER mir da geschenkt! ER hat nicht gesagt: Abuzer, du wirst so und so reden . . . Ich persönlich trete für eine freiheitliche Gemeinde ein, die jedem gehört, die für jeden offen ist, eine unabhängige Gemeinde . . . ich träume davon: Die Gemeindemoschee sollte ein Eßzimmer und einen Schlafraum haben. Wer keine Unterkunft hat, soll kommen, schlafen, essen, alles umsonst. Wenn er keinen Schaden zufügt. Er soll denken, wie er will, er soll glauben, wie er will, die Tür soll ihm offenstehen.«

Für eine derartige Gemeinde habe er eigentlich immer gekämpft: Zuerst, als er half, die Moschee in Bobingen zu gründen;

später, als er sich für die Moschee der Nationalen Sicht engagier-tel, und zuletzt, als er sich auf Kaplans Seite stellte. Jetzt erkenne er, daß auch der letzte Versuch, eine Gemeinde der Gerechten zu gründen, sich endgültig zerschlagen hat.

»Heute ist das so, daß sie das machen, was das Zentrum will. Die anderen Gemeinden machen das ebenso. Wir haben diese Ge-meinde hier gegründet, weil wir das nicht akzeptiert haben. Wir haben gesagt, wir wollen eine unabhängige Gemeinde. Jeder soll seine Meinung sagen, es steht frei. Wenn einer auch nicht alle Rechtsschulen akzeptiert, so akzeptieren doch wir ihn. Er soll bei uns bleiben. Ob er nun den *namaz* betet oder nicht – er soll bei uns bleiben.«

In gewissem Sinn ist Abuzer 1993 wieder zu dem einsamen Got-tessucher geworden, der er vor der Auswanderung nach Deutsch-land gewesen war. Einen kurzen Moment hatte es so ausgesehen, als würde sich sein Traum von der Gemeinde der Gerechten reali-sieren und sich wenigstens an einem Ort der Gegensatz von Welt und Moschee aufheben lassen. In der Zwischenzeit hat sich wieder die Welt ganz durchgesetzt. Er fühle sich alt: »Jetzt warte ich ganz allein und schaue, was sie [die verbliebenen Anhänger Kaplans] wohl machen. Ich habe sowieso keine Zeit mehr, ich werde müde, ich bin nicht mehr so jung wie früher.«

Es verwundert daher nicht, daß seine Melancholie sich noch deutlicher äußert als schon 1988: »Ich begehe keine Feste mehr, ich bin ganz in mich gekehrt, also traurig, ich denke ständig an diese Ungerechtigkeit: Auf der einen Seite töten sie die Menschen, auf der anderen Seite feiern sie, auf der einen weinen sie, auf der anderen lachen sie, woher kommt das, ist das denn möglich? Du opferst dich auf der einen Seite, gibst dein Leben, hast Schmerzen, und ich kann hier an deinem Schmerz nicht teilhaben. Ich lache haha – also das ist doch ein tierisches Gefühl, ein Mensch muß doch mit dem anderen mit-leiden . . .«

Er geht wieder in die Moschee der Nationalen Sicht zum Beten. Dort traf ich ihn einmal zufällig im Teeraum der Moschee. Er saß zusammengesunken da, ohne daß jemand groß von ihm Notiz ge-nommen hätte – ein einsamer alter Mann.

Der Asket: Şevket A.

Neben Abuzer K. war Şevket A. einer meiner wichtigsten Gesprächspartner. Auch ihm sind wir bereits wiederholt in dem Buch begegnet. Er war jahrelang Gemeindevorsitzender in Augsburg gewesen, 1987 jedoch von dem Amt zurückgetreten, weil er beabsichtigte, einen Export-Import-Laden zu eröffnen, und deshalb viel unterwegs sein würde.

Şevket A. ist nur wenig älter als ich. Dennoch hatte ich nicht das Gefühl der Begegnung mit einem Gleichaltrigem – er schien einer anderen Generation anzugehören. Er ist ein in jeder Hinsicht gewichtiger Mann, der bedächtig spricht, manchmal um Worte ringt und in sich zu ruhen scheint. Ich hatte ihn bei früheren Besuchen in der Gemeinde kennengelernt. Als ich ihn 1988 kurz nach meinem Eintreffen in Augsburg um ein Interview bat, war er sofort dazu bereit. Das Gespräch sollte noch am gleichen Tag im Beisein eines weiteren wichtigen Mannes in der Gemeinde, Hadschi Ismail, stattfinden. 1993 suchte ich Şevket A. noch einmal in Köln auf, wohin er in der Zwischenzeit umgezogen war.

Warum war er so ohne weiteres bereit, mit mir zu reden? Wenn ich das Gespräch insgesamt betrachte, scheint es sein Anliegen gewesen zu sein, mir, dem interessierten Deutschen, seine Sichtweise zu erklären, zu vermitteln, warum er als »bewußter« (şuurlu) Muslim sich in Spannung zur deutschen Umwelt befindet. Dabei war ihm offenbar eine Auseinandersetzung in der deutschen Schule besonders nahe gegangen. Er ging in dem ersten Gespräch ausführlich auf sie ein, kam aber auch bei anderen Gelegenheiten immer wieder darauf zurück. Er hatte seiner zehnjährigen Tochter die Teilnahme an einem Schullandheimaufenthalt untersagt. Die Lehrerin hatte daraufhin vorgesprochen und darauf hingewiesen, daß die islamischen Speiseregeln respektiert und Jungen und Mädchen getrennt schlafen würden. Şevket war dennoch bei seiner ablehnenden Haltung geblieben und hatte immer wieder betont, daß es gegen die Gebote des Islam sei, wenn ein Mädchen die Nacht außerhalb des Hauses verbringe. »Die Lehrerin sagte: ›Ich schätze jemanden, der seine Religion achtet‹, und übte weiter keinen Druck aus.« Es sei indes zu einem weiteren Vorstoß gekommen, diesmal von zwei Eltern, die ihn aufgesucht und den Vorschlag unterbreitet hätten, tagsüber das Kind ins Schullandheim zu bringen

und es jeweils am Abend wieder abzuholen. Auch dies habe er abgelehnt. In einem späteren Gespräch berichtete Şevket, daß auch
seine Tochter selbst sehr gerne mitgefahren wäre. Als sie ihn
darum gebeten habe, habe er ihr nur gesagt: »Mein Kind. Du
weißt ohnehin, was ich darauf antworten werde: Sag es selbst.«

Aus seiner Schilderung der Episode wurde deutlich, daß er
durchaus das positive Anliegen auf der deutschen Seite sah: »Also
wohlmeinende Familien gibt es auch, aber weil sie unseren Glauben nicht kennen, machen sie problematische Sachen.« Dann formulierte er die Moral der Geschichte: »Wenn die Deutschen unserem Glauben Achtung erweisen, wenn sie mit uns ein Verhältnis
eingehen wollen, ohne unseren Glauben zu verletzen, dann sind
wir gerne dazu bereit. Aber wenn sie sagen: ›Kommen wir zusammen‹ und meinen damit, daß [wir an Aktivitäten teilnehmen,] die
gegen unseren Glauben sind, bei denen Männer und Frauen zusammen tanzen, zusammen trinken und so weiter, dann machen
wir das nicht.« Dies war auch deutlich auf unsere Gespräche bezogen, denn er benannte gleich anschließend die Bedingungen für
unsere Zusammenarbeit: »Wenn du das notwendige Interesse an
uns aufbringst, wenn du die gebotene Achtung zeigst, dann werden wir dich mit aller Achtung behandeln. Aber wenn du irgend
etwas in deinem Buch schreibst, womit du unseren Glauben verletzt, dann hast du mich zum letzten Mal gesehen. So ist das. Wenn
du meinen Glauben respektierst, werde ich auch deinen Glauben
respektieren, solange . . . wir uns gegenseitig keinen Schaden zufü-
gen. Aber wenn ein Nachteil daraus erwächst, Schluß aus, dann ist
die Sache beendet.«

Mit dem Gespräch verband er also das Anliegen, für die Respektierung seiner Position zu werben – einer Position, von der ihm
sehr bewußt war, daß sie in Deutschland abgelehnt wird. Von dieser Absicht geleitet, erklärte er mir seine Vorstellungen.

Selbstbild

Şevket wurde 1948 in der Provinz Giresun (Schwarzmeerregion)
im Dorf Butak geboren und wuchs in einer sehr religiös geprägten
Umgebung auf. Im Dorf hatte sich trotz kemalistischer Politik eine
Medrese, also ein islamische Schule, halten können. Sein Vater un-
terrichtete in ihr als Hodscha. Şevkets religiöse Erziehung habe
eingesetzt, als er »begriffen hatte, daß Feuer brennt, also gerade

angefangen hatte, zu sprechen«. Şevket ging bereits als Kind mit in die Moschee und stand in der Fastenzeit vor Tagesanbruch mit den anderen auf, um das Frühgebet zu beten. Wie Abuzer besuchte er keine staatliche Schule und brachte sich selbst Lesen und Schreiben bei. »Ich habe mich selbst erzogen, durch die Lektüre von Büchern und Zeitungen.« Auch er setzte sich vor allem mit religiösem Schrifttum auseinander.

Der Tod überschattete seine Kindheit: Vier seiner acht Geschwister starben; sein Vater folgte ihnen 1955. 1961 zog Şevket als 13jähriger zu seinem Bruder nach Istanbul, der dort als Arbeiter in einer Reinigungsfirma beschäftigt war. Şevket selbst fand Arbeit in einer Schreinerei. Nach dem Militär versuchte er sich in verschiedenen Geschäften. Er eröffnete eine eigene kleine Schreinerei, daneben ein Lokal und etwas später noch ein Bekleidungsgeschäft.

Offenbar übernahm er sich mit den verschiedenen Unternehmungen. Er hatte Verluste »aus Dummheit, Unerfahrenheit, weil ich die Partner nicht richtig gewählt habe«. Um seine Schulden bezahlen zu können, ging er 1973 nach Deutschland, wo er in Augsburg eine Stelle als Betonmischer und Baggerführer fand. Zu diesem Zeitpunkt war er bereits seit zwei Jahren verheiratet und hatte einen Sohn, Harun.

Wie viele andere hatte er vor, nur eine kurze Zeit zu bleiben; wie viele blieb er hängen, weil die Wirtschaftslage in der Türkei eine Rückkehr nicht erlaubte. Er machte dafür politische Gründe verantwortlich: »Weil die türkische Regierung in der Außenpolitik gebunden ist, kommt die türkische Wirtschaft nicht zur Ruhe, und die Inflation wird immer schlimmer . . . Die Großen werden ständig größer, während die Kleinen zum Aufgeben gezwungen sind.« Als sich abzeichnete, daß eine baldige Rückkehr nicht möglich sein würde, holte er 1976 die Familie nach Augsburg nach.

Noch in der Türkei schloß er sich der Partei der Nationalen Ordnung von Erbakan an, dem Vorläufer der Nationalen Heilspartei und späteren Wohlfahrtspartei, weil es »*die* Organisation war, die sich für den islamischen Staat interessierte«. »Wir haben uns in bester Absicht ihnen angeschlossen, nämlich um die Scheriat einzuführen. Das war nicht erst in Istanbul, schon im Dorf haben unsere Alten, die Onkel gesagt, das ist die Partei, die für die Scheriat kämpft . . . damit bin ich aufgewachsen. Schon im Dorf.«

In Augsburg gehörte er mit zu den Gründungsmitgliedern der ersten Moschee. Er trennte sich von der Gemeinde, als sie von den

Süleymancı übernommen wurde. Auch die Moschee des Präsidiums kam für ihn als geistige Heimat nicht in Betracht, weil dort über »Koranverse gepredigt wurde, die in dem ehrenreichen Mekka offenbart wurden, nicht aber über die Verse, die im erleuchteten Medina offenbart wurden. Die beziehen sich nämlich auf den Staat, und das halten sie für gefährlich.[10] Sie [die Prediger des Präsidiums] sagen: ›Dazu ist noch nicht die Zeit.‹ Aber dies steht im Gegensatz zu Gottes Befehl. Gott gibt den Befehl: ›Verkauft meine Verse nicht um eines kleinen Vorteils willen. Fürchtet euch nicht vor den Sklaven, fürchtet euch vor mir.‹ Anstatt in einer so feigen Gemeinde zu bleiben, haben wir uns damals der Nationalen Sicht angeschlossen.« Wir wollten eine Gemeinde haben, in der der Koran als Ganzes verkündet werden kann.«

1978 gehörte er zu den Gründungsmitgliedern der Moschee der Nationalen Sicht. Nach dem Militärputsch in der Türkei schloß er sich dem gesinnungsethischen Flügel der Partei an. Wie andere deutete er die damaligen Konflikte in der Partei als Ausdruck der Spannungen zwischen Geistlichkeit und politischem Establishment: »Die Hodschas schrieben in ihren Artikeln, daß Parteien mit dem Islam unvereinbar sind. Die Schriften endeten immer mit der Aufforderung: ›Wer der Meinung ist, daß es sich anders verhält, soll ein Rechtsgutachten (*fetva*) vorlegen.‹ Das ging einige Jahre so weiter; es kam nie eine Antwort.« Nach einer Predigt von Kaplan in Augsburg habe er sich mit anderen in der Meinung, »die Gelehrten machen keinen Fehler«, dem Hodscha angeschlossen. In dieser neuen Gemeinde übernahm Şevket den Vorsitz, bis er ihn wegen der bereits erwähnten Geschäftspläne niederlegte.

Nach Harun wurden noch eine Tochter und vier Söhne geboren. Harun besuchte zunächst das Gymnasium in Augsburg. 1986 wechselte er auf ein Gymnasium in Köln, um neben der Schulaus-

---

10 Die in Mekka offenbarten Suren tragen prophetischen Charakter; sie befassen sich mit dem Gericht Gottes und greifen den Themenkreis der Bibel auf, der nach islamischer Auffassung in den Büchern der Juden und Christen entstellt ist. Die Medinenser Suren befassen sich dagegen schwerpunktmäßig mit dem Aufbau des islamischen Staates, also mit gesetzgeberischen und politischen Fragen. »In Medina galt doch als vordringliche Aufgabe, die Gemeinde der Muslime zu konsolidieren, sie lebensfähig zu machen, durch allerlei Entscheidungen auf politischem, gesellschaftlichem, wirtschaftlichem und militärischem Gebiet die Identität und Selbständigkeit sowie den Anspruch des Islams gegenüber Judentum und Christentum auf der einen und dem Polytheismus auf der anderen Seite zu formulieren und durchzusetzen« (Khoury, Hagemann, Heine 1991:465).

bildung religiöse Unterweisung von Kaplan erhalten zu können. 1989 zog die Familie nach Köln um. Bis auf den Ältesten gingen alle Kinder nach der Grundschule in Deutschland auf islamische Internate in der Türkei. Harun macht 1991 Abitur und nahm danach das Medizinstudium auf. Er war maßgebend an der Gestaltung des Zentralorgans der Bewegung beteiligt.

Anders als Abuzer K. und Mehmet G. hat Şevket die Kaplan-Gemeinde nicht verlassen – wenn er auch Kritik äußerte. Ich werde darauf zurückkommen.

Die Überwindung des Selbst im Geiste des Gesetzes

Anders als bei Abuzer treten bei Şevkets Selbstbeschreibung keine Erlebnisse als besonders entscheidend und prägend hervor. In unseren Gesprächen stellte er die Entwicklung seines Denkens als einen kontinuierlichen islamischen Lernprozeß dar, der im Dorf begonnen hatte und sich bis in die Gegenwart fortsetzte. Er erwähnte, was im Licht dieser Bildungsgeschichte Sinn machte; alles andere trat dahinter zurück. Ereignisse wie der Tod des Vaters, das Verlassen des Dorfes, das wirtschaftliche Scheitern und die Trennung von seiner Familie werden nur kurz gestreift. Es tauchen zwar Weggefährten in dieser Beschreibung auf, keine dieser Personen scheint aber besonders prägend für ihn gewesen zu sein. Auch die Hinwendung zu Kaplan wirkt wie ein weiterer Schritt in diesem Lernprozeß, nicht aber wie eine Wende in seinem Leben.

Diese Perspektive auf das eigene Leben scheint von einer Grundüberzeugung bestimmt, die er in folgende Worte faßt:

»Es gibt heute zwei Arten des Islam. Das eine ist der Islam, wie ihn die Menschen sich ausdenken; das andere ist der Islam, wie er von Gott befohlen wurde. Wir sind die Schüler des Islam, wie er von Gott befohlen wurde. Wir akzeptieren keinen Islam, der den Menschen auf eine moderne Weise, auf eine Weise, wie sie von Gott nicht befohlen wurde, erlaubt, die Haare offen zu tragen, Diebstahl zu begehen . . . Was Gott befohlen hat, an dem orientieren wir uns, d. h. unsere Ideen kommen nicht *vor* dem, was Gott befohlen hat, sondern *nach* dem. Konnte ich mich verständlich machen? Gott hat etwas befohlen; dem folgen wir, und wir vervollkommnen unseren Verstand und unsere Ideen, um dies zu begreifen. Die Alternative wäre Polytheismus, nämlich sich selbst über das zu erheben, was Gott befohlen hat. Wenn man sagt: ›Das akzeptiere ich nicht, meine Vernunft sagt mir, es wäre besser, wenn es anders wäre‹ – das ist Polytheismus!«

Die Vision einer alles umfassenden, gottgewollten Ordnung ist der Dreh- und Angelpunkt seines Lernens. Diese Ordnung, so der Grundgedanke, ist durch und durch rational und schön. Sie ist zwar im Detail oft nicht nachvollziehbar – der gesunde Menschenverstand sagt einem aber, daß dies an der Begrenzung menschlicher Vorstellungskraft liegt. Es wäre Hybris, deswegen die Idee einer gottgewollten Ordnung zu verwerfen. Der Widerspruch zwischen Offenbarung und Einsicht erhält damit den Charakter eines Rätsels. Man kann prinzipiell davon ausgehen, daß die Offenbarung rational ist. Es ist eine lohnende intellektuelle Herausforderung, über den Sinn eines rätselhaften Befehls zu grübeln und ihn vielleicht zu erschließen. Dies ist gemeint, wenn Şevket davon spricht, daß die Ideen nicht *vor*, sondern *nach* dem kommen, was Gott befohlen hat.

Kurz: Şevket arbeitet sich an einem Paradigma ab. Das Bekenntnis zum Islam und zur Offenbarung bedeutet nicht das Ende, sondern den Ausgangspunkt der religiösen Suche. Diese geht in zwei Richtungen: Zum einen gilt es mehr über das Paradigma zu lernen, also bisher unbekannte Details der Botschaft kennenzulernen; zum anderen heißt es, die empirische Welt im Sinne dieses Paradigmas – möglichst zwanglos – zu deuten. Die Befriedigung, die eine derartige Suche vermitteln kann, wird jeder nachvollziehen können, der in seinem Leben einmal mit einem Paradigma (dem Marxismus, dem Feminismus . . .) gearbeitet hat. Jeder, der diese Erfahrung gemacht hat, weiß auch, daß ein Paradigma nicht einfach an einer »Alltagserfahrung« scheitern kann; ja, daß es nachgerade intellektuell unredlich wäre, es aufzugeben, wenn man es nicht gleich mit den eigenen Erfahrungen zur Deckung bringen kann.

Dagegen hieße *vor* der Offenbarung zu denken, sie nur soweit zu akzeptieren, wie sie mit dem Verstand vereinbar ist. Dies wird von Şevket mit Polytheismus assoziiert, weil es bedeutet, der eigenen Ratio einen Vorrang vor Gottes Offenbarung beizumessen. Es wäre seiner Meinung nach auch resignativ, weil man darauf verzichten würde, sich zu vervollkommnen.

Der Blick auf das Selbst, der sich daraus ergibt, wurde mir vor allem deutlich, als ich in unserem Gespräch die Autobiographie von Canan Ceylan (1983) ansprach, einer ehemaligen türkischen Filmschauspielerin. In ihrem Buch schildert Ceylan, wie ihr während ihrer Tätigkeit als Schauspielerin zunehmend Zweifel an ihrer Lebensführung kamen. Sie begann sich für den Islam zu interessieren, brach schließlich, nach einigen existentiellen Träumen (vom Weltuntergang, von Muhammed, der sie nicht erkannte), ihre Karriere ab und nahm den Schleier. Die Konversion erregte damals wegen Canan Ceylans Bekanntheit Aufmerksamkeit. Şevket hatte von dem Buch gehört und wußte über seinen Inhalt Bescheid, hatte aber kein Interesse daran, es zu lesen.

»Nun – ich würde es jemandem geben, um ihn für den Islam zu begeistern. Es geht ja um eine Frau, die ein Leben in der *high society* führt, die ihre Haare offen trägt, Alkohol trinkt, sich, was soll ich sagen, im Puff herumtreibt, die alles mitnimmt und von Vergnügen zu Vergnügen rennt. Dies sind alles Fallen des Teufels. Was macht sie nun? Sie legt dieses Leben ab und begeistert sich für den Islam. Und sie erzählt nun, welches Vergnügen die Befehle Gottes gewähren, von welcher Schönheit sie sind. Sie macht einen Vergleich zwischen dem vorherigen Leben und dem späteren. Deshalb sind diese Bücher sehr nützlich. Aber ein vom Islam beseelter Muslim weiß das alles sowieso – ob er das nun liest oder nicht.«

Aus dieser Passage spricht eine grundlegende Skepsis gegen den Gedanken eines individuierten Selbst. Der Gedanke, daß sich Gott indirekt, also in und durch biographische Irrwege offenbaren könnte, ist Şevket offenbar fern – Canan Ceylan sei nach langen Wirren schließlich an einem Punkt angelangt, den er selbst schon weit hinter sich gelassen habe. Mehmet G. argumentierte ähnlich: Personen wie Canan Ceylan hätten zu Recht das Gefühl, einen großen Schritt gemacht zu haben. Wenn man (wie er) jedoch schon weiter sei, würde man sehen, daß sie noch ganz am Anfang stehen. Eine ähnliche Skepsis über den Wert von Biographien wurde auch meinem Anliegen, lebensgeschichtliche Interviews zu führen, entgegengebracht: Statt über Lebensgeschichten zu reden, solle man sich doch lieber an die Schriftgelehrten wenden, meinte Hodscha Fevzi: Es gelte das vorbildliche Leben der Zeitgenossen Muhammeds zu studieren, nicht aber das durchschnittliche Leben eines Muslim heute. Mit ähnlichen Argumenten verweigerte auch Abdullah Ş., ein Migrant bäuerlicher Herkunft, ein Gespräch: Sie selbst könnten den Islam nicht so praktizieren, wie es notwendig wäre – was also könnte ich überhaupt von ihnen lernen?

Nicht Selbstfindung durch reflexive Rückwendung ist hier das

Leitbild, sondern der Gedanke der Transzendierung des Selbst durch Selbstvervollkommnung. Dies hat zunächst einen kognitiven Aspekt. Şevket A.: »Warum sollte ein wissender/sich selbst kennender Muslim Romane lesen und damit seine Zeit totschlagen, wenn es noch so viele Sachen über Gottes Gebote zu lernen gibt? Gottes Befehle sind wie ein Meer, dessen Ende keiner kennt.« Statt über die Irrwege anderer nachzudenken, sei es viel sinnvoller, positive Einsichten zu sammeln und auf dem Weg der Erkenntnis voranzuschreiten. In der Alltagspraxis entspricht dies dem Bestreben, den islamischen Regeln immer mehr Raum im Leben zu geben. Şevket versucht, sein Leben an der Sunna, der geheiligten Praxis des Propheten, auszurichten. Dies bedeutet für ihn, dem großen Vorbild auch in scheinbaren Kleinigkeiten nachzueifern. Dahinter steht die Idee einer mimetischen Aneignung. In dem Akt der Nachahmung, der immer eine Art Nachbildung ist, öffnet man sich gegenüber dem anderen und läßt sich von ihm »ergreifen«, »ansprechen« und »in Besitz nehmen«. Indem man sich an ihn anschmiegt, erfährt man den Geist des Anderen in einer Intensität, die begriffliches Erkennen nicht ermöglicht. »Die Nachahmung der edlen Sitten«, beschreibt Annemarie Schimmel diese spirituelle Technik, »die Muhammed, das ›schöne Vorbild‹ (Sure 33,21), seine Gemeinde gelehrt hatte, sollte die Muslime formen, sollte aus jedem einzelnen von ihnen ein Abbild des Propheten machen, der gleich ihm von der Einheit Gottes Zeugnis ablegt« (Schimmel 1989:49).

Eine besondere Rolle bei der Selbstperfektionierung spielt das fünfmal am Tag zu vollziehende rituelle *namaz*-Gebet. Es wird von Şevket als Kontemplationstechnik beschrieben, mit der man fünfmal am Tag die Welt »hinter sich läßt«, um sich ganz auf Gott zu konzentrieren – wobei die spirituelle Assoziation mit der Himmelfahrt Muhammeds hergestellt wird.[11] In einem anderen Gespräch wurde der *namaz* von ihm mit einem Fluß verglichen: Wenn man fünfmal am Tag in einen Fluß steigt, um sich zu reinigen – kann man da schmutzig sein?

Hinter all diesem steht die Denkfigur, daß man nur dann wahrhaft zu sich selbst findet, wenn man ganz aus sich heraustritt. Şev-

---

11 Nach der islamischen Überlieferung wurde Muhammed in Jerusalem vom Engel Gabriel entrückt und nach einer Reise durch die sieben Himmel und sieben Höllen schließlich vor Gottes Gegenwart gebracht. Die Erzählung gilt als Beispiel für die spirituelle Entrückung. Siehe insbesondere Schimmel 1981:139-154.

Bildkalligraphie von Ismail Zuhdi. Die Eingangsformel jeder Koransure
(*Bismillah irrahman irrahim* – »im Namen Gottes, des Erbarmers, des All-
erbarmers« in der Form eines Pfaus. In der Mitte findet sich die Jahresan-
gabe 1013 (entspricht 1604). In der Vignette ein Bild der Kaaba. Entnommen dem Plakat der Ausstellung: »Türk ve Islam dünyasında elyazması
hat tasvir« (»Bebilderte Handschriften aus der türkischen und islamischen
Welt«), Topkapı Saray Müzesi, Istanbul 5.-30. 10. 1984).

ket geht es um die Überwindung des Selbst und nicht um die Behauptung oder gar Verwirklichung des Selbst. Dabei gibt er diesem Gedanken, dem wir schon bei der Diskussion der Mystik begegnet sind (siehe oben S. 76), eine gesetzesethische Wende. Die Selbstüberschreitung erfolgt bei ihm nicht über die Beziehung zu einem Scheich, sondern über die Beziehung zum Gesetz beziehungsweise zur weltumfassenden islamischen Gemeinde, in der das Gesetz sich verkörpert. Man wächst über sich hinaus, indem man der immer vollkommenere Teil eines größeren Ganzen wird. Während das Gotteserlebnis des Mystikers in die Erfahrung der »Ich-Du«-Beziehung zum Scheich eingelassen ist, ist das Gotteserlebnis des Anhängers der Gesetzesreligion mit der Erfahrung des »Wir« der Gemeinde verbunden.

Dies läßt sich an einem Denkbild verdeutlichen. Bei einer Kalligraphie wird bekanntlich das heilige Wort – eine sakrale Formel oder der Name Gottes – gestaltet, bis es sich zu einem harmonischen Ganzen (und manchmal, wie in dem wiedergegebenen Beispiel, zu einem Bild) fügt. Damit wird eine eigene an die ersten Worte des Johannes-Evangeliums gemahnende Form von Identität gestiftet: Die Schrift ist Figur; und die Schrift ist bei Gott, und Gott ist die Schrift. Analog geht es Şevket darum, Teil von einem »Kalligraphischen Staat« (Messick) zu werden. Das Ziel ist die Internalisierung der Schrift. Auch die Tradition des Memorierens im Islam hängt damit eng zusammen: Mit der Technik des Auswendiglernens wird der Heilige Text in den Körper eingeschrieben. Şevket hat deshalb vier seiner Kinder zu *hafiz* ausbilden lassen, d. h. zu Personen, die den Koran auswendiggelernt und damit inkorporiert haben.

Die Selbstvervollkommnung verspricht als Heilsgut *huzur*, Ruhe und Gelassenheit: Man findet zu ihr, wenn man das Gesetz ganz in sich aufnimmt und eins wird mit der Ordnung der Schöpfung. *Huzur* bedeutet für Şevket und andere Mitglieder der Kaplan-Gemeinde vor allem, Angst und Sorge um innerweltliche Güter hinter sich zu lassen (während bei den weniger kämpferischen Nurcu *huzur* eher mit Geborgenheit, Gelassenheit und Glück verbunden wird).

Angesichts der Höhe dieses Anspruchs ist es kaum überraschend, daß Şevket das Grundgefühl hat, unvollkommen zu sein. Der Alltag erlaubt nicht die völlige Umsetzung des hochgesteckten Ziels: »Wir versuchen so gut wie möglich, entsprechend dem Islam zu leben; Gott möge uns deshalb unsere Sünden verzeihen. Denn wir begehen viele Sünden.«

Es ist vor allem eine intellektuelle Askese, der er sich unterzieht. Die Wahrheit ist schriftlich – Bilder (wie im übrigen auch Musik) sind dagegen problematisch – auch wenn sie sich islamisch geben. Er hat deswegen den Fernseher aus der Wohnung verbannt: »Ich hatte früher einen. Dann habe ich gesehen: Er schadet der Gesundheit und dem Glauben. Er läßt dich vom Weg abweichen und tötet deine Zeit.« Selbst islamische Filme sind für ihn problematisch, weil sie nie völlig der Wahrheit entsprechen. »Wenn sie auch nur in einer Kleinigkeit zum Verlassen des richtigen Wegs verleiten, können wir sie nicht akzeptieren.« Im Prinzip gibt es keine Notwendigkeit für Übersetzung von Texten in Bilder. »Wenn ein Glaubensfilm völlig der Offenbarung entsprechen würde, wäre er wie ein Buch.« Auch vermeintlich geringfügige Abweichungen können problematisch sein: »Oft reden nämlich Glaubensfeinde mit Absicht in 99 Fällen das Richtige, um dann im entscheidenden Augenblick abzuweichen.«

Wie mit Filmen verhält es sich auch mit islamischen Romanen: »Nun, dies ist genau wie mit den Filmen . . . Also es gibt Bücher, die von Gottes Befehlen erzählen, so wie sie überbracht wurden. Aber es gibt auch andere . . . Ich habe einen Koranvers gelesen: ›Anstatt dein Buch mit Gedichten zu füllen, wäre es besser, wenn du Feuer fräßest.‹ Manche Menschen denken sich Ergänzungen aus. Als ob die Befehle Gottes nicht genügen würden! Konnte ich mich erklären? Gott bewahre: Da ist jemand, der mag Gottes Befehle nicht und erfindet deswegen Ergänzungen.« Er dagegen versucht sich von allem Überflüssigen und Schädlichen zu befreien. Es geht darum, sagt er, ». . . das Notwendige zu finden, das Notwendige mit nach Hause zu bringen, das Trügerische aber, was keinem nutzt, nicht mitzubringen«.[12]

12 Diese asketische Haltung ist auch deshalb interessant, weil die Lust an Romanen und Filmen eng mit der Idee der Selbstverwirklichung verknüpft ist. Wie Luhmann (1995:100 ff) überzeugend gezeigt hat, beruht das Vergnügen an Unterhaltung auf Gedankenexperimenten, in denen der eigene Selbstentwurf spielerisch in Bezug zum Typischen (anderen geht es auch nicht besser), zum Idealen (das man sich selbst nicht zumuten muß) oder zu unerwarteten Kombinationen (mit denen man selbst nicht rechnen muß) gestellt und damit vergegenwärtigt wird. Diese Lust muß jemandem völlig fremd sein, der, wie Şevket, sein Selbst nicht als individuellen Entwurf konzipiert, sondern der sich ganz der Aneignung der Wahrheit verpflichtet sieht und sich in allem daran ausrichtet.

Dies mag nun nüchterner klingen, als es ist. Tatsächlich aber ist Şevket ein großer Geschichtenerzähler; ein Gutteil seines Wissens ist in der Form von Erzählungen organisiert. Nicht selten wird eine Einsicht gerade mit einer gut erzählten Geschichte abgeschlossen und abgerundet. Dabei handelt es sich in der Regel um Lehrerzählungen – Erzählungen mit einer handgreiflichen Moral am Schluß. Bemerkenswerterweise stellt sich bei Şevket in diesem Zusammenhang nicht das Gefühl einer dichterischen Überformung ein, das er bei Romanen empfindet.

Islamische Räume

Auf diesem Hintergrund erscheint es Şevket – anders als Abuzer – als ganz selbstverständlich, für die Scheriat einzutreten: »Wir sind dem Scheriat-Staat verpflichtet. Das ist nichts, was dem Kopf von uns Muslimen entsprungen ist. Das haben wir uns nicht ausgedacht, das sind die Befehle Gottes.« Die Vorstellung, die er dabei von der Scheriat hat, verbindet sich bei ihm mit einer islamischen Topographie, genauer: der Idee eines Gefüges von islamischen Räumen – von Orten des religiösen Lehrens und Lernens.

Von entscheidender Bedeutung ist zunächst der Raum der Familie. Şevket versucht seinen Kindern die gleiche religiöse Erziehung weiterzugeben, die er selbst erhalten hat. So wie er selbst sollen auch sie schon von früh an zum Glauben hingeführt werden. »In einem islamischen Umfeld wächst das Kind von selbst in den Glauben hinein.« »Ein Kind, das in einer anständigen Familie aufwächst, wird die Gemeinheiten der Umgebung nicht aufgreifen und sich in einer besonderen Weise entwickeln.« In anderen Worten: Wenn man es schafft, eine islamische Umgebung aufzubauen, dann wird sich alles andere von selbst ergeben.

Dem Versuch, islamische Räume aufzubauen, korrespondiert das Bestreben, nicht-islamische Räume zu meiden und sie den Kindern zu verbieten. »Ich habe meine Kinder auch zu engen Nachbarn nicht geschickt, besonders wegen dem Fernsehen. Soweit es mir möglich war. Ich habe sie auch nicht zu so sittenlosen Orten gelassen, zu Stränden oder so. Wir gingen vielmehr gute islamische Freunde besuchen . . . Jeder hat seine Welt, in dieser Umgebung bewegt er sich, in dieser Umgebung wächst er heran. So haben wir unsere Kinder behütet . . . Wenn das Kind ohne Erlaubnis solche Orte aufsuchen würde, würde ich es bestrafen.« In der Praxis wäre dies aber so gut wie nie vorgekommen – und zwar weil die Kinder im islamischen Geist aufgewachsen seien. »Ich versuche dann sehr schön zu erklären: ›Der Islam sagt dies, der Islam sagt jenes. Dies ist eine Falle, um dich vom menschlichen Weg abzubringen, eine Falle des Teufels.‹ All das versuche ich den Kindern möglichst deutlich zu machen. Und die Kinder haben dies akzeptiert und sich daran gehalten.«

Seine protektive Haltung wurde besonders deutlich, als es um den Kindergarten ging.

»Auf Anregung meiner Nachbarn [habe ich meine Kinder in den Kindergarten geschickt]. Sie sollten Deutsch lernen . . . Einen Tag habe ich sie hingeschickt. Den zweiten Tag bin ich dann selbst hingegangen, um mir das ganze anzuschauen. Was bringen die ihnen bei, wie ist das alles organisiert – das wollte ich sehen. Ich ging also hin, setzte mich und beobachtete die Kinder . . . Nun, was habe ich gesehen? Die Lehrer haben sie an der Hand gefaßt und haben mit ihnen im Kreis getanzt. Dann ein Spiel im Kreis. Sie setzten ein Kind in der Mitte hin, und ein anderes versuchte es zu fangen. Es umarmte es, es hielt es fest. Ich sah: Das ist ganz gegen unsere Religion. Am nächsten Tag habe ich es verboten und das Kind nicht mehr dorthin geschickt.«

Die Gefährdung, die von der Umwelt auf die Kinder ausgeht, wird also sehr hoch veranschlagt. Man muß allerdings hinzufügen, daß Şevket in dieser Hinsicht – auch innerhalb der Kaplan-Gemeinde – eine extreme Haltung einnimmt. Fast alle anderen, mit denen ich dieses Thema erörterte, schätzten die Gefahren einer deutschen Umwelt weit geringer ein als er. So erklärten einige Anhänger der Nationalen Sicht, daß sie ohne Bedenken ihre Kinder in christliche Kindergärten geben würden. Wenn der Islam im Elternhaus konsequent praktiziert werde, dann sei es ein Leichtes, dem christlichen Einfluß entgegenzuwirken. Später, als die Familie nach Köln umzog, sollte übrigens auch Şevket seine extreme Position aufgeben. Da es in Nordrhein-Westfalen, anders als in Bayern, keine türkischen Regelklassen gab, war der Erwerb von Deutschkenntnissen dort wichtiger. Der Einfluß seines Sohns Harun hat das Seinige dazu beigetragen, daß Şevket bei seinem Jüngsten den Widerstand gegen den Kindergarten aufgab.

Die Gefährdung durch negative Einflüsse nimmt auch mit wachsendem Alter nicht ab: Gerade in der Pubertät sind die Gefahren besonders groß – und zwar vor allem auf Grund des deutschen Umgangs mit Sexualität. Die Deutschen würden sich küssen, umarmen und liebkosen: »Das Auge meines Kindes wird beschmutzt. Das Kind will das nachahmen. Was wirst du machen? Um das Kind daran zu hindern, mußt du ihm die Gelegenheit dazu nehmen.«

Ein muslimischer Raum in einer nicht-muslimischen Umgebung wird notgedrungen immer unvollkommen bleiben. Er bedarf sozusagen eines Verweisungszusammenhangs, einer Stützung durch das große Ganze. Die Sorge um ein islamisch geprägtes Umfeld bestimmte auch die weitere Erziehung der Kinder. Harun wurde auf das islamische Internat in Köln geschickt; die anderen wurden nach der Grundschule auf eine islamische Privatschule in der Türkei gegeben. In bezug auf seine Tochter sagte er, daß ihm dies natürlich zu schaffen mache: »Also sie entbehrt die Liebe und Güte der Eltern, und wir vermissen ihre Liebe . . . Jetzt habe ich mein zehnjähriges Kind dort gelassen. Es braucht die Liebe und Güte der Eltern, wir brauchen seine Liebe. Konnte ich mich erklären? Wir opfern diese Liebe um Gottes willen.«

Die Sehnsucht nach der Scheriat bekommt hier eine ganz lebenspraktische Bedeutung: »Wir wären nicht mehr gezwungen, die Kinder ins Internat zu geben, wenn die Schulen so wären, wie es der Islam befiehlt.« Die Verwirklichung der Scheriat steht damit für die Aufhebung des Gegensatzes von islamisch geprägter Familie und weiterer Umwelt. Sie steht für eine Ordnung, in der der Islam einfach selbstverständlich ist. Korrespondierend erscheint es Şevket schwer vorstellbar, den Islam *gegen* die Gesellschaft verwirklichen zu können.

Auf diesem Hintergrund fordert er kollektive Verantwortung. Wer gegen den Islam verstößt, muß seiner Meinung nach konsequent bestraft werden, weil von ihm die Gefahr der Verführung anderer ausgeht. Wie es seine Art war, begründete Şevket dies mit einer Geschichte: »Zu Noahs Zeit war Homosexualität sehr verbreitet. 70 000 Männer der Stadt gingen in die Moschee, 30 000 trieben es in der Zeit miteinander. Eines Tages erging von Gott der Befehl, daß die Stadt zerstört werden sollte. Noah fragte zurück: ›Gilt dies auch für diejenigen, die in die Moschee gehen?‹ Gott sagte: ›Es gilt auch für diejenigen, die in die Moschee gehen und das rituelle Gebet beten.‹ Denn wenn sie es gewollt hätten, hätten sie dem Treiben schon längst ein Ende bereitet. Was folgt daraus? Es gibt eine Verantwortung für das Gemeinwesen. Um Gottes Befehle zu erfüllen, um sie verwirklichen zu können, brauchen wir einen islamischen Staat in der Türkei.«

Şevket schaffte es durch diese Art der Erziehung, den Kindern ein gemeinsames Projekt zu vermitteln. Vater und Kinder arbeiteten sich gemeinsam am Islam ab. Beschränkungen entspringen nicht der Willkür des Vaters, sondern der gemeinsamen Unterordnung unter das Gesetz. Er selbst sieht das so, daß er nie gezwungen war, »Zwang auszuüben.« Gerade wenn man an die Auseinandersetzung mit der Tochter über das Schullandheim denkt, wird man dies *cum grano salis* nehmen. Die Aufforderung, mit der er die Debatte beendete, spricht Bände: »Du weißt, was ich darauf antworten werde. Sag es selbst.« Hier wird von der Tochter verlangt, die ethische Maxime zu formulieren, der sich alle, Eltern wie Kinder, zu unterstellen haben.

»Also, inzwischen stehen die bei mir aufwachsenden Kinder fester im islamischen Geist als ich. Wenn ich etwas falsch gemacht habe, machen sie mich darauf aufmerksam (*beni uyarlıyorlar* – wörtl.: sie wecken mich auf). Konnte ich mich verständlich machen? Wenn die Kinder eine bestimmte Stufe erreicht haben, schlagen sie von selbst den richtigen Weg ein und führen ein Leben möglichst ohne Sünde.«

Entgegen den Klischees, die in der deutschen Umwelt zirkulieren, scheint sich ein derartiger Erziehungsstil nicht notwendigerweise negativ auf den Schulerfolg auszuwirken. Şevket berichtet, daß die Kinder durchweg mit guten Noten nach Hause kamen. Dies stimmt auf jeden Fall für den ältesten Sohn, Harun. Als 1982 ein türkischer Zug am Gymnasium in Augsburg eingerichtet wurde, war er eines der fünf Kinder seiner Schule, die auf den Rat der Lehrer hin aufgenommen wurden. Der Vater schickte ihn als Vierzehnjährigen 1986 nach Köln, wo er einer der ersten Schüler der neueröffneten Medrese der Kaplan-Gemeinde war. Dort besuchte er vormittags das Gymnasium weiter, während er am Nachmittag Unterricht in Arabisch und in islamischer Gesetzeslehre nahm. In der Medrese hatte er als Gymnasiast eine Sonderstellung. »Es gab einige, die aufs Gymnasium gingen. Jeder freute sich darüber, die Lehrer, die anderen Schüler.« Er bekam ein Einzelzimmer. Als die Schule im Zusammenhang der Spaltung 1987 unter den Einfluß der Polat-Fraktion geriet (vgl. oben S. 158), verließ er sie. Da er Schreibmaschine schreiben konnte, durfte er im Hauptquartier der Bewegung wohnen und wurde dort gelegentlich zu Sekretariatstätigkeiten herangezogen. Obwohl es dort weit unwirtlicher war als im Internat (sie mußten selbst kochen und waschen und anstelle eines Bettes wurden abends immer Matratzen ausgelegt), kehrte er doch nicht zu seiner Familie nach Augsburg zurück. Es war ihm wichtiger, Unterricht bei Kaplan zu nehmen. Als die Familie 1989 nach Köln umsiedelte, zog Harun wieder mit ihnen zusammen. 1993 begann er, in München Medizin zu studieren. In der Kaplan-Gemeinde ist er für das *layout* des Zentralorgans verantwortlich.

Bemerkenswerterweise schildert er seine spirituelle Entwicklung als ebenso geradlinig wie sein Vater. Als ich ihn fragte, ob er nie gegen das Elternhaus rebelliert habe, sagte er: »Ich muß dankbar sein. Ich bin nie in so etwas hineingeraten. Was soll ich sagen? Während meiner Zeit im Zentrum hatte ich keine Kindheit. Es gab viele Besucher. Es war wichtig, sich ihnen gegenüber wie ein Erwachsener zu verhalten . . .« Die Erziehung des Vaters hat offenbar gewirkt: Das Fehlen der Kindheit wird nicht mit Bedauern registriert, sondern mit Stolz verbucht. Aus der Dankbarkeit, den Versuchungen der Jugendkultur entgangen zu sein, spricht wieder die Konzeption des Selbst, die Erfüllung nicht expressiv-ästhetisch im Erlebnis sucht, in »Selbstverwirklichung«, sondern asketisch-intellektuell in Selbsterziehung.

Nach der Familie ist der nächstgrößere Ort islamischen Lehrens und Lernens die Moschee. Şevket faßt mit Kaplan die Ordnung der Moscheegemeinde als Modell der islamischen Ordnung insgesamt auf. Das Ideal von Şevket ist das einer offenen Gemeinde von Gleichen, zu der jeder Zutritt hat. In ihr soll ein Geist des Lehrens und Lernens herrschen und Konflikte nach Maßgabe des Islam gelöst werden. Als Gemeindevorsitzender hatte er maßgeblich dazu beigetragen, dies in »seiner« Moschee in Augsburg zu verwirklichen: »Dies hier ist für alle offen. Also jeder, der kommt, kann hier den *namaz* beten und fasten, ob er nun Kaplan-Anhänger ist oder nicht. Wir sagen zu ihm nicht: ›Du bist hier kein Mitglied, du kannst hier nicht rein.‹ Der Islam hat uns das nicht gestattet. Wir dürfen das nicht sagen. Die Tür ist offen für jeden, der kommt.«

Eines seiner Anliegen war es, die Moschee durchgehend geöffnet zu halten. Dies sei wichtig, um Fremden in der Stadt, beispielsweise Asylbewerbern, eine Anlaufstelle zu bieten. Außerdem sei es wichtig, den Gläubigen für ihre Freizeit einen Raum zur Verfügung zu stellen, so daß sie nicht auf (türkische) Kaffeehäuser angewiesen sind – unislamische Orte, in denen nicht nur getrunken und gespielt, sondern wo auch zweifelhaftes Essen serviert werde, beispielsweise Rindfleisch von nicht ordnungsgemäß geschächteten Tieren. »Wir treffen uns im Sitzsalon der Moschee. Da können wir Kaffee und Tee trinken, mit Freunden plaudern, reden. Dies ist der Platz, der uns erlaubt ist.«

Sein anderes, nicht weniger wichtiges Anliegen als Moscheevorsitzender war die Verwirklichung einer islamischen Gleichheit: »So wie man zu Hause die Kinder nicht unterschiedlich behandeln und nicht etwa die einen vor den anderen bevorzugen darf, so muß auch der Gemeindevorsitzende alle Muslime gleich behandeln, damit keine Fraktionierungen entstehen. Es gibt Menschen, die vor Gott einen hohen Rang einnehmen, die fromm-asketisch leben und Gottes Befehle ganz und gar praktizieren. Diese Menschen mögen vor Gott eine hohe Stellung einnehmen. Innerhalb der Gemeinde ist es jedoch notwendig, das nicht so zu sehen und sie nicht anders als die anderen zu behandeln.«

Hier wird in einer bemerkenswerten Sensibilität die politische Notwendigkeit von Gleichheit von dem moralischen Gebot der Respektierung von Differenz getrennt. Natürlich wird derjenige geachtet, der fromm asketisch lebt und sich mehr Wissen als andere aneignet. In der Gemeinde wird dies ausgedrückt durch eine fast demonstrative Bereitschaft, sich belehren zu lassen (der ein nicht weniger nachdrücklicher Gestus des Belehrens korrespondiert). Diese Ungleichheit darf sich jedoch nicht institutionell verfestigen, wenn die Einheit der Gemeinde nicht in Frage gestellt werden soll.

Die Begegnung mit Kaplan

Auch Şevkets Selbstverständnis hat sich in der Begegnung mit anderen herausgebildet – allerdings scheinen es weniger konkrete andere gewesen zu sein als vielmehr der »verallgemeinerte Andere« (Mead) der verschiedenen Moscheegemeinden, in denen er im Lauf seines Lebens zu Hause war. Şevket denkt von der Gemeinde her – und die Einzelstimmen, die ihn beeinflussen, werden immer als Teil eines größeren Ganzen wahrgenommen. Dies bestimmt auch seine Sicht von Kaplan. Auffallend war, daß er Kaplan zunächst und vor allem als einen der Hodschas schätzte, die gegen das Parteiestablishment auftraten – wobei er bezeichnenderweise betonte, daß Kaplan nicht der einzige gewesen sei. Kaplan war für ihn jemand, der zur Reinheit der Lehre zurückkehren wollte, der bei der Verkündigung des Koran »keine Abweichung und keinen Zusatz machte« und der auf dieser Basis die Wiederherstellung der Einheit der Muslime (zumindest der türkischen Muslime in Deutschland) anstrebte. Besonders überzeugend war für Şevket der Gedanke, daß dies mit dem parlamentarischen Weg unvereinbar war. Dies mag zunächst ein kognitives Aha-Erlebnis gewesen sein: Der Grundgedanke einer islamischen Ordnung wird damit auf eine Frage angewandt, die man bislang noch nicht unter dieser Perspektive betrachtet hatte. Sich als Partei zu organisieren, um für den Islam zu kämpfen, erschien nun nicht mehr als wichtige Aufgabe eines Muslim, sondern als gefährlicher Irrweg. Mit Parteien, die nur Disharmonie und Konflikt produzieren, wird man niemals eine große, in sich harmonische Ordnung errichten können: »Der islamische Staat entstand in der Geschichte immer nur durch Gottes Methode, das heißt, die Verkündigung. Deswegen lehnen wir die Partei ab.« Als er das eingesehen hatte, sei er nach dem Prinzip: »Der Nutzen beginnt, wenn man sich von einer schädlichen Sache abwendet« aus der Partei ausgetreten. Dementsprechend interpretierte er seine frühere Zugehörigkeit zur Nationalen Heilspartei/ Wohlfahrtspartei/ Nationalen Sicht mit »Unwissenheit«: »Weil wir ungebildet (*cahil*) waren, haben wir uns ihnen angeschlossen. Wer wie Timurtaş Hodscha gebildet war, wußte, daß es im Islam keine Parteien gibt, und hat sich nie angeschlossen.«

Dabei faszinierte Şevket an Kaplan besonders der an einen Propheten erinnernde Gestus der Herausforderung. Endlich war jemand dem türkischen Staat entgegengetreten und hatte die Rechte der Muslime eingeklagt! Wie viele andere Muslime sieht Şevket den Islam in der Türkei (und in der ganzen Welt) in der Defensive. So werde von Beamten gefordert, sich den Bart abzurasieren, oder die Schülerinnen und Schüler gezwungen, das Kopftuch abzulegen. In solchen Situationen müsse man sich verteidigen. »Gott sagt: ›Du wirst nicht einfach zurückstecken, du wirst sie auch angreifen.‹« Er selbst hatte einmal erlebt, daß ein (türkischer) Lehrer seine Tochter zwingen wollte, das Kopftuch abzulegen. Er hat damals zu ihm gesagt: »›Ich setze ihr das Kopftuch auf. Wenn du ein Mann bist, komm und reiße es ihr ab.‹ ... Man darf nicht einfach die Hände in den Schoß legen, wenn man herausgefordert wird.

Aber niemals hat der Islam zuerst angegriffen.« Kurz: Kaplan ist für Şevket die Person, die diese wehrhafte Grundhaltung verkörpert.

Gleichwohl verfiel er niemals in distanzlose Bewunderung: Als er mit mir 1988 ein Video mit einer Predigt von Kaplan ansah, deutete er auf ihn und sagte: »Ich folge zur Zeit diesem Mann. Aber ich werde ihn verlassen, wenn ich ihn bei einem Fehler ertappe.«

Als ich Şevket 1993 wieder sah, bewertete er die zwischenzeitliche Entwicklung in der Gemeinde ambivalent. Einerseits registrierte er mit Zustimmung, daß es Kaplan gelungen war, durch Dramatisierung das Steuer herumzuwerfen. Es kämen wieder mehr und vor allem jüngere Leute. Es sei dabei fast natürlich, daß die Älteren fernblieben, die den Islam in der republikanischen Türkei nur in einer verstümmelten Weise kennengelernt haben. »Die jetzigen jungen Leute wissen mehr über den Islam [als die erste Generation]. Sie kennen ihn besser, sie lassen keine unzulässigen Neuerungen zu. Was passiert nun? Die alten wollen die unzulässigen Neuerungen (*bidat*) beibehalten, die jungen nicht – es entstehen Meinungsverschiedenheiten bezüglich der Sunna.«

Andererseits forderte Kaplans Politik ihm zunehmend Deutungsanstrengungen ab. Dabei war es an zwei Stellen besonders deutlich, daß er sich zu einer wahren Deutungsakrobatik gezwungen sah. In bezug auf die Ausrufung der Exilregierung zitierte Şevket 1993 die offizielle Position, Kaplan habe nicht einen Staat *gegründet,* sondern einen bereits existierenden, vor 1400 Jahren gegründeten Staat *verkündet/ausgerufen.* »Cemaleddin Hodscha verkündet den in der Türkei lebenden Muslimen, daß die jetzigen Regierenden keine Muslime sind ... Nichts anderes sagt er, als daß der islamische Staat existiert ... Abuzer und Mehmet G. hätten recht, wenn er von Gründung geredet hätte. Das aber machen wir nicht, das können wir nicht machen.« – Nur einen Monat nach unserem Gespräch sollte Kaplan selbst die feine Unterscheidung zwischen Gründung und Verkündigung in Frage stellen. In seiner Predigt zum Beginn des islamischen Jahres 1413 rief er der Gemeinde zu: »Hedschra: Was hat er (Muhammed) gemacht? Er hat in Medina mit den Medinensern und den emigrierten Mekkanern einen Staat gegründet. *Auch ihr habt einen Staat gegründet.*«

Der andere Punkt betrifft die Apostasieerklärungen. Als ich Şevket zur Verurteilung Erbakans als »Polytheisten« (*müşrik*) befragte, fühlte er sich gezwungen zu erklären: »Nun zu dem Wort *müşrik*. Wie soll ich sagen – damit ein Mensch zum *müşrik* erklärt werden kann, muß er offen ableugnen. Nun sagt der Hodscha nicht, Erbakan sei *müşrik* (Polytheist), sondern er sei *münafik* (Heuchler): Erbakan geht einerseits zum Mausoleum und ehrt Mustafa Kemal und geht andererseits in die Moschee und betet. Also, er hat ein doppeltes Gesicht. Der Hodscha sagt nun zu Recht: Entweder geh und schließ dich denen an oder komm und schließ dich uns an ... So in der Mitte herumzuspielen ist sehr gefährlich, gefährlicher als der Polytheismus.« Auch an dieser Stelle gibt Şevket Kaplan eindeutig nicht richtig wieder. In dem einschlägigen Flugblatt ist wiederholt von *müşrik* – Polytheist – und nicht von *münafik* – Heuchler – die Rede. Offenbar brachte es Şevket nicht übers Herz, die tatsächliche Position von Kaplan mir gegenüber offensiv zu vertreten. Andererseits wollte er ihn mir, dem Christen gegenüber auch nicht bloßstellen. Dennoch müssen ihm die Rechtfertigungen schwergefallen sein: Es muß Şevket deutlich gewesen sein, daß Kaplan mit seiner Politik die Kluft zwischen den Gemeinden vertiefte. Gerade wenn man, wie Şevket, die Gemeinschaft aller Muslime so hoch bewertet und sie zum Ausgangspunkt des religiösen Denkens macht, muß dies ein Problem darstellen.

Trotz aller Rechtfertigungen im einzelnen äußert er doch Zweifel an den »Führungsqualitäten« von Kaplan insgesamt: »Ich bin auch unschlüssig in der Frage, ob Cemaleddin Kaplan der unbestrittene Führer der Muslime sein kann, ob er ein natürlicher Führer ist oder nicht.« Man braucht einen Führer, der verhindert, daß der Islam zum Spielball seiner Feinde wird. Niemand sei perfekt, deswegen müsse man sich gegenseitig akzeptieren, und nur, wenn jemand zum Verräter werde, dürfe man die Beziehung aufkündigen. Man kann diese Überlegung in den Zusammenhang mit seiner Vision einer Gemeinde von Gleichen stellen, in der keiner sich zum Richter über den anderen aufschwingen soll.

»Bei uns gibt es ein Sprichwort: Den, der sich von der Herde entfernt, frißt der Wolf. Wenn es notwendig ist, wechseln wir den Führer, aber wir trennen uns nicht von der Herde. Der Vorsitzende ist nur ein Mensch ... Auch Cemaleddin Kaplan ist ein Mensch wie wir, seine Führerschaft ist umstritten. Ich glaube nicht, daß er die Statur hat, die Muslime auf der ganzen Welt anzuführen ... Ich sage es ganz offen. Im Islam gibt es einen Hadith: Unser Prophet befiehlt: Entfernt euch nicht voneinander, sondern nähert

euch einander an; macht es einander nicht schwer, sondern leicht
... Also der Hodscha hat persönliche Fehler. Aber seine Ausle-
gung des Koran ist korrekt. Dagegen kann niemand etwas sagen
... Ich höre immer die Kassetten mit seinen Predigten ab. Seine
Auslegung des Koran ist korrekt, also er erzählt keine Geschich-
ten, also wie manche Hodschas ...«

Das Band, das Şevket in der Gemeinde hielt, war 1993 sehr dünn
geworden. Es dürften zwei Gründe sein, die ihn bewogen, es noch
nicht zu kappen: Zum einen hatte Harun eine wichtige Stellung in
der Kaplan-Gemeinde – und ein Bruch hätte auch eine Entfremdung von Harun bedeuten können. Zum anderen gab es kaum
eine andere Gemeinde für jemanden, der so entschieden und unbe-
irrt wie Şevket für die Scheriat eintrat. So entsprach die Kaplan-
Gemeinde zwar bei weitem nicht mehr seinem Ideal, aber sie war
ihm doch immer noch näher als die anderen Gemeinden.

Der jugendliche Revolutionär: Seyfullah S.

Seyfullah, zum Zeitpunkt unseres Gespräches 17 Jahre alt, gehörte
zu den jungen Männern, die 1993 in der Gemeinde den Ton angaben. Er war der jüngere Bruder von Ibrahim, der 1996 in Berlin
zum Gegenkalifen ausgerufen und 1997 auf brutale Weise ermordet werden sollte.

Außer zahlreichen kürzeren Gesprächen führte ich zwei etwa
dreistündige Interviews mit Seyfullah. In die Deutung beziehe ich
außerdem ein Gespräch mit ein, das ich 1988 mit dem neun Jahre
älteren Ibrahim geführt hatte.[13] Das Gespräch mit Seyfullah fand
im Hinterzimmer der Moschee statt. Obwohl Seyfullah als Gymnasiast die deutsche Sprache ausgezeichnet beherrschte, zog er es
vor, Türkisch zu sprechen. Er redete schnell, geradezu sprudelnd
und manchmal unbedacht. Ich hatte den Eindruck, daß unser Gespräch ihm die Gelegenheit bot, einem interessierten Deutschen
(in einem vergleichbaren Alter und einer strukturell ähnlichen

---

13 Das Gespräch mit Ibrahim war eines der ersten Gespräche in der Gemeinde gewesen und fand unter den prüfenden Blicken von Mehmet G. statt. Es hatte sozusagen Prüfungscharakter – von seinem Verlauf hing ab, ob ich weitere Gespräche
würde führen dürfen. Aber auch Ibrahim fühlte sich geprüft: Er erkundigte sich
nach dem Gespräch bei Mehmet G., ob er es gut gemacht habe.

Situation wie seine Lehrer) von seiner Islam-Begeisterung zu erzählen. Da er der Experte war, bot das Interview ihm auch die Gelegenheit, mich gelegentlich zu belehren – und so das Autoritätsverhältnis zwischen den Generationen umzukehren. Ganz anders als meine Gesprächspartner der ersten Generation machte Seyfullah keinen Versuch, mich zur Konversion zu bewegen.

Ein Pubertätskonflikt

Seyfullah war der Jüngste von sechs Geschwistern, vier Brüdern und zwei Schwestern. Er wurde 1976 in Bobingen, einer Kleinstadt südlich von Augsburg, geboren, wo die Familie in einer Arbeitersiedlung lebte. Der Vater kam schon 1956 nach Deutschland; 1974 holte er seine Familie nach. Er verdiente ein Zusatzeinkommen als Hodscha bei der Nationalen Sicht. Nach allem, was Ibrahim mir 1988 erzählte, hatte der Vater ganz ähnliche Erziehungsvorstellungen wie Şevket A. Auch er tat das in seiner Macht Stehende, um eine islamische Umgebung zu schaffen, in der die Kinder praktisch von selbst in die Religion hineinwachsen würden. Der Vater gehörte zu der Minderheit in der Gemeinde, die der Nationalen Sicht auch nach 1983 noch treubleiben sollte. Dies war ein Punkt, den mir Seyfullah allerdings verschwieg – ich werde weiter unten darauf zurückkommen.

Wie immer begann ich das Gespräch, indem ich mich nach der Familiengeschichte erkundigte. Es kam etwas mühsam in Gang, wurde jedoch sehr lebendig, als Seyfullah auf die Geschichte der islamischen Gemeinden zu sprechen kam. Ausführlich berichtete er mir von den ideologischen Unterschieden zwischen Nurcu, Süleymancı, Nationaler Sicht und Idealistenvereinen (beziehungsweise Graue Wölfe) und entwickelte die Position der Kaplan-Gemeinde in Abgrenzung zu ihnen. Dabei erwähnte er auch Interna, die von der ersten Generation mir gegenüber sorgsam verborgen worden waren – so einen angeblichen Vorfall von sexuellem Mißbrauch in der Gemeinde der Nationalen Sicht. Sehr engagiert kam er schließlich auf die Konflikte innerhalb der eigenen Gemeinde zu sprechen, die zur Trennung von Abuzer K. und Mehmet G. führten.

An dieser Stelle des Gesprächs bat ich ihn, mir zu beschreiben, wie er zu seinen Ideen gekommen sei.

»Ich habe begonnen, mich allmählich [von meinem Elternhaus] zu trennen . . . Ich war ja auf der Schule, also, ich war etwas *frei* (auf deutsch), also *ich habe alles getan, was ich wollte* (auf deutsch) . . . Also wir sind beispielsweise im Ramazan aus der Moschee ausgerissen und zu dem und jenen gegangen . . . Ich habe ein Skateboard gekauft. [Ich lernte] damit springen. Ich habe es extrem betrieben. Ich war der erste türkische Skateboardfahrer dort, wo ich wohnte, in Bobingen. Natürlich waren die Türken dagegen . . . Beim Skateboardfahren habe ich viele Freunde kennengelernt. Also ich hatte viele deutsche Freunde; es war, glaube ich, gar kein Türke darunter. Also ganz viele Deutsche, ganz ganz viele. Kein türkischer Freund kannte so viele Deutsche wie ich. Also, ich kenne sehr sehr viele Deutsche . . . Dann begann das mit den Graffitis. Also alle Freunde haben damit angefangen, und ich natürlich auch. Das alles dauerte zwei, drei Jahre. Und dann habe ich gemerkt: Ich hatte keine innere Ruhe (*huzur yok*) . . . Und dann hatte ich immer schlechte Laune. Wenn eine Kleinigkeit passiert ist, habe ich aus *einer Mücke einen Elefanten gemacht* (auf deutsch). Ich war ständig nervös und angespannt. Überall – in der Familie, außerhalb der Familie – überall. Ich hatte große Probleme (*sıkıldım*), also psychisch, also ich hatte große psychische Probleme . . . Zu dieser Zeit lief es auch in der Schule außergewöhnlich schlecht. Ich arbeitete, doch ich verstand nicht, warum es so schlecht lief. Dann hatte ich in Deutsch eine ›Fünf‹ und sechs ›Vierer‹ im Zeugnis. In der siebten Klasse kam plötzlich diese rapide Verschlechterung. Also psychisch war ich völlig fertig. Dann merkte ich: So geht das nicht weiter. Langsam begann ich den *namaz* zu beten. Dabei habe mich aber immer noch mit meinen alten Freunden getroffen. Ich fange also mit dem *namaz* an und mache trotzdem weiter wie vorher. Allmählich habe ich eingesehen: Wir sind Muslime, aber wir kennen den Islam nicht . . . Meine Familie ist zu der Zeit umgezogen, weiter raus. Ich konnte die Freunde nicht mehr so einfach treffen. Ich hatte viel Zeit und habe begonnen, viel Fernsehen zu schauen. Damit habe ich viel Zeit verbracht, also das ist sehr schädlich . . .«

In dieser Zeit wurden Gespräche mit seinem älteren Bruder Ibrahim wichtig. Ibrahim, der zu der Zeit schon in Berlin Medizin studierte, brachte ihm Kaplan näher: »Bei Gott, das war nun etwas ganz anderes als das von den Hodschas, die ich bisher gehört hatte. Das war einfach interessant, [Ibrahim] erzählte viel Interessantes, und dann hat er mir ein paar Bücher gegeben, Bücher von Cemaleddin Kaplan . . . Ich hatte vorher über den Islam gelesen, aber nur die Hälfte verstanden, mein Wortschatz[14] war gleich null . . . Und dann habe ich Cemaleddin Hodscha gelesen – und da gab es nichts, was ich nicht verstand.« Besonders wichtig war für ihn eine Fahrt zum Bruder nach Berlin gewesen. »Dort bin ich lange geblieben. Wir haben einiges gemacht: Bücher gekauft, gelesen. Er hat mir Bücher empfohlen – und seit damals kann ich nicht mehr mit dem Lesen aufhören.«

Die Frage, woher er seine Einsichten hat, löste bei ihm die lebendige Beschreibung einer psychischen Krise aus. Daraus spricht eine ganz andere Wahrnehmung des Selbst, als wir es bei Şevket A. kennengelernt haben. Für Seyfullah werden Episoden wichtig, erzählenswert und damit sinnvoll, in denen ein Selbst sich findet, indem es sich an der Gesellschaft reibt, gegen sie rebelliert und schließlich zu sich findet. Entzweiung und Versöhnung auf höherer Ebene bestimmen den Ablauf der Erzählung, die so eine dialektische Struktur bekommt. Es gibt zwei Begriffe, die einen Hinweis darauf geben, woher dieser Blick auf das Selbst kommt, der sich so grundlegend von dem Şevkets unterscheidet: Den der »Pubertät« (»Es ist jetzt zwei Jahre her [daß ich mich dem Islam zugewandt habe] . . . also nach der Pubertät kommt die Vernunft«) und den der »ersten« beziehungsweise »zweiten Generation«. Beide Begriffe sind dem Sozialisationsdiskurs entlehnt, der in den Sozialwissenschaften entwickelt wurde und mit dem Seyfullah in der Schule konfrontiert wurde. Unter dieser Perspektive werden Erlebnisse berichtenswert, die für die erste Generation bedeutungslos geblieben waren – oder die, weil schambesetzt, verschwiegen worden wären.

In der Erzählung geht es um den Umschlag einer Rebellion gegen die Werte und Normen des Elternhauses (und der türkischen Subkultur in Bobingen) in die Unterwerfung unter das Gesetz, wie es von Kaplan verkündet wird. Hintergrund der Rebellion ist der Gegensatz von Gymnasium und Familie, der mit dem Gegensatz von Freiheit versus Druck/Enge assoziiert wird. Der Konflikt wird ethnisch-kulturell gedeutet – die eine Seite wird mit »deutsch«, die andere mit »türkisch« assoziiert. Dies ist verbreitet, aber keineswegs selbstverständlich – es wäre genauso möglich gewesen, den

---

14 Dies bezieht sich auf die zahlreichen Arabismen in religiösen Texten, die für jemanden, der im säkularen Schulsystem aufgewachsen ist, schwer verständlich sind.

Konflikt auf den Gegensatz von Jugend- und Erwachsenenkultur zurückzuführen. So aber wird im Namen der dominierenden Kultur gegen die Herkunftskultur der Eltern rebelliert. Seyfullah möchte wie »die Deutschen« leben, und »die Türken« sind dagegen. Er selbst verbindet mit dieser Phase das Gefühl des Ausbruchs und der Tabuverletzung (er habe »alles gemacht«, sagt er). Er ist sich klar darüber, daß er damit die Eltern provoziert und den Vater vor der türkischen Öffentlichkeit der Kleinstadt bloßgestellt hat. Dabei tritt als treibendes Motiv die Frage der Anerkennung in den Augen der »Deutschen« hervor – er betont die große Anzahl seiner deutschen »Freunde« (die ansonsten anonym bleiben) und vergleicht sich in dieser Hinsicht mit anderen Türken.

Eine (vielleicht sogar von den Eltern beabsichtigte) Folge des Umzugs war die Trennung von der *peer-group*. Seyfullah wurde auf sich selbst zurückgeworfen. Dies führte zu einer Zuspitzung der Krise. In seiner Hilflosigkeit wandte er sich dem Islam zu – offenbar versprach er sich vom regelmäßigen Gebet eine therapeutische Wirkung. Es ist durchaus möglich, daß er darin einem Rat aus seiner Umgebung folgte. Der Öffnung zum Islam sollte dann die Hinwendung zu Kaplan folgen. Sein Bruder Ibrahim widerlegte die, wohl vom Vater übernommene, Skepsis gegenüber Kaplan. Vor seinem Besuch in Berlin habe er, Seyfullah, »alles für wahr gehalten, was in der Nationalen Sicht erzählt wurde«, und habe vor allem Cemaleddin Hodscha für die Spaltung der Gemeinde verantwortlich gemacht. Nun entdeckte er Kaplans politisch-revolutionäre Theologie. Damit eröffnete sich eine ganz neue Perspektive auf den Islam, den er bis dahin als ziemlich verstaubt und langweilig erlebt hatte. Der Islam, den er über seinen Bruder entdeckte, erschloß eine ganz andere Welt als die erbaulichen Geschichten der ersten Generation.

Ein islamischer Revolutionär

Etwa zu der Zeit, in der Seyfullah seine Krise durchlitt, rief Kaplan sich zum Statthalter des Kalifen aus. Damit war der Umbau der Gemeinde in eine elitäre Kaderpartei, die sich primär an die islamische Jugend wandte, abgeschlossen. Kurz nach seinem Beitritt wurde Seyfullah Mitglied der Leibgarde von Kaplan, d. h. der Gruppe, die hauptsächlich bei den Großveranstaltungen mit martialischen Übungen in Erscheinung trat (siehe oben S. 207).

Er reihte sich damit in die Tradition der *mücahit*, der Glaubens-kämpfer, ein, die in Medina begann und die bis hin zu den revolu-tionären Mudschaheddin in Palästina, Afghanistan und andern-orts reicht. Kurz: Er begann, sich als islamischen Revolutionär zu sehen.

»Natürlich will jeder dort Glaubenskämpfer (*mücahit*) sein. Wir machen bewaffnete Demonstrationen . . . Wir zeigen die Waf-fen den Unterdrückern des Volkes. [Wir sagen damit:] ›Es ist jetzt 70 Jahre her, [daß ihr Anatolien besetzt haltet]. Haut ab, . . . Be-satzer, haut ab. Wir wollen unsere Rechte.‹ Jetzt sagen wir: ›Zieht euch zurück, zieht euch zurück, zieht euch zurück.‹ Aber eines Ta-ges wird der Tag kommen, an dem wir Gewalt anwenden gegen die Gegner des Islam . . .«

Ein wichtiges Moment in diesem Prozeß der Selbstfindung war das Anlegen der traditionellen islamischen Kleidung – der weiten Robe und des Turbans. Damit wurde die neue Identität aus dem Kontext der weitgehend geschlossenen Rituale hinaus in den All-tag (auch in die Schule) getragen. Die revolutionäre Selbstinszenie-rung ging einher mit der Brüskierung von anderen. Offenbar be-gannen Seyfullah und seine Freunde, in provozierender Absicht andere Moscheen aufzusuchen. Die Herausforderung, die der be-wußt zur Schau getragene Islamismus bedeutete, wird aus folgen-der Erzählung deutlich:

»Unser Freund ging in die Moschee der Nationalen Sicht – na-türlich in Robe und Turban. Als sie ihn sahen, haben sie gleich eine Videokassette [mit einem Auftritt Erbakans] eingelegt. Plötzlich kam ein Bild, wo Erbakan zum Grabmal Atatürks ging. Da taten alle plötzlich ganz beschäftigt.«

Die Geschichte ist wohl zu schön, um wahr zu sein. Ein junger Revolutionär geht in die Moschee der konservativeren Bruderge-meinde und konfrontiert durch sein bloßes Aussehen die dort An-wesenden mit einem Anspruch, den sie seit langer Zeit aufgegeben haben. Derart in die Rolle der lauen und kompromißlerischen Muslime gedrängt, versuchen die Parteigänger Erbakans, es dem jungen Mann zu zeigen. Sie legen eine Videokassette ein, die den politischen Erfolg der Wohlfahrtspartei demonstrieren soll. Ge-rade damit aber stellen sie sich bloß, weil ausgerechnet eine Szene auf dem Bildschirm erscheint, bei der Erbakan dem Staatskult der laizistischen Türkei huldigt. Vieles deutet darauf hin, daß es sich hier um eine Erzählung handelt, wie sie unter jungen Revolutionären zirkuliert – eine Erzählung, mit der sie sich gegenseitig ihre Bedeutung bestätigen.

Eine andere Erzählung zeigt, daß mit der revolutionären Begeisterung auch die Höflichkeitsregeln abgelegt wurden, die verlangten, bei einem Besuch die Positionen der Brudergemeinde zu respektieren und mit der eigenen Meinung wenigstens solange hinter dem Berg zu halten, bis man wieder auf der Straße war. Die jungen Kaplan-Anhänger suchen dagegen konfrontative Gespräche:

»Einmal sind wir so mit Turban [zu den Nurcu] gegangen ... Sie sagen: ›Solange sich der Staat nicht in mein Gebet einmischt, soll er doch machen, was er will.‹ Ich habe gesagt: ›Das ist doch nicht in Ordnung, der Islam ist eine soziale Religion, wenn dein Gegenüber hungrig ist, kannst du dich doch nicht in die Ecke zurückziehen und deinen *namaz* beten.‹ Einer von ihnen ist dann zu uns gekommen, er hieß Enis ... Also dem hatten sie was ganz anderes vom Koran beigebracht. Dann kam er hierher, hat bei unseren Jugendkursen mitgemacht. ›Oh‹, sagte er, ›das gibt es, das ist ganz anders, das ist das Gegenteil [von dem, was ich bisher gehört habe].‹«

Was hier stattfindet, ist mehr als bloß der Bruch der Etikette. Die Einhaltung der Höflichkeitsregeln bedeutete immer auch eine Reverenz gegenüber dem Einheitsgebot des Islam – eine Selbstzurücknahme, um es nicht zu offenen Konflikten und möglicherweise einem endgültigen Bruch kommen zu lassen. Diese Vorsicht macht jetzt der Rücksichtslosigkeit junger Revolutionäre Platz, die sich im Besitz der Wahrheit wähnen und die in Höflichkeitsregeln nur den Zwang zur Unaufrichtigkeit sehen. Für sie gilt es, jederzeit und unter allen Umständen das Falsche anzuprangern.

Die Konfrontationen erlebten einen Höhepunkt in der Plakatierung der Moschee der Nationalen Sicht mit Flugblättern, die Erbakan als »Polytheisten« verurteilten. In der anschließenden Prügelei mit den Parteigängern Erbakans wurde Seyfullah leicht verletzt. »Ich bekam eins aufs Auge. Aber das ist eben Dschihad – Glaubenskrieg«. Die Verwendung des Begriffs »Dschihad« in diesem Zusammenhang ist mehr als aufschlußreich. Üblicherweise wird der Begriff auf die Auseinandersetzung mit Nicht-Muslimen begrenzt. Wenn er hier auf die Prügelei mit den Anhängern der Nationalen Sicht bezogen wird, zeigt dies die ganze Tragweite des Polytheismus-Vorwurfs. Ich halte es durchaus für möglich, daß Seyfullah hier die Zunge entgleist ist – darauf angesprochen,

DAHA NE ZAMANA KADAR DAYANACAKSIN?

Daha na zamana kadar dayanacaksın?: »Wie lange wirst du noch stehen«? Karikatur aus Ümmet-i Muhammed. Eine bröckelnde Atatürk-Statue wird noch mühsam durch Maschinengewehre gestützt. Auf dem Sockel ist die Inschrift: »Laizistische Türkei« zu entziffern. Auf dem Schild links vorne steht: Evren [Staatspräsident] AG. Betreten der Baustelle verboten.« Die Karikatur suggeriert den unmittelbar bevorstehenden Zusammenbruch der türkischen Republik.

würde er wahrscheinlich den Begriff zurücknehmen. Dennoch ist es aufschlußreich, daß in einem solchen Zusammenhang überhaupt von Glaubenskrieg gesprochen werden *kann* – und sei es noch so spielerisch. Für die erste Generation wäre dies undenkbar gewesen. Indem die Schlägerei als Dschihad definiert (oder in seine Nähe gerückt) wird, wird sie von Seyfullah und seinen Freunden zur Episode im Kampf von Monotheismus und Polytheismus stilisiert. Wie damals in Medina hat jetzt in Augsburg die kleine Gemeinde der wahrhaft Revolutionären dem Rest der Welt den Kampf angesagt.

Seyfullah meldete unverhohlen einen politischer Führungsanspruch an: »Wir haben erneut verkündet, was der islamische Staat ist, und wir haben gesagt, daß an die Spitze dieses islamischen Staates weder die Nationale Sicht noch das Präsidium, noch die Süleymancı, noch die Nurcu oder die Grauen Wölfe treten werden: Wer also bleibt übrig, um an die Spitze dieses Staates zu treten? Nur wir. Deswegen haben wir die Erneuerung des islamischen Staates verkündet.« Dieses Gedankenspiel bekam noch einen zusätzlichen Reiz durch die Überzeugung, die Revolution stünde kurz vor dem Ausbruch: »Kaplan hat gesagt, die Sache des Islam ist in der Türkei weit vorangeschritten. Sie wollen ihn nun zum Verstummen bringen, das klappt aber nicht … Jetzt haben die Muslime in der Türkei begonnen, den Islam allmählich zu verstehen, also wir haben Hoffnung. Es wird noch zwei Jahre gehen, dann wird es Demonstrationen und Aufstände wie in Sivas geben.« – In Sivas waren 1993, ein halbes Jahr vor dem Gespräch, 36 Menschen ums Leben gekommen, nachdem eine aufgebrachte islamische Menge den Tagungsort eines Schriftstellerkongresses in Brand gesteckt hatte. Die Wut der Menge hatte sich damals besonders gegen den Rushdie-Übersetzer Aziz Nesin gerichtet.

Der Anspruch, islamische Elite und Vorhut der Islamischen Revolution zu sein, wurde durch die Schulungen untermauert, die die jungen Gemeindeangehörigen selbst organisiert hatten. Seyfullah begann, Arabisch zu lernen und regelmäßig an den Jugendtreffen am Wochenende in der Gemeinde teilzunehmen. Dort gehörte er bald zu dem inneren Kreis, der sich in das islamische Wissen einarbeitete. Jeder Teilnehmer spezialisierte sich auf ein Wissensgebiet. Er selbst habe sich zunächst in Dogmatik/Glaubenslehre eingearbeitet und in dem Zusammenhang unter anderem die Schriften

Said Nursis[15], Hasan al-Bannas (des Begründers der Muslimbrüder in Ägypten) und von Sayyid Qutb (dem Begründer des ägyptischen Islamismus)[16] gelesen. Zum Zeitpunkt unseres Gesprächs hatte er diesen Bereich an einen anderen abgegeben und sich selbst zunehmend den politischen Fragen zugewendet: »Was ist ein islamischer Staat, [wie verhalten sich] Demokratie und Islam [zueinander], was ist die Aufgabe der neuen Generation? . . . Wir studieren das Leben des Propheten . . . Wir nehmen den Propheten als Beispiel und studieren, wie er sich in bestimmten Situationen verhalten hat, welche politische Taktik er gewählt hat, wie er sich unter der Folter verhalten hat . . .« Insgesamt hätten sie gute Fortschritte gemacht – sie hätten sich »angespitzt wie Bleistifte«. Vor allem unterscheidet sich die Organisation des derart erarbeiteten Wissens von derjenigen der ersten Generation: Eine Systematik (die wohl viel der schulischen Ausbildung verdankt), die Überblicke von Detailkenntnissen trennt, ist an die Stelle eines eher flächigen Gewebes von Geschichten und Erzählungen getreten. »Also wenn du jetzt [einen der Jugendlichen] fragst, weiß er über die großen Linien Bescheid, und wenn du Details wissen willst, findet er sofort die einschlägigen Stellen.« Auch die Form der Wissenserarbeitung ist deutlich vom Gymnasium geprägt. Texte würden in der Form von »Referaten« (»*referat*« *halinde*) anderen Teilnehmern vorgestellt.

Das Reizvolle einer Selbststilisierung als jugendlicher Revolutionär ist nachvollziehbar. Dennoch wirft die Maßlosigkeit des von Seyfullah und seinen Freunden vertretenen Anspruchs Fragen auf: Wie ließ sich der Anspruch, Angehöriger der kleinen Schar verbliebener Muslime zu sein, intellektuell rechtfertigen? Wie konnte man in dem Anführer einer kleinen Splittergruppe allen Ernstes das Oberhaupt der Muslime – und zwar weltweit! – sehen? Worauf gründete sich schließlich die Sicherheit, mit der diese Überzeugungen vertreten werden – eine Sicherheit, die um so bemerkenswerter war, als die überwiegende Zahl der Muslime in Kaplans Unterfangen nichts als eine gefährliche Narrheit sah? Seyfullah verwies in diesem Zusammenhang auf die innere Konsistenz von Kaplans Denken: Dies sei »vollkommen logisch. Da ist nichts, was sich widerspricht, weder vom islamischen noch vom logischen Standpunkt aus . . . Also, es ist wie in der Mathematik,

15 Siehe oben Seite 51.
16 Siehe oben Seite 112 Fußnote.

wenn man klare Funktionen ableitet.« Tatsächlich liefert die hier gewählte Metapher eine Erklärung für die Evidenz, die Kaplans Argumentation für ihn besaß. Sie bot ihm eine »Formel«, aus der er alles andere ableiten konnte, einen intellektuell befriedigenden Fluchtpunkt, von dem aus sich seine Welt perspektivisch ordnete. An anderer Stelle sagte er, daß Kaplan im Gegensatz zu anderen Predigern einen »Halt« böte. Was er damit meint, läßt sich an seinem Verhältnis zur Elterngeneration, zur Türkei und zur deutschen Gesellschaft entfalten.

Die erste Generation

Die Hinwendung zu Kaplan ermöglicht es Seyfullah, den für die psychische Krise so zentralen Generationenkonflikt neu zu fassen. Sie versetzt ihn in die Lage, die Opposition zur Elterngeneration zu artikulieren, ohne sich mit »Deutschland« identifizieren zu müssen. Dies läßt sich an den zwei Vorwürfen zeigen, die er gegen die Elterngeneration erhebt – »Knausrigkeit« und »Unwissenheit«. Zunächst zum Vorwurf des Geizes:

»Es gibt Knauser, die das Geld sehr lieben . . . Wenn so jemand, der auf sein Geld bedacht ist, 10 Mark spendet, sagt er: ›Mein Geld flutscht mir durch die Finger.‹ Gleichzeitig aber gibt er, ohne sich zu schämen, für sein Haus in der Türkei 100 000 Mark, 150 000 Mark aus.« . . . »Ohne zu zögern fliegt da einer in die Türkei, um sein Haus zu errichten. Alles okay, alles selbstverständlich – aber wenn dann dieser Mann auf die Pilgerfahrt geht, beginnt er zu jammern: Ich gehe zur Pilgerfahrt, ich werde dort sterben, mein Geld kriegt ein anderer . . .«

All dies wurde mit einer bemerkenswerten Emotionalität geäußert. Es ist vor allem die zum Ausdruck drängende Wut, die mich veranlaßt, diese Worte als Fortsetzung seiner Rebellion gegen das Elternhaus zu deuten. Dabei ist wichtig, daß der Vorwurf »Knausrigkeit« nicht Individuen betrifft, sondern den Lebensentwurf einer ganzen Generation. Die Migranten waren in der Absicht nach Deutschland gekommen, in relativ kurzer Zeit ein Vermögen zu machen. Dahinter stand der Wunsch, »die Zukunft zu sichern«, was in der Regel hieß, in einer der türkischen Großstädte ein Unternehmen zu eröffnen. Die rapide Verschlechterung der Wirtschaftsparameter in der Türkei führte dazu, daß die meisten Migranten in Deutschland hängenblieben. Dies bedeutete nun nicht, daß der Plan der Rückkehr aufgegeben wurde – die Folge war vielmehr eine bezeichnende Zerstückelung der Zukunft. Wenn es auch zum gegebenen Zeitpunkt nicht möglich war, so würde man doch in fünf Jahren zurückkehren können. Man begann, sich im Provisorium einzurichten: Mental orientierte man sich an der Türkei – faktisch war man in Deutschland. Viele Migranten arbeiteten und sparten *jetzt* und *hier,* um *in Zukunft* und *dort* leben zu können – »leben« im emphatischen Sinn, der auch Konsum mit einschließt. Diese Perspektive brachte ein radikal zweckrationales Verhältnis zum Gastland mit sich. Deutschland war für die erste Generation die Fremde (*gurbet*), ein radikal entsymbolisierter Raum, wo sich die Investition in Statussymbole gar nicht lohnte, weil man hier ohnehin keine angesehene Position aufbauen würde. Das Leben dieser Generation war bestimmt von dem Wunsch, »einen Moment früher« zurückkehren zu können.[17] Dies drückte sich in zahlreichen Details aus – etwa in der Tatsache, daß die in der Türkei gekauften Häuser (die einmal im Jahr für einen Monat bewohnt wurden) außergewöhnlich gut ausgestattet waren, während es in Deutschland oft am Notwendigsten fehlte. Wichtig bei alldem ist, daß der in Deutschland gepflegte Lebensstil nicht den eigenen Idealvorstellungen entsprach – und in der Türkei nicht möglich gewesen wäre. Dort nämlich wäre der Vorwurf der »Liebe zum Geld« sofort laut geworden – die Abwendung vom Konsum wäre als Verletzung von sozialen Pflichten thematisiert worden.

Für viele Mitglieder der zweiten Generation bedeutete dieses Klammern am Rückkehrtraum und die damit verbundene Orientierung an der Türkei ein Problem. Das Thema der Konsumaskese wird immer wieder in Gesprächen mit jungen Türken thematisiert. Unter anderem bildete es ein Leitmotiv in einer Gesprächsserie, die ich Anfang der achtziger Jahre mit (dieses Mal säkular gesinnten) Jugendlichen in Berlin führte. Sie erlaubt es, all die Konnotationen festzuhalten, die dieser Vorwurf für Seyfullah *vor* seiner Hinwendung zu Kaplan gehabt haben mag – in der Zeit, als er versuchte, durch Skateboardkünste seine deutschen Freunde zu beeindrucken.

Die Jugendlichen artikulierten zunächst einen Protest gegen den Verzicht auf Lebensqualität im Namen einer fragwürdigen Zu-

17 Eine ausführliche Beschreibung bei Schiffauer 1991:161-195.

kunft. »Man muß . . . die Zeit so vertreiben, daß man nicht, wenn man dann sechzig Jahre alt ist, sagt: ›Ach du Scheiße, was hab ich da meine Jugend vertan.‹ Ich möchte mein Leben jetzt, denn das ist der richtige Augenblick, wo man etwas machen kann. Jetzt kann man nicht wie ein Armer da rumlaufen mit zerrissenen Hosen und so . . .!« (Schiffauer 1985:176) Bei den meisten hatte die Forderung, im »Hier« und »Jetzt« zu leben, einen hedonistischen Zug. Es gab aber auch Stimmen, die beklagten, daß die an der Rückkehr orientierte Perspektive der Eltern die Schulausbildung der Kinder gefährdete: Oft genug würden Kinder in der Türkei eingeschult, weil man ohnehin vorhätte, zurückzukehren – und dann, nachdem sich die Rückkehr wieder einmal nicht realisierte, nach Deutschland zurückgeholt (vgl. Schiffauer 1991:169 f). Die Forderung, im »Hier und Jetzt« zu leben, verband sich bei vielen mit dem Wunsch, sich in der deutschen Umwelt symbolisch zu behaupten – was hieß, den Geruch des Verzichts abzustreifen.»Ich habe viele Deutsche gehört, die haben gesagt: ›Ja, die Türken sind so, die wollen Geld machen und die wollen in der Türkei Land kaufen, die wollen Häuser kaufen.‹« Dagegen wurde gelegentlich ein fast wütender Konsum gesetzt: »Oder zeig mir mal einen Deutschen, der in drei Jahren sieben Autos zu Schrott gefahren hat. Da wollen die Deutschen mir erzählen, daß ich als Ausländer viel spare und drüben ein Haus kaufe und sonst was alles.« (Schiffauer 1985:171)

»Knausrigkeit« steht so als Kürzel für eine komplexe Anklage gegen die erste Generation, die sich folgendermaßen paraphrasieren ließe: »Bleibt doch endlich hier. Wir sind hier und wollen hier anerkannt werden – als Türken in Deutschland. Wir wollen unser Leben und unsere Zukunft nicht der Lebenslüge der Rückkehr in die Türkei opfern.« Das Problem ist nun, daß von vielen türkischen Eltern eine Rebellion gegen die familiären Ziele schnell als »Verdeutschung« (*almanlaşma*) interpretiert wird. Der Vorwurf drückt die Angst der Eltern aus, ihre Kinder zu verlieren. Andererseits scheint er oft genau das zu produzieren, was er zu vermeiden hofft. Die Jugendlichen werden gerade dahin gebracht, ihre Opposition mit der Symbolik deutsch/türkisch auszudrücken und, wie Seyfullah, geradezu trotzig »Deutschland« gegen die »Türkei« auszuspielen.[18] Eine derartige ethnische Kodie-

18 Vgl. hierzu auch die Biographie von Aydin Gültekin bei Schmidt-Hornstein (1995:80f).

rung des Generationenkonflikts ist aber doppelt unbefriedigend: Erstens trifft sie nicht den Punkt, was auch daran ersichtlich ist, daß dieselben Jugendlichen, die »Deutschland« gegenüber den Eltern verteidigen, oft die »Türkei« gegenüber der deutschen Umwelt in Schutz nehmen. Zweitens ist man in eine Identifikation mit der oft als aggressiv und diskriminierend erlebten deutschen Umwelt gezwungen.

Die Begegnung mit Kaplan gibt nun Seyfullah die Möglichkeit, den Vorwurf der »Knausrigkeit« mit Vehemenz aufrechtzuerhalten und gleichzeitig die Fallen der ethnischen Kodierung zu vermeiden. Es wird nicht mehr Konsumsteigerung eingeklagt, sondern eine Norm beschworen, die die Eltern selbst teilen. Die übertriebene Sparsamkeit hindert, so Seyfullah, am wahrhaft islamischen Leben, sie vermindert die Bereitschaft, für die Gemeinde zu spenden oder den islamischen Pflichten nachzukommen – und sie führt dazu, daß man sich auf die Welt einläßt und deshalb zu falschen Kompromissen neigt: »Also die, die wirklich für den Islam kämpfen, kommen jetzt zu uns, aber nicht die alten Typen, die bloß ihre Hände in den Taschen haben und ihr Geld zählen ... Also die Leute, die früher in dieser Gemeinde waren, die nur die Hände in den Taschen hatten, um Geld zu zählen, die sind schon lange weg, zur Nationalen Sicht oder zum Präsidium für Glaubensangelegenheiten.«

Der andere Punkt, an dem die Differenz zur »ersten Generation« artikuliert wird, ist die Frage nach dem »Wissen«. Das relevante Wissen wird in einer Immigrationssituation neu verteilt. Die Heranwachsenden sind auf Grund ihrer Vertrautheit mit der deutschen Umwelt weit besser als ihre Eltern in der Lage, die Chancen, Möglichkeiten und Gefährdungen der weiteren Umwelt abzuschätzen. Diese neue Verteilung des Wissens widerspricht aber der Autoritätsstruktur der Familie – gerade bei islamisch-konservativen Familien. Konflikte wie der oben beschriebene zwischen Şevket und seiner Tochter um den Schullandheimaufenthalt dürften nicht selten sein: Die Tochter, die die Risiken weit besser einschätzen konnte als der Vater, rannte gleichwohl gegen eine Mauer an. Der Vater argumentierte mit dem Islam und ging nicht auf ihre Argumente ein. Mit der Wendung zu Kaplan gewann Seyfullah einen Standpunkt, von dem aus er der Elterngeneration auch auf diesem, ihrem ureigenen Feld, etwas entgegensetzen konnte. Erlebte die zweite Generation immer wieder, daß ihre Einschätzungen durch einen Verweis auf den Islam vom Tisch gewischt wurden, so schaffte es Seyfullah nun, den Islam der Eltern selbst in Frage zu stellen.

»Ich sehe einen ziemlichen Unterschied zwischen der ersten und zweiten Generation. Zum einen darin, daß die erste Generation über den Islam sehr wenig weiß. Man kann die wenigen, die was wissen, an einer Hand abzählen. Die haben immer nur gebetet, gefastet, dann haben sie vielleicht Almosen gegeben und sind zur Wallfahrt gefahren – das war's dann . . . Die zweite Generation ist dem Islam viel mehr zugeneigt und weiß viel besser Bescheid. Du brauchst bloß einmal zu kommen und die jungen Leute auszufragen. Du wirst große Unterschiede zu den alten feststellen, also was das Wissen über Glaubenslehre, die Philosophie des Islam, die Lebensgeschichte von Muhammed betrifft.«

Damit läßt sich der Spieß umkehren: »Und die alten Leute, was soll ich sagen, wenn man denen was erzählt, sagen sie: ›Hey, paß mal auf, du bist jünger als ich, du hast mir gar nichts zu sagen.‹ Aber sie übersehen einen wichtigen Punkt. Im Islam heißt es: ›Der Islam hat nichts mit dem Alter zu tun, sondern mit dem Wissen.‹«

Die Spannungen zwischen den Generationen entluden sich in den Konflikten mit Abuzer K. und Mehmet G.: Die oben (S. 193) aus Abuzers Sicht geschilderte Auseinandersetzung in der Moschee wurde von Seyfullah folgendermaßen wiedergegeben:

»Abuzer kann den Koran nicht richtig lesen. Er argumentiert gegen islamische Positionen und kann noch nicht einmal den Koran lesen. ›Ihr habt aus dem Islam einen Götzendienst gemacht‹, sagt er. Ich war selbst Zeuge. Dann ist er gegen die hanefitische Rechtsschule aufgetreten, hat geschrien und gebrüllt, und dabei betet er den *namaz* nach hanefitischer Art. Solche Ungereimtheiten! Und als er hier wegging, sagte er – ich habe es selbst gehört: ›Du bist auf dem Weg des Teufels, wer sich von der Gemeinde trennt, ist auf dem Weg des Teufels.‹ Er soll das doch am Beispiel des Propheten, mit Koran und Sunna zeigen: Wenn wir einen Fehler begangen haben, bitten wir um Verzeihung, machen wir etwas anderes, sagen wir es der ganzen Gemeinde. Ha, ich kenne [Mehmet G. und Abuzer K.] wie meinen Vater. Denn ich bin mit ihnen zusammen, seit ich geboren bin. Mein Vater ist mit uns seit unserem zweiten oder dritten Lebensjahr immer wieder sie besuchen gegangen. Ich kenne alle dort [von seiner Familie], ich kenne Mehmet G. seit vierzehn, fünfzehn Jahren, ebenso wie Onkel Hacı Yaşar, so auch den Hacı Abuzer. Ha, ich weiß, wer er ist. Er sagt: Zur Zeit ist der Iran ein islamischer Staat; wir müssen ihn mit seinen Stärken und Fehlern akzeptieren, schwört keinen falschen Eid, schwört einen Eid auf sie.«

Auch hier ist die emotionale Wucht bedeutsam, die aus diesen Zeilen spricht (auf dem Band sind die Zeilen kaum verständlich – die Worte überstürzen sich geradezu). Man muß nicht Freudianer sein, um zu sehen, daß hier eine Verschiebung stattfindet: Die Auseinandersetzung führt er mit Männern, die er kennt »wie seinen Vater« und die – wie sein Vater – anderer Meinung sind als er. Dabei ist es durchaus möglich, daß er nach seiner Hinwendung zu Kaplan in Männern wie Abuzer K. zunächst sogar die »besseren Väter« gesehen hat, Männer, die – anders als der Vater – die Revolte gegen die Nationale Sicht mitgetragen hatten. Um so größer die Enttäuschung, wenn diese sich jetzt gegen die Gemeinde stellen. Es gibt noch einen Hinweis darauf, daß enttäuschte Liebe mit im Spiel ist: Der Vater selbst wird nämlich nicht direkt angegriffen (im Gegenteil, Seyfullah redet an mehreren Stellen sehr respektvoll von ihm), obwohl auf ihn inhaltlich das gleiche zutrifft, was er Abuzer K. vorwirft.

Die Hinwendung zu Kaplan ermöglicht es, diese Männer mit den eigenen Waffen zu schlagen. Das, was sie jahrelang gepredigt haben – daß der Islam Lehren und Lernen ist, daß man ihn akzeptieren muß, auch wo er einem nicht gefällt –, wird nun gegen sie selbst gewendet. Seyfullah wirft Mehmet G. und Abuzer K. vor, den Koran nach eigenem Belieben zu interpretieren: »Sie machen das, was ihnen gefällt, und das, was ihnen mißfällt, unterlassen sie. An dem Punkt geht die Sache eben auseinander. Kann man das denn als Muslim machen?« Hier wird die Autorität eines systematischen, in Kursen angeeigneten Wissens gegen ein unsystematisches, autodidaktisch erworbenes Wissen in Anschlag gebracht. Letzteres wird damit hoffnungslos in die Defensive gedrängt. Gegenüber den sich auf Texte beziehenden Argumenten der zweiten Generation haben die Metaphern und Geschichten der ersten Generation keinerlei Überzeugungskraft mehr.

Aber auch emotional werden Opposition und Identifikation ausgedrückt. Die Hinwendung zu Kaplan hat einen Zug an sich, der in der Ethnologie mit der Opposition alternierender Generationen beschrieben wird: Um sich gegen die Elterngeneration zu behaupten, sucht man oft die Allianz mit der Großelterngeneration. Die Autorität der Eltern wird derart durch eine größere Autorität in Schach gehalten. Indem Liebe und Distanz auf unterschiedliche Generationen verteilt wird, kann Opposition artikuliert werden, ohne die Solidaritätseinheit in Frage zu stellen. Man bejaht das genealogische Prinzip – und behauptet sich gleichzeitig dagegen. Der psychische Gewinn einer Identifikation mit Kaplan liegt darin, das scheinbar Unvereinbare zu ermöglichen: Rebellion und Loyalität.

Türkei

Die Hinwendung zu Kaplan bot Seyfullah auch eine Möglichkeit, das Verhältnis zur Türkei neu zu bestimmen. Die Türkei wurde von der ersten Generation geradezu mythisiert. Sie war der Ort der Sehnsucht, ja der Erlösung von der existentiellen Situation der »Fremdheit« (*gurbet*). Dies vermittelte sich durchaus der zweiten Generation, die mit dem Traum der Rückkehr aufgewachsen ist. Gleichzeitig war den jungen Deutsch-Türken natürlich klar, daß sie dort keine Perspektive haben würden. Die Türkei wurde für sie zur verlorenen Heimat – ein Ort, der emotional hoch besetzt war, zu dem man aber eigentlich nicht zurückkehren wollte. Bezeichnend ist folgende Beschreibung eines Urlaubsaufenthalts: »Ich war zwei Jahre nicht in der Türkei [gewesen] . . . Wenn man da so geht, dann kommt einem alles so wie Traum vor, am ersten Tag, wa. Da sieht man die Leute, wa, die dein Blut haben, deine Familie, deinen Onkel, oder was weiß ich. Da fühlt man sich . . . ganz anders. Und dann fängt es an, dann gewöhne ich mich ganz schnell. In ein, zwei Tagen fühle ich mich da, als ob ich mein Leben lang in der Türkei lebe. Da denkst du noch nicht einmal an Deutschland, wa. Aber da kommt eine Zeit. Da willst du wieder in Deutschland sein. Weil du auch hier lebst . . .« (Schiffauer 1985:166). Mit der Wendung zu Kaplan konnte Seyfullah diese Ambivalenz kognitiv auflösen: Vom islamistischen Standpunkt aus betrachtet ist die Türkei gegenwärtig keine Heimat, sie könnte aber zu einer werden – nach einer islamischen Revolution.

Bei dieser Generation fällt die Radikalkritik an der gegenwärtigen Türkei als einem Regime der Dschahiliyet (Zeitenverfinsterung)[19] auf weit fruchtbareren Boden als bei der ersten. Im Dis-

19 Siehe oben S. 109 und 131.

kurs von Seyfullah erschien die Türkei als Ort, wo Gewalt, Willkür und Pornographie herrschen. »Heute ist die Türkei ganz wie Europa geworden, ja sie hat Europa noch übertroffen.« Im türkischen Fernsehen, erklärte er, würden wie in Europa Pornofilme gezeigt, aber während sie zum Schutz der Kinder in Europa nur nachts zu sehen wären, würden sie in der Türkei mitten am Tag ausgestrahlt. »Der türkische Staat wurde auf Blut begründet, auf zwei Millionen Opfern, zwei Millionen aus dem eigenen Volk . . . Es ist ein Regime, das zur Zeit völlig problemlos in Kurdistan 17 Dörfer mit Vieh und Menschen zerstört; da gibt es keine Menschenrechte.« Die Konsequenz daraus ist nun eben nicht, sich in Deutschland einzurichten, sondern auf die Revolution in der Türkei hinzuwirken: »Wir wollen dieses Regime stürzen und an seine Stelle ein gerechtes, ruhiges (*adaletli, huzurlu*), von Terrorismus freies [Regime] setzen, wo jeder Bruder des anderen ist. Ob Kurde, Araber, Tscherkesse, Laze,[20] was auch immer.« Wie für die Eltern liegt die sinnvolle Zukunft für ihn nicht hier, sondern dort: Nur ist es nicht die individuelle Zukunft des Häuslebauers, sondern die kollektive Zukunft des Revolutionärs. Auch in dieser Frage wird einerseits Kontinuität hergestellt und andererseits Differenz gewahrt. Der Traum der Eltern wird aufgenommen und auf einer höheren Ebene fortgesponnen.

Dies erlaubt es, sich in allen praktischen Dingen an Deutschland zu orientieren – ohne den Traum von der Türkei aufzugeben. Während beispielsweise die Frage der Staatsangehörigkeit in den meisten türkischen Familien symbolisch stark befrachtet ist, weil der Erwerb der deutschen Staatsangehörigkeit mit einer Abkehr von der Türkei gleichgesetzt wird (Schmidt-Hornstein 1995), sehen die jungen Leute in der Kaplan-Gemeinde dies sehr pragmatisch. Seyfullah: »Für mich macht es keinen Unterschied . . . Wir sind Muslime. *Elhamdullilah* – Gott sei gepriesen. Ob ich nun in der Hand einen türkischen oder einen deutschen Paß habe – ich bin immer noch der gleiche . . .« Dennoch: Wenn die Revolution komme, werde er selbstverständlich zurückkehren.

Die Hinwendung zu Kaplan schützt dabei vor einem anderen Vorwurf, der oft in diesem Zusammenhang laut wird: »Es ist, als wenn du zum *gavur*, zum Ungläubigen wirst, wenn du die deutsche Staatsangehörigkeit erwirbst.« Gerade dies kann man ihm

20 Ethnische Minderheit in der Schwarzmeerregion.

nicht vorwerfen. Ähnliches gilt für den Vorwurf des *alamancı*, des Deutschländlers, der gegen die Migranten, vor allem aber auch gegen die zweite Generation erhoben wird. »Das habe ich dieses Jahr in der Türkei gemerkt – die haben nicht mehr Deutschländler gesagt.« Tatsächlich erlaubt die Hinwendung zum politischen Islam auch in dieser Hinsicht, zunächst Unvereinbares zusammenzubringen: Man kann sich auf Deutschland einlassen und sich gleichzeitig eindeutig als Türke fühlen.

Deutschland

In einer ganz anderen Weise erlaubt es die Hinwendung zu Kaplan schließlich, Differenz und Gemeinsamkeit im Verhältnis zu Deutschland zu denken. Auf dieser Grundlage wird es möglich, das pubertäre Oszillieren zwischen einem Selbstbild »als Deutscher« und einem »als Türke« zugunsten eines reflektierteren Verhältnisses zu überwinden. Die Rezeption von Kaplans revolutionärem Islam ermöglicht ein »*outing*« – ein Inszenieren von Differenz in der Absicht, die Anerkennung für den eigenen Lebensentwurf einzufordern.

Was zunächst deutlicher in den Blick tritt, ist die Diskriminierung seitens der deutschen Mehrheitsgesellschaft – ein Aspekt, der während der pubertären Rebellion eher zurückgedrängt wurde. Seyfullah war der Überzeugung, daß es sich bei den türkischen Muslimen um eine doppelt diskriminierte Gruppe handelt: Zum einen werden die Türken als Ausländer schlechthin betrachtet und damit ausgegrenzt: »Griechen, Portugiesen, Italiener sind eigentlich keine Ausländer/Fremden. Wenn das Wort ›*Ausländer*‹ (auf deutsch) gebraucht wird, dann sind nur die Türken gemeint . . . Zum Beispiel wurde ein Italiener in Berlin getötet. Die Skinheads haben sich danach entschuldigt und gesagt: ›Wir dachten, es wäre ein Türke.‹« Dieses generelle Vorurteil spitze sich aber noch einmal besonders zu, wenn es sich um Muslime handelt: »Hier am Hauptbahnhof steht ›Scheiß-Allah‹, ›Scheiß Muhammad‹. Warum steht das da? Das drückt doch eine Feindschaft gegen den Islam aus. Ich habe dafür viele Beweise.« Im engeren Sinn mache sich die Ablehnung des Islam am Geschlechterverhältnis fest. In Deutschland kursiere das Bild vom türkischen Pascha, der vier Frauen habe. Dabei werde in keinem System der Frau soviel Respekt gezollt wie im Islam. Sie brauche nicht schwer zu arbeiten; vor allem aber seien im islamischen Raum lange vor Europa Frauen zu Ärztinnen ausgebildet worden. Es gebe zwar türkische Jugendliche, die Frauen belästigten: Das aber habe nichts mit dem Islam zu tun. Die Frauen im Islam seien gegen solche Blicke durch Schleier und Kopftuch geschützt. Im Westen werde die Frau dagegen als Sexualobjekt gesehen, in das die »Bedürfnisse [der Männer] entleert« würden. Mit anderen Mitgliedern der Gemeinde teilt Seyfullah das Gefühl, daß die Deutschen – wenn überhaupt – »integrierte Türken wollen, Türken, die so sind wie sie selbst«.

Als Seyfullah damit begann, in der Öffentlichkeit islamische Kleidung zu tragen, betonte er damit genau das am stärksten diskriminierte Attribut. Dies erforderte Mut, den nicht jeder aufbrachte. Ali M., ein anderer junger Mann in der Gemeinde, erzählte von seinen Schwierigkeiten in dieser Hinsicht: »Fast allen [Deutschen] kommen Turbane und Roben komisch vor. Wenn sie das auf der Straße sehen, verhalten sie sich ablehnend . . . Ich bin noch nicht so weit. Wenn ich zu den Treffen oder auf Demonstrationen gehe, lege ich den Turban an . . . [Im Alltag] schaffe ich es noch nicht. Ich müßte eigentlich [den Turban] tragen . . . Der Muslim muß sich so wie zu Hause auch auf der Straße verhalten . . . Es verlangt einfach Mut. Du wohnst in Deutschland, du wirst mit Verachtung angeschaut, jeder schaut . . . Also diesen Mut habe ich bis jetzt nicht.« Als ersten Schritt habe er sich wenigstens einen Bart wachsen lassen: »Ich bin der Meinung, daß wir Muslime uns endlich outen sollten (*belli etmesi gerekir,* wörtlich: erkennbar sein müssen). Wir dürfen uns nicht mehr fürchten, weder vor anderen, noch vor uns selbst. Und in bezug auf meinen Bart: Man muß schon wegen der anderen Muslime mutig sein und ihnen zeigen: ›Schau, hier ist noch ein Muslim.‹ Also in dieser Hinsicht bin ich bewußter geworden.« »Es geht einfach darum, sich nicht zu unterwerfen (*altta kalmamak*).«

Die Strategie, genau den diskriminierten Aspekt zu inszenieren, ist eine von verschiedenen Minderheiten gewählte Strategie – von Behinderten bis Schwulen. Solange man das diskriminierte Attribut versteckt, unterwirft man sich dem mißbilligenden Blick der Mehrheit. Man inkorporiert diesen Blick, anstatt zu den schwulen/islamischen/behinderten Aspekten seiner selbst zu stehen. Letztendlich akzeptiert man die Stigmatisierung, mit allen Implikationen, die Erving Goffman (1963/1980) analysiert hat. Man beginnt den Alltag vom Stigma her zu gestalten, das heißt in Bereiche zu gliedern, in denen man sich zu dem Attribut offen beziehungsweise gefahrlos bekennen kann, und in andere, wo man das Attribut verbirgt. In bezug auf die Muslime der ersten Generation war dies sehr deutlich: Sie beteten nicht öffentlich, wie es die Religion eigentlich erfordert (vor allem wagten sie nicht, an öffentlichen Plätzen wie Autobahnraststätten die rituellen Waschungen zu vollziehen). Das *outing* ist insofern eine Gegenstrategie, als es darauf hinausläuft, den Spieß umzukehren. Das Problem, so die implizite Aussage, liegt nicht bei der Minderheit, die ein Attribut hat, sondern bei der Mehrheit, die dieses Attribut problematisch findet.[21] Indem man das Attribut selbstbewußt zur Schau stellt, gibt man den Schwarzen Peter weiter: Wer nun Kritik übt, läuft in Gefahr, sich als Reaktionär oder Ausländerfeind bloßzustellen – er gerät unter Rechtfertigungsdruck. Dies hat einen direkt befreienden Zug, weil es das Versteckspiel des Alltags beendet. Es geht tatsächlich darum, wie Ali M. es formuliert, sich weder vor sich noch vor anderen mehr zu fürchten.

Das Ziel jedes *outing* ist das Verschieben des sozialen Konsenses. Es geht darum, etwas als »normal« bzw. »selbstverständlich« durchzusetzen, was vorher als »unnormal« ausgegrenzt wurde. Es geht darum, die öffentliche Meinung zu verändern, genauer, um die Verschiebung der Grenzen zwischen Statthaftem und Nicht-Statthaftem. Dabei ist das Ausreizen von Grenzen von zentraler Bedeutung. Bemerkenswert war in diesem Zusammenhang eine Auseinandersetzung, die Seyfullah mit dem Direktor seines Gymnasiums hatte.

Seyfullah war vom Unterricht ferngeblieben mit der Entschuldigung, daß das Ramazanfest stattfinde. Nun herrscht gerade in der Frage des Termins des Ramazan zwischen den türkischen Gemeinden ein heftiger Glaubensstreit: Die Kaplan-Gemeinde beruft sich auf den Schrifttext, der verlangt, daß der Ramazan an dem Tag beginnen sollte, an dem die Sichel des Mondes sichtbar wird;[22] das

21 Alexander Garcia-Düttmann, von dem eine sehr hellsichtige Analyse der Anerkennungspolitik stammt, hat in diesem Zusammenhang den Kampfruf der Schwulenbewegung zitiert: *We are here, we are queer, so get fuckin' used to it* (1997:107f).
22 Die Kaplan-Bewegung folgt damit dem traditionellen Verständnis, daß eine entsprechende mathematische Berechnung nicht ausreicht. Dazu Heine: »Vielmehr muß der Mond von zwei Zeugen tatsächlich gesehen worden sein. Wenn dies auf Grund der Wetterlage aber nicht möglich ist, beginnt das Fasten eben ein oder zwei Tage später. Wenn der Mond dann immer noch nicht gesichtet wird, wird der

Präsidium für Glaubensangelegenheiten dagegen beruft sich auf astronomische Berechnungen. Aus Gründen, die wohl weniger in der Sache begründet sind als in dem Bedürfnis, sich abzugrenzen, setzt die Kaplan-Bewegung den Beginn des Ramazan einen Tag früher an als das Präsidium. Der Streit eignet sich offenbar zur Symbolisierung des Konflikts zwischen Offenbarung und menschlicher Einsicht. Als Seyfullah sich befreien ließ, wußte er, daß er damit einen Tag früher freinehmen würde als die anderen türkischen Schüler. Da er nun außerdem während des Fests erkrankte und erst eine Woche später wieder in den Unterricht kam, ergab sich keine Gelegenheit zur Erklärung. »Nach zwei Wochen hat mich der Direktor zu sich ins Zimmer gerufen. Als ich dann rein bin, hat er mich gleich angeschrien: Wie ich dazu käme zu schwänzen? Ich habe ihm alles von vorne bis hinten, von A bis Z erklärt. Der Idiot kapiert es halt nicht. Dann hat er gemeint: ›Wir können nicht für einen einzelnen Ausnahmen machen!‹ ... Ich möchte aber nach meiner Religion leben und das tun, was im Koran steht, und nicht das, was das Präsidium für Glaubensangelegenheiten sagt ... Ich akzeptiere es einfach nicht, wenn eine so gottlose Organisation, wie es das Präsidium ist, hier in Deutschland als Vertreter des Islams akzeptiert wird. Dann hat der Direktor gesagt: ›Wenn du den Islam leben willst, mußt du nach Saudi-Arabien oder in den Iran.‹ Fast hätte ich mich nicht mehr zurückgehalten und dem eine aufs Maul gegeben, weil das ist ja der Hammer. Dann mußt du entweder abhauen oder dich zu unserer Religion bekennen.«

Hier wird deutlich an der Grenze gerüttelt: Die Unterrichtsbefreiung ist ein im schulischen Kontext knappes und selten gewährtes Gut. Seyfullah stellt nun die Forderung, daß die abweichende Praxis der Kaplan-Gemeinde seitens der Schule anerkannt wird (und damit auch die autoritative Rolle des Amtes für Glaubensangelegenheiten geschwächt wird). Wie bei jedem *outing* war dies ein gelungener Schachzug, der den Vertreter der Majorität in die Defensive brachte: Wenn er nachgab, würde er die Position der Minderheit stärken; wenn er jedoch Widerstand gegen die Forderung artikulierte (etwa mit dem Argument, daß irgendwo eine Grenze sein müsse), wird noch einmal die Notwendigkeit und die Erfordernis des *outing* bestätigt: Die Islamfeindlichkeit der Gesellschaft

Beginn des Fastens verkündet, weil die Gelehrten dann davon ausgehen, daß er tatsächlich erschienen sein muß, auch wenn man ihn nicht sieht« (1997:259).

wird erneut unter Beweis gestellt. Wir wissen nicht, wie liberal die Schule in Augsburg war – aber auch die liberalste Institution entgeht natürlich nicht dem Risiko, auf diese Weise »entlarvt« zu werden.[23]

In gewissem Sinn geht die hier vorgeführte Strategie oft auf: Entweder man macht einen Geländegewinn oder man inszeniert die Notwendigkeit, einen Geländegewinn zu machen. Das zugrundeliegende Argument ist immer das gleiche: »Wer sind wir denn, uns von einer deutschen Institution vorschreiben zu lassen, wie wir den Islam zu praktizieren haben.« In einem von Diskriminierung charakterisierten Kontext ist dies ein wirksames Argument, für das auch weitere Kreise empfänglich sind. Ein Konflikt mag ausschließlich in der Absicht vom Zaun gebrochen werden, eine Institution zu »entlarven«: In Kreisen, in denen eine Grundskepsis gegenüber dieser Institution verbreitet ist, kann dies dennoch auf sehr fruchtbaren Boden fallen. Man kann nämlich der Überzeugung sein, daß sich in ihrer Reaktion nur ihr innerstes Wesen zeigt. Was vorher nur vage empfunden wurde, zeigt sich, materialisiert sich – und kann deshalb auch (endlich) bekämpft werden.

Wenngleich diese Strategie erfolgversprechend ist, so kostet sie doch sehr viel Kraft. In dieser Hinsicht wird der »Halt«, den die Kaplan-Bewegung Seyfullah gibt, sehr deutlich: Er wird in der Auseinandersetzung mit dem Rektor mit Argumenten ausgestattet, die es ihm erlauben, sich gegen einen intellektuell überlegenen Gesprächspartner zu behaupten. Seyfullah weiß einfach, was richtig und was falsch ist – und gewinnt darüber eine argumentative Eindeutigkeit. Gerade dies erlaubt es ihm, provozierender als andere aufzutreten und damit eine Führungsposition für sich zu beanspruchen. Dies dürfte nicht zuletzt einer der Gründe dafür sein, warum es der Kaplan-Bewegung gelang, in Seyfullahs Generation neue Anhänger zu gewinnen.[24]

Die Dynamik des Kampfes um Anerkennung (Honneth) läßt

23 Denjenigen, die in der Studentenbewegung aktiv waren, ist diese Strategie vertraut, mit der Institutionen der »repressiven Toleranz« überführt wurden. Es ist die Strategie der kalkulierten Regelverletzung.

24 Es liegt wohl an der argumentativen Eindeutigkeit radikaler Splittergruppen, daß es diesen nicht selten gelingt, sich an die Spitze von breiteren Bewegungen zu setzen: Wo andere Kompromisse eingehen würden, beharren sie auf ihren Positionen und provozieren damit die Institutionen zu Reaktionen, die wiederum die Notwendigkeit der Bewegung unterstreichen.

sich indes nur verstehen, wenn man sich verdeutlicht, daß er auf dem Hintergrund kollektiver Zuschreibungsprozesse stattfindet. Die Gesamtheit der türkischen Immigranten wird in den Augen der deutschen Öffentlichkeit als kollektiver Akteur wahrgenommen und *ist* daher nolens volens ein kollektiver Akteur. Jede Handlung eines Türken fällt auf andere zurück. Man ist deshalb von dem Handeln des anderen direkt tangiert – jede Handlung eines Landsmanns bedeutet eine Stärkung oder Schwächung für die eigenen Forderungen. Darüber konstituiert sich eine gemeinsame Verantwortung. Der oben zitierte Ali M. leitete daraus eine moralische Forderung ab. Er stellt an sich die Forderung, »mutig« zu sein, um auch anderen Muslimen es zu ermöglichen, zu sich selbst zu stehen. Seyfullahs Bruder Ibrahim schilderte umgekehrt, wie das eigene Verhalten auf Grund des Verhaltens eines anderen türkischen Muslims kritisierbar wurde:

»Wir sind anders als die anderen Türken. Dann sagen die Deutschen: ›Der macht das so und so. Warum machst du das nicht?‹ Als ich in der 7. oder 8. Klasse war, sind wir nach Eichstätt gefahren. Da war ein Türke dabei, der hat dort was gegessen, ich weiß nicht mehr, ob es Schweinefleisch war oder nicht ordnungsgemäß geschächtetes Rindfleisch. Als nun ein Deutscher sah, daß ich nichts gegessen habe, sagte er [in Hinblick auf den anderen Türken]: ›Schau, ist der denn daran gestorben?‹ Wir sagten, daß wir das wegen unserem islamischen Glauben nicht essen – er stänkert weiter. Diese ›Ach-macht-nichts-Haltung‹ kann man nicht einnehmen. Wenn der andere Muslim nämlich das nicht gegessen hätte, hätten sie uns vielleicht ein bißchen Achtung entgegengebracht. Aber so: Der eine ißt was, der andere nichts, der eine paßt sich ihnen an, zum anderen sagen sie: ›Warum paßt du dich nicht an?‹ Also, die Deutschen wollen generell diese Integration, aber mit uns Muslimen ist die Integration, die sie sich vorstellen, nicht möglich. Die wollen, daß wir in ihnen aufgehen, verschwinden, so werden wie sie. Das geht nicht . . .«

Dies gilt natürlich auch umgekehrt. Der energischste Widerstand gegen das islamistische *outing* kommt nicht von Deutschen, sondern von laizistisch gesinnten Türken, die sich um das Bild der Migrantengemeinde in der Öffentlichkeit sorgen: So reagieren die türkischen Lehrer im Gymnasium auf Seyfullahs Kleidung mit weit größerer Ablehnung als die deutschen. Eine ähnliche Befindlichkeit zeigt sich in bezug auf das Kopftuch. Durch die Politik des *outing* wird also nicht ein zweiseitiges Verhältnis konstituiert, bei dem auf der einen Seite diskriminierte Muslime und auf der anderen die Deutschen stehen, sondern es wird eine (mindestens) dreiseitige Beziehung begründet – wobei in diesem Fall die dritte Position durch laizistisch gesonnene beziehungsweise republikanische Türken besetzt wird (aber auch von Muslimen, die zum Islam eine andere Position einnehmen). Wenn eine Gruppe besonders offensiv nach außen tritt, zwingt sie oft andere geradezu, sich von ihr zu distanzieren. Nicht selten wird in solchen Situationen ein bisher latentes Konkurrenzverhältnis der verschiedenen Positionen manifest. Die Politik des *outing* (deren *raison d'être* ja Sichtbarkeit ist) führt nach innen deshalb fast notwendig zu Abgrenzungen – und zu einer oft erbitterten Feindschaft der Fraktionen. In diesem Prozeß gibt man sich oft gegenseitig die Schuld an der Diskriminierung. Fevzi A., der 1988 als Hodscha der Kaplan-Gemeinde tätig war, sagte über säkular gesinnte Türken:

»Sie können versuchen, sich anzupassen, aber sie werden doch keine Deutschen. Ich erkenne einen Türken auch dann, wenn er sich anpaßt. Ein Mädchen mag die Haare offen tragen – ich kenne sie doch als Türkin heraus. Sie *kann* sich einfach nicht so kleiden wie die Deutschen. Wenn die Türken, die am Anfang hierhergekommen sind, selbstbewußt als Muslime aufgetreten wären, dann hätten die Deutschen das akzeptiert. Damals brauchten die Deutschen die Türken. Sie hätten es durchsetzen können, am Arbeitsplatz zu beten und Zeit für das Freitagsgebet zugestanden zu bekommen. Aber die Türken, die am Anfang hierherkamen, hatten nichts im Sinn, als in Diskotheken oder ähnliches zu gehen.«

Von gemäßigten Muslimen wird umgekehrt gerade die Politik des *outing* als sehr problematisch für das Erscheinungsbild des Islam in Deutschland gesehen.

Bei diesem Kampf um Anerkennung geht es nicht um einen Rückzug aus der deutschen Öffentlichkeit – sondern ganz im Gegenteil darum, ein Teil dieser Öffentlichkeit zu werden und in ihr die Stimme zu erheben. Jenseits von allen inhaltlichen Äußerungen wird dies von Seyfullahs Bereitschaft bezeugt, sich mir in dem Interview zu erklären. Dies drückt sich aber auch in den komplexen Allianzen aus, die hergestellt werden. Die Gegner auf der deutschen Seite, also diejenigen, die Anerkennung von Differenz verweigern, werden von Seyfullah (und von vielen anderen jungen

Türken der zweiten Generation) generell als »Nazis« gesehen, wobei der Terminus auf alle ausländerfeindlichen Positionen bezogen wird. Entsprechend gibt es Koalitionsmöglichkeiten mit anderen unangepaßten Gegnern der »Nazis« – etwa Punks.

»Das hat man ja in München gesehen, als der Weltwährungsgipfel war, wie die Polizisten zugeschlagen haben, auf die Demonstranten. Das war der Hammer. Mit den Gummiknüppeln haben sie vielen die Hand gebrochen . . . Ich habe so ziemlich viele Punkfreunde, und einen hab ich mal gefragt: ›Hey, was ist denn mit deiner Hand los?‹. Da hat er gesagt: ›Ja frag mal die grünen Leute da. Die waren auch da.‹ Also, wie soll ich sagen, die Mehrheit der Bevölkerung ist eigentlich gegen die Ausländer, und die Regierung treibt diesen Naziterror auch noch an . . .«

Nicht nur deutsche, sondern auch türkische Gegner werden als »Nazis« klassifiziert: So sieht Seyfullah in den Grauen Wölfen »türkische Nazis«. Auch Atatürk wird in die Nähe des Nationalsozialismus gerückt: »Mustafa Kemal: Weißt du, was sie uns in den türkischen Klassen über ihn erzählen? Kein Unterschied zu Hitler! Sie sagen, er sei blond, blauäugig, groß, verstehst du. Also unser türkisches Volk ist dunkel, die Hälfte wird nicht einsachtzig groß.« In einem anderen Zusammenhang kam er darauf zu sprechen, daß Erbakan zum Mausoleum Atatürks gegangen ist. »Kann man das Grab eines Massenmörders aufsuchen? Du gehst doch auch nicht zu Hitlers Grab. Wer dahin geht, ist ein Menschenfeind.« Zionisten schließlich seien die »jüdischen Nazis«.

Das Selbstbild, das mit all dem korrespondiert, scheint in einer bemerkenswerten Redewendung durch: Die Deutschen, sagt Seyfullah, wollen »Türken, die so *biedermeiermäßig* (auf deutsch) leben«. Die Redewendung ist bezeichnend: Als radikaler politischer Muslim sieht er sich als Teil der unbequemen Opposition *in* der bundesrepublikanischen Gesellschaft.

Die Begegnung mit Kaplan erlaubt es Seyfullah, ein strukturelles Problem zu überwinden, das sich vielen jungen Deutsch-Türken der zweiten Generation stellt. Junge Immigranten stehen vor der Notwendigkeit, sich in zwei Lebensbereichen bewegen zu müssen, die sich kritisch bis ablehnend gegenüberstehen: Ebenso wie in türkischen Familien ein stereotypes Bild über die deutsche Umwelt verbreitet ist (sie wird mit Alkohol- und Drogenkonsum, sexueller Freizügigkeit, zerfallenen Familienstrukturen assoziiert) – kursiert in der deutschen Schule ein klischeehaftes Bild über die islamische Familie (sie gilt als Hort der Unterdrückung der Frau, des Autoritarismus und der familialen Gewalt). In einer solchen Situation sind Mißverständnisse an der Tagesordnung: Eine ansonsten realitätsgerechte Äußerung wird, wenn sie auf dem Hintergrund der Stereotype interpretiert wird, oft anders verstanden, als sie gemeint war. Teile der deutschen Umwelt lassen sich den türkischen Eltern nicht vermitteln und umgekehrt. Türkische Jugendliche in Deutschland haben deshalb, auch unabhängig von ihrer Sprachkompetenz, ständig mit Übersetzungsproblemen zu kämpfen. Nicht selten sehen sie sich gezwungen, etwas manifest Falsches zu sagen, um wenigstens den richtigen Sinn zu vermitteln. Nur ein Beispiel zur Verdeutlichung: Bei der Untersuchung an einer Berliner Schule hat Sabine Mannitz beobachtet, wie türkische Mädchen, von Klassenkameraden in die Defensive gedrängt, behaupteten, die gleiche Freizügigkeit seitens der Eltern eingeräumt zu bekommen wie deutsche Mädchen (Schiffauer u. a. 1999). Dies widersprach Äußerungen, die sie an anderer Stelle machten. Wenn sie in dieser Situation zu einer manifest falschen Aussage griffen, dann weil sie glaubten, nur so den Mitschülern vermitteln zu können, daß die eigene Familie keineswegs so repressiv und intolerant ist, wie es unterstellt wurde. Der Titel von Eva Hoffmanns (1989/1993) Autobiographie »Lost in Translation« bringt die Erfahrung auf den Punkt. In diesem Buch beschreibt die in die USA ausgewanderte Polin das leidvolle Gefühl von Irrealität, das mit einer derartigen Situation verknüpft ist. Befindet man sich in der einen »Wirklichkeit«, wird der andere Bereich merkwürdig unwirklich – und umgekehrt. Die Verzweiflung darüber, sich nicht verständlich machen zu können, geht einher mit dem Erlebnis von Macht- und Hilflosigkeit. Die Begegnung mit Kaplan ermöglichte es Seyfullah in dieser Situation, »Boden unter die Füße« zu bekommen. Dies nicht nur, weil der Dogmatismus von Kaplans Lehre Sicherheit bot – sondern vor allem auch, weil die Konflikte innerhalb der verschiedenen Lebensbereiche nun symbolisiert und ausgedrückt werden konnten. Seyfullah fand einen archimedischen Punkt – einen Punkt, von dem aus sich Generationenerfahrung, Diaspora- und Migrationserfahrung einander perspektivisch zuordnen ließen. Mit dem Akt der Hinwendung zu Kaplan eignete sich Seyfullah die Definitionsmacht an – und rekonstituierte sich als Subjekt. Es macht nichts, daß Außenstehende (etwa eine Tante in der Türkei) dies als Realitätsverlust kritisieren: Für ihn selber fügen sich

nun die verschiedenen Sphären zu einem sinnvollen Ganzen zusammen. Dies erlaubt das Gefühl, der Irrealität zu entgehen und
Realität zu gewinnen.

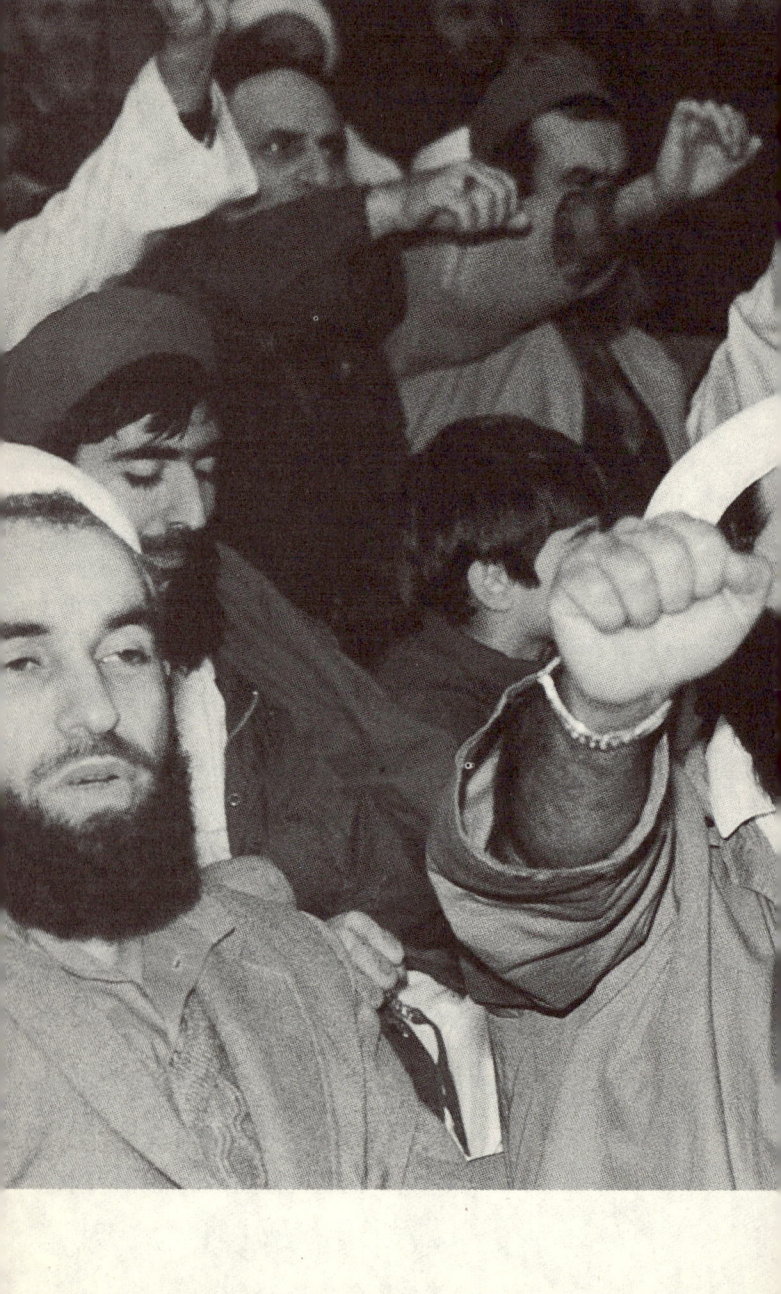

Die Faszination Kaplans

Eine religiöse Position ist dann plausibel, wenn es möglich ist, aus ihr eine befriedigende Selbstdeutung abzuleiten. Dies bedarf eines evidenzerzeugenden Zirkels: Vergangene und gegenwärtige Erfahrungen müssen sich im Licht der Begegnung (re)interpretieren lassen. Die Begegnung selbst erscheint dann als notwendig und gerechtfertigt. Was besagen nun die drei Fallstudien über die Möglichkeiten und Grenzen dieses Prozesses?

Befragt man sie in Hinblick auf Erfahrungen, an die Kaplan anknüpfen konnte, dann fällt zunächst auf, daß alle Gesprächspartner bereits vor der Begegnung intensive Erfahrungen mit dem Islam hatten. Dies scheint ein allgemeines Muster zu sein: Unter meinen achtzehn Gesprächspartnern in der Gemeinde war niemand, der einem laizistisch geprägten Elternhaus entstammt wäre und erst über Kaplan zum Islam gefunden hätte. Kaplan eröffnete eine neue Perspektive auf bereits Bekanntes; dies begründete seine Faszination. Man muß bereits mit dem islamischen Denken vertraut sein, um den Reiz von Kaplans politischer Religiosität nachvollziehen zu können.

Dabei zeigen die drei Selbstbilder inhaltlich wie strukturell drei sehr verschiedene Möglichkeiten von Anknüpfung: Abuzer erwähnte zwei frühere Begegnungen, denen er im Licht der Begegnung mit Kaplan eine neue Bedeutung abgewinnen konnte. Der Moralismus von Uçar und der Existenzialismus von Celaleddin Rumi wurden durch Kaplan politisch erweitert. Eine Zeitlang schien Kaplans Position eine Möglichkeit zu bieten, den Gegensatz zwischen Welt und Moschee zu überwinden. Gleichzeitig blieb von den früheren Deutungen soviel erhalten, daß der Kaplanismus Abuzers eine moralische und misanthropische Einfärbung bekam. Eine Zeitlang trug der evidenzerzeugende Zirkel; dann brach er auf Grund von Kaplans Weiterentwicklung auf, und die Unvereinbarkeiten wurden sichtbar.

Aus Şevkets Schilderung tritt eine andere Struktur hervor. Bei ihm ist der Anknüpfungspunkt das frühe Erlebnis einer sozialen Ordnung, die dem islamischen Gesetz untersteht. Während seiner Kindheit in einem Dorf, dessen Charakter durch eine Medrese, eine klassische islamische Schule, geprägt war, erlebte er einen lebensweltlich verankerten Islam: Einen Islam, der Tradition, Alltagsmoral und Dogma zu einem untrennbaren Ganzen integrierte. In Dörfern wie diesem ist die Welt als ein großer Verweisungszusammenhang erfahrbar – zumindest aus der Perspektive des Kindes. Hier ist das Einheitsideal des Islam in einer ganz unmittelbaren Weise erlebbar. Der Rückblick aus der Migration (die als sehr zerrissen wahrgenommen wird) mag dies noch romantisierend verklärt haben. Bei Şevket besteht der Anknüpfungspunkt weniger in früheren Begegnungen mit konkreten anderen, als in der Erfahrung eines verallgemeinerten anderen. Auf diesem Hintergrund faszinierte ihn an Kaplan der Versuch, das islamische Ideal der Einheit auch auf die unübersichtlichen Lebensverhältnisse der komplexen Gesellschaft zu beziehen. Dies galt insbesondere für den politischen Bereich. Wo Şevket vorher (wie er es später empfand) naiverweise die Religiöse Heilspartei Erbakans als *die* islamische Partei schlechthin auffaßt, erkannte er nach der Begegnung mit Kaplan die Aussichtslosigkeit ihres Kampfes: Sie war zur Erfolglosigkeit verdammt, schon weil sie mit ihrer Organisationsform gegen das Ideal der Einheit verstieß. Es war die Bindung an das Ideal der Einheit, die später zu Şevkets Distanzierung von Kaplan führen sollte.

Bei Seyfullah ergibt sich eine dritte Struktur: Er, der in Deutschland heranwuchs, bildete sein Selbstbild in Begegnungen heraus, die in zwei streng getrennten Welten stattfanden – im islamisch geprägten Elternhaus und in der deutschen Schule. Die beiden Seinssphären hatten so gut wie keine Berührung miteinander – das Wissen, das in der einen über die andere kursierte, war vorurteilsbehaftet und klischeehaft. Seyfullah mußte für jeden Bereich ein eigenes Selbstbild entwerfen, für das Erfahrungen aus dem jeweils anderen Bereich kaum eine Rolle spielten. Die über seinen Bruder vermittelte Begegnung mit Kaplan bedeutete die Möglichkeit, einen Standpunkt zu gewinnen, der an beide Welten anknüpfte und beide transzendierte. Er studierte nun den Islam (die Religion des Elternhauses) mit den intellektuellen Werkzeugen, die ihm im Gymnasium vermittelt worden waren. Zumindest sein Fall zeigt, wie vereinfachend die Thesen sind, die die Hinwendung zum Islamismus bei der zweiten Generation aus der Erfahrung des schulischen und beruflichen Scheiterns ableiten (Atacan 1993:55; Heitmeyer 1996).

Nun sind die meisten Angehörigen der ersten Generation im Dorf beziehungsweise in einem urbanen Armenviertel aufgewachsen, also in einem islamisch geprägten Milieu. Oft scheint der Zufall eine Rolle gespielt zu haben, ob es zu einer deutungsstiftenden Begegnung mit Mitgliedern der Kaplan-Gemeinde kam oder nicht. Dies ist besonders deutlich, wenn man die Karrieren von »Geretteten« betrachtet. Während die Virtuosen wie Abuzer oder Şevket von sich aus Interesse am Islam hatten und sich den Prediger suchten, der ihre Position am besten ausdrückt, wurden die »Geretteten« von anderen in die Gemeinde geholt. Meistens handelte es sich um junge Männer, die von ihren Eltern in der Pubertät oder später nach Deutschland gebracht worden waren und zunächst die mit Deutschland verbundenen Freiheiten ausgelebt – Diskotheken aufgesucht, Frauenbekanntschaften gemacht und Alkohol getrunken hatten. Sie wurden von älteren Gemeindemitgliedern, meist am Arbeitsplatz, bekehrt. Turan T. wurde von Şevket A. nach einer durchzechten Nacht auf die Schädlichkeit des Alkohols, sowohl für die Gegenwart als auch »für das Jenseits« angesprochen. Er rebellierte nicht gegen die moralisierende Predigt, »weil – Gott sei gepriesen – in uns allen steckt was vom Islam . . . deswegen schwieg ich«. Auch wenn seine Eltern keine besonders konsequenten Muslime gewesen seien, hätten sie doch den Fastenmonat Ramazan gehalten – und es habe Spaß gemacht, als Kind die Nächte mit durchzuwachen und halb spielerisch mitzubeten. Im nachhinein erschien ihm sein Leben in Deutschland in drei Phasen gegliedert: Eine erste Phase war durch Vergnügungen, aber auch durch eine bestimmte »Leere« charakterisiert gewesen. Daran schloß sich – ausgelöst durch die Begegnung mit Şevket – eine Phase der Suche an, in der er »sowohl in die Moschee als auch in das Kaffeehaus« gegangen sei. Diese Phase wird als sehr spannungsreich erinnert – man könne nicht einerseits eine Gemeinde aufsuchen, in der ein methodischer Islam gepredigt werde, und andererseits weiter Alkohol trinken und Glücksspiele machen. Diese Übergangsphase endete mit dem völligen Aufgeben des weltlichen Lebens. All dies zeigt sehr deutlich, wie eine zunächst zufällige Begegnung dazu führt, daß jemand in die Gemeinde kommt, allmählich eine methodistische Grundhaltung ausbildet und dann im Rückblick eine konsistente Biographie konstruiert. Genauso denkbar wäre es gewesen, daß Turan Anschluß bei irgendeiner der anderen Gruppen gefunden – und seine Welt von dort aus aufgebaut hätte. Turan T. scheint sich dessen übrigens sehr bewußt gewesen zu sein. Sein Plädoyer für die Zusammenarbeit mit anderen

Gemeinden (vgl. S. 191), wird auf diesem Hintergrund verständlich. Es überrascht deshalb nicht, daß auch er die Bewegung verließ, als die Grenzen nach außen immer mehr betont wurden.

Bleiben wir noch einen Moment bei der Zufälligkeit. Der Fall von Turan zeigt, daß die Vorgeschichte nicht positiv erklärt, warum jemand zu der einen oder anderen Gruppe findet. Begegnungen wie die zwischen Turan und Şevket konstituieren ein heterogenes Moment – sie führen zu einer nicht notwendigen Verknüpfung von sozialen Bedingungen und religiösen Orientierungen. Auch wenn man konzedieren wird, daß es Grenzen gibt (jemand ohne islamische Vergangenheit hätte wahrscheinlich Şevkets Predigt zurückgewiesen), so sind religiöse Bewegungen doch in ihrer Zusammensetzung oft bemerkenswert zufällig. Dieses heterogene Moment scheint mir von entscheidender Bedeutung für die Erklärung von einigen religiösen Phänomenen zu sein. Es allein erklärt die Möglichkeit charismatischer Bewegungen. Wir haben oben festgestellt, daß diese außerordentlich schnell wachsen oder abnehmen. Gläubige aus sehr verschiedenen Zusammenhängen können sich von einem Prediger begeistern lassen und ihre Erfahrungen im Licht der Begegnung reinterpretieren. Eine wachsende Bewegung bringt zudem die Möglichkeit einer zunehmenden Zahl von weltkonstituierenden Begegnungen – das Wachstum tendiert deshalb dazu, exponential zu sein.

Für die zweite Generation ist das Kriterium einer früheren Begegnung mit dem Islam weit trennschärfer als für die erste. Weil es in der Diaspora keine islamischen Räume jenseits der Familie gibt, kann man davon ausgehen, daß die Faszination für Kaplan sich auf Jugendliche beschränkt, deren Eltern praktizierende Muslime sind. Ich halte es für sehr unwahrscheinlich, daß Jugendliche aus laizistisch geprägten Elternhäusern zur Kaplan-Gemeinde finden.

Es gibt noch eine zweite Gemeinsamkeit bei unseren drei Referenzfällen. Sie sind nämlich alle auf Grund ihrer sozialen Stellung oder ihrer Lebensphase in einer marginalen Position. Genauer: Sie stehen am Rand des gesellschaftlichen Prozesses, den sie entweder als abhängige Arbeiter oder als Schüler und Studenten eher erleiden als selbst gestalten. Diese gesellschaftliche Machtlosigkeit birgt eine spezifische Chance – nämlich die Chance einer ethisch-moralischen Durchgestaltung der Lebensführung. Ein methodisch konsequenter Lebenswandel ist paradoxerweise um so schwieriger zu realisieren, je einflußreicher die gesellschaftliche Stellung ist. Je mehr man Entscheidungsträger in Politik oder Wirtschaft ist, desto mehr sieht man sich mit der Eigendynamik dieser Systeme, den sogenannten Sachzwängen, konfrontiert: Die Notwendigkeit, Abstriche vom Wünschenswerten zu machen, um das Machbare realisieren zu können, stellt sich mit wachsender Verantwortung immer dringlicher. Kaplan selbst wurde 1988 von diesem Problem eingeholt, als die institutionale Rationalität es gebot, in bezug auf die Rushdie-Affäre mit Zurückhaltung zu reagieren. Es waren bemerkenswerterweise die jüngeren Männer der Gemeinde um Hasan Hayrı, die in dieser Situation auf die Umsetzung des politischen Rigorismus drängten. Ein radikaler Monotheismus ist leichter für den zu realisieren, der keine Machtposition in der Gesellschaft hat und deshalb auch keine Entscheidungen verantworten muß: Die Abstriche, die eine marginale Person vom Wünschenswerten hinnehmen muß – etwa der Verzicht, am Arbeitsplatz zu beten –, sind durch äußere Zwänge gesetzt und tangieren deshalb die innere Person nicht. Die Heuchelei und Unaufrichtigkeit ist immer die Heuchelei und Unaufrichtigkeit der anderen. Wer jedoch über Macht und Einfluß verfügt, muß noch andere Realitäten als Gott zur Kenntnis nehmen. Wer nicht aussteigen will, ist nolens volens gezwungen, auch anderen Göttern zu huldigen – und damit zur »Heuchelei« verdammt.

Auch hier wäre es indes zu einfach zu behaupten, die »Erfahrung« der Marginalität erkläre die Faszination einer radikalen Sekte wie der Kaplan-Anhänger (etwa weil die Zugehörigkeit die erfahrene Machtlosigkeit kompensiert). Denn auch hier ist ein Zirkel zu beobachten. Genauso wie Marginalität die Zugehörigkeit zur Kaplan-Gemeinde erlaubt, führt natürlich die Zugehörigkeit zur Marginalität. Wir haben oben analysiert, wie sich die Gemeinde über die Jahre immer mehr in eine gesellschaftliche Randlage bringt. Dieser selbstverstärkende Zusammenhang wird besonders deutlich, wenn man die Kaplan-Gemeinde mit den Süleymancı vergleicht. Diese hatten auf Grund ihres pragmatischeren Zugangs zur Welt keine Probleme damit, die Zugehörigkeit zur Bruderschaft auch als soziales Kapital zu nutzen, das ihnen einen kollektiven Aufstieg ermöglichte. Manche ihrer Gemeinden wirken inzwischen wie eine Vereinigung von Geschäftsleuten – und werden deshalb von den Kaplan-Anhängern mit dem Vorwurf der Heuchelei und Unaufrichtigkeit bedacht.

In gewissem Sinn bedeutet die Diaspora-Situation eine radikalisierte Marginalität. Man befindet sich nicht nur »unten«, sondern auch »außen« – sowohl in bezug auf die Herkunftsgesellschaft als auch in bezug auf die Einwanderergesellschaft. In einer solchen Situation gibt es weit weniger Bindungen, etwa verwandtschaftlicher Art, die ein Eigengewicht beanspruchen und deshalb Kompromisse abverlangen. Nur in der Diaspora-Situation erscheint beispielsweise ein Gebot, innerhalb der Gemeinde zu heiraten, überhaupt durchsetzbar: In der Türkei wäre eine derartige Forderung sofort mit dem traditional verbürgten Recht auf Cousinenheirat in Konflikt geraten. Die relative Isolation in der Fremde ermöglicht eine systematisch-konsequente Durchgestaltung der Lebensführung. Dies wird noch durch einen zweiten Punkt verstärkt: Eine islamische Erziehung verlangt den Eltern in der Diaspora, wo sie gegen den Einfluß der Mehrheitsgesellschaft erfolgt, weit mehr explizite Begründungen und Rechtfertigungen ab als in der Heimat. Auch dies fördert die Neigung, sich einer dogmatischen Gruppe anzuschließen, ohne daß dies notwendigerweise daraus folgt.

Allerdings begründen die Erfahrung von Marginalität und Diaspora nicht positiv die Zugehörigkeit. Es handelt sich hier nur um die Bedingung der Möglichkeit. Es gibt viele Migranten in Deutschland, die mit Kaplan nichts anfangen können. Eine soziale Erfahrung erlaubt sehr unterschiedliche Bewältigungsstrategien. Man ist also gut beraten, bei der Erklärung des Islamismus auf vereinfachende und daher irreführende Kausalitäten zu verzichten. Religiöses Denken läßt sich nicht durch Klassenlagen erklären. Dies heißt nicht, daß gar kein Nexus zur sozialen Situation hergestellt werden könnte. Allerdings gilt es behutsamer vorzugehen, als es in der Religionssoziologie üblich ist. Man kann nach biographischen Anknüpfungspunkten suchen, an denen eine islamistische Deutung ansetzen und die sie bearbeiten kann. Und man kann nach Unvereinbarkeiten Ausschau halten, nach Erfahrungen, die sich nur schwierig mit einer bestimmten Deutung vereinbaren lassen – und dann ständige Deutungsprobleme generieren. Kaum jemand wird so zu Kaplan finden, der eine gehobene Stellung in der gesellschaftlichen Hierarchie einnimmt oder der sozial eingebettet ist.

Kommen wir nach der Gemeinsamkeit nun auf die Differenzen bei unseren drei Fällen zu sprechen. Abuzer und Şevket repräsentieren die Gründergeneration der Gemeinde; Seyfullah die Generation, die sie im Konflikt ablösen sollte. Tatsächlich stehen die beiden Generationen für zwei Typen islamischer Bildungsgeschichten.

Abuzer und Şevket sind wie viele andere ihrer Generation dörfliche Autodidakten. Sie haben wenig oder keine formale Schulbildung. Viele haben sich, wie Abuzer, selbständig Lesen und Schreiben beigebracht. Damit eröffnete sich ihnen eine faszinierende Welt. Von einem wahren Lesehunger ergriffen, eigneten sie sich durch die Lektüre islamischer Literatur ein im Umfang beachtliches, aber unsystematisches Wissen an. All dies erinnert an ähnliche Erscheinungen, wie sie unter anderem für den englischen Sektenprotestantismus des siebzehnten Jahrhunderts oder auch für den spanischen Anarchismus des zwanzigsten Jahrhunderts (Hobsbawm 1959) überliefert sind. Mit diesem individuierten Zugang zur Schrift korrespondierte ein kritischer Zugang zu Autorität, wie er besonders bei Abuzer zum Tragen kommt. Das Bekenntnis, er hätte nie den Hodschas geglaubt, sondern die Wahrheit immer in den Büchern gesucht, spricht für sich. Es bezeugt das Selbstbewußtsein dessen, der sich in dem und durch den Akt des Lesens von den Autoritäten emanzipiert hat – aber auch die Schwäche des Autodidakten, der an die Stelle der Orientierung an der Tradition die Hörigkeit gegenüber dem Text setzt.[25]

Das Wissen, das sich so konstituierte, läßt sich am besten als locker gefügtes Gewebe von Geschichten charakterisieren. Diese Geschichten werden nicht um ihrer selbst willen erzählt, sondern immer, um eine Moral herauszuarbeiten. Letztere ist keineswegs festgeschrieben – aus einer gegebenen Erzählung lassen sich unterschiedliche Lehren ableiten, je nachdem, welchen Aspekt man hervorhebt. Was so entsteht, ist eine Kasuistik, die sich wenig um Systematik kümmert. Es werden eher assoziative Verknüpfungen hergestellt, die sich teils über die personae dramatis (eine Geschichte über Noah führt leicht zu einer anderen), aber auch über die Moral ergeben (eine Exemplifizierung der Notwendigkeit der Toleranz führt leicht zu einer anderen). So führt Geschichte zu Geschichte.

Die geringe Systematik dieses Wissens hat aber nichts mit Beliebigkeit zu tun. Tatsächlich findet sich bei diesen Männern ein aus-

---

25 Die Bedeutung dieses Punkts wurde jüngst in Albert Baumgartens Studie der jüdischen Sektenlandschaft zur Makkabäerzeit unterstrichen (Baumgarten 1997: 114 ff).

geprägter islamischer *common sense*. Dieser ist zunächst die Folge des Aufwachsens in einer religiös geprägten Lebenswelt. In einer solchen Umgebung lernen die Kinder die religiösen Regeln eher durch Praxis, also durch Mitleben und Imitation, als durch verbale Belehrung. Sie wachsen in einem Feld auf, in dem die gleichen Gegensätze die unterschiedlichsten Bereiche strukturieren. Die Ordnung der Geschlechterbeziehung, der Häuser, des Ortes insgesamt verweisen aufeinander, ohne jemals völlig übereinzustimmen.[26] Die Regeln schreiben sich ein und konstituieren einen Bereich des Fraglosen und Selbstverständlichen. Eine derartige Grundstruktur wird durch eine autodidaktische Lesebiographie eher erweitert als in Frage gestellt: Geschichte reiht sich an Geschichte – ohne daß die einzelnen Texte jemals kritisch gewichtet würden. So entsteht ein kognitiver Resonanzraum, in dem jedes Gelesene in gewissem Sinn einen Widerhall und eine Verstärkung von schon Bekanntem darstellt. Dies alles wirkt sehr körperlich, sehr sinnlich. Man hat bei Männern wie Şevket und Abuzer das Gefühl, daß sie ihr Wissen tief verinnerlicht haben – und sich in ihm nicht beirren lassen. Beide teilen die unerschütterliche Grundüberzeugung, daß alles – Mensch und Natur – von *einem* Prinzip durchwaltet ist: Jede Entzweiung ist ein Bruch mit der gottgestifteten Ordnung – und deshalb böse. Insbesondere gilt das für die *ümmet*, die weltumfassende islamische Gemeinde, an deren Einheit nicht gerüttelt werden darf.

Ganz anders ist der islamische Bildungsgang der zweiten Generation. Sie hat ihr Wissen über die Religion in Deutschland erworben. Die Familien mögen noch so islamisch geprägt sein – in Deutschland stellt sich nirgends ein »Resonanzraum« her, der mit dem der ländlichen Türkei vergleichbar wäre. Die Eltern wissen, daß sie ihre Kinder gegen die Einflüsse der weiteren Umwelt sozialisieren. Dies erfordert, anders als in der Türkei, ein pädagogisches Bewußtsein: Man muß belehren und begründen, zeigen und vorleben – und man muß den Kindern Stolz auf die Religion vermitteln. Der Islam, den die Kinder derart erwerben, hat niemals die Aura des Selbstverständlichen. Er ist von Anfang an kognitiver und weniger emotional.

Dies wird verstärkt durch die Systematik, mit der Wissen an Schulen weitergegeben wird. Der in schulischer Sozialisation er-

---

26 Zu einer Beschreibung der praktischen Logik siehe Bourdieu 1972/1976, insbesondere 228 ff.

worbene Umgang mit Wissen zeigt sich bemerkenswert deutlich an den Kursen, die die jungen Kaplan-Anhänger in der Moschee einrichteten. Man sollte die in ihnen geleistete Arbeit nicht überbewerten. Aber in ihnen drückt sich ein bestimmtes Bewußtsein davon aus, wie Wissen organisiert sein sollte: Nämlich systematisch und hierarchisch strukturiert. Mit dem Gewebe von Geschichten der ersten Generation kann diese zweite Generation wenig anfangen. Es ist nicht so sehr der Umfang des Wissens als die Verfaßtheit der Episteme, von der sich das Überlegenheitsgefühl gegenüber der ersten Generation ableitet.

Man gewinnt den Eindruck, daß mit diesen beiden Generationen ein »Islam aus dem Bauch« einem »Islam aus dem Kopf« gegenübersteht. Der »Islam aus dem Bauch« wirkt in sich gegründeter und fester. Die Angehörigen der ersten Generation sind sich der Tatsache sehr bewußt, daß sie nicht so gut argumentieren können wie die jungen – aber sie lassen an gewissen Prinzipien nicht rütteln. Der »Islam aus dem Kopf« wirkt weit beweglicher und rationaler – aber man hat den Eindruck, daß er sich viel leichter manipulieren läßt. Tatsächlich hat diese Generation den kritischen Umgang mit der Schrift gelernt, huldigt aber den Autoritäten, die ihnen einmal eine bestimmte Perspektive eröffnet haben. Ein ausgeprägtes Gefühl für das Richtige bildet bei der ersten Generation eine gewisse Instanz der Überprüfung des Gewußten – und geht einher mit einer Ahnung von den Gefahren des intellektuellen Sich-Versteigens. Dieses Gefühl fehlt bei der zweiten Generation: Für sie ist Wahrheit nichts als Wahrheit und ein Zweifel, der nicht begründet werden kann, ist schlicht irrational.

Zur Kritik von Fundamentalismustheorien

Der Fundamentalismus, der islamische zumal, wird im Diskurs der Wissenschaft, dem Diskurs der Medien und nicht zuletzt dem Alltagsdiskurs als das Andere schlechthin gefaßt. In einem früheren Text (Schiffauer 1995) habe ich mehrere Fundamentalismustheorien (Riesebrodt 1990, Kepel 1991, Sivan 1985, 1995, Mernissi 1992 und Tibi 1992) einer vergleichenden Analyse unterzogen und versucht, nachzuweisen, daß sie bei allen Differenzen im Detail den gleichen Konstruktionsprinzipien folgen. Sie thematisieren den Fundamentalismus als Bedrohung des eigenen. Je nachdem, was als Kern des eigenen gesehen wird – die Moderne, die *civilisation,* die Selbstreflexion, die zivile Gesellschaft, die Vernunft der Aufklärung –, wird auch das Phänomen selbst, also »der Fundamentalismus« gefaßt: als patriarchalische Protestbewegung, als eine Bewegung, die die Trennung von Staat und Religion aufheben will, als radikal weltfeindliche und sektiererische Haltung, als totalitäre, als antiwestlicher Widerstand mit totalitären Zügen. Davon ausgehend werden in einem zweiten Schritt sehr verschiedene Gruppen als Träger fundamentalistischer Einschätzungen identifiziert. Entsprechend unterschiedlich fällt die Motivkonstruktion aus. Nur einige Beispiele: Martin Riesebrodt lokalisiert den Fundamentalismus in einem traditionalen Milieu, das von Entwicklungen der Moderne bedroht wird und sich deshalb dieser Form der Religion zuwendet – sein Beispiel sind die Basaris in Teheran. Gilles Kepel hält eine Generation für besonders gefährdet, der der gesellschaftliche Aufstieg zunächst (über den Zugang zu höheren Bildungsinstitutionen) versprochen und dann vorenthalten wurde, und nennt als Motiv den Protest gegen Ungerechtigkeit. Er bezieht sich auf jugendliche Akademiker ländlicher Herkunft in Algerien. Emmanuel Sivan sieht in islamischen postkolonialistischen Intellektuellen die Träger und benennt als Motiv den Widerstand gegen eine als Kulturimperialismus des Westens erlebte Umgestaltung des Alltags. Er belegt dies mit der Szene um Sayyid Qutb im Ägypten der fünfziger und sechziger Jahre. Für Fatma Mernissi sind es Jugendliche der unteren Schichten, die sich aus Angst vor dem Scheitern dem Fundamentalismus zuwenden. Für Bassam Tibi ist schließlich die Mehrzahl der Muslime fundamentalistisch, weil sie an dem Dogma der

Verbalinspiration festhält und damit das Reflexiv-Werden des Religiösen nicht zuläßt.

Für diese Beliebigkeit gibt es einen wissenschaftstheoretischen Grund. Es handelt sich nämlich um Beispiele für »Alterierungsdiskurse«, wie sie in den letzten Jahren in der Ethnologie an anderen Fällen (Orientalismus, Primitive Kulturen) erfolgreich dekonstruiert wurden: Ähnlich den Kategorien »Traditionale Gesellschaften« oder »Afrikanische Kultur« wird mit »Fundamentalismus« das Andere auf der Folie des Eigenen gebildet – man entwirft ein Bild der Eigenen Gesellschaft (als zivilisiert, fortgeschritten, modern, aufgeklärt, rational) und konstruiert auf diesem Hintergrund den anderen als »Vorläufer« oder als »Gegenspieler«. Alltagssprachlich formuliert: Das Andere wird als Projektionsfläche für die eigenen Ängste benutzt. Und da im Fall von »Fundamentalismus« dieses Andere über Macht zu verfügen scheint – man fürchtet eine *reconquête du monde* (Kepel) –, wird es nicht selten mit mythischen Qualitäten ausgestattet: Es wirkt nicht nur befremdlich, sondern auch bedrohlich, in einem genauen theologischen Sinn böse. Es gehört zu dieser mythisierenden Betrachtung, daß das Andere (ebenso wie das Eigene) als Einheit gezeichnet wird – man spricht von »dem« Fundamentalismus, als ob sich die große Vielfalt der Bewegungen auf einen Nenner bringen ließen, ebenso wie von »der« Moderne, als ob technische Moderne, philosophische Moderne, bestimmte Tausch- und Distributionsformen und schließlich eine bestimmte Form politischer Verfaßtheit ein in sich gefügtes System bildeten.[27] Anscheinend braucht man gerade in Zeiten, in denen die Selbstverständlichkeit des Eigenen verlorengegangen ist, einen derartigen Gegenspieler zur Selbstvergewisserung. Selbst Theoretiker, die sich andernorts durchaus kritisch zur Moderne äußern – etwa im Sinne der Dialektik der Aufklärung – können mit dem Bezug auf den Fundamentalismus zumindest genau angeben, was sie *nicht* sind.[28]

Wenn das Andere derart in Absetzung zum Eigenen konstruiert wird, ist eine Verzerrung fast unvermeidlich. Die begriffliche

---

27 Dieser Zug der Vereinheitlichung tritt besonders hervor, wenn zu Beginn der Darstellung eine Beschwörung der Vielschichtigkeit des Phänomens steht – bloß um dann wieder über »den« Fundamentalismus oder »die« Fundamentalisten allgemeine Aussagen zu machen. Siehe u. a. Parekh 1991 oder Marty und Appleby 1992/1996.
28 Siehe in diesem Zusammenhang etwa Tibi 1992 oder Meyer 1989.

Schieflage wird dabei durch die empirische Forschung tendenziell eher bestätigt als widerlegt: Wer erst einmal ein bestimmtes Untersuchungsfeld abgesteckt hat, der findet auch, was er sucht,[29] und kann dann nur noch am Detail Korrekturen anbringen.[30] Meine Einwände beziehen sich daher auch nicht auf die empirischen Ergebnisse der genannten Untersuchungen (im Gegenteil – die meisten zeichnen sich durch große Sorgfalt aus), sondern auf ihre grundsätzliche konzeptuelle Ausrichtung.

Problematisch sind diese Theoriekonstruktionen jedoch noch aus einem zweiten Grund. So verschieden die Positionen im einzelnen sind, so liegt ihnen doch ein einfacher Dreischritt zugrunde: 1) »Der« Fundamentalismus ist falsch (weil irrational, undemokratisch, vormodern, intolerant). 2) Die Anhänger einer falschen Position müssen einen Grund haben, sich für das Falsche statt für das Richtige zu entscheiden. 3) Der Grund kann nur in einem psychischen, sozialen oder kulturellen Defizit liegen: Anhänger radikaler religiöser Positionen sind entweder nicht in der Lage, die Herausforderungen der Moderne zu bewältigen (psychisches Defizit), und/oder sind Modernisierungsverlierer, Ausgegrenzte oder Diskriminierte (soziales Defizit) und/oder sind Angehörige einer Religion, die fundamentalistische Züge hat (kulturelles Defizit).

Dies verstellt nicht nur das Erkennen der Sache, sondern ist auch intellektuell unredlich. In vielem ähneln die Positionen des politischen Islam (und der Stil, in dem sie vorgetragen werden) denjenigen, die Ende der sechziger, Anfang der siebziger Jahre besonders in maoistisch geprägten Zirkeln vertreten wurden.[31] Oft scheint es so, als ob nur die Vorzeichen vertauscht wären. Nicht zuletzt diese Parallelen sind für mich ein Grund dafür, eine Symmetrie in der Behandlung einzufordern: Genausowenig wie man den politischen Radikalismus der sechziger und siebziger Jahre

---

29 In einer bemerkenswert transparenten Weise zeigt dies die Untersuchung von Heitmeyer 1997.
30 So sind die Zeugen Jehovas für Martin Riesebrodt 1990 keine Fundamentalisten, weil sie dem Schema des mythischen Regresses nicht entsprechen; ganz analog schließen Almond, Sivan und Appleby (1995:402), die den Fundamentalismus als Skripturalismus definieren, die Pfingstler und Sufi-Orden aus.
31 Die Belletristik ist offenbar eher in der Lage, dem Rechnung zu tragen, als die meisten soziologischen Theoretiker. Sehr deutlich wird die Parallele der altlinken und der islamistischen Diskurse von Kureishi 1995/1997 herausgearbeitet. Ausnahmen auf seiten der Theorie sind die Analysen Seuferts (1997a, 1997 b) und Roys (1992/ 1994).

durch Defizithypothesen erklären kann (schließlich war der studentische Radikalismus getragen von Bürgerkindern in einer noch boomenden Weltwirtschaft), läßt sich heute der »Fundamentalismus« darauf zurückführen.

Es war mein Anliegen, in dieser Untersuchung jeglichen soziologischen, psychologischen und kulturalistischen Reduktionismus zu vermeiden. Dabei waren die in jüngerer Zeit im Umkreis der Wissenschaftsanthropologie und der Techniksoziologie entwickelten Ansätze für mich besonders bedeutsam. In diesen beiden Bereichen steht man vor dem Problem, das in der Sozialanthropologie mit »studying up« bezeichnet wurde: Bei der Untersuchung von akademischen Denkkollektiven und Wissenschaftskulturen hat man es mit ebenbürtigen Partnern zu tun, die in der Lage sind, die über sie verfaßten Texte zu lesen und kritisch zu kommentieren. Unter dieser Herausforderung wurde unter anderem von Knorr-Cetina (1981), Latour (1986/1987) und Callon (1986) ein radikal konstruktivistischer Ansatz entwickelt. Dieser Ansatz betrachtet den eigenen Standpunkt als genauso relativ und bedingt wie den Standpunkt derjenigen, die man untersucht, und bezieht dies systematisch in das Untersuchungsdesign mit ein. Dies läuft im Prinzip darauf hinaus, daß dieselben Erklärungsstrategien, die bei der Beschreibung anderer in Anschlag kommen, grundsätzlich auch auf den Forscher selbst anwendbar sein müssen. Aus diesem Axiom leiten sich mehrere Prinzipien ab. Erstens: Man kann keinen überlegenen Beobachterstandort mehr für sich reklamieren. Der Sozialwissenschaftler hat keinen privilegierten Zugang zur Wahrheit – er beschreibt zwar ein Phänomen aus einer bestimmten Perspektive, von der aus er anderes sieht als diejenigen, die im Feld stehen. Aber sein Beobachterstandort ist nur einer von vielen möglichen (Prinzip des Agnostizismus). Zweitens: Die gleiche Beobachtersprache muß auf den Forscher und auf den Untersuchten anwendbar sein. Die Wirklichkeitskonstruktion des Sozialwissenschaftlers ist im Prinzip genauso beschreibbar wie die der von ihm Untersuchten (Prinzip der Symmetrie). Drittens: Die Wirklichkeitskonstruktionen der Untersuchten sind als denkbare und mögliche Beschreibungssprachen ernstzunehmen (Prinzip des Relativismus).

Diese Postulate wurden hier auf die Untersuchung des Islamismus angewandt. Dem Prinzip des Agnostizismus folgend, habe ich Kausalkonstruktionen bewußt vermieden, mit denen von einem überlegenen Standort aus erklärt wird, was Islamismus »eigentlich« ist (was – wie bereits gesagt – meistens auf die Postulierung eines Defizits hinausläuft). Aus dem Prinzip der Symmetrie folgt, bei der Untersuchung einer religiösen Perspektive nicht anders zu verfahren als bei der Analyse wissenschaftlicher Paradigmen (um nur ein Beispiel zu nennen). Es macht für die Beschreibung zunächst keinen Unterschied, ob man es mit einer wissenschaftlichen Erleuchtung oder einer religiösen Offenbarung zu tun hat.[32] In beiden Fällen stellt sich die Frage, wie sich Ideen durchsetzen und wie sie in diesem Prozeß an Evidenz gewinnen. Aus dem Prinzip des radikalen Relativismus folgt schließlich, die verhandelten Weltbilder als mögliche und deshalb ernstzunehmende Wirklichkeitskonstruktionen zu behandeln – als genauso berechtigt oder unberechtigt wie andere Weltbilder. Dies bedeutet insbesondere, auf alle Wertungen zu verzichten, wie sie gerade in der Behandlung von fundamentalistischer Religion zirkulieren, etwa zwischen »eigentlichem« Islam und »entstelltem« Islam und so weiter. Und es erfordert den Verzicht auf den Begriff »Fundamentalismus« selbst, der inzwischen zum denunziatorischen Kampfbegriff geworden ist.

Ich versuchte, diese Prinzipien umzusetzen, indem ich den Gegenstand der Untersuchung als »Diskursfeld« konzipierte – als ein Feld, in dem in Aushandlungs-, Auseinandersetzungs- und Inszenierungsprozessen Deutungen entwickelt und durchgesetzt werden.[33] Der Begriff kritisiert eine Auffassung von Religion als »Symbolsystem«, die seit Malinowski in der Ethnologie dominierend war und die in Geertz' berühmter Definition kulminierte: »Religion ist (1) ein Symbolsystem, das darauf zielt (2) starke, umfassende und dauerhafte Stimmungen und Motivationen in den Menschen zu schaffen, (3) indem es Vorstellungen einer allge-

---

32 Besonders eloquent wird der Punkt bei Stark 1992 vorgetragen.

33 Der Begriff des Diskursfelds verknüpft die Diskursanalyse Foucaults (die Diskurse als wirkungsmächtige Praxen begreift, mit denen sich soziale Wirklichkeit konstituiert und institutionalisiert) mit der Konzeption des Sozialen Raums beziehungsweise des Symbolischen Kampfes bei Bourdieu 1972/1976, 1982. Mit der Zusammenführung der beiden Ansätze werden vor allem drei Aspekte stärker als in der herkömmlichen Diskursanalyse betont: 1) Die Bedeutung des Raums *zwischen* den Diskursen: Ein Diskurs läßt sich nur in der (impliziten oder expliziten) Auseinandersetzung mit anderen Diskursen fassen. 2) Die Praxis des Verfertigen der Diskurse, des Machens von Repräsentationen. 3) Die Konstitution von Kollektiven, von Institutionen und Organisationen als Trägern von Diskursen.

meinen Seinsordnung formuliert und (4) diese Vorstellungen mit einer solchen Aura von Faktizität umgibt, daß (5) die Stimmungen und Motivationen völlig der Wirklichkeit zu entsprechen scheinen« (1983:48). Die Begriffe Symbolsystem und Seinsordnung implizieren die Vorstellung eines in sich weitgehend kohärenten Verweisungszusammenhangs von Ideen und Symbolen, der sich um Kernideen (wie beispielsweise die protestantische Berufsidee) gruppiert und nach außen abgrenzbar ist. Dieses Symbolsystem wird, so die Annahme, von den Angehörigen einer Religion internalisiert und deshalb weitgehend geteilt. Mit dem Paradigma des Symbolsystems wird das Augenmerk auf die innere Logik und Struktur eines religiösen Gedankengebäudes gelegt. Mit dem Begriff des Diskursfelds wird dagegen die Dynamik des religiösen Denkens betont: Ein Diskursfeld ist eine Arena, in der verschiedene Akteure symbolische Kämpfe austragen. Eine Religionsgemeinschaft wird damit weniger als eine Gruppe konzipiert, die ein Symbolsystem teilt, sondern als ein offenes Netzwerk von sich immer neu gruppierenden Gläubigen, in dem über Deutungen und Bedeutungen gestritten wird. Dies läßt sich verdeutlichen, wenn wir anhand eines Schemas noch einmal einen Blick auf das Diskursfeld werfen, um das es in dieser Untersuchung ging.

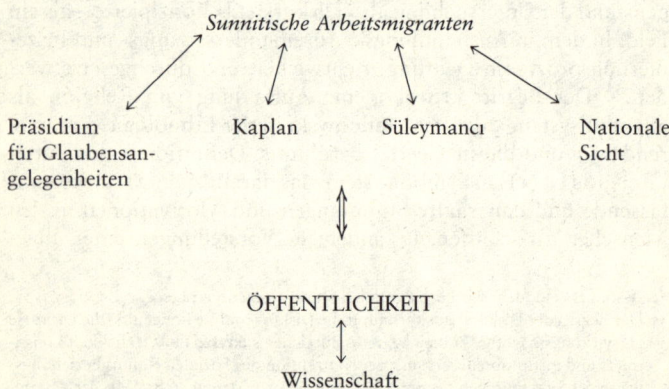

Sunnitische Arbeitsmigranten

Präsidium für Glaubensangelegenheiten   Kaplan   Süleymancı   Nationale Sicht

ÖFFENTLICHKEIT

Wissenschaft

In diesem Schema sind die Akteure vertreten, die wir untersucht haben. Wichtig sind zunächst die islamischen Organisationen, die jeweils eine bestimmte Auffassung vom Islam vertreten. Sie unterscheiden sich in der Frage, welche Konsequenzen aus dem Dogma in der heutigen Zeit zu ziehen sind. Die Durchsetzung ihrer Auffassung hängt davon ab, wie sehr es ihnen gelingt, die Zielgruppe, also die sunnitischen Arbeitsmigranten, anzusprechen, sie für sich zu gewinnen und von ihnen als Sprecher anerkannt zu werden. Je »gewichtiger« die Gemeinde ist, die sie um sich scharen, desto größer ist ihre Bedeutung – wobei wir gesehen haben, daß umstritten ist, was »gewichtig« hier heißt. Das Präsidium mag zahlenmäßig die meisten Gläubigen ansprechen; die anderen Organisationen halten dagegen, daß sie die engagierteren Muslime ansprechen (und Kaplan die engagiertesten). Bei diesem Kampf um Meinungsführerschaft spielen drei Praktiken eine Rolle:

1. Die Praxis der Repräsentation. Der Kampf um Meinungsführerschaft wird zum einen dadurch entschieden, ob es einem religiösen Führer gelingt, seine Zielgruppe, hier die sunnitischen Arbeitsmigranten, anzusprechen und sie für sich zu gewinnen. Der Begriff der Repräsentation verweist auf die Vielschichtigkeit dieses Prozesses: Repräsentieren bedeutet zunächst: »ein Bild von etwas entwerfen«, in diesem Fall also eine den Gläubigen plausible Deutung vom Islam in der Gegenwart zu geben. Daneben bedeutet repräsentieren: »für jemand anderen zu sprechen beziehungsweise jemanden (politisch) zu vertreten«. In diesem zweifachen Prozeß konstituieren sich Kollektive, die sich in dem Sprecher und in dem Bild wiedererkennen. Dabei ist es durchaus sinnvoll, diesen Pfeil in beide Richtungen weisen zu lassen, denn die Ausarbeitung einer Repräsentation und die Konstituierung eines Repräsentanten trägt alle Züge eines Aushandlungsprozesses: Das Deutungsangebot der jeweiligen Prediger muß an die Erfahrungen der Gläubigen anschließen; andererseits konstituiert sich Erfahrung auch in dieser Begegnung, gewinnt der Gläubige in ihr seine »Identität«. Aber auch die Repräsentation selbst verändert sich in diesem Prozeß: Wie wir gesehen haben, entfaltete sich die Ausdifferenzierung von Kaplans Lehre zum Teil in dem Versuch, die Gläubigen zu halten.

2. Die Praxis des symbolischen Kampfes (Bourdieu). Wer Anhänger für seine Position gewinnen will, muß sie aus anderen Zusammenhängen herauslösen – sie müssen von anderen Gemeinden getrennt, von den dort kursierenden Ideen entfremdet und gegen konkurrierende Deutungen immunisiert werden. Explizit oder implizit werden in diesem Prozeß die eigenen Positionen *gegen* die anderen Positionen entwickelt. Man kann des-

halb eine Deutung nur verstehen, wenn man sieht, wie sie sich von anderen absetzt. Wir haben dies oben bei der Beschreibung der islamischen Debatten entfaltet. Wie man gerade an der Kaplan-Gemeinde sieht, führt eine symbolische nicht selten zu einer sozialen Abgrenzung und umgekehrt. Grenzziehungen entfalten deshalb oft ihre eigene Dynamik. Am Ende der achtziger Jahre reichte Überzeugungsarbeit allein nicht mehr aus, um die Gläubigen erfolgreich von anderen Gemeinden fernzuhalten – sie mußte ergänzt werden durch eine Serie sozialer Abgrenzungen. Die wachsende Isolation der Gemeinde führte dann wiederum zu der beschriebenen Radikalisierung.

3. Die Beeinflussung der gesellschaftlichen Öffentlichkeit. Eine Repräsentation lebt nicht nur von ihrer Überzeugungskraft alleine, sondern auch von dem Erfolg in der weiteren politischen Arena. Man muß einem Repräsentanten nicht in allen Punkt recht geben, solange er erfolgreich einen Teil der eigenen Anliegen vertritt. In der Beziehung zwischen dem Repräsentanten und der Öffentlichkeit spielt die Außendarstellung einer Bewegung, die *Inszenierung* eine entscheidende Rolle. Auch hier haben wir gesehen, wie sich eine Eigendynamik entfaltet und eine gelungene Inszenierung auf die Repräsentation zurückwirkt. Dies ist vor allem deshalb wichtig, weil damit ein extrinsisches Moment bedeutsam wird: Was der richtige Islam ist, wird nicht nur untereinander entschieden, sondern auch in der Auseinandersetzung mit der nicht-islamischen Öffentlichkeit. Die Kaplan-Gemeinde gelangte in die Medien, indem sie das Stereotyp bediente, das in Öffentlichkeit und Wissenschaft vom Islam zirkuliert – das Bild eines charismatischen Mullah, der einer agitierten, zur Gewalt bereiten Gemeinde vorsteht. Die Wohlfahrtspartei versucht umgekehrt, in die Medien zu kommen, indem sie sich bewußt modern gibt – und sich damit vom oben genannten Stereotyp distanziert.

In dem Kampf um Sprecherschaft wirken diese drei Prozesse teils gegeneinander, teils aufeinander, teils miteinander. Die Positionen, die von einzelnen Akteuren in einem derartigen Feld eingenommen werden, lassen sich ebenso wie die Symbole, mit denen sie sich darstellen, nur aus der sich aus dem Zusammenspiel ergebenden Dynamik des Diskursfelds verstehen.

Auf diesem Hintergrund lassen sich nun einige Unterschiede zwischen Diskursfeld und Symbolsystem benennen:

1. Im Vergleich zum Symbolsystem wird durch den Begriff des Diskursfelds das Augenmerk primär auf die innere Dynamik des religiösen Denkens gerichtet. Ein dem Begriff des Systems oder der Struktur verpflichtetes Denken befaßt sich zwar auch mit Prozessen, faßt diese aber primär in der Begrifflichkeit von Assimilation (Integration eines neuen Elements in eine vorhandene Struktur) und Akkomodation (Transformation von Struktur). Diese Unterscheidungen werden mit dem Begriff des Diskursfeldes zwar nicht aufgegeben, aber es wird die prinzipielle Verschachtelung beider Aspekte in jedem einzelnen kommunikativen Akt betont. Phasen von Strukturkontinuität und Strukturtransformation lassen sich damit nicht mehr eindeutig unterscheiden – an die Stelle einer Beschreibungsform, die die Dramatik der großen Umbrüche betont, tritt eine Beschreibung, die das kontinuierliche Spiel der *differance* (Derrida) in das Zentrum stellt.

   Mit dieser Verschiebung des Augenmerks korrespondiert eine Verkehrung von Explanans und Explanandum. Wenn man Religion als Symbolsystem faßt, dann stellt sich die Frage von religiösem Wandel als erklärungsbedürftig dar; geht man dagegen von Religion als Diskursfeld aus, dann wird religiöse Konstanz zum erklärungsbedürftigen Phänomen. Wie kommt es zur Festigung von Positionen in einem Feld, das sich durch ständige Verschiebungen auszeichnet?

2. Ein weiterer Unterschied zwischen dem Begriff des Diskursfelds und dem des Symbolsystems ergibt sich in bezug auf Fragen der Behandlung von Grenzen. Während der Begriff des Systems (beziehungsweise der Struktur) den Begriff der Grenze voraussetzt, bezeichnet der Begriff des Diskursfeldes ein nach außen hin offenes Phänomen. Ein Diskursfeld läßt sich zwar in gewissem Sinn auch abgrenzen (so kann man vom Diskursfeld der sunnitischen Gemeinden türkischer Migranten in Augsburg reden), aber diese Abgrenzung ist nur heuristisch gerechtfertigt. Sie bezieht sich auf Akteure, die im Hinblick auf eine Frage intensiver untereinander agieren als mit anderen. Dies heißt nicht, daß sie in Hinblick auf andere Fragen sich nicht viel sinnvoller anderen Diskursfeldern zuordnen lassen.[34] So ist die

---

34 Vielleicht hilft ein Beispiel zur Klärung: Die deutschsprachige Ethnologie kann als Diskursfeld aufgefaßt werden und damit (in Hinblick auf eine bestimmte Fragestellung) als ein abgrenzbares Untersuchungsfeld. Gleichzeitig ist deutlich, daß

Nationale Sicht ebenso Teil des Diskursfelds »sunnitische Gemeinden« wie Teil des Felds »türkische parlamentarische Parteien«. Offen ist das Diskursfeld aber auch, weil die Auseinandersetzungen in ihm gar nicht verstanden werden können, wenn man nicht das weitere Feld und außenstehende Akteure einbezieht. Wie oben gezeigt, lassen sich die symbolischen Auseinandersetzungen der islamistischen Gemeinden untereinander nicht verstehen, wenn man die Rolle der laizistischen Presse außer acht läßt. Die Klischees, die in der Presse über den Fundamentalismus zirkulieren, sind maßgeblich an der Ausformung der Repräsentationen beteiligt – ob man sie nun bewußt (wie die Kaplan-Gemeinde) bedient oder sich von ihnen bewußt absetzt.

3. Während die Begriffe Struktur beziehungsweise System religiöse Symbole primär unter dem Aspekt der inneren Kohärenz fassen, treten mit dem Begriff des Diskursfelds gerade auch die Brüche und Inkonsistenzen zutage – schon deshalb, weil die Grenzen offen sind und deshalb Einflüsse von außen ständig die Entwicklung von Repräsentationen bestimmen. Darüber hinaus aber werden bei der Analyse die Phänomene »Kommunikation« und »Verstehen« systematisch voneinander getrennt. Akteure in einem Diskursfeld beziehen sich partiell aufeinander – was aber gerade nicht heißt, daß sie sich verstehen. Bei jedem einzelnen Kommunikationsakt wird ebensoviel mißverstanden wie verstanden, wird sich aufeinander bezogen und aneinander vorbeigeredet. Gerade das spannungsreiche Verhältnis von Verstehen und Nicht-Verstehen (das von einem »produktiven Mißverständnis« bis hin zu »gewolltem Mißverstehen« führen kann) ist für die Untersuchung eines Diskursfelds von entscheidender Bedeutung.

In unserer Untersuchung zeigte sich dies besonders im Umgang mit den Narrativen. Der gemeinsame Bezug auf die große Erzählung vom Wirken Muhammeds gewährleistet keineswegs ein »Verstehen«. Statt dessen werden bestimmte Erzählungen gegen andere gestellt. Tatsächlich scheint sich in vieler Hinsicht das Gemeinsame darin zu erschöpfen, *daß* man sich auf einen Corpus

dieses Feld nach außen hin in jeder Hinsicht offen ist und sich mit anderen Diskursfeldern überlappt – den »Kulturwissenschaften«, den »Sozialwissenschaften«, den Diskursfeldern, die durch die jeweiligen Heimatuniversitäten gegeben sind.

von Geschichten und Bildern geeinigt hat, nicht aber auf ihre Bedeutung.[35]

Nun würde man das Kind mit dem Bade ausschütten, wenn man jegliche Ähnlichkeit von Angehörigen einer Religionsgruppe leugnen würde. Tatsächlich entstehen Gemeinsamkeiten an einem Ort, der von Auseinandersetzungen geprägt ist – und zwar deshalb, weil zwei Positionen, die sich voneinander absetzen (oder einander mißverstehen) noch einen Bezugspunkt teilen: Man streitet sich um »etwas«, man versteht »etwas« unterschiedlich. Von allen Angehörigen eines Diskursfelds geteilte Überzeugungen, Haltungen und Werte sind jedoch die Ausnahme. Was man vielmehr findet, ist ein Geflecht von überlappenden »Familienähnlichkeiten«, wie sie Wittgenstein definiert hat: »denn so übergreifen und kreuzen sich die verschiedenen Ähnlichkeiten, die zwischen den Gliedern einer Familie bestehen: Wuchs, Gesichtszüge, Augenfarbe, Gang, Temperament, etc.etc.« (Philosophische Untersuchungen § 57). Familienmitglied A teilt also mit dem Mitglied B Wuchs, Gesichtszüge und Augenfarbe, B mit C Gesichtszüge, Augenfarbe und Gang; C mit D Gang und Temperament. Obwohl D und A kein gemeinsames Merkmal haben, sind sie über die Ähnlichkeiten mit B und C miteinander verbunden. Ebenso verhält es sich mit den Positionen im Diskursfeld: A teilt mit B den Bezug auf eine Geschichte, die er allerdings anders interpretiert, B teilt mit C den Versuch, offensiv Pressearbeit zu machen, und unterwirft sich den Diktaten der Inszenierung für Dritte, C teilt mit D den Versuch, an eine bestimmte Tradition (beispielsweise die Mystik) anzuknüpfen. Auch hier gibt es kein durchgängiges Merkmal – und dennoch sind die Positionen direkt oder indirekt miteinander verknüpft.

Da jede Kommunikation – und sei sie noch so mißverständlich – eine Anknüpfung herstellt, kann a posteriori (allerdings meist mit etwas Gewalt) eine Rechtfertigung dafür gefunden werden, warum eine Entwicklung so und nicht anders laufen mußte: A posteriori läßt sich eine Religion immer als Einheit wahrnehmen und beispielsweise von *dem* Islam sprechen. Auf diese Weise konnte die Illusion einer religiösen Identität entstehen, die Illusion eines Zentrums, einer Grenze, eines Telos, eines Ursprungs, eines Geheimnisses, einer Religion. Auch hier gilt im Prinzip, was oben bereits in bezug auf Kontinuität und Wandel ausgeführt wurde.

35 Anthony P. Cohen (1985) verweist analog darauf, daß das Gefühl von Gemeinschaft sich auf die Form und nicht auf den Inhalt von Symbolen bezieht.

Nicht mehr die Differenz ist das zu Erklärende, sondern das Gemeinsame. Erstaunlich ist weniger die Pluralität der Erscheinungsformen, unter denen der Islam auftritt, als die Tatsache, daß man trotz allem in manchen Zusammenhängen von *dem* Islam sprechen kann.

Unter dieser Perspektive betrachtet erscheint der politische Islam in einem anderen Licht. Vor allem die dem Fundamentalismusdiskurs zugrundeliegende Entgegensetzung von Fremdem und Eigenem löst sich auf.

Zunächst zerfallen große Oppositionen wie christlich-europäisch versus islamisch-orientalisch, Moderne versus Traditionalismus, Rationalität versus Irrationalität in ein Kaleidoskop komplex ineinander verschachtelter Differenzen, die sich nicht mehr auf *einen* Gegensatz bringen lassen. Die jungen Islamisten beziehen sich zwar auf den verklärten Urzustand der Gemeinde, tun dies aber auf eine bemerkenswert »moderne« Weise, wenn sie den Koran und die Hadith mit dem intellektuellen Rüstzeug lesen, das sie an deutschen Gymnasien und Universitäten erworben haben. Die Konstruktion eines authentischen Urzustands selbst dürfte eher dem Geist der europäischen Romantik verpflichtet sein als dem des Islam.[36] Auch kombiniert sich bei den jungen Revolutionären dieser Rückgriff auf ein goldenes Zeitalter mit einer Kritik von Ausbeutung, Kulturimperialismus und der Reklamation eines eigenen Wegs in die Moderne. Hier wird das Eigene unter einer Perspektive wahrgenommen, die Fanon und Mao ebensoviel schuldet wie Muhammed.

Sinnlich erfahrbar wird dies bei den Versammlungen der Gemeinde. Kaplan mag seinen Anhängern zurufen: Ihr seid in der Situation von Aquaba (siehe oben S. 222), aber die ganze Atmosphäre im Saal – Spruchbänder, Einpeitscher mit Megaphonen, revolutionäre Marschmusik – erinnert mehr an die Veranstaltungen der radikalen Linken der frühen siebziger Jahre (oder der PKK der achtziger Jahre) als an die ruhige Atmosphäre einer Moschee.

Ein anderes Beispiel stellt der Sprachgebrauch dar. Kaplan mußte sich gegenüber konservativen islamischen Kritikern rechtfertigen, aus dem westlichen Diskurs entlehnte Fremdwörter wie »Föderation« und »Methode« verwendet zu haben.[37] Andernorts

36 Siehe Aziz Al-Azmeh (1993/1996).
37 In seiner Predigt *Devlet Bulunmaz bir Nimmettir* (»Der Staat ist ein selten anzutreffendes Glück«) 1993.

redete er von »Glaubens-, Meinungs- und Gewissensfreiheit« und von »Menschenrechten.«[38] Seyfullah kleidete seine Kritik an Atatürk in die Rhetorik des Antifaschismus. Was sich hier einspielt, könnte man als diskursive Assimilation bezeichnen. Während die klassische islamische Tradition sich streng auf Hadith und Koran bezieht – mithin auf eine eigene Texttradition –, integrieren Kaplan und seine Anhänger auch Diskurse, die unverkennbar westlich sind. Während die Anhänger Kaplans sich auf der manifesten Ebene als radikale Gegner des Westens stilisieren, drücken sie sich gleichzeitig im Idiom des Westens aus. Der inszenierte Kulturkonflikt geht Hand in Hand mit einer Akkulturation in das westlich dominierte globale Diskursfeld und damit der Übernahme westlicher Werte und Orientierungen (siehe auch Seufert 1997a:491).

Zweitens muß gegen die in der Opposition Fundamentalismus – Moderne enthaltene Unterstellung einer unilinearen Entwicklung die ständige Gleichzeitigkeit gegenläufiger Tendenzen betont werden. Die Anhänger Kaplans kleideten sich (auch nach ihrem eigenen Verständnis) im Lauf der Jahre immer »traditionalistischer« (und trugen auch im Alltag die weiten islamischen Gewänder und den Turban). Diese Entwicklung wurde aber im wesentlichen von jungen türkischen Intellektuellen der zweiten und dritten Generation getragen, die nach allen Maßgaben sozioökonomischer Art wesentlich »integrierter« und »moderner« sind als ihre Eltern. Eine erhöhte Akkulturation bedeutet also nicht notwendigerweise Auflösung der Differenz und Verwestlichung, sondern kann auch mit Inszenierung von Unterschieden und bewußter Betonung von Archaismen einhergehen. Dabei geht es vielen nicht um das Herausoptieren aus der Zivilgesellschaft, sondern um die Suche nach Anerkennung in der Zivilgesellschaft.

In diesem Zusammenhang ist noch ein weiterer Aspekt wichtig. In vieler Hinsicht scheint der methodisch rigorose Islam der Migranten in Deutschland eine ähnliche Rolle zu spielen wie der protestantische Fundamentalismus – etwa eines John Wesley – im England des frühen 19. Jahrhunderts. Angesichts anomischer Tendenzen bietet er Halt und Orientierung (Valenze 1985). In unserem Fall zeigen die oben erwähnten »Geretteten«, daß die Hinwendung zum Islam mit einer Abkehr von Alkohol- und Rauschgiftkonsum einhergeht. Wichtig ist auch, daß der konsequent gelebte

38 *Hilafet ve Halife* (»Das Kalifat und der Kalif«) 1994.

Islam ebenfalls häufig eine Sozialcharta bietet, auf die gerade auch die Männer verpflichtet werden können.[39] Nicht zuletzt scheint gerade eine bewußte islamische Erziehung eine wichtige Bastion gegen das Abgleiten in Delinquenz zu sein. In der von Hermann Tertilt untersuchten Jugendbande war es bemerkenswerterweise der aus einem islamischen Elternhaus stammende »Arif«, der es als einziger schaffte, sich dem Gruppendruck zu entziehen und sich von Straftaten fernzuhalten (Tertilt 1996:153).[40] So gesehen sind die gelungenen Bildungskarrieren vieler junger Kaplan-Anhänger weniger überraschend, als es auf den ersten Blick erscheint. Ein inszenierter Archaismus steht nicht nur nicht im Widerspruch zur »Moderne«, sondern erlaubt oft gerade ihre Aneignung. Sicherlich ist das Regelwerk, auf das eine derartige religiöse Praxis die Gläubigen verpflichtet, äußerlich und rigide – aber seine Internalisierung hat schon wiederholt in der nächsten oder übernächsten Generation den innengeleiteten, einer innerweltlichen Askese verpflichteten Menschen hervorgebracht, der für die Moderne zum Leitbild geworden ist. In diesem Fall wäre aus einem Panzer ein Skelett geworden.

Drittens muß schließlich gegen das Denken in Substanzen, Kontinuitäten und Entitäten betont werden, daß der Islam eine Religion darstellt, die ständig im Fluß ist. Sicher gibt es Kontexte, in denen es weiterhin Sinn macht, von »dem« Islam zu sprechen – etwa wenn man überlegt, wer sich einem Diskursfeld zurechnet, also sich »als Muslim« aufeinander bezieht. Ein derart konstituiertes Kollektivsubjekt ist jedoch höchst artifiziell. Je genauer man hinblickt, desto mehr zerfällt die vorgebliche Einheit in eine Vielzahl von Stimmen – so daß es immer schwieriger und zum Schluß unmöglich wird anzugeben, wofür »der Islam« steht. Nicht nur entstehen ständig neue Positionen im Diskursfeld, sondern die Anhänger einer Position revidieren auch ständig ihre Meinungen. Und man hat es mit einem selbstregulativen System zu tun: Jede Radikalisierung einer Fraktion weckt in der Regel Gegenkräfte einer anderen. Die Rezeption westlicher Konzepte durch den radikal politischen Islam (die zweifellos totalitäre Tendenzen birgt) ist möglicherweise die notwendige Voraussetzung für die Genese eines »postmodernen« staatskritischen Islam, wie er sich in einzel-

---

39 Vergleiche die Beschreibung von Fatma Eren in Schiffauer 1991:196-262.
40 Dieser Faktor wird bei Heitmeyers Beschwörung der islamistischen Gefahr (1997) völlig vernachlässigt.

nen Strömungen in der Türkei auch bereits abzeichnet. Nach Seufert betrachten die islamischen Postmodernisten im Gegensatz zu den Radikalen »alle traditionellen Kräfte mit (postmoderner) Sympathie, identifizieren sie mit zentripetalen, peripheren Elementen und sehen sich als Verfechter eines zivilen Islams, dem alle muslimischen Zusammenschlüsse der türkischen Gesellschaft zugehören, von den Orden und Schulen bis zu intellektuellen/theoretisierenden Zirkeln, vom Unternehmerverband bis zu den frommen Stiftungen. Einem so verstandenen zivilen Islam stellen sie den offiziellen Islam oder Staatsislam gegenüber, der primär von der Religionsbehörde repräsentiert wird (Seufert 1997a:442).« Angesichts dieser Entwicklung wird jede klare Scheidelinie zwischen fundamentalistischen und nicht fundamentalistischen Gruppierungen zweifelhaft: Der Begriff »Fundamentalismus« erscheint damit als ein Kampfbegriff, mit dem politische Gegner markiert werden – und nicht mehr als ein Begriff, der von der Sache gerechtfertigt wäre.

Wenn man von komplex relationierten Differenzen ausgeht, dann heißt dies nicht nur zu sehen, wo »die Anderen« Anleihen beim Eigenen machen – sondern auch, wo man selbst Anleihen beim Anderen macht und auf »fundamentalistische« Argumente zurückgreift oder »fundamentalistische« Positionen bezieht: Die Sehnsucht nach Eindeutigkeit und Wahrheit, ein Bekenntnis zu Konsequenz und Rigidität, die Forderung einer reinen Lehre, eine Selbstvergewisserung durch Rückkehr ad fontes, die Sehnsucht nach Kontrolle, Beherrschbarkeit, Vorhersehbarkeit von Lebensumständen, das Verlangen nach Grundsätzlichkeit – all diese Züge tragen etwas Fundamentalistisches, ohne daß man durch sie zum Fundamentalisten würde.

Dies einzugestehen, bedeutet eine Irritation zuzulassen. Die Islamisten sind uns nicht so fremd, wie es zunächst scheint. Wie wir alle suchen sie eine Antwort auf die neue Unübersichtlichkeit zu Beginn des neuen Jahrtausends. Wir alle stehen hilflos vor einer Situation, die durch die Entfesselung ökonomischer Kräfte, den Zerfall nationalstaatlicher Souveränität, wachsende Ungleichheit und die Zerstörung der natürlichen Ressourcen des Planeten gekennzeichnet ist. Dabei ist uns das Vertrauen in die große Vision der Moderne abhanden gekommen, nämlich der Glaube, durch wissenschaftlichen Fortschritt zu einer Überwindung von Ungleichheit, Elend, Ausbeutung zu gelangen – ein Glaube, der (sowohl in seiner sozialistischen als auch in seiner kapitalistischen Variante) noch Anfang der siebziger Jahre lebendig war. Mit dem Zerfall dieser großen Erzählung ist uns der feste Grund unter den Füßen zerfallen. Wir konstatieren einen rapiden Wandel, aber wir können eine Richtung weder erkennen, noch trauen wir uns zu, ihm eine sinnvolle Richtung geben zu können.

Es scheint unmöglich zu sein, angesichts dieser Situation zu einer befriedigenden Haltung zu kommen: Man kann sie sich ständig vor Augen führen – um den Preis, von ihr überwältigt und gelähmt zu werden. Man kann sie auch ignorieren und versuchen, sich durch *business as usual* irgendwie hindurchzulavieren – in der Hoffnung, nicht von den Katastrophen eingeholt zu werden. Man kann punktuell versuchen, Lebensbedingungen zu verändern und soziale Ungerechtigkeit anprangern – aber es bleibt das schale Gefühl, auf Nebenschauplätzen Zeichen zu setzen, die eher der Beruhigung des eigenen Gewissens dienen, als daß sie an der Sache etwas ändern. Man kann schließlich – wie die hier beschriebenen Männer – der Situation trotzen. Angesichts der Unmöglichkeit, einen archimedischen Punkt innerweltlich zu begründen, wählen sie einen transzendentalen Bezugspunkt und versuchen damit, die Agenda der Moderne zu retten – die Hoffnung, die Welt gestalten zu können und eine Antwort auf Elend, Gewalt und Unterdrückung zu finden. Letztendlich steht hier die verzweifelte Hoffnung Pate, daß nicht sein kann, was nicht sein darf – nämlich, daß wir den Kräften, die unsere Welt bestimmen, hilflos ausgesetzt sind und daß sich daran nichts ändern wird.

Wahrscheinlich kann man sich bei der letztgenannten Entscheidung leichter verrennen als bei den anderen Optionen. Die im Epilog kurz dargestellte Entwicklung der Kaplan-Gemeinde in den letzten Jahren ist dafür ein Beispiel. Dennoch ist die Einsicht wichtig, daß keine der Grundhaltungen eine Antwort bietet. Angesichts von globaler Gewalt und Zerstörung der Lebensgrundlagen sind weder Lähmung noch *business as usual*, noch Aktionismus oder heroischer Trotz sehr überzeugend. Wir scheinen dazu verurteilt zu sein, jede dieser Optionen durchzuspielen – und aus der fast notwendig sich ergebenden Erfahrung des Scheiterns uns dann der nächsten Option zuzuwenden. Aus einer solchen Abfolge entstehen spezifische Bildungsgeschichten – in denen revolutionäre Sicherheit, Aktionismus, Arbeit innerhalb des Systems, und Resignation einander ablösen. Hanif Kureishi (1995/1997)

hat in seinem »Schwarzen Album« eine entsprechende Bildungsgeschichte für einen jungen Muslim der zweiten Generation in London beschrieben.

Die Geschichte der hier vorgestellten Männer ist somit als Para-
bel für die Situation des Wissens zu Beginn des neuen Jahrtausends
zu lesen.

خلافت دولتى

HİLAFET
DEVLET

Epilog

Als Cemaleddin Kaplan am 15. Mai 1995 starb, bestellte er auf dem Sterbebett seinen Sohn Metin (geboren 1953) zum Nachfolger im Kalifat. Dem Sohn fehlte es am Charisma des Vaters, was er durch zunehmende Radikalisierung wettzumachen suchte. Dennoch gelang es ihm nicht, die Gemeinde zusammenzuhalten. Bereits im Dezember kam es zu größeren Auseinandersetzungen mit seinem Rivalen Ibrahim Sofu, dem älteren Bruder des oben vorgestellten Seyfullah. Ibrahim Sofu, der Jugendbeauftragte der Kaplan-Gemeinde, arbeitete zu der Zeit als Arzt in einem Berliner Krankenhaus.

Vordergründig ging es bei diesem Konflikt um eine theologische Auseinandersetzung. Ibrahim Sofu hatte das Buch »Das System des *deccal*: Die Demokratie« verfaßt. Das Buch enthält eine Spekulation über eine eher periphere Gestalt der islamischen Eschatologie – der *deccal* ist der Antichrist/Teufel, der in der Endzeit erscheinen und die gesamte Menschheit irreführen wird. Seine Herrschaft wird mit der Wiederkehr von Jesus beendet, der den *deccal* tötet und in Jerusalem das Gottesreich errichtet. Danach bricht das Weltenende an: die Auferstehung der Toten, die Wiederkehr Gottes und das Jüngste Gericht. In seinem Buch vertrat nun Sofu die These, daß sich der *deccal* in verschiedenen Formen manifestiere: Der große *deccal* der Endzeit sei nur eine seiner Erscheinungsformen, daneben trete er auch in geringeren Gestalten auf – etwa als Ministerpräsident der Türkei. Vor allem aber sei die Demokratie die Verkörperung des *deccal* als System. Metin Kaplan kritisierte an dieser Konstruktion, daß der Überlieferung nach der *deccal* in der Gestalt eines blinden Mannes auftrete und sich deshalb nicht als System manifestieren könne. So abgelegen die Auseinandersetzung erscheinen mag, ist sie doch ein weiterer Beleg für den Wandel des islamischen Wissens in den letzten Jahren. Ibrahim Sofu ist einer der jungen Islamisten, der sich mit dem an deutschen Universitäten erworbenen geistigen Rüstzeug dem Koran zuwendet und ihn neu liest. Er sah sich als Akademiker und Gläubiger hinreichend kompetent und legitimiert, eine Interpretation des Koran zu publizieren. Metin Kaplan, der bei seinem Vater eine klassische islamische Ausbildung erworben hatte, warf ihm deshalb Anmaßung vor. Tatsächlich ist man von der Sache her geneigt, eher Metin recht zu geben: Der Gedanke, daß ein spirituelles Wesen sich in einem sozialen Gebilde verkörpert, paßt eher in einen christlichen als in einen islamischen Kontext.[41]

Allerdings scheint die theologische Debatte nur vorgeschoben. Schließlich war das Buch Sofus zunächst im Zentralorgan Ümmet-i Muhammed abgedruckt worden, was nur mit Genehmigung Kaplans geschehen sein konnte. Tatsächlich dürfte es sich um einen Machtkampf der beiden Männer in der Bewegung gehandelt haben. Metin Kaplan gab an, Ibrahim Sofu habe sich vor Eifersucht verzehrt, weil er selbst gerne Kalif geworden wäre;[42] Ibrahim Sofu konterte, Kaplan sei auf sein Buch eifersüchtig gewesen. Während er, Sofu, grundsätzliche Fragen wie die Trennung von Glauben und Unglauben behandle, würde Kaplan in seinem eigenen Buch »Die drei Phasen der Zeit« lediglich seinen Vater Cemaleddin repetieren.

Die Auseinandersetzungen zwischen Ibrahim Sofu und Metin Kaplan eskalierten, nachdem Sofu im Frühsommer 1996 von etwa hundert Berliner Anhängern zum Kalifen ausgerufen worden war. Am 19. 7. 1996 erschien in der Zeitung Ümmet-i Muhammed ein Fetwa Kaplans mit folgendem Inhalt: »Was passiert mit einer Person, die sich, obwohl es einen Kalifen gibt, als einen zweiten Kalifen ausrufen läßt? Dieser Mann wird zur Reuebekundung gebeten. Wenn er nicht Reue bekundet, wird er getötet.« Sofu antwortet auf dieses Todesfetwa in einem Flugblatt vom 1. 8. 1996. Dort heißt es, daß sich Kaplan durch seine Maßlosigkeit selbst als *deccal* entlarvt habe. Mit der in Sekten verbreiteten Logik bezeichnete Sofu Metin Kaplan als schlimmsten Feind des Islam: »Dieser islamische *deccal* ist schlimmer als der *deccal* Erbakan. Weil er scheinbar dem Islam näher steht. [Tatsächlich ist] dieser islamische *deccal* ein zweiter Mustafa Kemal.«

Zehn Monate später, am 8. 5. 1997, drang ein dreiköpfiges maskiertes Killerkommando in die Berliner Wohnung von Ibrahim Sofu ein und richtete ihn hin. Die Tat wurde bislang nicht aufgeklärt; auch ein direkter Zusammenhang zwischen Aufruf und Tat konnte nicht nachgewiesen werden. Der Aufruf war auch presserechtlich verjährt. Die Staatsanwaltschaft klagte lediglich Hasan Pala an, der in der Augsburger Moschee den Aufruf verlesen hatte

---

41 Im Christentum ist der Gedanke unter anderem in der Idee der Kirche als Corpus Christi formuliert. Dem klassischen Islam ist der Gedanke der Körperschaft dagegen fremd. Vgl. oben S. 181.

42 Ümmet-i Muhammed 147 vom 5. 8. 1996:2.

und im Anschluß daran gefordert hatte, Ibrahim Sofu zu köpfen. Er wurde wegen Aufruf zum Mord zu drei Jahren Gefängnis verurteilt.

Der Mord wurde zwar nicht aufgeklärt, aber alles deutet darauf hin, daß er aus der Kaplan-Gemeinde heraus begangen wurde. Er steht für den Moment, in dem die Gewaltrhetorik in faktische Gewalt umschlug. Cemaleddin Kaplan predigte zwar immer von Glaubenskrieg, Revolution und Opfertum – aber er sprach sich immer auch gegen die faktische Ausübung von Gewalt aus. Auch seine Anhänger huldigten eher revolutionär romantischen Gewaltphantasien, als daß sie Bereitschaft erkennen ließen, den Worten auch Taten folgen zu lassen. Wir haben hier eine Situation, die mich an das Kippen der Studentenrevolte in die Gewalt der RAF erinnert. Zwei Aspekte könnten in diesem Fall zum Umschlag geführt haben. Da ist zunächst die Schwäche von Metin Kaplan: Anders als sein Vater hat er die Geister, die er ruft, nicht mehr unter Kontrolle. Dies dürfte vor allem im Hinblick auf eine Gruppe besonders problematisch gewesen sein: Wir wissen aus Ümmet-i Muhammed, daß einzelne Mitglieder der Bewegung als Freiwillige in Afghanistan und im Bürgerkrieg in Bosnien gekämpft haben. Diese Männer haben im Krieg das Töten gelernt. Und sie könnten entschlossen gewesen sein, die Worte auch in Taten umzusetzen. Vor allem die Professionalität, mit der der Mord an Ibrahim Sofu begangen wurde, deutet auf diesen Kreis hin.

Es war vor allem diese Radikalisierung, die nun wiederum vom Staatsschutz der Türkischen Republik ausgenutzt wurde. Im Herbst 1998 geriet die Kaplan-Gemeinde erneut in die Presse. Am 2. November 1998 gab die Istanbuler Polizei bekannt, ein von Kaplan geplantes Kamikaze-Unternehmen aufgedeckt zu haben. Ein Selbstmordattentäter hätte sich in einem einmotorigen Flugzeug während des Staatsakts zum 75. Jahrestag der Türkei am 29. Oktober vor dem Atatürk-Mausoleum in die Menge stürzen und ein grauenhaftes Blutbad anrichten sollen. Danach hätten drei Moscheen mit Waffengewalt besetzt und damit das Fanal zur islamischen Revolution gesetzt werden sollen. Es sei nur einem Zufall, nämlich schlechten Wetterbedingungen, zu verdanken gewesen, daß das Attentat nicht zur Ausführung gelangt und auf den 10. November verschoben worden sei. In einer Razzia wurden 21 Mitglieder der Kaplan-Gemeinde in der Türkei verhaftet.

Allerdings hatte die polizeiliche Verlautbarung, wie die Süddeutsche Zeitung in ihrem Bericht treffend titelte, »kleine Webfehler«. Am Festtag hatten Windstille und Sonnenschein im ganzen Land geherrscht – also bestes Flugwetter. Das im Hof der Fatih-Moschee vergrabene Waffenarsenal war nur eine Handbreit tief verscharrt, so daß es leicht hätte entdeckt werden können. »Auch ist der Plan, mit einem Häuflein von 15 Mann die Fatih-Moschee zu besetzen und mit Waffengewalt zu verteidigen, naiv, dilettantisch oder weltfremd: Die Fatih-Moschee ist eine der größten Moscheen Istanbuls.« Tatsächlich bestätigt der weitere Gang der Ereignisse die Deutung der Süddeutschen Zeitung. Nach einem anfänglichen Pressewirbel in den türkischen Zeitungen wurde es auffallend still. Alles dies scheint in der Absicht inszeniert worden zu sein, einen Schlag gegen die Islamisten insgesamt zu führen. Keine Zeitschrift, die über den Vorfall berichtete, unterließ es im übrigen, den Mord an Sofu zu erwähnen. Er verlieh der ansonsten schwachen Geschichte Evidenz.

Freilich wirken die einzelnen Aspekte dieser Inszenierung für den Leser von Ümmet-i Muhammed sehr vertraut. Die Staatsschützer haben für ihr Szenario auf die Versatzstücke des Kaplanismus zurückgegriffen, die wir in diesem Buch kennengelernt haben. Und Metin Kaplan selbst hatte in der Ausgabe des Zentralorgans vom 29.10., dem Tag des Jubiläums, noch einmal eine Vorlage geliefert. In einem Aufruf auf der ersten Seite hieß es: »Protestieren wir gegen den 75. Jahrestag der Republik – der Epoche von Dunkelheit und Unterdrückung.« Dieser Protest solle mit dem Herzen, durch Worte und Taten erfolgen. »Muslime, die bereit sind, ihr Leben für die Sache zu geben, sollen hervortreten, protestieren und sich einsetzen. Islamische Freiwillige werden Verkündigungsmittel in die Hand nehmen und diese Mitteilungen, die wirkungsvoll wie Scud-Raketen sind, abschicken, damit sie wie Aprilregen auf den anatolischen Boden fallen. Die Schweißtropfen und die Tränen werden auf den Boden fallen, das Grün hervortreten und die Blutstropfen des Märtyrertums fließen lassen.«[43]

Am 25. 3. 1999 wurde Metin Kaplan in Köln von Beamten des Bundeskriminalamts, der Bundesgrenzschutzsondereinheit GSG 9 und der Polizei verhaftet. Die Anklage lautete auf Rädelsführerschaft in einer terroristischen Vereinigung und öffentliches Auf-

43 Ümmet-i Muhammed 246, 29. 10. 1998:1.

fordern zu einer Straftat. Kaplan wurde insbesondere beschuldigt, innerhalb der Gemeinde eine terroristische Vereinigung aufgebaut zu haben, »um Kritiker und Abweichler auszuschalten sowie fanatische Anhänger zu Anschlägen in der Türkei anzuleiten«. In der Presse hieß es, die Ermittlungen würden sich nicht gegen den Verband als solchen richten, sondern gegen dessen mutmaßliche Führungsspitze (Bericht in der taz vom 26. 3. 1999:8).

Literatur

Al-Azmeh, Aziz. 1993/1996. *Die Islamisierung des Islam. Imaginäre Welten einer politischen Theologie*. Frankfurt am Main: Campus.

Algar, Hamid. 1976. The Naqshbandi Order: A preliminary survey of its history and significance. *Studia Islamica* XLIV: 123-152.

Algar, Hamid. 1985. Der Nakşibendi-Orden in der republikanischen Türkei. In *Islam und Politik in der Türkei*, Hrsg. Blaschke, Jochen, und Martin van Bruinessen. Berlin: EXpress Edition.

Almond, Gabriel A., Emmanuel Sivan, R. Scott Appleby. 1995. Fundamentalism: Genus and Species. In *Fundamentalisms Comprehended. The Fundamentalism Project*, Hrsg. Marty, Martin E., und R. Scott Appleby. Chicago: University of Chicago Press.

Anderson, Benedict. 1983/1988. *Die Erfindung der Nation. Zur Karriere eines erfolgreichen Konzepts*. Frankfurt am Main, New York: Campus Verlag.

Andrews, Peter A. 1989. Introduction. In *Ethnic Groups in the Republic of Turkey*, Hrsg. Andrews, Peter A. Wiesbaden: Reichert.

Anonymus. 1995. Cemaatten Ayrılan Kimse, Kendini Garip bir Halde bulur (»Wer sich von der Gemeinde trennt, gerät in eine Krise«). *Ümmet-i Muhammed* 7 (117) vom 3. 5. 1995: 7.

Arjomand, Said Amir. 1995. Unity and Diversity in Islamic Fundamentalism. In *Fundamentalisms Comprehended. The Fundamentalism Project*, Hrsg. Marty, Martin E., und R. Scott Appleby. Chicago: University of Chicago Press.

Asad, Talal. 1993. *Genealogies of Religion: Discipline and Reasons of Power in Christianity and Islam*. Baltimore, London: Johns Hopkins UP.

Atacan, Fulya. 1993. *Kutsal Göç. Radikal İslamcı bir grubun anatomisi*. Ankara: Bağlam Yayıncılık.

Austin, John L. 1962/1979. *Zur Theorie der Sprechakte (How to do things with Words)*. Stuttgart: Reclam.

Barthes, Roland. 1957/1964. *Mythen des Alltags*. Frankfurt am Main: Suhrkamp.

Baumgarten, Albert I. 1997. *The Flourishing of Jewish Sects in the Maccabean Era: An Interpretation*. Leiden: Brill.

Behrend, Heike, Claude Meillassoux. 1994. Krieg in Ruanda – Der Diskurs über Ethnizität und die Explosion des Hasses. *Lettre internationale* (26): 12-16.

Berger, Peter L. 1967/1973. *Zur Dialektik von Religion und Gesellschaft*. Frankfurt am Main: Fischer.

Bilu, Yoram. 1990. Jewish Moroccan »Saint-Impresarios« in Israel: A Stage-Developmental Perspective. *Psychoanalytic Study of Society* 15: 247-269.

Blaschke, Jürgen. 1985. Islam und Politik unter türkischen Arbeitsmigranten. In *Islam und Politik in der Türkei*, Hrsg. Blaschke, Jürgen, und Martin van Bruinessen. Berlin: EXpress Edition.

Bourdieu, Pierre. 1972/1976. *Entwurf einer Theorie der Praxis*. Frankfurt am Main: Suhrkamp.

Bourdieu, Pierre. 1981. *Die feinen Unterschiede. Kritik der gesellschaftlichen Urteilskraft*. Frankfurt am Main: Suhrkamp.

Bourdieu, Pierre. 1982/1990. *Was heißt sprechen. Die Ökonomie des sprachlichen Tausches*. Wien: Braumüller.

Bruinessen, Martin van. 1978. *Agha, Sheykh and State*. Dissertation, Universität Utrecht. (Dt. Ausgabe: *Agha, Scheich und Staat. Politik und Gesellschaft Kurdistans*. Berlin: EXpress Edition 1987.)

Bruinessen, Martin van. 1984. Vom Osmanismus zum Separatismus: Religiöse und ethnische Hintergründe der Rebellion von Şeyh Said. In *Islam und Politik in der Türkei*, Hrsg. Blaschke, Jochen, und Martin van Bruinessen. Berlin: EXpress Edition.

Bruner, Edward M., Phyllis Gorfain. 1984. Dialogic Narration and the Paradoxes of Masada. In *Text, Play and Story. The construction and reconstruction of self and society*, Hrsg. Bruner, Edward M. Prospect Heights, Ill.: Waveland, 56-79.

Buber, Martin. 1923/1979. *Das dialogische Prinzip*. Heidelberg: Lambert Schneider.

Buhl, Frants. 1929/1961. *Das Leben Muhammeds*. Heidelberg: Quelle & Meyer.

Çaglar, A. 1996. *German Turks in Berlin*. Unpubl. Manuskript.

Çakır, Ruşen. 1992: Türkiye Islamcılarının politik krizi. *Birikim* 42. 11/92: 30-36.

Callon, Michael. 1986. Some elements of a sociology of translation: domestication of the scallops and the fishermen of St. Brieuc Bay. In *Power, Action and Belief*, Hrsg. Law, John. London: Routledge & Kegan Paul, 196-233.

Christmann, Andreas. O.J. *Islamic Scholar and Religious Leader: A Portrait of Sheikh Muhammad Sa'id Ramadan al-Buti*. Working Paper. St. Anthony's College. Oxford.

Ceylan, Canan. 1983. *Feryadımı Dinleyin. Sahneden Mabede (Hört meinen Aufschrei. Von der Bühne ins Gotteshaus)*. Istanbul: Türdav.

Civil Enculturation. Nation-State, School and Ethnic Difference in four European Countries, Hrsg. Werner Schiffauer, Gerd Baumann, Riva Kastoryano, Steven Vertovec. 1999. Projektbericht für die Volkswagenstiftung. Frankfurt/Oder.

Cohen, Anthony P. 1985. *The Symbolic Construction of Community*. London, New York: Routledge.

Der Koran. Übersetzung von Rudi Paret. 1966.

Demiray, Abdullah. 1986. Laiklik, Demokrası ve Biz. (»Der Laizismus, die

Demokratie und wir«) *Teblig* 1 (18): 5.

Dinçer, Nihat. 1983. *Wer ist Süleyman Efendi (K.S.)? Was ist »Süley-mancılık« (Süleymanismus).* Typoskript.

Douglas, Mary. 1966/1985. *Reinheit und Gefährdung. Die Studie zu Vor-stellungen von Verunreinigungen und Tabu.* Berlin: Reimer.

Douglas, Mary. 1978. *Cultural Bias.* London: Royal Anthropological Institute.

Douglas, Mary. 1988. The Effects of Modernization on Religious Change. *Daedalus. Journal of the American Academy of Arts and Sciences* 117 (3): 457-484.

Douglas, Mary. 1986/1991. *Wie Institutionen denken.* Frankfurt am Main: Suhrkamp.

Düttmann, Alexander G. 1997. *Zwischen den Kulturen. Spannungen im Kampf um Anerkennung.* Frankfurt am Main: Suhrkamp.

Dufner, Ulrike. 1998. *Islam ist nicht gleich Islam. Die türkische Wohl-fahrtspartei und die ägyptische Muslimbruderschaft.* Opladen: Leske + Budrich.

Durkheim, Emile. 1912/1981. *Die elementaren Formen des religiösen Le-bens.* Frankfurt am Main: Suhrkamp.

Eco, Umberto. 1994. *Six Walks in the Fictional Woods.* Cambridge, Mass.: Harvard University Press.

Edelman, Murray. 1988. *Constructing the Political Spectacle.* Chicago, London: University of Chicago Press.

Eickelman, Dale F. 1998. Inside the Islamic Revolution. *Wilson Quarterly* 22 (1): 80-89.

El-Buti, Said Ramazan. O. J. *Peygamberimizin uygulamasıyla İslam (Der Islam nach der Praxis des Propheten).* Istanbul: Gonca Yayınevi.

Ellrich, Lutz. 1997. *Verschriebene Fremde.* Habilitationsschrift. Europa-Universität Viadrina Frankfurt an der Oder.

Ende, Werner. 1985. Sunniten und Schiiten im 20. Jahrhundert, *Saeculum* 36:187-200.

Erikson, Erik H. 1958/1975. *Der junge Mann Luther.* Frankfurt am Main: Suhrkamp.

Falaturi, Abdoljavad. 1992. Charidschiten. In *Lexikon der Islamischen Welt,* Hrsg. Kreiser, Klaus und Rotraud Wielandt. Stuttgart: Kohlham-mer.

Farouki, Suah Taji. 1996. *A Fundamentalist Quest: Hizb al-Tahrir and the Search for the Islamic Caliphate.* London: Grey Seal.

Gätje, Helmut. 1971. *Koran und Koranexegese.* Zürich und Stuttgart: Ar-temis.

Geertz, Clifford. 1983. Religion als kulturelles System. In Geertz, Clifford: *Dichte Beschreibung.* Frankfurt am Main: Suhrkamp, 44-95.

Gellner, Ernest. 1968. A Pendulum Swing Theory of Islam. In *Sociology of Religion,* Hrsg. Robertson, Rosaldo. Harmondsworth: Penguin.

Gellner, Ernest. 1985. *Leben im Islam. Religion als Gesellschaftsordnung.* Stuttgart: Klett-Cotta.

Gellner, Ernest. 1983/1991. *Nationalismus und Moderne.* Berlin: Rotbuch.

Gellner, Ernest. 1995. Fundamentalism as a Comprehensive System: Soviet Marxism and Islamic Fundamentalism Compared. In *Fundamentalisms Comprehended*, Hrsg. Marty, Martin E., R. Scott Appleby. Chicago: The University of Chicago Press.

Glasneck, Johannes. 1971. *Kemal Atatürk und die moderne Türkei.* Berlin: VEB Deutscher Verlag der Wissenschaften.

Goffman, Erving. 1963/1980. *Stigma.* Frankfurt am Main: Suhrkamp.

Goodman, Nelson. 1978/1993. *Weisen der Welterzeugung.* Frankfurt am Main: Suhrkamp.

Gökalp, Altan. 1990. Les fruits de l'arbre plutôt que ses racines: le Suleymanism. In *Naqshbandis. Cheminement et situation actuelle d'un ordre mystique musulman*, Hrsg. Gaborieau, Marc, Alexandre Popovic und Thierry Zarcone. Istanbul, Paris: Éditions Isis.

Göle, Nilüfer. 1991/1993. *Republik und Schleier. Die muslimische Frau in der modernen Türkei.* Berlin: Babel.

Greenblatt, Stephen. 1991/1994. *Wunderbare Besitztümer. Die Erfindung des Fremden: Reisende und Entdecker.* Berlin: Wagenbach.

Gür, Metin. 1993. *Türkisch-islamische Vereinigungen in der Bundesrepublik Deutschland.* Frankfurt am Main: Brandes und Apsel.

Haas, Abulkadir W. 1987. *Religiöse und Religionspolitische Entwicklungstendenzen unter der muslimischen Bevölkerung in Berlin im Hinblick auf Handlungsspielräume des Senats.* Unveröff. Gutachten. Berlin. Senator für Arbeit und Soziales.

Hacıoğlu, Hasan. 1988. Son yüzyılda Islam Davetçilerinin Başlarına Gelenler (Was jenen, die für den Islam warben im letzten Jahrhundert alles widerfahren ist). *Ümmet* 1 (6): 11.

Halbwachs, Maurice. 1991. *Das kollektive Gedächtnis.* Frankfurt am Main: Fischer.

Hannerz, Ulf. 1980. *Exploring the City. Inquiries Toward an Urban Anthropology.* New York: Columbia University Press.

Hayrı, Hasan. ~1989. *C. Kaplana Açık Mektub. Beraber Calışamayışımızın Nedenleri* (»Ein offener Brief an C. Kaplan. Die Gründe, warum wir nicht zusammenarbeiten können«). Broschüre.

Heine, Peter. 1997. *Halbmond über deutschen Dächern.* München: List.

Heitmeyer, Wilhelm, Joachim Müller und Hartmut Schröder. 1997. *Verlockender Fundamentalismus.* Frankfurt am Main: Suhrkamp.

Hobsbawm, Eric J. 1959. *Primitive Rebels.* Manchester: Manchester UP.

Hoffmann, Eva. 1989/1993. *Ankommen in der Fremde – Lost in Translation.* Frankfurt am Main: Fischer.

Honneth, Axel. 1992. *Kampf um Anerkennung. Zur moralischen Grammatik sozialer Konflikte.* Frankfurt am Main: Suhrkamp.

Hottinger, Arnold. 1993. Der Islam in der heutigen Türkei. In *Der Politische Islam. Intentionen und Wirkungen*. Hrsg. Schwarz, Jürgen. Paderborn: Schöningh.

Islam Ansiklopedisi (Enzyklopädie des Islam). 1950. Istanbul: Milli Eğitim Basımevi.

Kaplan, Cemaleddin. O. J. *Peygamberimizin hayati (Das Leben unseres Propheten)*. Ankara: Elif.

Kaplan, Cemaleddin. 1983/1995. Devlete Gidiş Yolu, Partı Mı, Tebliğ mi (Ist der Weg zum Staat die Partei oder die Verkündigung). Wieder abgedruckt in: *Ümmet-i Muhammed* (7) 123 2. 8. 1995: 2-6.

Kaplan, Cemaleddin. 1985-1988. Islam Nedir – Ne Değildir (»Was ist der Islam und was nicht?«). Artikelserie in *Tebliğ* Nr. 1-57; fortgeführt in *Ümmet* Nr. 1-11.

Kaplan, Cemaleddin. ~1984. *Hicret Konusmasi: Şeytani bir düzen* (»Predigt in der Hedschra: Ein teuflisches System«). Transkribierte Predigt.

Kaplan, Cemaleddin. 1984. *Augsburg Konuşması* (»Rede in Augsburg«). Transkribierte Predigt.

Kaplan, Cemaleddin (Hocaoğlu). 1988a. Barbaros Hareketi ve bir dönüm noktası (»Die Barbaros-Bewegung und ein Wendepunkt). *Ümmet* 1 (6): 8-9.

Kaplan, Cemaleddin (Cemaleddin Hoca). 1988b. Sadakat Yemini ve Ahitleşme (Der Treueeid und die gegenseitige Verpflichtung). *Ümmet* 1 (5): 5+13.

Kaplan, Cemaleddin. ~1992. *Hakk Ihiya, Batılı Imha* (»Realisieren des Rechts; Zurückweisen des Unrechts«). Transkribierte Predigt.

Kaplan, Cemaleddin. 1992a. Hakkı Sahibine iade (»Rückgabe des [Besitz]titels an den rechtmäßigen Eigentümer«). *Ümmet-i Muhammed* (4) 60, 2. 5. 1992: 8-11 (auf deutsch erschienen unter dem Titel: »Die Rückgabe des Rechts an den Anspruchsteller« in Kaplan 1995: 15-39).

Kaplan, Cemaleddin. 1992b. Hakkı istemek haktır. *Ümmet-i Muhammed* (4) 62 15. 6. 1992: (auf deutsch erschienen unter dem Titel: »Es ist gerecht, das Recht zu verlangen« in Kaplan 1995: 42-77).

Kaplan, Cemaleddin. 1993. Devlet Bulunmaz bir Nimettir (»Der Staat ist ein selten anzutreffendes Glück). *Ümmet-i Muhammed* (4) 73, 4. 2. 1993: 8-10 (eine leicht veränderte Fassung ist auf deutsch erschienen unter dem Titel: »Der Kalifatsstaat ist ein selten zu treffendes Glück« in Kaplan 1995: 15-39).

Kaplan, Cemaleddin. 1994a. Allah ve Ümmet Önünde Sorumlu Bulunan Mes'ullere (»An die Verantwortlichen vor Gott und der Umma«). *Ümmet-i Muhammed* 6 (97) 18. 3. 94 (auf deutsch erschienen unter dem Titel: »An die Zuständigen, die sich vor Allah und der Religionsgemeinschaft verantworten müssen« in Kaplan 1995: 80-103).

Kaplan, Cemaleddin. 1994b. Hilafet ve Halife (»Das Kalifat und der Kalif«). *Ümmet-i Muhammed* 6 (107) 15. 11. 94 (auf deutsch erschienen unter dem Titel: »Das Khalifat und der Khalif« in Kaplan 1995:140-171).

Kaplan, Cemaleddin. 1995. *Das Khalifat und der Khalif*. Köln: Kalifatsstaat.

Kaplan, Metin (Muftüoğlu). 1994. Emir'ül-Mü'minin ve Halifet'ül-Müslimin Cemaleddin Hocaoglu'nun Hel Tercemesi (»Die Biographie des Cemaleddin Hocaoglu, des Befehlshabers der Muslime und Kalifen der Muslime«). *Ümmet-i Muhammed* 6 (107) 15. 11. 1994: 10, 13, 14. Eine (leicht gekürzte) deutsche Übersetzung erschien 1995 unter dem Titel »Wer ist Cemaleddin Hocaoğlu (Kaplan)?« in: Kaplan, Cemaleddin. 1995. *Das Khalifat und der Khalif*. Köln: Khalifatsstaat.173-193.

Keddie, Nikki R. 1994. Sayyid Jamal al-Din ›al-Afghani‹. In *Pioneers of Islamic Revival*, Hrsg. Rahnema, Ali. London: Zed.

Kepel, Gilles. 1983/1995. *Der Prophet und der Pharao. Das Beispiel Ägypten: Die Entwicklung des muslimischen Extremismus*. München, Zürich: Piper.

Kepel, Gilles. 1991. *Die Rache Gottes. Radikale Moslems, Christen und Juden auf dem Vormarsch*. München, Zürich: Piper.

Khoury, Adel Theodor, Ludwig Hagemann, Peter Heine. 1991. *Islam-Lexikon*. 3 Bände. Freiburg: Herder.

Kissling, Hans Joachim. 1954. The Sociological and Educational Role of the Dervish Orders in the Ottoman Empire. *American Anthropologist* 56 (2): 23-35.

Knorr-Cetina, Karin. 1981. *Die Fabrikation von Erkenntnis. Zur Anthropologie der Naturwissenschaft*. Frankfurt am Main: Suhrkamp.

Kreiser, Klaus. 1991. *Kleines Türkei-Lexikon*. München: Beck.

Kreiser, Klaus, und Rotraud Wielandt, Hrsg. 1992. *Lexikon der islamischen Welt*. Stuttgart: Kohlhammer.

Kureishi, Hanif. *Das Schwarze Album*. 1995/1997. München: Knaur.

Landau, Jacob. 1976. The National Salvation Party in Turkey. *Asian and African Studies* 11 (1).

Latour, Bruno. 1987. *Science in Action. How to Follow Scientists and Engineers Through Society*. Cambridge, Mass.: Harvard University Press.

Latour, Bruno. 1986. The powers of association. In *Power, Action and Belief*, Hrsg. Law, John. London: Routledge & Kegan Paul.

Latour, Bruno. 1991/1995. *Wir sind nie modern gewesen. Versuch einer symmetrischen Anthropologie*. Berlin: Akademie Verlag.

Lewis, Bernard. 1968. *The Emergence of Modern Turkey*. Oxford: Oxford University Press.

Lewis, Bernard. 1988/1991. *Die politische Sprache des Islam*. Berlin: Rotbuch.

Lewis, Bernard. 1986/1987. *»Treibt sie ins Meer!« Die Geschichte des Antisemitismus*. Frankfurt am Main: Ullstein.

Luhmann, Niklas. 1995. *Die Realität der Massenmedien*. Wiesbaden: Westdeutscher Verlag.

Makal, Mahmut. 1950/1983. *Unser Dorf in Anatolien*. Berlin: EXpress.

Mann, Thomas. 1922/1965. *Buddenbrooks*. Berlin: Fischer.

Mardin, Serif. 1985. »Bediüzzaman« Said Nursi und die Mechanik der Natur. In *Islam und Politik in der Türkei*, Hrsg. Blaschke, Jochen, Martin van Bruinessen. Berlin: EXpress Edition.

Mardin, Şerif. 1974. Super Westernization in Urban Life in the Ottoman Empire in the last Quarter of the nineteenth Century. In *Turkey – Geographic and Social Perspectives*, Hrsg. Benedict, Peter, Tümertekin, Erol, Mansur, Fatma. Leiden: Brill.

Mardin, Şerif. 1989. *Religion and Social Change in Modern Turkey*. Albany: SUNY Press.

Mardin, Şerif. 1991. The Nakşibendi Order in Turkish History. In *Islam in Modern Turkey. Religion, Politics and Literature in a Secular State*, Hrsg. Tapper, Richard. London: Tauris.

Mardin, Şerif. 1993. The Nakshbendi Order of Turkey. In *Fundamentalisms and the State. Remaking Politics, Economies and Militance*, Hrsg. Marty, Martin, E., R. Scott Appleby. Chicago: University of Chicago Press.

Marty, Martin E., Scott R. Appleby. 1992/1996. *Herausforderung Fundamentalismus. Radikale Christen, Moslems und Juden im Kampf gegen die Moderne*. Frankfurt am Main: Campus.

Mead, George Herbert. 1934/1993. *Geist, Identität und Gesellschaft aus der Sicht des Sozialbehaviourismus*. Frankfurt am Main: Suhrkamp.

Meier, Fritz. 1994. *Zwei Abhandlungen über die Naqşbandiyya*. Istanbul: In Kommission bei Franz Steiner Verlag Stuttgart.

Mernissi, Fatma. 1975. *Beyond the veil. Male-Female Dynamics in a Modern Muslim Society*. Cambridge, Mass.: Wiley.

Mernissi, Fatma. 1992. *Die Angst vor der Moderne. Frauen und Männer zwischen Islam und Demokratie*. Hamburg: Luchterhand Literaturverlag.

Messick, Brinkley. 1984. *The Calligraphic State. Textual domination and History in a Muslim Society*. Berkeley: University of California Press.

Meyer, Thomas. 1989. Fundamentalismus. Eine andere Dialektik der Aufklärung. In *Fundamentalismus in der modernen Welt*, Hrsg. Meyer, Thomas. Frankfurt am Main: Suhrkamp, 13-22.

Mıhçıyazgan, Ursula. 1990. *Moscheen türkischer Muslime in Hamburg. Dokumentation zur Herausbildung religiöser Institutionen türkischer Migranten*. Hamburg: Behörde für Arbeit, Gesundheit und Soziales. Freie und Hansastadt Hamburg.

Moussa, Soumia Sidi. 1985. *Die Botschaft und der Gesandte*. Köln: IB Verlag.

Mumcu, Uğur. 1987a. *Rabita*. Istanbul: Tekin.

Mumcu, Uğur. 1987b. Avrupadaki Islamcı Örgütler 2 (»Islamistische Ver-einigungen in Europa«). *Cumhuriyet* 10. 3. 1987: 6.

Nagel, Tilman. 1981. *Staat und Glaubensgemeinschaft im Islam.* 2 Bde. Zürich: Artemis.

Nestmann, L. 1989. Die ethnische Differenzierung der Bevölkerung der Osttürkei in ihren sozialen Bezügen. In *Ethnic Groups in the Republic of Turkey,* Hrsg. Andrews, Peter A. Wiesbaden: Reichert.

Parekh, Bhiku. 1991. *The concept of fundamentalism.* Warwick: Peepal tree books.

Pollack, Detlef. 1998. Evangelisation als religiöse Kommunikation. In *Religion als Kommunikation,* Hrsg. Tyrell, Hartmann u. a. Würzburg: Ergon Verlag, 447-471.

Potter, Jonathan. 1996. *Representing Reality. Discourse, Rhetoric and Social Construction.* London: Sage.

Reissner, Johannes. 1980. *Ideologie und Politik der Muslimbrüder Syriens.* Freiburg: Schwarz.

Riesebrodt, Martin. 1990. *Fundamentalismus als patriarchalische Protestbewegung. Amerikanische Protestanten (1910-28) und iranische Schiiten (1961-79) im Vergleich.* Tübingen: Mohr (Siebeck).

Rill, Bernard. 1985. *Kemal Atatürk.* Reinbek bei Hamburg: Rowohlt.

Ritter, Hellmut. 1955. *Das Meer der Seele – Gott, Mensch und Welt in den Geschichten des Fariduddin Attar.* Leiden: Brill.

Roy, Olivier. 1992/1994. *The Failure of Political Islam.* London: Tauris.

Ruspoli, Stéphane. 1990. Réflexions sur la voie spirituelle des Naqsh-bandî. In *Naqshbandis. Cheminement et situation actuelle d'un ordre mystique musulman,* Hrsg. Gaborieau, Marc, Alexandre Popovic, Thierry Zarcone. Istanbul, Paris: Éditions Isis.

Sarıbay, Ali Yaşar. 1985. Die Nationale Heilspartei. In *Islam und Politik in der Türkei,* Hrsg. Blaschke, Jochen, Martin van Bruinessen. Berlin: EXpress Edition.

Sartre, Jean-Paul. (1943) 1962. *Das Sein und das Nichts.* Reinbek bei Hamburg: Rowohlt.

Sartre, Jean-Paul. (1971-1972) 1977-79. *Der Idiot der Familie. Gustave Flaubert 1821-1857.* 5 Bände. Reinbek bei Hamburg: Rowohlt.

Schiffauer, Werner. 1983. *Die Gewalt der Ehre. Erklärungen zu einem türkisch-deutschen Sexualkonflikt.* Frankfurt am Main: Suhrkamp.

Schiffauer, Werner. 1985. Gespräche mit türkischen Jugendlichen. *Jahrbuch der Kindheit* 2: 159-180.

Schiffauer, Werner. 1987. *Die Bauern von Subay. Das Leben in einem türkischen Dorf.* Stuttgart: Klett-Cotta.

Schiffauer, Werner. 1991. *Die Migranten aus Subay. Türken in Deutschland: Eine Ethnographie.* Stuttgart: Klett-Cotta.

Schiffauer, Werner. 1993. Der Weg zum Gottesstaat. Die fundamentalistischen Gemeinden türkischer Arbeitsmigranten in der Bundesrepublik.

In *Historische Anthropologie. Kultur, Gesellschaft, Alltag,* 1(3) 1993: 468-484, wieder abgedruckt in Schiffauer 1997: 190-212.

Schiffauer, Werner. 1993a. (Hrsg.). *Familie und Alltagskultur in der urbanen Türkei.* Frankfurt am Main. Notizen. Schriftenreihe des Instituts für Kulturanthropologie und Europäische Ethnologie. Bd. 41.

Schiffauer, Werner. 1995. Islamischer Fundamentalismus – Zur Konstruktion des Radikal Anderen. *Neue Politische Literatur* (1): 95-105.

Schiffauer, Werner. 1996. Friedlose Minderheiten – Strategien der Gewalt in ethnischen Bewegungen. *Kursbuch »Wieder Krieg«:* 31-48.

Schiffauer, Werner. 1997. *Fremde in der Stadt – Zehn Essays zu Kultur und Differenz.* Frankfurt am Main: Suhrkamp.

Schimmel, Annemarie. 1978/1990. *Rumi: Ich bin Wind und du bist Feuer. Leben und Werk des großen Mystikers.* München: Diederichs.

Schimmel, Annemarie. 1981. *Und Muhammad ist sein Prophet. Die Verehrung des Propheten in der islamischen Frömmigkeit.* Düsseldorf: Diederichs.

Schmidt-Hornstein, Caroline. 1995. *Das Dilemma der Einbürgerung. Porträts türkischer Akademiker.* Opladen: Leske + Budrich.

Schmitt, Carl. 1932/1963. *Der Begriff des Politischen.* Berlin: Duncker & Humblot.

Schmitt, Carl. 1934/1985. *Politische Theologie. Vier Kapitel zur Lehre von der Souveränität.* Berlin: Duncker & Humblot.

Schmitt, Carl. 1970. *Politische Theologie II.* Berlin: Duncker & Humblot.

Scholem, Gershom. 1941/1980. *Die jüdische Mystik in ihren Hauptströmungen.* Frankfurt am Main: Suhrkamp.

Schütz, Alfred. 1932/1974. *Der sinnhafte Aufbau der sozialen Welt.* Frankfurt am Main: Suhrkamp.

Schulze, Reinhard. 1990. *Islamischer Internationalismus im 20. Jahrhundert.* Leiden: Brill.

Sechehaye, Marguerite. 1973. *Tagebuch einer Schizophrenen.* Frankfurt am Main: Suhrkamp.

Seni, Nora. 1984. Ville Ottomane et Répresentation du Corps Feminin. *Les Temps Modernes* 41 (456/457): 66-95.

Seufert, Günter. 1997a. *Politischer Islam in der Türkei. Islamismus als symbolische Repräsentation einer sich modernisierenden muslimischen Gesellschaft.* Istanbul/Stuttgart: Steiner [in Komm.].

Seufert, Günter. 1997b. *Café Istanbul. Alltag, Religion und Politik in der modernen Türkei.* München: Beck.

Shklar, Judith N. 1990/1992. *Über Ungerechtigkeit.* Berlin: Rotbuch.

Şimşek-Hekimoğlu, Ayşe. 1985. *The Greywolves: A Study of a Nationalist Ideology in Turkey.* Montreal: McGill University [MA thesis].

Sivan, Emmanuel. 1985. *Radical Islam. Medieval Theology and Modern Politics.* New Haven/London: Yale University Press.

Sivan, Emmanuel. 1995. The Enclave Culture. In *Fundamentalisms Com-*

prehended. *The Fundamentalism Project*, Hrsg. Marty, Martin E., R. Scott Appleby. Chicago: University of Chicago Press.

Spuler, Ursula. 1973. Nurculuk – Die Bewegung des »Bediüzzaman« Said Nursi in der modernen Türkei. In *Studien zum Minderheitenproblem im Islam Bd. 1*, Hrsg. Spies, Otto. Bonn

Spuler, Ursula. 1977. Nurculuk – Eine moderne islamische Bewegung. Freiburg: XIX. Deutscher Orientalistentag.

Spuler, Ursula. 1981. Zur Organisation der Nurculuk-Bewegung. In *Studien zur Geschichte und Kultur des Vorderen Orients. Festschrift für Bertold Spuler zum siebzigsten Geburtstag*, Hrsg. Roemer, Hans R., und Albrecht Noth. Leiden: Brill.

Spuler-Stegemann, Ursula. 1998. *Muslime in Deutschland*. Freiburg: Herder.

Stark, Rodney. 1992. How sane people talk to the gods: A rational theory of revelation. In *Innovations in Religious Traditions. Essays in the Interpretation of Religious Change*, Hrsg. Williams, Michael A., Collett Cox, Martin S. Jaffee. Berlin, New York: Mouton de Gruyter.

Steuerwald, Karl. 1974. *Türkisch-Deutsches Wörterbuch*. Wiesbaden: Harrassowitz.

Tapper, Richard, and Nancy Tapper. 1991. Religion, Education and Continuity in a Provincial Town. In *Islam in Modern Turkey. Religion, Politics and State in a Secular State*, Hrsg. Tapper, Richard. London: Tauris.

Taubes, Jacob. 1993. *Die Politische Theologie des Paulus*. München: Fink.

Tertilt, Hermann. 1996. *Turkish Power Boys*. Frankfurt am Main: Suhrkamp.

Tibi, Bassam. 1992. *Islamischer Fundamentalismus, moderne Wissenschaft und Technologie*. Frankfurt am Main: Suhrkamp.

Toprak, Binnaz. 1984. Die Institutionalisierung des Laizismus in der türkischen Republik. In *Islam und Politik in der Türkei*, Hrsg. Blaschke, Jochen, Martin van Bruinessen. Berlin: EXpress Edition.

Trimingham, J. Spencer. 1971. *The Sufi Orders in Islam*. Oxford: Clarendon Press.

Tripp, Charles. 1994. Sayyid Qutb: The Political Vision. In *Pioneers of Islamic Revival*, edited by Rahnema, Ali. London: Zed.

Troeltsch, Ernst. 1922/1977. *Die Soziallehren der christlichen Kirchen und Gruppen*. Aalen: Scientia.

Tunçay, Mete. 1984. Der Laizismus in der türkischen Republik. In *Islam und Politik in der Türkei*, edited by Blaschke, Jochen, Martin van Bruinessen. Berlin: EXpress Edition.

Turner, Victor W. 1982/1989. *Vom Ritual zum Theater*. Frankfurt am Main: Campus Verlag.

Uçar, Timurtaş. O. J. *Itaat Üzerine* (Über den Gehorsam). Transkribierte Predigt.

Uçar, Timurtaş. O. J. *Allah ve Resiman* (Gott und Amtsträger). Transkribierte Predigt.

Valenze, Deborah M. 1985. *Prophetic Sons and Daughters*. Princeton: Princeton University Press.

Walzer, Michael. 1985/1988. *Exodus und Revolution*. Berlin: Rotbuch.

Weber, Eugen. 1977. *Peasants into Frenchmen. The Modernization of Rural France 1870-1914*. London: Chatto & Windus.

Weber, Max. 1916/1973a. Richtungen und Stufen religiöser Weltablehnung (Zwischenbetrachtung. Stufen und Richtungen der religiösen Weltablehnung). In *Soziologie, Universalgeschichtliche Analysen, Politik*. Hrsg. Winckelmann, Johannes. Stuttgart: Kröner.

Weber, Max. 1919/1973b. Der Beruf zur Politik. In *Soziologie, Universalgeschichtliche Analysen, Politik*. Hrsg. Winckelmann, Johannes. Stuttgart: Kröner.

Weber, Max. 1916/1973c. Richtungen und Stufen religiöser Weltablehnung (Zwischenbetrachtung. Stufen und Richtungen der religiösen Weltablehnung). In *Soziologie, Universalgeschichtliche Analysen, Politik*. Hrsg. Winckelmann, Johannes. Stuttgart: Kröner.

Weber, Max. 1920. *Das antike Judentum. Gesammelte Aufsätze zur Religionssoziologie*. Bd. 3. Tübingen: Mohr (Siebeck).

Wittgenstein, Ludwig. 1958/1971. *Philosophische Untersuchungen*. Frankfurt am Main: Suhrkamp.

Wolbert, Barbara. 1995. *Der getötete Paß. Rückkehr in die Türkei. Eine ethnologische Migrationsstudie*. Berlin: Akademie Verlag.

Zu den doppelseitigen Abbildungen:

nach S. 33
  In der Moschee der Kaplan-Gemeinde (1987).
nach S. 89
  Cemaleddin Kaplan und sein Enkel in seiner Wohnung.
nach S. 139
  Demonstration für eine islamische Republik Türkei am
  14.2.1987 in Bonn-Bad Godesberg.
nach S. 201
  Demonstration für eine islamische Republik Türkei am
  14.2.1987 in Bonn-Bad Godesberg. Der Text auf dem Transparent lautet: »Mein Anatolien. Du sehnst Dich nach der
  Scharia.«
nach S. 227
  Feiern zum islamischen Jahresfest am 10.10.1987 in der Kölner Sporthalle. Kaplan leitet das Gebet an.
nach S. 303
  Feiern zum islamischen Jahresfest am 10.10.1987 in der Kölner Sporthalle.
nach S. 331
  Metin Kaplan bei der islamischen Neujahrsfeier 1997.